见识城邦

更新知识地图　拓展认知边界

# 规　则

## 我们依之生存的历史

RULES

A SHORT HISTORY — OF — WHAT WE LIVE BY

LORRAINE DASTON

[美] 洛兰·达斯顿　著

马万利　译

中信出版集团 | 北京

图书在版编目（CIP）数据

规则：我们依之生存的历史 /（美）洛兰·达斯顿著；马万利译. -- 北京：中信出版社，2024.11.
ISBN 978-7-5217-6849-7

Ⅰ. K891.26-49

中国国家版本馆 CIP 数据核字第 20249MX539 号

Copyright ©2022 by Princeton University Press
All rights reserved. No part of this book may be reproduced or transmitted in any form or by any means, electronic or mechanical, including photocopying, recording or by any information storage and retrieval system, without permission in writing from the Publisher.
Simplified Chinese translation copyright ©2024 by CITIC Press Corporation
ALL RIGHTS RESERVED
本书仅限中国大陆地区发行销售

规则：我们依之生存的历史
著者： [美]洛兰·达斯顿
译者： 马万利
出版发行：中信出版集团股份有限公司
　　（北京市朝阳区东三环北路 27 号嘉铭中心　邮编　100020）
承印者： 三河市中晟雅豪印务有限公司

开本：787mm×1092mm 1/16　　印张：23.5　　字数：334 千字
版次：2024 年 11 月第 1 版　　印次：2024 年 11 月第 1 次印刷
京权图字：01-2024-3546　　书号：ISBN 978-7-5217-6849-7
定价：88.00 元

版权所有·侵权必究
如有印刷、装订问题，本公司负责调换。
服务热线：400-600-8099
投稿邮箱：author@citicpub.com

致

温迪·多尼格

"违规光荣。"

CONTENTS
# 目　录

插图目录 　　　　　　　　　　　　　　　　　　　　i

第一章　导论：规则秘史　　　　　　　　　　　　001
　　一、走进一部隐秘的历史　　　　　　　　　　001
　　二、既是范式又是算法的规则　　　　　　　　006
　　三、普遍性与特殊性　　　　　　　　　　　　018
　　四、让历史来证明　　　　　　　　　　　　　022

第二章　古代规则：直尺、模型与法律　　　　　　026
　　一、三个语义群　　　　　　　　　　　　　　026
　　二、阿比即规则　　　　　　　　　　　　　　035
　　三、模仿模型　　　　　　　　　　　　　　　045
　　四、小结：介于"学"与"术"之间的规则　　　050

第三章　艺术规则：手脑并用　　　　　　　　　　054
　　一、长脑子的手　　　　　　　　　　　　　　054
　　二、粗放型规则　　　　　　　　　　　　　　063

三、战争规则　　　　　　　　　　　069

　　四、厨艺秘籍　　　　　　　　　　　076

　　五、小结：瞻前顾后、左右逢源　　　084

第四章　机械计算之前的算法　　　　　　090

　　一、课堂　　　　　　　　　　　　　090

　　二、什么是算法？　　　　　　　　　093

　　三、无需代数的通用性　　　　　　　103

　　四、计算机出现之前的计算　　　　　115

　　五、小结：细密型规则　　　　　　　126

第五章　计算机时代的算法智能　　　　　131

　　一、机械遵循规则：巴贝奇与维特根斯坦　131

　　二、"先有组织，再有机械化"——人机工作流　137

　　三、机器思维　　　　　　　　　　　144

　　四、算法与智能　　　　　　　　　　151

　　五、小结：从机械智能到人工智能　　156

第六章　规则与规章　　　　　　　　　　160

　　一、法则、规则与规章　　　　　　　160

　　二、规则失效500年：时尚之战　　　165

　　三、不守规则的城市：启蒙运动时期巴黎的街道治安　179

四、太成功的规则：该如何写，不该如何写　　**199**

　　五、小结：从规则到规范　　**219**

## 第七章　自然法与自然律　　**224**

　　一、万法之法　　**224**

　　二、自然法　　**227**

　　三、自然律　　**237**

　　四、小结：普遍合法性　　**246**

## 第八章　变通或破坏规则　　**250**

　　一、限度　　**250**

　　二、决疑术：疑案与良知　　**254**

　　三、衡平：当法律不公正的时候　　**261**

　　四、例外状态与特权：法治与人治　　**268**

　　五、小结：规则与例外谁先出现？　　**278**

## 结语："违规光荣"　　**281**

## 致谢　　**289**

## 注释　　**292**

## 参考文献　　**333**

## 译后记　　**360**

# 插图目录

图 1.1　库恩的"范式转换"已经成为热词，上了《纽约客》
　　　　（2001 年 12 月 17 日）　　　　　　　　　　　　　　　011

图 1.2　波留克列特斯的雕塑《持矛者》的古罗马仿制品（约公元
　　　　前 1 世纪），被老普林尼誉为男性美的"典范"　　　　013

图 1.3　安提诺乌斯雕像的比例　　　　　　　　　　　　　　　015

图 1.4（上）　安德烈亚斯·维萨里的"模范人体"（男性）　　016

图 1.4（下）　安德烈亚斯·维萨里的"模范人体"（女性）　　017

图 2.1　巨大的芦竹　　　　　　　　　　　　　　　　　　　　027

图 2.2　几何的化身，她的身体象征直尺和圆规（约 1570–1600）　028

图 2.3　古伊特鲁里亚武尔奇神庙的建筑模型（约公元前 300 年）　031

图 2.4　圣本笃与修道士一起进餐，意大利蒙特奥利维托的本笃会
　　　　修道院壁画　　　　　　　　　　　　　　　　　　　　036

图 3.1　阿尔布雷希特·丢勒绘制的多边形结构图　　　　　　　055

图 3.2　亨德里克·霍尔齐厄斯，版画《艺术与实践》（1583）　　058

图 3.3　埃尔韦·贝文的卡农音乐谱表　　　　　　　　　　　　066

| 图 3.4 | 汉斯·塞博尔德·贝哈姆,《命运女神》(1541) | 070 |
| 图 3.5 | 彼得·伊塞尔堡,《曼海姆城的防御工事》(1623) | 072 |
| 图 3.6 | 托马索·加尔佐尼的卷首插图 | 077 |
| 图 3.7 | 玛丽·凯蒂尔比的卷首插图 | 080 |
| 图 4.1 | 中国古代算筹(汉代) | 097 |
| 图 4.2 | 古巴比伦楔形文字泥板,上面记录了数学解题方法 | 099 |
| 图 4.3 | 别针生产(启蒙运动时期狄德罗等主编的《百科全书》中关于"科学、博雅艺术、机械艺术"合编的刻版插图,并附有解释) | 121 |
| 图 4.4 | 加斯帕德·里奇·德·普罗尼的对数工作间的金字塔式劳动分工 | 122 |
| 图 4.5 | 雅卡尔卡片上描绘的纺织图案 | 125 |
| 图 4.6 | 约瑟夫·克莱门特为查尔斯·巴贝奇从未实现的分析机设计的计划(1840) | 127 |
| 图 5.1 | 查尔斯·巴贝奇的差分机 1 号(1824—1832) | 133 |
| 图 5.2 | "托马斯运算器"(通过机器和图形程序简化计算) | 138 |
| 图 5.3 | 美国人口普查局里的何氏打孔卡操作员(约 1925) | 141 |
| 图 5.4 | 操作员在使用"瓦尔机" | 146 |
| 图 5.5 | 罗伯特-霍丁剧院的海报(约 1890),图中人物是一位计算天才,名叫雅克·伊瑙迪 | 147 |
| 图 5.6 | 针对一些使用埃利奥特-菲舍尔计算机的最能干的操作员的测试,结果显示了其体力和注意力的变化 | 149 |
| 图 5.7 | 美国加利福尼亚州帕萨迪纳市喷气推进实验室里的女性计算员(约 1955) | 153 |

| 图 6.1 | 奥格斯堡时尚样板，马托伊斯·施瓦茨展示他的带有锁口袖子和毛皮饰边的新服装 | 167 |
| --- | --- | --- |
| 图 6.2 | 鸟嘴鞋（一位译者将此书呈送给了"莽夫查理"） | 169 |
| 图 6.3 | 画作《喧闹的巴黎街头》（1757） | 181 |
| 图 6.4 | 巴黎计划为马拉车和马匹编号 | 184 |
| 图 6.5 | 警察用于检索档案的机器 | 185 |
| 图 6.6 | 巴黎新桥上拥堵的交通 | 186 |
| 图 6.7 | 阿姆斯特丹地图，城市版图呈对称放射状扩张 | 187 |
| 图 6.8 | 巴斯杜伦帕特林荫大道，即后来的卡皮西纳林荫大道，沿城墙改造而成 | 195 |
| 图 6.9 | 经约翰·哈特合理化改革后的英语字母及拼写 | 205 |
| 图 7.1 | 自然女神从上帝手中接过"秩序之锤"，在她的铁砧上锤打各种动物 | 232 |
| 图 8.1 | 在自己的家里，父亲被描绘成家长权力的拥有者（约 1599） | 271 |
| 图 8.2 | 正义手持利剑打击罪犯，天平倾向衡平而非邪恶 | 276 |

# 第一章　导论：规则秘史

## 一、走进一部隐秘的历史

本书讨论的是一个宏大的主题。在任何地方，我们所有人总是处于一张规则之网中，受到它的约束和支持。规则规定工作日以及学年的开始与结束；引导高峰期和低峰期的道路上车流量的起落；规定谁可以与谁结婚；规定叉子应该放在盘子的左边还是右边；给棒球的跑垒和保送计分；管理会议和议会中的辩论；确定什么样的手提行李可以带上飞机，什么样的不可以；规定谁可以投票，以及何时投票；判断句子是否合乎语法；在杂货店引导顾客排队；告知宠物主人他们的宠物是否受欢迎；明确彼特拉克十四行诗的格律和韵律；安排出生和死亡的仪式。这些还只是显性规则，即那种书写在标识牌上或手册、指南、圣典和法律条文里的规则。此外，还有一些隐性规则。这两种规则加到一起，使得规则之网疏而不漏，任何人类行为似乎都无法从中逃脱。有一些隐性规则是不成文的，比如：打招呼时应该伸出手，还是在对方两颊上啄两下（这叫"法式吻面礼"，也有啄一下的，叫

"比利时式吻面礼");开车超过限速多少之内不会被开罚单;在什么样的餐馆里就餐应该给小费,给多少合适;交谈时在什么情况下应该提高或降低嗓门;谁应该为谁开门;应该间隔多久、以多大声音给歌剧表演者喝彩或发出嘘声;何时到达或离开晚宴会场;演讲时间应该有多长。众所周知,不同的文化有不同的规则;没有哪种文化没有规则,在有的文化中,规则还特别多。一部讲述所有这些规则的书,简直就是一部缩微版的人类历史。

规则无处不在、不可或缺,颇具权威性,以至于它们被认为是理所当然的。的确,到哪去找一个没有规则的社会、一个没有规则的时代呢?然而,规则的普遍性并不意味着规则的统一性;无论是在不同文化之间,还是在不同历史传统之间,规则都很难实现统一。规则多种多样,简直令人眼花缭乱,这不仅表现在内容上,而且表现在形式上。规则的不同内容为旅行者和民族志学者提供了丰富的素材,比如,希罗多德讲述过关于古埃及规则的故事。古埃及也是处处都有规则,但从古希腊人的角度来看,那些规则与自己的正相反:男人待在家里编织,女人去市场;女人站着小便,男人坐着小便;甚至连尼罗河都是从南向北"倒流"的。[1] 规则有不同的表现形式,那是一长串可以被冠以"规则"之名的事物:法律、格言、原则、指导方针、指令、食谱、规章(regulation)、警句、规范(norm)和算法,不胜枚举。多种多样的规则凝聚成一条线索,带我们走进一部关于规则是什么、起什么作用的历史。这是一部隐秘的历史。

自古希腊罗马时代以来,"规则"一词的意思主要体现为三个语义群(详见第二章):测量和计算的工具,或称"算法";模型或范式(paradigm);法则。此后的规则史就是规则不断扩散和串联的历史,结果,规则的种类越来越多,而每种规则又有越来越多的示例。这就像翻绳游戏,其结果是,规则变得极为复杂,程度丝毫不亚于文化本身。规则的三种原始含义如同红丝线,在千年的历史迷宫中穿梭。本书旨在通过"长时段"视角,结合许多不同的素材,从修道院教规到烹饪书,从军事手册到法律论文,从计算算法到实用的操作指南,考察规则这三种古老含义的漫长演变历程。大体上,它们都以古希腊罗马为源头,历经2 000多年的演变,形成各种学术以及本地化的传统。第二章和第三章的内容涵盖从古代到18世纪,考察模型如何作为规则灵活地发挥作用。第四章和第五章的内容上启古代,下至19世纪和20世纪,讨论算法和机械计算的兴起,考察各种运算法则如何在实践中发挥作用。第六章和第七章纵跨13—18世纪,对具体规则与普遍规则做对比研究。前者包括一些事无巨细的规章;后者指"自然法"和"自然律"[1],它们包罗万象。第八章的内容涵盖16—20世纪,考察道德、法律和政治规则如何在顽固的例外事件面前因人类的变通而变化,甚至被破坏。

规则在其漫长的历史中还表现出三种相互对立的情形:规则的表述有粗放,也有细密;规则的应用有柔性(灵活),也有刚性(严格);规则有通用性的(普遍),也有特异性的(具体)。这些对立情形可能互相重叠,一种情形可能包含另外两种情形,这取决于我们所讨论的是上述三种规则中的哪一种。如果是模型类规则,那么它们在表述上倾向于粗放,在应用中倾向于灵活(详见第二章和第三章)。

---

[1] 自然法(natural law)意为合乎自然的法律,主要针对人类社会而言;自然律(law of nature)主要针对自然界而言。——译者注

"粗放型规则"（thick rule）通常附带示例、警告、观察和例外等情形。它们预设了各种情况变化，要求人们灵活应用，而且在表述上隐含了这种可变性。相比之下，算法型规则往往在表述上比较细密，在应用中比较严格，当然，这里面的情况也很复杂（详见第四章和第五章）。算法不需要简洁，而且它很少被设计用来处理不常见的或变化不定的情况。"细密型规则"（thin rule）假定存在一个可预测的、稳定的世界。在那个世界中，所有可能性都是可以预见的，所以不需要预留自由裁量的空间。细密型规则被用于解决教科书上的问题，例如简单的算术题时，是没有问题的。但是，在计算机出现之后，在迄今为止的计算机算法历史上，程序出错的例子比比皆是。从面部识别到纳税，那些程序有时被编排得太细密，执行得又太刚性，以至于无法适应日益多样化的现实。

粗放型规则和细密型规则都可能针对很具体的问题，比如，参照某个模型用某种木材制作某种桌子，或者用某种算法计算某个不规则多边形的面积；也可能针对普遍的情况。法则类规则也是如此，它既可以针对具体情形，比如星期日在这条街上停车的具体规章，也可以针对普遍情形，比如"十诫"或"热力学第二定律"等（详见第六章和第七章）。在适用中，具体规则和普遍规则都可以严格或灵活地适用。那些充满细节的规则，比如第六章将要讨论的禁奢规章（sumptuary regulation），在实际应用中可能需要做出一些让步，因为具体细节变化实在太快。即使是最普遍的法则，包括某些可以被理解为具有永恒的、普遍约束力的神的律令，有时也可能被变通处理（详见第八章）。

如何理解这些相互对立的情形呢？应该说，它们只是代表了一系列可能性中的极端案例，而不是说任何事情都是这样，非此即彼。本书各章分析的各种规则，无论是被归为模型类的、算法类的，还是法则类的，都在细密与粗放、刚性与柔性、特异性与通用性的程度上各有不同。尽管并非所有组合都有同样的可能性，但在如此漫长的历史中，某些规则实践在今天已经十分罕见。例如，某些在描述上很细致，但在应用中又很灵活的算法（详见第四章），足以让我们大开眼界。

规则始终处于一种中间地带。在古代和中世纪的知识体系中，它们置身于一种中间地带，一边是自然哲学这类以探究宇宙万物的因果为己任的崇高的科学[1]，另一边是非熟练工人最低级的、无脑的、重复的动作。早先，规则身处"艺"的地带，包含各种实践性的知识和技巧，它们融合了理性与经验，融合了可以传授的做法与只能通过实践获得的悟性（详见第三章）。在现代早期[2]的政治中，规则依然是一种中间产物，一边是充斥着本土特色的地方规章，另一边是对任何人、任何地方、任何时候都有效的普遍的自然法。在现代早期的科学领域，有的定律过于具体，还配不上"伟大的自然律"这一称谓；有的定律又过于普遍，算不上对个案的观察结果。前一种定律例如，水结冰时膨胀而不是收缩；后一种定律例如，万有引力定律。但是，这些定律对某一个最遥远的行星和某一颗从树上落下的苹果同样有效

---

[1] 学术界一般认为，"科学"是现代社会的产物；在前现代社会，没有现代意义上的科学，只有关于自然的哲学思考，可被称为"自然哲学"。——译者注
[2] 中译本将 early modern 统一译为"现代早期"。学术界通称，欧洲历史可分为三个阶段：古典时代、中世纪和现代。它们分别以大约 500 年和大约 1500 年断代；其中，"现代"又可析出"现代早期"，指大约公元 1500 年至 18 世纪中叶。early modern 又译为"近代早期"或"早期现代"。——译者注

（详见第六章和第七章）。规则为自然界以及人类社会定义了一种类似于中间状态的秩序，总是在确定性与偶然性、通用性与特异性、完美秩序与彻底混乱之间寻求平衡。

所有这些对比归结到一点，是两个世界的巨大反差：一个世界具有高度的可变性、不稳定性和不可预测性，而在另一个世界，可以从过去可靠地推断未来，可以通过标准化确保整齐划一，可以信赖平均值。本书展现的各种情形聚到一起，构成从前一种世界到后一种世界的粗略的历史轨迹。但是，这并非无情的现代性的结果。寻找一个稳定的孤岛，渴望动荡世界的可预测性，无论在什么时代、什么地区，都是政治意愿、技术基础设施和内部规范艰难而又脆弱的愿景。它们随时可能遭遇战争、疫情、自然灾害或革命，并突然中断。一旦遇到这类紧急情况，细密型规则会变得粗放，刚性规则（rigid rule）会变得有弹性，普遍规则会变得具体。这类不确定性的爆发被称为"例外状态"（states of exception，详见第八章），也就是说，在这种状态下，规则暂时失去约束力。如果规则为了跟上动荡不居的环境变化，改变得太频繁、太快，将不成其为规则（参见"结语"）。

## 二、既是范式又是算法的规则

规则为哲学研究提供了取之不尽的论题。如何使普遍性适合特殊性，适合无限的、潜在的、规则制定者无法预见的具体案例，是一个古老而经久不衰的疑问。这个疑问与哲学本身一样古老，至今仍在困扰着我们。本书的所有章节都是描述在不同时期、不同环境中，比如，在法庭上，在工匠的作坊里，抑或在忏悔室里，这个问题是如何被处理的。我将在下一节讨论这个问题。但首先，我必须回答另一个问题，一个颇具现代哲学色彩的问题，也是读者在思考规则问题时必定会想到的问题：在规则的三个古代语义群中，算法和法则今天依然是我们能认识到的核心规则，但是，它的另一个成员，即模型或范式发生了什么？

今天，规则已失去往昔的模型意义。但是，在18世纪末以前，无论在实践中还是在教育里，规则都具有强大的示范意义。然而，到19世纪和20世纪，算法类规则逐渐取代了范式类规则。这种转变引发了另一个现代哲学问题，它与"细密型规则"有关：规则可以在没有解释或语境化（也译为"情景化"）的情况下被准确无误地遵循吗？如果可以，那是怎么做到的呢？正如我们将在第五章看到的，在规则从模型或"范式"转变为算法，尤其是转变为由机器执行的算法之前，这个问题几乎不可想象。这种转变显然是新生事物，其在哲学、行政管理、军事战略中的影响，乃至在今天不断发展的日常网络生活中的影响，还有待观察。

人类很早就开始计算，由此有了算法，算法与算术运算一样古老。将精准的数字与规则关联，可以追溯到古希腊罗马时代，甚至更早，但是，在发祥于古代地中海文化圈的知识传统甚至数学传统中，算法很少是规则的首要意义。在17世纪和18世纪欧洲开始出版的那些本地话词典中，算法只被列为"规则"词条下的第三或第四个义项——如果当时真的有"规则"的话。在19世纪最全面的数学百科全书，即那部七卷本的德文巨著中，甚至没有列出"算法"词条。[2]然而，就在该著作问世仅仅几十年之后，算法就成为理解数学证明的关键；到 20 世纪中叶，算法推动了计算机革命，唤起从人工智能到人工生命的一切梦想。今天，我们都是"算法帝国"的臣民。

19 世纪初以前，这个"算法帝国"还只是思想地图上的一个小点。世界各地有众多的数学传统，有的相当古老，出现过五花八门的计算辅助材料与方法：鹅卵石、算筹、绳结，不一而足（详见第四章）。在这些数学传统中，算法都扮演着重要的角色。但是，将各式各样的人类劳动，包括脑力劳动，都看成某种算法，甚至是由机械装置运行的算法，似乎到 19 世纪才为人所接受（详见第五章）。在法国大革命时期，劳动分工的经济原则被应用于重大的计算工程，但是，在这类别出心裁的实验出现之前，将规则，哪怕是简单的算术算法机械化，似乎都是一个注定要失败的项目。17 世纪，布莱兹·帕斯卡、戈特弗里德·威廉·莱布尼茨等人都发明过计算机械，可那些都不过是精巧的玩具，既费劲又不可靠。[3] 但最后，算法还是令人不可思议地崛起了，它从琐碎的算术运算变成数学严谨性的捍卫者，最后能够为计算机提供永无止境的适配性编程语言，这是一个经常被人们津津乐道的故事。[4] 算法万能。然而，这场胜利掩盖了一个事实，那就是，直到 20 世纪中叶，算法与计算之间的联系仍然十分有限。这一点，甚至在一些计算机先驱身上都有体现，比如，美国物理学家霍华德·艾肯（Howard Aiken，1900—1973）曾经说过一个为人所熟知的观点：几台计算机应该足以满足全国的需求，这里他指的是美国人口普查等事业对大规模计算的需求。[5] 本书的目的之一是揭示这一"白手起家"的历史在其早期阶段的一个重要环节：在工业革命期间，数学算法如何与政治经济学交叉；那既是一段关于劳动与机器的历史，也是一段关于计算的历史。

规则本来是包罗万象的，但后来几乎等同于算法，成为一堆指令，可以被细分为很多非常小且明确，甚至机器也可以执行的步骤。今天，虽然我们仍能看到规则的某些早期形态，比如法律、礼仪和食谱，但是，规则从古代发展到启蒙运动时期，其最核心的意义或许已经不再与规则相关了——它们不再是模型或"范式"。模型或"范式"一度是规则的主要含义，早在18世纪就被写入词典的词条，对此，伊曼纽尔·康德也有所提及。但是，在20世纪的哲学中，它成了规则的对立面。

什么样的模型可以作为规则？这个模型可能是人，是秩序的化身，比如《圣本笃会规》中的修道院院长（详见第二章）；可能是一件艺术品或文学作品，它创造范式，形成流派，比如，《伊利亚特》确定了从《埃涅阿斯纪》到《失乐园》的史诗传统；也可能是一个精心挑选的语法例句或代数例题，它教人掌握数量庞大、类型相同的动词或代数符号的用法。无论何种形式的模型，都必须具有超越自身的影响力。重要的是掌握模型所带有的内涵，而不是复制模型的所有细节。模型是用来效仿的，而不是用来照抄的。一个作家如果逐字逐句地复制一部文学名著，就像博尔赫斯的故事中的那个主角，试图一字不差地复制米格尔·德·塞万提斯的《堂吉诃德》中的部分内容，[6]那么，他就不是在把模型当规则来遵循，而是在重复它。要想遵循这类规则，就要认识到模型的哪些方面是本质的，哪些方面只不过是偶然的细节。只有本质特征才能在模型类规则与其新的应用之间形成可靠的类比链。人们熟悉的普通法传统中的"先例推理"，就是模型作为规则在类比诉讼中的一个例子。并非每一个既往的过失杀人案都可以作为当前案件的先例，即便一个先例很有说服力，也并非其中的每一个细节都与本案相符。经验丰富的法学家在审查法律先例时，会重视一个案子（这个或那个过失杀人案）与一个模型或范式（对许多过失杀人案具有广泛影响力的有分量的先例）之间的差异。一个有效的范式必须展现出它在本质细节与偶然细节之间的高比例，必须能够放射到很多同类案例中，就像豪猪射刺那样。

关于规则与范式的对立，最经典的哲学论述是科学史家、科学哲学家托马斯·库恩的《科学革命的结构》（*Structure of Scientific Revolutions*, 1962）。该著作很有影响力，热销几十万册，曾经是大学里一门固定的跨学科课程。[7] 正是这本书，使得"范式"成为家喻户晓的热词，还成为《纽约客》杂志的漫画素材。（见图 1.1）根据库恩的说法，一门学科只有在"范式"上具有开创性时，才配得上"学科"这个名词。范式被写成教科书，科学工作者依据这种教科书式的范式分析问题的构成是什么，了解如何解决问题。科学革命无非是一种范式推翻另一种范式。正因为"范式"有如此多的用途，所以它在库恩的著作中有很多含义，细数起来，有 21 个。[8] 库恩本人一直强调，范式是示范，是与规则相对立的，他认为这是范式的一个很重要的特性。在 1969 年版《科学革命的结构》的后记中，库恩称，在这个意义上，范式就是"模型或示例，可以取代明确的规则，为解决常规科学不能解决的难题提供基础"———一种"更深层"的哲学基础。[9] 不过，他没有解释这个基础是如何发挥作用的。为避免被斥为非理性、异想天开，他坚定地辩称，范式所传递的知识是真正的知识。他说："当我谈论某种知识，某种由可共享的样本所承载的知识时，我指的是一种认知模式，就其系统性、可分析性而言，它并不逊色于规则、法律或认证标准等所承载的知识。"但是，迄今为止，没有任何

"我担心你在搞'范式转换'。"

图 1.1 库恩的"范式转换"已经成为热词,上了《纽约客》(2001 年 12 月 17 日)
J. C. Duffy / The New Yorker Collection / The Cartoon Bank.

人,包括库恩本人在内,能够讲清楚这种替代性的认知模式到底是什么。"**玄学……说白了不过如此。**"哲学家伊恩·哈金[1] 如此总结。¹⁰

1969 年,库恩提出这门"玄学",即如何调和范式与明确的规则这两种知识之间的关系,属于一个相关的哲学谱系。路德维希·维特根斯坦在《哲学研究》(*Philosophical Investigations*,1953)中曾指出,即使是数学规则,也具有无可救药的模糊性。他提出了一个著名

---

[1] 伊恩·哈金(Ian Hacking),加拿大多伦多大学荣休教授,曾为托马斯·库恩的《科学革命的结构》撰写导言。

的疑问：遵循规则，即便是最正式的、算法型的规则时，怎么可能不需要对规则做出无止境的回归解释？维特根斯坦的结论是，遵循规则是一种实践，在一个用户群体中，人们通过示范而不是格言来学习："遵守规则，做报告，下命令，下棋，都是'习惯'（customs，即用途、制度）。"[11] 具有讽刺意味的是（可能是无意的），维特根斯坦的这一说法将规则带回了它的最初含义，即通过实践而不是格言来发挥作用的模型。但是，在他的许多读者，包括库恩看来，以数学算法为代表的显性规则是与范式和实践相对立的。

多少令人诧异的是，在规则历史的大部分时间里，从古希腊罗马时期到启蒙运动时期，"规则"一词，以及它在古代和现代欧洲语言中的那些同源词，其实都是"范式"的同义词。[12] 例如，罗马时代百科全书型的学者老普林尼推崇古希腊雕塑家波留克列特斯，称赞其创作的雕塑《持矛者》为男性美的"典范"（拉丁文 canona，源于希腊文 kanon），值得所有艺术家模仿。老普林尼称："他（波留克列特斯）还留下后世艺术家所称的'典范'或'造型模特'，他们根据它勾画作品的轮廓，就像遵循一种标准一样。"[13]（见图 1.2）又如，哈利卡纳苏斯的狄奥尼修斯（Dionysius of Halicarnassus）称赞公元前 5 世纪的阿提卡演说家吕西亚斯是修辞学的"典范"，紧接着，还称他为"什么叫杰作"树立了"范式"[paradigm（paradeigma）]。[14] 或者，我们把时间快进约 2 000 年，来到启蒙运动时期的法国，会看到《百科全书》对词条"规范、模范"的第一条释义是："对于基督徒来说，救世主的生活是自己的规范或模范。"[15] 在古希腊文或拉丁文语法中，kanon 或 regula（规范）这两个词都常与 paradeigma 一起使用，表示"范式"（单数或复数），类似于动词的变形。

图 1.2 波留克列特斯的雕塑《持矛者》的古罗马仿制品（约公元前 1 世纪），被老普林尼誉为男性美的"典范"

那不勒斯国家考古博物馆文化部提供，乔治·阿尔巴诺摄

我们很容易看出，这个例子再次说明语言中的一种奇怪现象——一个词有时会转变成它的反义词。以前，一个单词的意思是 A；但现在，它的意思非 A。规则曾经指模型或范式，但现在，它的意思正好相反。因此，库恩要处理的难题是，如何既说清楚什么是范式，又不至于使其简化为规则，即不将 A 简化为非 A；同样，维特根斯坦将规则等同于习惯和风俗，这既具有挑战性，又难以自圆其说。但是，相比从意义 A 到意义非 A 的变化，"规则"一词的前现代同源词更丰富，也更不稳定，而这说明，我们所熟悉的该词的现代家族的成员，仍然是它的前现代同源词含义的一部分。例如，古希腊文 *kanon* 一词常比喻十分难得的精确性，尤其是建筑和大木工方面的精确性；当它被用于艺术、政治、音乐和天文学等其他领域时，也有此意。创作雕塑《持矛者》的波留克列特斯还著有《模范》(*Kanon*)，不过这部著作现已失传。在该著作中，他详细说明了艺术家应遵循的人体的确切比例，他所规定的古典雕像的尺寸在 18 世纪的雕塑中仍然可见（见图 1.3）。古罗马医生、哲学家盖仑曾援引波留克列特斯的表述，据此，安德烈亚斯·维萨里等现代早期解剖学家开始使用"模范人体"（canonical body）之类的词和概念。[16]（见图 1.4）*kanon* 一词的变体词还出现在古代天文学与和声学中——二者都可以说是数学科学。拉丁文 *regula* 一词的内涵与希腊文 *kanon* 的内涵高度一致。[17] 这个语义让人想到数学的严谨性，无论是用作几何比例原理时，还是用作测量和计算的工具时；而且，这个语义与那个以模型和范式为核心的语义并行不悖。简而言之，几千年来，在各种古代和现代的欧洲语言中，rule（规则）这个词及其同源词可以同时意味着 A 和非 A，至少按现代观点看如此。这种语言现象在今天的人们看来已经见怪不

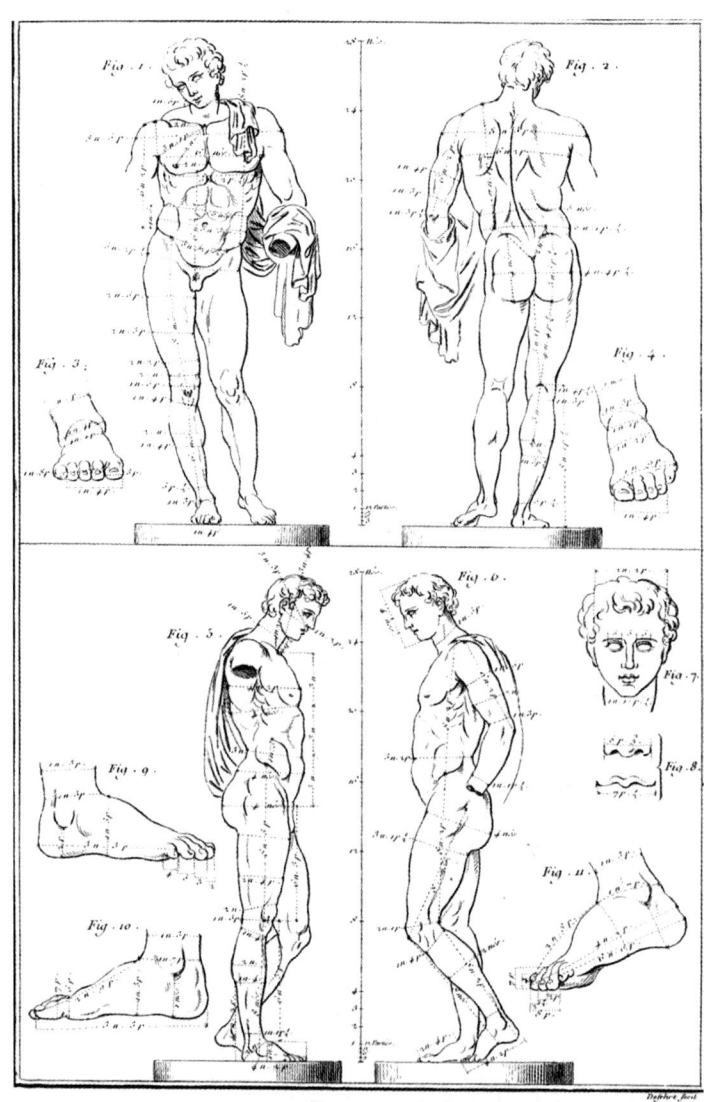

图 1.3 安提诺乌斯雕像的比例

*Encyclopédie, ou Dictionnaire raisonné des sciences, des arts et des métiers* [Encyclopedia, or systematic Dictionary of sciences, arts, and trades], ed. Jean d'Alembert and Denis Diderot, vol. 3 (1763).

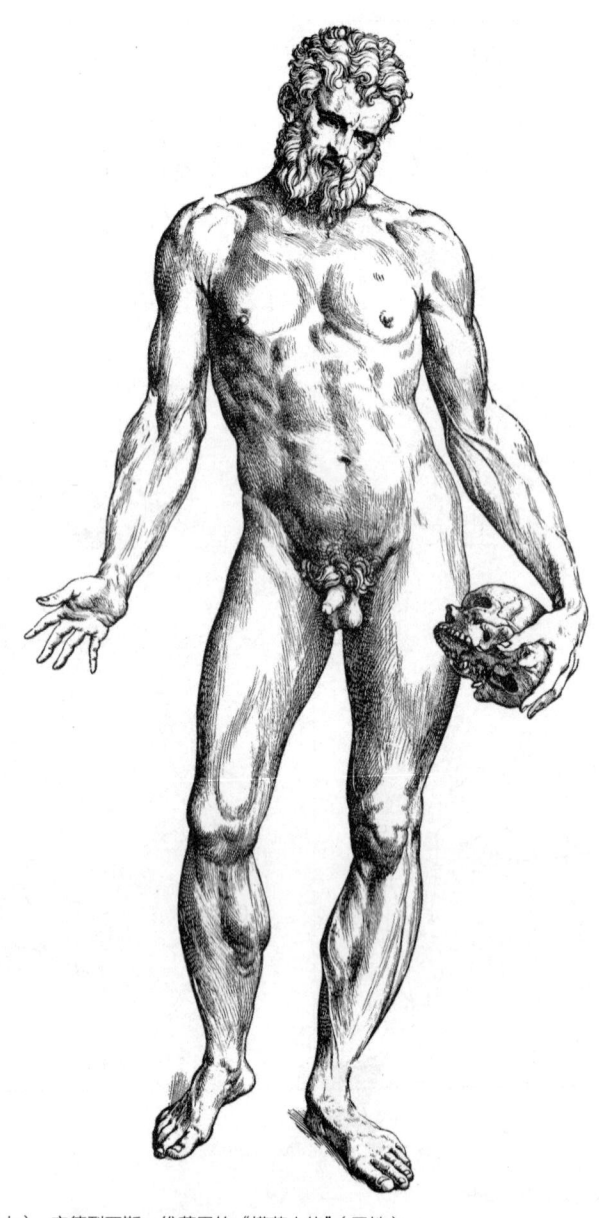

图 1.4（上） 安德烈亚斯·维萨里的"模范人体"（男性）

*De humani corporis fabrica. Epitome* [Brief Summary of *On the Fabric of the Human Body*] (1543).

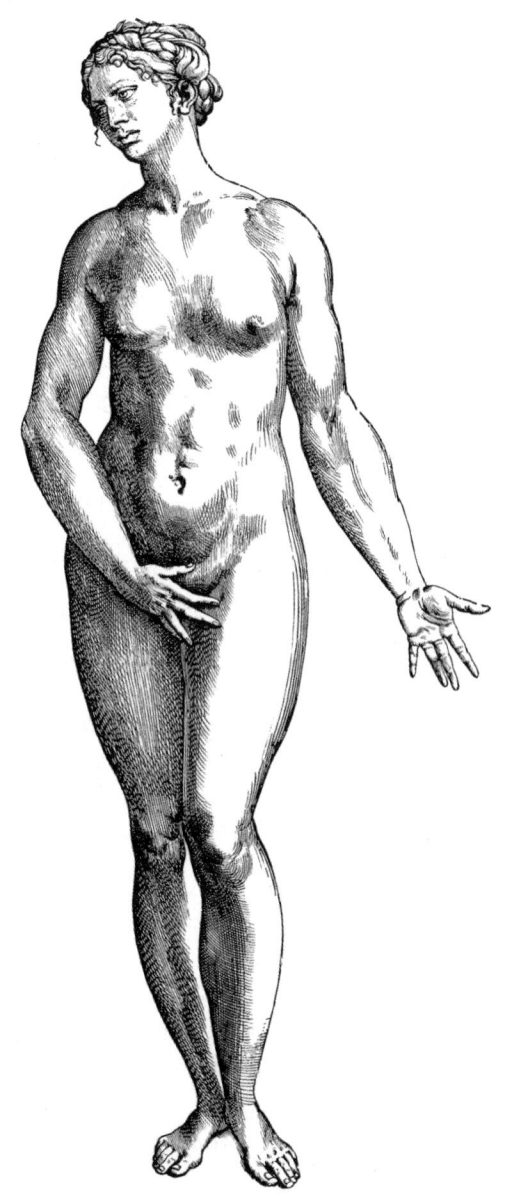

图 1.4（下） 安德烈亚斯·维萨里的"模范人体"（女性）

*De humani corporis fabrica. Epitome* [Brief Summary of *On the Fabric of the Human Body*] (1543).

怪，真是让人难以置信。

本书的第二个目标在于，重新建构规则范畴失去的内在一致性——在历史上相当长的时期，这一范畴毫无违和感地包含了只是今天看来才彼此相反的那些含义（详见第二章和第三章）。在许多方面，这是本书第一个目标——梳理自19世纪以来算法的辉煌事业——的对立面。自19世纪以来，算法不仅取代了范式，成为最重要的规则，而且不断让人觉得范式的运作是不可捉摸、全凭直觉、经不起理性审视的。在库恩看来，这些看法都是不值得尊重的妄断，他与其做斗争，捍卫范式在科学走向成功中的关键作用。那些"妄断"今天仍然阻碍着人们在面对机械的评估模式时捍卫人的判断特权的努力。康德曾宣称，人的感知是理解自然在时间和空间上的统一性的先决条件，[18]但奇怪的是，这类感知现在被贬低为"不过是主观的"。今天有个俗语叫"拍脑袋"，意思是某些判断没有公共理性的坚实基础，离个人的突发奇想只有一步之遥。今天，灵活的规则被说成是松散的规则，或者根本没有规则。人的判断被从理性活动降格为沉溺于黑暗的主观性。从更广阔的语境看，规则的这段历史构成了现代理性史的一部分——理性与否现在由规则来定义。[19]

## 三、普遍性与特殊性

规则的重点在于判断，因为运用规则就是将普遍性与特殊性相结合，在二者之间架起桥梁。首先，我们必须判断，这条规则是否能够覆盖某个具体案例，或者我们是否应该应用另一条规则。这样的困境，可能摆在法官面前——他在普通法法律体系中寻找适合的先例；可能摆在医生面前——他从晦暗不明的症状中做出诊断；也可能摆在数学学生面前——他在求一个新函数的积分。虽然在许多情况下，面前的案例适合哪种规则，答案是很明确的，比如，高速公路女收费员很少不清楚哪种违规停车适用于哪条交通法规，但是，在许多情况下，也会出现"规则的尴尬"（embarras de règles）；而更屡见不鲜的情况是：手头的案例细节繁多，似乎不符合任何规则。其次，即使规则与某个具体案例明显匹配，二者也不可能完全一致。这就要求或多或少地进行调整和裁夺，以便在普遍性与特殊性之间架起桥梁。法学中的"衡平"[1]、神学和伦理学中的"决疑术"[2]、医学中的病历，行政管理中的自由裁量权，都是在架设这种桥梁。可以说，正是在这个中间地带，萌生并培养出学术实践的所有专业。

历史上，在制定规则的过程中，人们是如何预判普遍性与特殊性之间的间隙，并在二者之间架设桥梁的呢？考察这一问题，是本书的第三个目标。这项考察要求视野开阔，以获取许多不同类型的规则，并加以比较，比如：修道院院规、游戏规则、议会程序、烹饪方法、战争规则、回旋曲及卡农的作曲方法、度量衡的换算、礼仪、交通规则，以及谁在什么时候可以穿哪种华丽服饰，等等。此外，还有

---

[1] "衡平"（equity）是一种法学理论与实践，注重援引司法前例，维护同类案件在不同情境中的司法平衡。——译者注
[2] 决疑术（casuistry）指从个案到个案的推理方法，它不同于从原理到个案或从个案到原理的推理方法。这种方法在欧洲中世纪及现代早期主要用于宗教及道德领域，解决人在良知上的犹疑不决，中文译作"决疑"，旧译"诡辩"。详见本书第八章第二节。——译者注

国际法则和自然律，二者也都是很重要的理念，但这种理念又与那些拥有更多单一性、更少普遍性的规则——通常被称为"规章"——背道而驰。相比远古时代高高在上的法律，无论是神的律法还是人类的法律，规章都有着更强的实践性，不同的规章有不同的适用范围。在这里，我们看到一条规则的色谱，它从简洁到烦琐，从地方性到全球性，从具体到一般，这给"普遍性"与"特殊性"这两个老生常谈的哲学范畴带来了新的张力。有些普遍性比其他普遍性更具有普遍性，特殊性也是如此。逻辑学中的"肯定前件"（modus ponens），以及意大利费拉拉城邦在1460年颁布的那些禁奢法令，都是规则。有些规则，比如，"如果p，那么q，或者因为p，所以q"，在任何地方都成立，适用于一切p和q。但是，相比这类命题的逻辑的简洁，费拉拉城邦关于女性服装中丝绸和貂皮的禁令显然更具体、更具地方性，表述也更冗长。[20] 我们还需要对普遍性与特殊性进行更精确的分类，以便理解二者之间的各种桥梁在不同情况下的差异。有些桥梁像索桥一样简单而柔软，有些桥梁像现代工程中的钢筋混凝土纪念碑一样坚硬而刚性。

　　具体而言，细致考察什么样的桥梁将什么样的规则与什么样的案例联系起来，有助于揭示范式类规则与算法类规则截然不同的两种思想和文化背景。不过，这两种背景不是相互排斥的，因为这两类规则一直是共存的，可以说今天仍然如此，只不过算法走得更快些。历史上的某些发展变化，比如从度量衡到文字拼写，再到时区设置，凡此种种的标准化，都有利于规则的标准化。也就是说，人为强加的统一性是在模仿自然的普遍性，至少在解决某些无先例可循的问题时，比如架构可靠的基础设施，或者签订牢固的国际协议时，就是如此。其他一些历史变化也助长了人们为规则赋予全球性和精确性的雄心壮志，比如：工业社会中工作的日益合理化，以及自然法理念被从神学引入自然哲学，又从自然哲学引入法理学和伦理学。在现代社会，这些规则尤其（但不仅仅）在城市环境中大行其道，城市越来越多地遵循普遍性原则（无论是市场原则还是人权原则），而越来越少地迎合本地的环境与背景知识。并非巧合的是，这类雄心勃勃的规则兴起于16世纪。那时，贸易和帝国向全球范围扩张，这呼唤超越地方性的规则，也为地方性规则的实施提供了手段。

这类规则是否真的达到了其制定者所期望的普遍性及精确性，是人文科学领域颇有争议的一个问题。经济学家和许多社会学家坚定地给予肯定回答，但历史学家和人类学家同样坚定地支持否定观点。[21] 人类学家断言，一些人认为规则可以超越语境和解读发挥其效力，那纯属幻觉；对此，我的立场是，即使这种断言是正确的，也应该承认，那是一种强大而普遍的幻觉，一种迫切需要解释的幻觉，而如果这种幻觉真的与现实相矛盾，那就更应该如此。本书对争论双方都给予应有的重视，为此，本书将说明，规则能够（或不能够）超越地方语境，取决于它们的历史条件——它们的历史能够（或不能够）维持一个稳定、统一、可预测的孤岛，尤其是在一个本质上不确定的世界中。某些具体的历史条件将这些岛屿连接成辽阔的群岛，其手段可能是帝国、条约或者贸易，但无论如何，那些历史条件今天都面临前所未有的危机。今天，即使是最常见、最可靠的全球性规则，也有可能在毫无预警的情况下退缩到地方维度，比如，2020年，新型冠状病毒肺炎疫情暴发，国际航旅行业遭到重挫。今天，受规则支配的世界秩序已然形成，这时，规则严重依赖于秩序，就像秩序依赖于规则一样。

## 四、让历史来证明

  关于规则的争论是学术界屡见不鲜的老话题。我们总是在思考：规则是太多了，还是太少了？是太严了，还是太松了？它们应该在什么时候，由谁决定实施？如何寻求事件的可预测性与自发性之间的最佳平衡？这方面的争论起起伏伏，时强时弱，这本身就是一种历史现象，是规则在社会中不断扩展和强化的直观写照。这些规则取决于无数参与者的复杂协调，无论是高速公路上的司机、全民选举中的选民，还是气象学家、农民、卡车司机、长途贸易中的销售人员。规则的大戏本应是一场芭蕾，但有时看起来更像是一场混战，各方在舞台上你方唱罢我登场，将角色定格在各自的位置上，如雕像一般。研究官僚制的社会学家发明了"规则压力"（rule strain）和"规则偏移"（rule drift）等术语，描述高度规制的体制带来的诸多病态现象；[22] 公共部门雇员并不傻，他们有自己的对策，他们在工作中"磨洋工"，这是一种合乎规则的罢工——严格遵守一切规则，但让一切业务停摆。[23]

  难怪，总有人抱怨规则，抱怨规则的执行。就现代社会而言，这类抱怨呈现出一个新的特点，那就是抱怨规则的数量太多，且执行起来缺乏灵活性，而且，被抱怨的规则不仅有政府的公开规章，还有计算机搜索引擎的加密算法。我们现代人的生活中不能没有规则，但是，生活在规则中，我们又感到不舒服。20世纪的文学作品给我们带来"卡夫卡式的"这个形容词；而社会学理论，比如马克斯·韦伯，给我们带来"铁笼"这类意象，它们说的都是现代官僚机构。21世纪的作家和理论家幻想着一个"美丽新世界"——它由计算机算法运行，计算机算法渗透到生活的方方面面，甚至我们的思维过程中。[24] 现代规则的特征是：复杂、僵硬、低效率和烦琐。这些特征是否加剧了专横的普遍性与顽固的特殊性之间、秩序与自由之间无处不在的紧张关系呢？这些特征可能是事实，也可能不过是我们的感觉，但无论如何，我们如何制定规则、思考规则，有一个历史的转变，而这是否有助于解释我们目前对规则的焦虑呢？从模型类规则到算法类规则的历史转变，至少为这类问题提供了部分答案，那就是，算法类规则将自由裁量降为次要手段，由此摧毁了模型类规则中这座连接普遍性与特殊性的桥梁。

本书是一部世界历史书——既包括古代世界，也包括现代世界。首先，它在希罗多德的"历史"[25]的意义上进行广泛的探究。其次，它的主题涉及的范围相当广泛，但它也充满具体事件，这一点符合亚里士多德对"历史"的界定——他不喜欢哲学（以及诗歌）的宽泛性。最后，它采取人们熟悉的按时间顺序展开的历史叙事方法。不过，它在这三个维度上都并非"全史"。本书作为一项主题如此庞大、跨越2 000多年、覆盖多种语言的考察，必然是有选择性的。本书在有限的篇幅里提供的众多细节也只是充满无数可能性的宇宙中的沧海一粟。不无遗憾的是，本书的叙述范围仅限于"西方传统"。这是一个颇具误导性的表述，但它是我知道得最多的传统。我也尝试比较研究其他传统，它们都有丰富的魅力，很有启发性。如果读者受本书触动,去追问其他时代和其他地区的其他类型的规则,那何其幸哉。本书是一份请柬,邀请更多关于规则的考察与辩论。出于同样的原因,本书中的断代划分也长短不一。为了看清"长时段"的历史发展轨迹,我不得不在世纪与题材之间跳来跳去。这种方式可能会让我的历史学家同行很反感,在他们的习惯中,设定任何一个阶段或场域都应该有充分的理由。然而,我必须请求他们原谅。只有通过全景考察,我才能增强对比,以及精确地锁定变化发生的时刻,最重要的是,才能用实实在在的历史资料来质疑我们当代人习惯性思维的一些所谓不证自明的合理性。

历史学,尤其是在较长的时间尺度上研究历史,目的之一就是打破当前的定论,从而扩大我们可以思考的事物的范围。在本土居民心目中,那些长期主导他们生活的观念是亘古就有、不可逃避的,这种现象见怪不怪;对于从不远游的乡民来说,地方习俗是不证自明的。我们现在的思维方式是历史偶然性的产物,而不是逻辑必然性的产物,这一点虽然说起来我们都明白,但是,这种大而化之的认识并不足以消除历史和习惯带来的盲视。我们碰巧居住在这样一个精神世界里,结果就把想象力限制在自身狭窄的范围内。一个时代觉得不证自明的东西——怎么会有人不这么想呢?——却是另一个时代的困惑——他们那时怎么会那么想呢?从别的时间和地点,我们能获得鲜活的反例,我们应该时常想到那些反例,以便在今天经常被混为一谈的一些概念之间凿开一个楔口,比如:"普遍"与"统一","具体"与"僵化","算法"与"机械","机械"与"无意识","自由裁量"与"主观"。一些例子有助于重新统一某些被现代哲学割裂的东西,比如规则与范式。在澄清、扩展和开辟观念的多种可能性这项事业上，历史学与哲学同气相求。今天，哲学面临一项令人望而生畏的挑战——创造新观念，而不仅仅是批判旧观念。过去的观念很少还能涵盖当下的需求，原因很简单：它们是过去的，是为过去而创造的。但是，历史学不同，它虽然不能复活死去的观念，就像人死不能复生，但它可以让它们短暂地复活——亡灵归来，用他们的启示惊扰生者的自满。

# 第二章　古代规则：直尺、模型与法律

## 一、三个语义群

在地中海地区的湿地以及中东地区的沙丘上，生长着一种巨大的芦竹（*Arundo donax*），高如树，直如箭。（见图 2.1）数千年来，在这一地区，人们用芦竹的茎制作篮子、笛子、天平横梁和测量杆。[1] 古希腊文中的 *kanon* 一词，源于闪米特语（与古希伯来文中的 *qaneh* 同源），据查考，它最早指各种各样的杆子，后来指直尺。它在古拉丁文中的对应词是 *regula*，与平板、手杖有关，后来引申出"支撑""引导"等语义，就如同 *regere* 引申为"规则"或"统治"，*rex* 引申为"国王"。在英文中，单词 ruler（尺子）也有类似的语义与发音。[2] 在古希腊文献中，*kanon* 一词最早出现在关于建筑的描述中：泥瓦匠、木匠、石匠和建筑师都使用 *kanon* 这种工具，以确保建筑材料平直且齐整地装配在一起。*kanon* 有助于为建造坚固、笔直、对称的房屋、庙宇、墙壁或其他建筑物提供细致而精确的基准。直尺或尺

图 2.1　巨大的芦竹

Otto Wilhelm Thoma, *Flora von Deutschland, Österreich und der Schweiz* [Plants of Germany, Austria, and Switzerland] (1885).

子（上面可能标有，也可能没有标有测量单位）和圆规是建筑师和几何学家的标志性工具，被沿用数千年至今。（见图 2.2）这类"直尺"带有如此强烈的"统治"意味，无论在字面上，还是在隐喻上，都含有"不可弯曲／变通"的意思，以至于古希腊喜剧作家阿里斯托芬在剧中让一位占星师使用"弯尺子"——那显然荒谬至极，不过是希望以此博得观众的笑声而已。³

从古希腊文中如芦竹般笔直的"尺子"中，派生出三个主要

图 2.2　几何的化身,她的身体象征直尺和圆规(约 1570—1600)

Johann Sadeler, *Geometria*, Metropolitan Museum of Art, New York.

的语义群:"精确"(不差毫厘,通常是数学上的)、"模型"或"模式"(用于效仿)、"法律"或"命令"。拉丁文 regula,及其在现代欧洲本地话中衍生出来的一些用于表示"规则"的单词,如意大利文 regola、西班牙文 regla、法文 règle、德文 Regel、荷兰文 regel 等,其词义都可以追溯到很多个世纪前的希腊文 kanon 上面。因此,这里有必要对这三个语义群逐个进行细致的考察。

只需前进一小步,就可以将古代建筑工人和木匠手中的直尺和测量杆用于其他领域的几何比例的设置和计算,尤其是古代天文学、和声学等追求精确性的学科领域。毕达哥拉斯的和声音程学说被称为 kanonike(音规),它规定了产生和弦的琴弦的长度比例;而单弦琴,一种带有可移动弦桥的单弦乐器,由于能够很好地展示这些原理,因此有时被称为 kanon harmonikos(和弦音规)。[4] 前文第一章提到古希腊雕塑家波留克列特斯的一部失传的著作《模范》。据称,该著作详细说明了理想的男性身体的确切比例。在此后好几个世纪里,一直有人尝试按图索骥,复原这个模型。[5] 在天文学中,kanon 一词更多地指算术和计算,而不是几何比例。居住在亚历山大城的天文学家托勒密(也译"托勒玫")著有《天文学大成》,其中的数表后来被单独出版,名为《天文用表手册》。那些数表提供了基于《天文学大成》中模型计算的天文数值,比如求行星位置的工具。[6] 托勒密的《天文用表手册》对中世纪和现代早期基督教及伊斯兰教两大世界的天文学都产生了巨大影响,此后,所有的占星术及天文学的数表都以该著作中的那些规范名词命名。在中世纪的阿拉伯文和波斯文天文学著述中,希腊文单词 kanon 被写作 qanun,例如,伟大的波斯学者阿布·雷汗·比鲁尼(Abu Rayhan al-Biruni)的天文学知识汇编《马苏第天文学和占星学原理》[7]；而且，在17世纪晚期，这个词在英语中仍被用于指天文表。[8]在19世纪基于数学的保险行业兴起之前，天文学可能是计算最密集的领域，而且，托勒密的数表和许多类似的数表主要都是为了提高计算能力，因此，在古代晚期、整个中世纪和现代早期，kanon 一词的这种用法一直与计算紧密相连，只不过那还只是天文学家和数学家的计算，而不是机器的计算。

第二个语义群带有 kanon 或 regula 的核心意义，即以 kanon 或 regula 为标准测量线条够不够直，或者引申开来，带有改错、扶正的意思。但在这种情况下，标准是用来效仿的，而不再是用于测量。盖仑认为，波留克列特斯的著作《模范》（当时已失传）提供了理想的男性身体比例，可作为雕塑家的指南；而老普林尼，正如我们在第一章中所看到的，称波留克列特斯的男性裸体雕塑《持矛者》是男性美的 kanon（典范），是他们应该模仿的模型。[9]在希腊化时期，kanon 的意思是值得效仿的榜样，尤指堪称榜样的人。这种新语义首先出现在修辞中，通常指崇拜这位或那位演说家，视其为口才的"天花板"，这就像老普林尼谈到波留克列特斯的《持矛者》时称其为表达男性美的典范一样。同样是用这个义项，古希腊传记作家普鲁塔克警告年轻读者，不要将诗歌中的人物作为美德的榜样，那有违诗人的本意。[10]在这些语境中，范式（paradeigma）通常会变成典范（kanon），也就是说，范式可能本来只是指一些"例子"，亚里士多德在《修辞学》中使用了这个词，[11]但它们也可以指物理模型，尤其是在讨论建筑时。[12]（见图2.3）在《蒂迈欧篇》中，柏拉图比较天国工匠的永恒模型与人类工匠模仿它们时使用的模型时，使用的也是这个词。[13]事实证明，规则与"范式"或"模型"之间的关联有着悠久的历史，不

图 2.3　古伊特鲁里亚武尔奇神庙的建筑模型（约公元前 300 年）
朱利亚公园博物馆，罗马。

亚于规则与计算之间的关联。一个突出的例子是，1790 年，伊曼纽尔·康德在讨论天才时指出，（天才）"为艺术带来'规则'（Regel），他所树立的典范（Muster）必然为他人所用，也就是说，必然成为评判的标准或规则"[14]。规则就是用于模仿的模型，这一认识在普林尼将《持矛者》誉为男性美的"典范"1 800 年之后，仍然在美学理论中余音不绝。

第三个语义群，在希腊文中是将 kanon 与 nomos 相结合，在拉丁文中是将 regula 与 lex 和 jus 相结合（意为"法治"）。事实证明，这个语义群存在的时间更长。在古希腊文中，kanon 也指拉紧的绳子，引申义为"准绳"；nomos 意为"法律"或"习俗"，只不过最初的意义是"土地分配"或"牧场"。这两个单词加上单词 horos（界线），形成了三重叠加的语义。这三个单词都具有一个共同的含义：未经许可，不得突破限制。尤其是在建筑或医学等艺术领域，后来在语法学家中，kanon 的意思是"规则"。[15] 早期基督教作家，如亚历山大的克雷芒有时还用 kanon 来指福音书；到公元 4 世纪，阿塔纳修等教父进一步扩展这个义项，用它指一系列被认为是受神启示，因此是"正典"的经书。[16] 在同一时期，早期的基督教会，特别是在讲希腊语的东罗马帝国的教会，开始用 canon（正典）这个词指宗教会议（教义大会或议事会）为管理礼拜日历、洗礼、圣餐礼、斋戒日等事宜而制定的各种教令。到公元 5 世纪，这些规则或"正典"被集中到一起，并加以系统化，形成"教会法"（canon law）。[17] 又过了一个世纪，教父作家开始在希腊文以及后来的拉丁文中使用"正典的规则"（kanon tes aletheias, regula veritatis）这类短语，以便在正统与异端之间做出明确的区分。[18]

罗马皇帝君士坦丁一世在公元 313 年发布宽容基督教的敕令，此后，教会法（church law）的术语开始与罗马法的术语相融合。例如，公元 6 世纪查士丁尼一世的《新律》及《学说汇纂》[1]中经常提到 kanones（规范），还经常将 nomos（规范）和 kanon（典范）两个词混用。[19] kanon 的拉丁文衍生词 regula 最初的意思也是直尺，后来

---

[1] 这里的《新律》(Novels)、《学说汇纂》(Digest) 及同类文献合在一起，就是《查士丁尼法典》。——译者注

其含义变得广泛,指规则;由此可以看出它与其希腊文对应词的许多关联。拉丁文单词 *norma*(尺)可能来自希腊文单词 *gnomon*,指垂直于地平线的垂直杆件,后来成为木匠制作直角的工具。*regula* 与这个词相关,但其内涵从建筑施工中使用的直角板扩展到修辞学中的模型,以及语法和法律中的规则。[20]

然而,在罗马法领域,*regula* 具有一种特殊的含义。这个含义虽然在希腊文中找不到对等词,但它影响到后来关于"规则"的更普遍的理解。*regula iuris*(法律规则)适用于某一特定案例,但同时也是对其他类似案例的总结。在罗马共和国晚期,法学家将这些 *regulae*(规则)收集起来,作为经典案例,并将它们相互类比,相互关联。在查士丁尼的《学说汇纂》第五十卷,也就是最后一卷中,有211条这类规则,这一卷的标题为《古代法格言集》(*De diversis regulis juris antiqui*);在整个罗马帝国,这种"规则全书"(*libri regularum*)广为流传,颇受缺乏法律训练的官员的青睐。第五十卷各章涉及城市公民权、税收和公共财产管理等主题,这些都与行省总督的职责有关。中世纪的罗马法评注家认为这些规则过于泛泛而论,于是对其进行了大量的注释。[21] 在这些法律执业规则中,孕育着几点未来因素:首先,通过类比先例,得出经验法则;第二,在尊严和通用性方面,规则的地位明显低于法律;第三,突出典型案例(与一般原则相反);第四,强调简洁性和实践性。[22] 这正如罗马法学家保卢斯(Paulus)在读到《学说汇纂》最后一卷中的一段话时写下的注解:"简而言之,规则规定的是处理当前问题所应遵循的程序。法律不是从规则中产生的,相反,规则是由法律确立的。"[23] 普通法、决疑术、博雅艺术及

"机械艺术"[1]都入驻这部罗马"规则全书",对号入座。它们都依靠规则,规则使世界运转;它们符合更高的原则,但不是从更高的原则中衍生出来的,而是经常以举一反三的形式出现。

在古希腊罗马时代,第一个语义群将规则与精确性相连,第三个语义群将规则与法律相连;今天,生活在 21 世纪的人们仍然可以大致辨认这两个语义群的轮廓。虽然我们可能不再用那些名词来称呼天文表和直尺,但我们一下子就能看出规则与测量及计算的关系,更形象地说,是规则与所有在实际操作过程中要求一丝不苟、注重细节和准确性的活动的关系。同样,在现代法律和行政管理中,规则和法律并行不悖,并且仍然遵循保卢斯等罗马法学家所定义的粗略的等级关系。将建筑师和木匠的规则与天文学家和语法学家的规则相连,后来还将其与法官和律师的规则相连,这里面的关联线索,我们不难追溯。各种各样的规则对人的行为进行管理、约束、规制、指导甚至命令,使其中规中矩。规则规定做什么,何时做,与谁做,以及如何做。在祈使句中,规则之后不用逗号。历经沧海桑田,这巨大的芦竹在几千年后的今天仍然象征着规则的本质内涵。今天的世界仍然是规则统治的世界。

只有第二个语义群将规则与效仿、模型和范式相连,这使我们感到困惑。前面提到,18 世纪末,康德在其《判断力批判》中还在援引规则的这种语义。但是,最终,是什么斩断了这根介于第一个和第三个语义群之间的生生不息的历史连续性之线?为什么"模型"

---

[1] 博雅艺术(liberal arts)和机械艺术(mechanical arts)都是西方古代的学术,大致分别类似于后世的人文学科与科学技术。——译者注

和"范式"不仅从"规则"的同义词列表中消失了,而且实际上成了它的反义词?认为规则与范式是两种不相容的认知方式,这类观念是 20 世纪哲学的主调,但是,这是如何发生,又是如何不证自明的呢?第二个语义群的衰落将占据本书此后的很多篇幅,尤其是第五章和第八章。但是,在梳理它的衰落过程之前,我们必须向它最初的兴盛致敬——在古典时代晚期和"拉丁中世纪",模范作为规则何其辉煌,一个典型例证是,《圣本笃会规》俨然成为基督教修道院团体的蓝图。

## 二、阿比即规则

现在是正午时分,一天中的第六时祷告仪式,地标:卡西诺山本笃会修道院,位于今天意大利南部。(见图 2.4)它可能是在 6 世纪中叶本笃建立修道院后不久,也可能是在几百年之后,地标:坎特伯雷或亚利桑那[1]的本笃会修道院——在任何地方,在任何世纪,修道士的日子都遵循着大致相同的秩序。[24] 从复活节到圣灵降临节期间,每天的第六个 hour[2],以及此后的夏末直到 9 月 13 日,每个星期三和星期五的第九个 hour,修道士聚集在一起,吃一天仅一顿的主餐:两道熟菜,外加每天定量的一磅面包,所有人都仅配以一和米那[25]酒。他

---

[1] 此处当指西方基督徒在近代大航海之后来到美洲的亚利桑那地区建立的此类修道院。——译者注
[2] 西方世界在前现代时期还没有今天的 24 小时计时历法,这里的 hour 不等于今天的"小时",因此不做翻译。——译者注

图 2.4 圣本笃与修道士一起进餐,意大利蒙特奥利维托的本笃会修道院壁画

《圣本笃的一生》(局部),乔瓦尼·安东尼奥·巴齐(索多玛二世),1505 年。

们安静地用餐，只有一位修道士在大声朗读《圣经》——有四五页，但不是"七经"[1]或《列王纪》，因为对于弱不禁风的修道士来说，那些经文太刺激了。吃饭时迟到或早退的人会受到两声呵责；顶撞者被罚独坐，且不许喝酒。除了吃饭时间，任何人不得吃喝。在冬天，修道士必须在天黑后的第八个hour起床值夜；整个夜晚，每个修道士都穿着衣服，系着腰带，睡在自己的床上，共用一间普通的宿舍，不熄灯。所有修道士必须每周在厨房里干一次活，包括洗所有的织巾，在一天仅有的一餐中为其他修道士服务。对于违规行为，惩罚尺度也规定得很具体，从不许用餐到被逐出修道院。[26]《圣本笃会规》第七十三"章"（praecepta）充满狂热的细节规定，规范着修道生活的每一个时刻和每一个方面。今天从事微观管理的管理者如果想供一尊守护神，那肯定非圣本笃莫属。

制定于公元535—545年左右的《圣本笃会规》并不是管理修道团体的第一套规章。这种共修模式不同于苦行僧在埃及沙漠中独自隐修，而是起源于公元4世纪讲希腊语的东方基督教会，后来由神学家、神秘主义者约翰·卡西安（John Cassian）带到马赛等西欧各地。本笃会修道院的院规借鉴了好几套早期的共修规章，包括圣巴西勒（Saint Basil）的院规、圣奥古斯丁的院规，尤其是一部不具名的《导师规则》（Regula Magistri，可能于500—530年制定于普罗旺斯）。这些早期章程在篇幅长度、格式和详细程度上差异很大，比如，圣巴西勒的院规类似于教义问答，而《导师规则》多达95章。[27]没有证据证明圣本笃认为他的规则是原创的或权威的；相反，他谨慎而得体地

---

[1] "七经"（Heptateuch），指《圣经·旧约》前七卷。——译者注

指出，他的戒律是为修道生活的入门者准备的，必须辅以圣巴西勒的院规以及教父们的著作和传记。然而，《圣本笃会规》后来成为西方基督教世界所有修道院团体的创始宪法，并传至今天。[28] 它的生命力之久远，传播之广泛，为制度史上罕见，这与历史上大多数单纯为从社会退隐而创建的精神共同体形成鲜明对比，后者常常因寿命短暂而沦为笑柄。是什么导致了它非凡的灵活性和适应性呢？

出乎意料的是，答案藏在院规的73章戒律里，它一方面规定得十分细致，另一方面在实际应用中又允许自由裁量。我们现代人会觉得这是自相矛盾的，因为我们认为，具体的规则本身就是刚性的；微观管理者（以及监管者）应该注重细节，将自由裁量的情形尽可能降到最少。但是，《圣本笃会规》中的那些细致规定在实际执行中可以被宽泛处理。让我们回到修道院的用餐时间。修道士们已经把他们的一杯酒喝得见底了——这里姑且不论每日用以分酒的量具是否可靠，现在是盛夏，修道士们已经在烈日炎炎的田地里劳作了很长时间。"当劳作艰辛时，阿比[1]有自由裁量权，也有责任增加膳食，以图进益。"或者，吃饭时应严格遵守静默规定，"任何违反这一规定的人，都将受到严厉的惩罚"。这里的内容和语气都是不容置疑的，但紧接着，会规又指出了例外情形："除非有客人造访，必须说话，或者阿比允许某人说话。"[29]《圣本笃会规》在很多戒律之后写上附带条件和例外，并辅以几乎同样多的细节说明。没有任何戒律如此苛刻，也没有任何对戒律的无视如此令人发指——只要阿比认为不能减刑，就

---

[1] 阿比（abbot），基督教世界的某类高级修道士，通常负责管理修道院，相当于院长，但有时也是授予神职人员的一种荣誉头衔，有男，也有女。——译者注

别想减刑。

修道生活以阿比为中心,他是支配性的规则——神圣生活的模范,这一点在这个文本中被提及120次;他对每个修道士以及修道院活动的每个方面负责。"阿比"这个称谓的原文是 abbas,源于《新约》中的亚兰语单词,意思是"父亲",他被赋予了极大的自由裁量权,圣本笃称它为所有美德之母(64.17-19)。"自由裁量权"(Discretio,这不是古典拉丁文)的本意就是"区分"(古典拉丁文 discenere)、考量每件事情本身的是非曲直。[30]《圣本笃会规》的那些戒律一遍又一遍地被坚定而清晰地重申,但每一次都会在后面申明,阿比有自由裁量权。例如,在院规第33章中,我们被明确告知,"修道士不得拥有任何财产,任何东西,包括书籍、写字板、笔,都绝对不可以有"——除非阿比同意。又比如,在第63章中,关于修道院中的等级,圣本笃以他一贯的明确语气称:"在任何情况下,年龄都不能决定等级,因为,就像撒母耳和但以理,尽管年轻,其判断力难道不是在年长者之上吗?"但是,紧接着,在下一句中,出现了通常的条件,"除非阿比经过慎重考虑,或出于特殊原因",决定改变通常依据进入修道院先后决定等级的做法(63.5-7)。

但阿比的自由裁量权绝对不是随意的。相反,他有责任根据具体情形以及不同修道士的个人情况调整规则的宽严;他要对修道士负责,因为在上帝的眼中,"他在修道院里代表耶稣基督"(2.2)。任何时候,他都被明确要求根据情况调整规则,例如,关于食物和饮料,"出于对弱者的考虑",可以放松严格的分量和用餐时间规定(39.1);没有人可以吃四足动物的肉,除非生病了(39.11);每个人都必须轮流在厨房工作,但弱者的工作可以得到额外的帮助(35.3);如果一个修道士在工作中犯了错误，或者损坏、丢失了修道院的财产，并且没有立即承认自己的过失，那么他应该受到严厉的惩罚，但如果这涉及"隐秘的罪"，阿比就可以不暴露他的错误，以照顾受伤的灵魂（46.5-6）。会规中的几乎每一条戒律都预先设置了例外情形，必要的时候可以行使自由裁量权，具体情况具体分析。

我们已经习惯了现代规则在反对自由裁量权时的强制口吻，比如，在等红灯、申报应税收入或支付地铁费用时，所以，当我们读到《圣本笃会规》的那些措辞时，会觉得它们很滑稽。我们还可能会联想到宠物的主人，他们定下规矩：自己新收养的小狗在任何情况下都绝对不可以——永远不可以——睡在他们的床上，除非它发出呜呜声，或者做出惹人怜爱的乞求样子，或者不停地在那儿挠门。不过，《圣本笃会规》可没有丝毫这种软心肠或动摇。在现代人看来，那些做法在宽严之间摇摆不定，就像钟摆一样，但是，在前现代人眼中，它们却是制定一套完美规则所应遵循的唯一路径，因为它们既具体又灵活。修道院阿比不只是简单地执行规则；他本身就是典范，就像《持矛者》雕像是男性美的典范一样。

在制定和运用规则的历史上，自由裁量的情况十分突出，因此，这里有必要暂停一下，考察自由裁量的含义和历史。自由裁量虽然不是判断的全部形式，但是判断的一种形式，它不仅要求知道何时应该调整规则的刚性，还要求具备良好的品位、审慎的态度，以及对人类心理的洞察力。"自由裁量"的英文 discretion 由拉丁文 discretio 演化而来，其动词形式是 discerne，意思是"分开""区分"，并与形容词 discretus（英文 discrete，分开的）有关。不过，在古典拉丁文中，它的意思仅限于字面意义。[31] 在古典时代晚期的拉丁文中，从公元5

世纪或6世纪开始，discretio被用于描述重大问题时，具有"谨慎"、"慎重"和"差别对待"等含义。这可能与《哥林多前书》（12:10）的一段经文有关，在那段经文中，圣保罗列举了不同的属灵天赋，其中包括"区分善灵与恶灵的能力"（discretio spirituum，这是圣哲罗姆在公元4世纪的拉丁文译文，后来，在打击假先知、异教徒和巫师等活动中，这个术语尤为重要，今天也译作"能辨别诸灵"）。[32] 6世纪的《圣本笃会规》最大限度地延伸了这些含义。自此，这些含义在运用中渐渐扎下根来，在晚期拉丁文中，在词根discretio及其在其他欧洲语言中的派生词中，这些含义显然一直保持不变，总带有"做出、标记重要的区分"的意思。由此，Discretio（区别对待）一词在中世纪经院哲学家的拉丁文中盛行。从他们的辩论风格、提出的问题以及对问题的反对和答复方式中，我们都可以看出他们爱炫耀自己独具慧眼，能够察觉细微的差别。例如，伟大的中世纪神学家托马斯·阿奎那的著作索引显示，该词至少出现200次，分布于"区分善与恶""凡人的堕落之罪的等级""各种口味与气味"等章节中，以及与"谨慎和谦虚的美德""常识判断"等相关的论述中。亚里士多德学派心理学认为，"常识判断"能够整合源自各种感官的印象，使之归于统一的感知对象；在《哥林多前书》（12:10）里那段关于善恶的区分中，亦有此言。[33] 德国哲学家老鲁道夫·郭克兰纽（Rudolph Goclenius the Elder，1547—1628）编有《哲学词典》（Lexicon philosophicum，1613），它几乎是整个17世纪的标准参考书；400年后，它所提供的语义范围依然有效——"自由裁量"的主要含义是"一个事物与另一个事物的差异或区分"[34]。

自由裁量一词及其在本地话中的那些同源词凸显了《圣本笃会规》中阿比的两个方面的角色：一个是认知方面的，另一个是执行方面的。区分某两个情形在微小但重要的细节上的不同，是一种认知能力，它是判断力的关键，这种能力超越了单纯的分析。自由裁量还要求具备经验智慧，这种智慧能够告诉我们，如何在实践中，而不仅仅是在原则上做出区分。琐碎是经院哲学的痼疾，那些人热衷于做没完没了的区分，甚至不惜打破原来的分类，以适合具体的情形，结果是要求制定很多规则，其数量不亚于具体情形本身。相比之下，自由裁量既能够照顾到规则本身所暗含的所有类别，比如《圣本笃会规》中用餐时间或工作分配等的不同情形，同时又在这些类别中做出了有意义的区分——生病的、需要更好营养的修道士，虚弱的、在厨房工作时需要帮手的修道士。使这些区分变得有意义的，是与经验的结合，它在自由裁量权旁边安置了审慎等实践智慧，以及某些正当的价值观。就本笃会修道院而言，这些是基督教的同情和慈善价值观；而在法律判决的场合，这些可能是公平、社会正义、仁慈等价值观。自由裁量权结合了智力与道德的双重认知。

但自由裁量权远不止认知。如果修道院阿比不采取行动，那么他的洞察力，以及他所做出的那些有意义的区分，终将毫无价值。《圣本笃会规》提供了自由裁量权，这意味着根据对不同情形的区分和认知采取行动的自由与权力。自由裁量权既是思想，也是意志。正如我们将在第八章中看到的，到17世纪，自由裁量权的意志被视为与独断妄为无异，这是自由裁量权在认知与执行层面开始分离的标志。人们不再信任那些行使权力的人的实践智慧，由此，他们的特权也就丧失了合法性基础。自由裁量权在认知方面出了问题，在执行方面自然也就面临质疑。这种改变,从英文单词 *discretion*(自由裁量)的历史可见一斑。它最初是在 12 世纪通过法文从拉丁文引入的;至少从 14 世纪晚期开始,这个词的两个义项——认知方面的辨别能力与执行方面的酌情处理——就同时存在了。[35] 今天,认知义项已被列为古代语义,而执行义项仍然存在,但其实也越来越有争议——法院、学校、警察或任何其他机构的自由裁量权,都频频引发争议。没有执行自由裁量权的认知自由裁量权是无能的,没有认知自由裁量权的执行自由裁量权是武断的。

在现代意义上,自由裁量与恪守规则格格不入。相比之下,修道院阿比的自由裁量权本身就是规则的一部分,既不违背,也不助长其强制性。在现代司法中,无论是英美法系还是大陆法系,法官解释和执行法律的自由裁量权都被归为古代的衡平观念,而且常常被解释为一种紧急制动机制,只有在特定案件中,当法律条文的运用不仅有悖于其精神,而且会导致明显的不公正时才适用。[36] 我们有充分的理由相信,圣本笃熟悉罗马法的衡平实践;他援引"衡平情由"证明,在遵守规则时,既要有更强的严肃性,又要有更大的灵活性(在法律衡平及道德决疑术方面的自由裁量,详见第八章)。[37] 然而,这时候,重要的是要明白,阿比在《圣本笃会规》中的作用超过衡平法官在某个关键问题上的作用。普遍性的法律或规则是否需要变通,以及在多大程度上变通,以适合某一特定案件的大致情形,最终伸张正义,这属于法官的智慧。亚里士多德奠定了古希腊罗马传统中"衡平"概念的基石。在他看来,法官在这种情况下行使自由裁量权,实际上完成了立法者的工作,因为立法者不可能预见一切可能发生的情况。"所以,法律制定一条规则,就有一种例外。当法律的规定过于简单而有缺陷和错误时,由例外来纠正这种缺陷和错误,来说出立法者自己如果身处其境会说出的内容,就是正确的。"[38] 在今天宪法学界的某些流派中,这种观点仍然存在,他们认为,法官有责任探究宪法原初框架的意图,并相应地解释它的要求。[39] 亚里士多德将这种法律调整比作莱斯沃斯岛的建造者用柔软的铅尺测量弯曲的构件,意在纠正某些法律过于笼统的缺点。亚里士多德认为,理想的法官而非法律本身,才是立法者的化身;相反,圣本笃认为,理想的修道院阿比就是院规的化身。

规则即便因自由裁量权而变通,也不可能获得范例的品质。一位法官可能在调整一般性法律以适应特定案件时显示出实践智慧,但不会因此在私人生活中成为公正和正直的榜样。事实上,但凡规则被个人化,更不用说被人格化时,"法治高于人治"这句格言就会敲响警钟。公民遵守法律并不意味着要以法官和律师为榜样,无论后者在法律方面多么博学。但是,一位修道士只要接受《圣本笃会规》,就会以阿比的生活为样板——阿比代表基督,因此被尊称为"阿爸、神父"。[40] 会规要定期向新修道士宣读,其具体戒律要让他们牢记于心,严格奉行。但是,如果没有阿比现身说法,这部规则就不过是一份什么该做、什么不该做的清单,而不是一种生活方式。单单是丝毫不差地奉行规则,并不足以掌握修道生活方式的真谛。这一点突出的表现是,如此多的戒律被用于惩罚那些在行动上服从但内心没有信念的人——对命令的执行绝不可以拖泥带水、疏忽大意或阳奉阴违(5.14),最重要的是,必须"没有任何抱怨"(4.39,23.1,34.6,40.8-9,53.18)。《圣本笃会规》的"规则"不是指具体的戒律(尽管它们更接近现代意义上的规则),甚至也不是指需要自由裁量的规则,而是指整个文件,它是一个单数的"规则",以及一个值得效仿的榜样。

## 三、模仿模型

模仿与自由裁量是两种不同但相关的能力。自由裁量是一种辨别能力,它将普遍法则或规则运用到特定的案例中,是典型的判断行为;相比之下,模仿是将判断从一个事物转移到另一个事物。修道院里的修道士模仿阿比,或者艺术家模仿《持矛者》,都不是原模原样地复制模型,而是通过类比,将模型的长处吸收进新的行为或作品中。模仿不是复制。一个修道士如果只会模仿阿比的姿势和步态,即便惟妙惟肖,也不过是滑稽可笑,谈不上品行高尚;同样,一位只会制作《持矛者》复制品的艺术家不会被后人称颂。模仿与自由裁量都包含类比以及推理,都要求最大可能地区分重要的差异以及相似之处,以"同理可证"(mutatis mutandis)的方式实施推理。在文学及艺术中,艺术家模仿不同风格和流派,渐成谱系;在伦理和宗教仪式领域,一个角色的背后是一类人,也构成不同的模仿谱系。吸收什么或排斥什么,这件繁重的工作是范例而非定义要做的。"这是史诗吗?"这样的提问通常会令人不知如何回答,会让讨论陷入沉默。"它与《吉尔伽美什》或《罗兰之歌》有什么相似或不同之处?"相比之下,这样的提问更能激发类比的思想火花。

行文至此,关于如何遵循规则,我们集中讨论了规则与原则之间的区分。一个制度如果包含了明确的管理规则,就是透明的制度,让人一眼能看到底。例如，某些制度规定，必须发表多少文章才能获得学术晋升的资格。但是，总有人为了达到这种目的，玩弄游戏规则，这已是司空见惯的现象。规则越透明，其应用就越机械；而应用越机械，就越容易被玩弄。例如，他们可能将一篇文章拆成几篇发表，从而增加发表数量，但这显然背叛了这个规则的本意。给规则增加补充规定，只会引发规则玩家之间的"军备竞赛"，永无止境。规则的发起人倡导的其实是原则。他们称，更好的办法是，只提出希望达成的目标，比如，就这里的例子而言，目标是原创的、重要的研究成果，且有着优秀的发表记录，让那些有志于在学术阶梯上达到更高层次的人以这个原则为指导，而不是以规则为指导。一些人反驳说，原则是不清晰的，它没有明确规定如何达成目标，也不限定什么时候达成目标；对此，另一些人反驳说，原则应该优于规则，因为对于一套制度来说，相比公正性，透明性并没有多大价值，比如，这里的学术评价制度。

原则和模型都与明确的、被机械应用的规则相对立，都需要人的判断，结果，人们很容易将二者混为一谈。实际上，尊重某条原则与模仿某个模型，对判断力的运用是不同的。原则是抽象的、一般的，模型是具体的、特定的。在实际运用中，诸如"诚实是上策"或"善待他人"这类原则必须转化为具体的细节——在具体情况下，什么是诚实（或善良）？在这里，判断力画出了一条从普遍到具体的弧线。但是，在模仿模型时，判断力从一个细节跳到另一个细节，在类比中描绘出它的作用路径。这时候，没必要将判断力从一般判断降格为具体，或者将抽象固化为具体。相反，判断力的作用是通过仔细地分析和类比来连接两个同样具体的实例。哪两点的相似性是最强的，它们能被放大到什么程度？模仿模型时将模型作为规则来遵循，与自由裁量中将原则落实到具体问题上，对判断力的运用是不同的。

模仿和自由裁量的过程并非对同类项的归纳，也不同于从第一原则开始推导，而且，两者的过程都是透明的，经得起细致的审查。这两种能力或多或少都需要训练，而且很多地方都用得上。孩子本能地知道向父母学习，而不是模仿他们的样子；日常的社会交往要求不断根据情况调整伦理和礼仪规则。从这个意义上来说，如果把遵循规则理解成从示范中推演出实例，从范式中推演出个案，就太乏味了。奥秘不在于我们做什么，而在于我们如何做。这是一个典型的现代谜团，它包含了"规则"一词的多重含义——如果不将对规则的执行分解为一些明确的步骤，就像求给定数字的平方根，那么，我们怎么可能遵循《圣本笃会规》这样的规则呢？换句话说，如何将遵循模型转化为执行算法？

在19世纪之前，人们并没有意识到这个问题的存在。我们将在第四章和第五章看到，这个问题是初步的证据，可以证明"规则"的几个语义群在此之前并不被认为是相互冲突的。无论是在字面意义上，还是在引申意义上，无论是天文计算、语法范式还是法律法令，这个单词的所有语义群都指向"标准"，要求被尽可能忠实地遵循。而我们将在第三章中看到，大多数规则（通常都夹杂着示例和例外），无论是它们所呈现的那些形式，还是它们在应用时需要大量判断这一明显事实，都模糊了对规则的隐性与显性遵循这两种遵循模式之间的差异。更容易被忽视的，是它们在适用范围与有效性等方面的差异——哪些规则（很少）适用于任何时间、任何地方，哪些规则适用于大部分时间，哪些规则只适用于某些时候、某些地方、某些人。

《圣本笃会规》何其权威，它不仅扩大了规则的适用范围——规则不再只是适用于古代艺术、语法和修辞等领域的模型——还提高了"规则"一词在同类词语中的地位。在中世纪拉丁文中，各种源于希腊文 kanon 和拉丁文 regula 的词语不仅包括直尺、算术程序等古老的含义，还指信仰、修道生活等方面的戒律，以及指导性的模范。[41] 17 世纪和 18 世纪，在大多数主要欧洲语言的词典中，这一义项被列在 rule 词条下；并且，rule（规则）被视为 model（模范）的同义词，不过，rule 这时通常用作单数，以示对《圣本笃会规》的敬意。[42] 而且，接下来为了说明其在艺术或宗教领域的运用而给出的那些例句，可以追溯到老普林尼和圣本笃的谱系，应该说，这并非巧合。但是，到了 19 世纪中叶，"规则"的"模范"义项开始从词典中退出，很快就完全消失了。[43] 在 19 世纪后期，把某人称为做某事的"规则"，听起来一定很古怪。在吉尔伯特和沙利文的音乐剧《彭赞斯的海盗》中，少将斯坦利不会唱"我就是现代少将的规则"。[1]

虽然我们今天可能不再将那些人称为"规则"，也不再到普鲁塔克的《名人传》或各种《圣徒传》中去寻找他们，但是，关于人应该如何度过一生，关于这方面的楷模的书籍仍然是每一家书店里传记书柜和自选书柜的卖点。一个单词与它本来的概念渐行渐远，这值得大惊小怪吗？每一个血统久远、应用广泛的单词词干都既留下枯枝，也会发出绿芽。它的某种用法或许已经被废弃，只在某个幸存至今的短

---

[1] 《彭赞斯的海盗》（The Pirates of Penzance，1879）是英国戏剧家亚瑟·吉尔伯特和 W. S. 沙利文合作创作的著名音乐剧，剧中有个唱段，剧中人物斯坦利少将唱道："我是现代少将的榜样。"（I Am the Very Model of a Modern Major-General）——译者注

语中才成为化石般的存在，例如，"after the fact"（事后）的意思是"after the deed"（犯罪之后）；或者，"natural history"（自然史）的意思是"关于具体自然现象的研究"。曾经活跃一时的单词，在今天的新版词典中可能被标记为"古用"，这类单词有：bustles（裙衬）和antimacassars（衬布）[1]。

但是，模范类规则的情况并没有这么简单。首先，概念（"模范"）仍然存在，但换了个新名字（不再叫"规则"）。其次，概念与名词之间的分野并不是好聚好散——单词 rule 不再只是偶尔才不意味着模型或范式，现在，它的首要含义似乎与它的那位前任密友水火不容。model（模范）和 paradigm（范式）的含义一直很稳定——几乎每一个古希腊人在建筑、语法或艺术中使用的 *paradeigma*（范式）一词，都可以毫无障碍地被翻译成现代英语中的 paradigm、model 或 example。但是，rule 的含义变了。它为什么改变初衷，这又带来了什么后果，是第五、六、七章讨论的内容，这三章分别考察了在计算、规章和普遍法则领域里各种尝试制定明确的刚性规则的做法。行文至此，"规则"一词的含义的不连续性已经跃然纸上，这也验证了《圣本笃会规》的洞见：特异性并不意味着僵化；例外可以是规则的一部分；模仿与自由裁量是两码事。

---

[1] bustles，女裙后部的撑架。antimacassars，衬布，原意为"防马卡发油"（macassar oil）。在英国维多利亚时代，人们爱抹这种护发油，因此，在一些座椅的靠背或衬衫的领口上，会垫一小块布，以防止被油污染。维多利亚时代的这两件时尚用品今天已经很少见，所以这两个单词也不常用了。——译者注

## 四、小结：介于"学"与"术"之间的规则

让我们结合具体的语境，看看单词 rule（及其在其他欧洲语言中的同源词）的这几个语义群是如何形成的。这些语义群都涉及如何把事情做好，例如，木匠或泥瓦匠用直尺测量木材和石头，建筑师用一个玩具大小的建筑模型谋求出资人的认可和指导施工，牧师或地方官员用一些简单明了的指令指导洗礼或征税。在现代，规则林林总总，有的是逻辑推理规则，有的是科学的自然法，而它们最初的家园，是希腊文的"技"（technê）和拉丁文的"艺"（ars），二者渗透到医学、修辞学、建筑学、航海、军事战略等领域。这些领域都是有规矩的，当然，有时也要根据实际情况有所调整。希腊文中还有个单词——"学"（epistêmê，拉丁文写作 scientia），"学"是具有普遍性、必然性的真理，而"技"（或拉丁文的"艺"）毕竟是一个永远无法摆脱具体性和偶然性的领域。医生治愈的是个别患者，而不是所有病人；演讲者说服的必定是个别听众，而不是所有听众。即使是最有经验的航海家，也会遇到意外的风暴或偏向的海流；建筑师不断调整方案，以适应具体的场地和材料，以及主顾的突发奇想。"艺"介于难以企及的科学与简单粗糙的手工活之间，它是理性的，但又不是实证的；是可靠的，但又不是绝对可靠的；是有规律的，但又不是千篇一律的。"艺"需要手，也需要脑子。"艺"处理的对象既是质料，也是形式。[1]

---

[1] 这里的"质料"与"形式"是亚里士多德学说中的术语。亚里士多德提出，有四种"原因"支配着事物的变化和运动：质料因、形式因、动力因、目的因。后人将其概括为"四因说"。——译者注

亚里士多德敏锐地觉察到"艺"的这种两难困境，这或许是因为他是医生的儿子，同时又在柏拉图的那座辩证法"城堡"[1]里受过教育。他关于"学"与"技"之间的区别的那些讨论表明，在他看来，对这类事物的追求是一个连续统一体上的节点，而不是某种相互隔绝的区间。在理想状态下，"学"处理的是受普遍性和必然性支配的、稳定不变的形式（然而，其中的那些公理是否正确，又需要回到经验中去验证）。[44] 不过，亚里士多德偶尔也承认，"学"处理的必定是可变的质料以及不可变的形式，并且不应该拘泥于追求普遍性，而只能追求"大多数情况下如此"[45]。因此，亚里士多德稀释了"学"的确定性，强调"技"的确定性。他认为，"技"虽然不能避免偶然性和意外性，但毕竟是从"因"中推导出的"果"，并达到一定程度的通用性，例如：对这个胆结石患者有效的治疗方法，在大多数情况下对其他有类似面色的人同样有效。[46] 重要的是，"学"和"技"毕竟与"术"（handicraft）不同，它们并不完全源于经验。关于这一点，亚里士多德有明确的论述：钻研"学"和"技"的人能够清楚地讲出他们在做什么，以及为什么做，他们还能通过教学的方式，而不只是通过指指点点来传授他们的知识。[47]

今天，古希腊文的 *epistêmê*（学）在英文中通常被译为 science（科学），*technê*（技）在英文中通常被译为 craft（术），这大致讲得通，但是，就本文而言，这多少带有误导性。在现代，science（科学）的对象主要是物质和变化，它既不靠演绎，也不追求逻辑上的

---

[1] "城堡"指柏拉图在阿卡德米（academic）创办的学院，现代语言中的"学术"（academic）即源于此。——译者注

必然性。craft（术）的含义也很广，包含亚里士多德和其他许多古代、中世纪和现代早期思想家明确区分的多种活动。医学和伦理学虽然可能无法达到几何学的确定性，但是，无论是在知识性还是在社会价值方面，它们都并非粗糙的"术"可同日而语的。用现代（以及中世纪）的标准看，二者孰完备孰粗糙，从科目归属上可见一斑：前者与实用医学、修辞学等学问一道被纳入大学课程，后者只是工匠作坊中学徒学习的科目。在 16 世纪和 17 世纪，采矿、工程、农业、染色等领域的"术士"祭起西塞罗"回到'艺'中"的大旗，抓住印刷机带来的机遇，大量出版手册，将本行业的知识规范化，以提高自己的地位和收入。[48] 并非巧合的是，在这一时期，科学和"艺"打破门类分隔，相互融合。[49] 到 18 世纪中叶，科学吸收并完善了最初在"术"以及"艺"领域发展起来的经验实践，例如观察和实验；将自己的期望从确定的知识降低到仅仅是可能的知识；将实用性与知识性并列为自己的目标；最后，不再用逻辑，而是用数学作为理想的推演方法。相反，"艺"更加追求"实实在在、稳固不变，不受人的反复无常和主观臆断的摆布"[50]。这些变化使得"艺"的身份不断模糊，它不再是一种独特的知识形式，而"艺"一词开始专指绘画、雕塑、音乐以及虚构文学。

为了理解规则的这种中间状态——注重实践和细节，但又渴望通用性，我们要回溯其传统家园，即古希腊文的"技"或拉丁文的"艺"所丢失的那些范畴。早在古代，它们就像一架手风琴，不断扩展和收缩，为不同的哲学流派服务。例如，柏拉图与亚里士多德关于"技"的观点存在分歧，而斯多葛学派有时将"技"等同于宇宙的理性和秩序。[51] 在中世纪和文艺复兴时期，拉丁文中的"艺"（Ars）

内涵丰富，既包括理论性强的"博雅艺术"，也包括实践性强的"机械艺术"。前者包括语法、修辞学，还有逻辑学、天文学、和声学、算术和几何学，所有这些学科，曾被亚里士多德一并归入"学"（*epistêmê*）这一标题下；后者包括从烹饪到构筑防御工事等，不一而足。[52] 大约从15世纪末到18世纪，"艺"变成了一个繁忙的规则制造者，在一本又一本操作指南中自豪地宣称自己的知识声望和高明手段。至于"技"（*technê*），亚里士多德曾言，"技"无论实际用处有多大，都必须有章法，有口诀，这样才能传授。正是这一说法，使得那些"一技之书"（*Kunstbüchlein*）在文艺复兴时期和现代早期十分畅行。[53] 不过，读者是否真的可以从那些手册中学会冶炼金属、攻城拔寨、兑换货币，或者学会打惠斯特纸牌，则另当别论。要想使"艺"可以传习，就要千方百计地为其树立规则，这是下一章将要讨论的主题。

# 第三章　艺术规则：手脑并用

## 一、长脑子的手

纽伦堡，1525年，艺术家阿尔布雷希特·丢勒将一本几何手册题献给朋友、人文主义者维利巴尔德·皮克海默（Willibald Pirckheimer，1470—1530），那本手册是画家、金匠、雕塑家、石匠、木匠以及"所有使用测量工具的人"都用得上的。它篇幅不长，是用德文，而不是拉丁文写成的，因为它的预期读者是工匠以及像丢勒那样有金匠家传的人。丢勒在此书中频繁援引失传的"希腊和罗马的艺术"，还将它题献给一位著名的古典学者，这些都表明他的雄心——通过系统教授一些原理，将"手艺"提升到"艺术"的境界。他认为，一些画家和工匠如果仅仅通过"日常练习"来学习"手艺"，"像一棵未经修剪的树一样野蛮生长，就始终'不开窍'"，结果沦为鉴赏家的笑柄。但是，如果掌握了几何学，懂得使用圆规和直尺，那么这些"如饥似渴的文青"就能提高他们的理念，"手艺"自然也能得到精进。[1]（见图3.1）

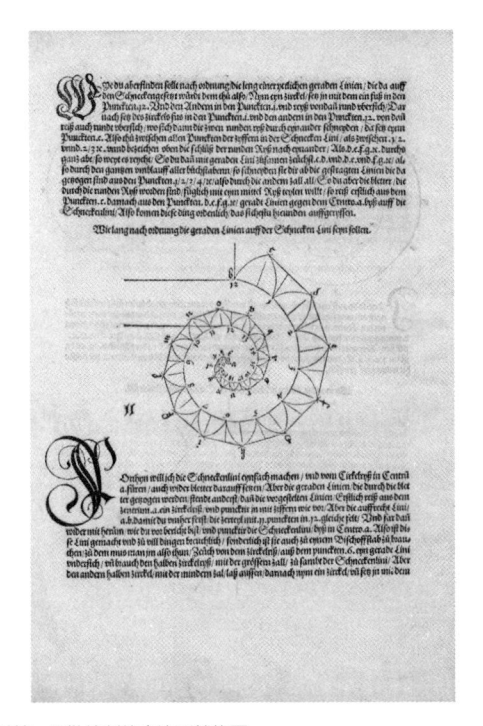

图 3.1　阿尔布雷希特·丢勒绘制的多边形结构图

*Unterweysung der Messung, mit dem Zirckel und Richtscheyt* [Instructions on measurement with compass and ruler] (1525) fig. 11. SLUB, digital. slub-dresden. de/id27778509X.

丢勒的题献说明人们关注的主题有了变化，而这类新主题在方兴未艾的现代早期入门指南类文献中频频出现。那时，成百上千部书籍有志于将五花八门的手艺变成艺术——不仅是绘画和大木工，还有疏浚、染色、射击、烹饪，以及创作一部卡农音乐，测量一堆木头。与丢勒那部主要以本地话写成，并附有插图的手册一样，这些书籍大多短小、紧凑，它们遵循西塞罗的教导：真正的艺术可以"简化为规则"。它们为希望改变命运的有文化的工匠——以及打算雇用他们的君王——提供指令、格言、戒律、表格和图表。² 现代早期，在宫廷里，艺术家、工程师、医生、炼金术士、厨师等各类技艺从业者展开竞争。他们个个身怀绝技，用自己的一技之长为宫廷提供护卫、财富和修饰，也促进了社会和经济的发展。丢勒本人的职业生涯表明，大师级的工匠毫无疑问都是抢手货，他们被邀请到欧洲各地的宫廷，受到教皇和国君的宠爱。³

这些励志故事，加上城市工匠识字率的提高，激发了写书人的雄心，也为他们打开了市场。他们发誓要揭开行业秘密，有志于将杂乱无章的手艺活"简单化"，也就是收集和整理它们，使其成为清晰、可靠的规则。⁴ 将手艺知识书面化，写成规则，是为了让它能够发声，获得尊严，但并没有将它赶出工作间。丢勒希望他的那些堪称"入门必备"的教导在"日常应用"中得到进一步扩展，这样反过来有利于加深理解并刺激发明。⁵ 丢勒此作以及其他这类书籍面向林林总总的"机械艺术"从业者，从大木工到烹饪，不一而足。⁶ "机械艺术"虽然不是"博雅"或"自由"艺术那样的大学核心课程，也没有那么高的声望，但在现代早期的欧洲快速崛起。《新发明》（*Nova reperta*）是1600年左右在安特卫普印制的著名系列版画，标志着熟练的工匠从调制油墨到印刷全过程的巧妙创新。⁷ 现代早期几乎所有的"一技之书"和秘籍都声称能够引导新手快速掌握行业诀窍，它们设想读者会一边阅读规则及秘诀，一边在实践中尝试它们。⁸ 艺术家亨德里克·霍尔齐厄斯（Hendrik Goltzius，1558—1617）1583年完成的版画《艺术与实践》形象地再现了这种关系——戴着桂冠、有翅膀的女性艺术人物坐在地球仪上，身边包围着书籍和数学仪器，她在手把手地教一位男性从业者绘画；这与那些书籍和仪器一样，又是一个象征，表示精心安排的手艺进步。版画上有用拉丁文和荷兰文写的标题，声称艺术与实践的结合将带来"财富和声望"。（见图3.2）霍尔齐厄斯右手严重残疾，但仍然在几家媒体上赢得了艺术家的声望，事业相当成功，这增加了这一成功秘籍的可信度。

渴望改变命运的工匠并不是这类书的唯一读者和作者。学者的书斋与工匠的工作室之间互动活跃，这最终改变了工匠的实践，也改变了科学理论。伽利略与工程师和造船者的交往就是这种卓有成效的交叉的著名例证。[9] 弹道学、防御工事、采矿和冶金学，所有这些引起现代早期君主强烈兴趣的领域，也吸引了伽利略、艾萨克·牛顿和莱布尼茨等人的学术研究。[10] 但是，将实践经验提炼为规则，并不一定意味着进一步将规则上升到理论。就像"艺"游弋于"学"与"术"之间，规则徘徊在手与脑之间。

也就是说，规则要求手脑结合，灵巧与理解并重。一开始，在这种伙伴关系中，二者的地位可能是不平等的，比如，一个人获得声望，更多是因为他谈吐不凡，口中金句不断，而不是因为他动手能力强。在16世纪早期，用丢勒自己的话说，那些自学者阅读他的书后，可能做到技术娴熟，但谈不上文雅，因此，仍然难免沦为那些更有学识的人嘲笑的对象。然而，到17世纪中叶，有学识的人的笑声减弱了。一些人，如工程师西蒙·斯蒂文、艾萨克·贝克曼，金匠文德尔·雅姆尼策（Wendel Jamnitzer），陶工伯纳德·帕利西，钟表匠康拉德·达塞波第乌斯（Conrad Dasypodius），得到了君主的赞助，并受到了弗朗西斯·培根、勒内·笛卡儿和罗伯特·波义耳等新派自然哲学家的赞赏。培根在他1620年那篇论述科学的所谓"新逻辑"的著作中做了一个著名的对比，一方面是古典时代之后自然哲学的停

图 3.2 亨德里克·霍尔齐厄斯，版画《艺术与实践》（1583）

©The Trustees of the British Museum, London.

滞,另一方面是现代机械艺术"不断的繁荣和发展"[11]。他还呼吁研究"机械艺术的历史"。后来,在17世纪60年代,伦敦皇家学会、巴黎皇家科学院甫一成立,均对这个呼吁做出响应。[12] 笛卡儿《指导心灵的规则》(*Regulae ad directionem igenii*)中的一些规则,特别是其中第14~21条关于解决数学问题的规则,相比雅各布·萨巴雷拉或彼得吕斯·拉米斯的那些讨论方法问题的人文主义著作,更接近于工匠手册中的方法介绍。[13] 对于培根和笛卡儿这样的著述者来说,"机械艺术"已经成为思考什么、用什么思考的工具——机械艺术的那些新发明是模型和比喻的来源,它们的稳步改进和经验方法是灵感的来源,它们立下的实践规则是模仿的目标。艺术的规则最终改变了科学的方法和目的。

那些规则到底是什么,它们实际上是如何指导实践的? 1704年,法国陆军元帅塞巴斯蒂安·勒·普莱斯特·德·沃邦(Sébastian Le Prestre de Vauban)在向国王路易十四介绍进攻部队如何悄悄地开掘战壕时,留下了这段话:

> 开战的日子到了。卫兵在下午两三点钟集合,做完祷告后,摆好战斗队形;将军前来检阅,说些鼓舞士气的话。民工也聚集在附近,带上了木料(捆在一起保护壕沟两侧的木块)和铁锹,每个人都有镐和铲。夜幕降临,光线变暗,卫兵开始行进,每个士兵的腰带上都拴着武器;所有卫兵都必须这样做。[14]

再举几个例子。1556年,英国实用数学家伦纳德·迪格斯(Leonard Digges)在指导土地测量员使用十字杆时说:"你必须站直,双脚并拢,两只手不要动,闭上一只眼睛,始终用你双脚的中缝对准你站立的方向。"[15] 1687年,伦敦附近一位名叫查尔斯·科顿(Charles Cotton,1630—1687)的人谈论如何在比赛前把赛马准备好时说:"温柔地把你的马牵到它的跑道上,让它闻闻其他赛马的粪便,这样可以诱使它往前走,而且一边走一边排空身体。"[16] 1689年,一位侍奉贵族家庭的不具名的法国大厨向好学上进的厨师传授给生菜沙拉调味的秘诀:"在过节用的生菜沙拉中加入糖、麝香和龙涎香,并用鲜花点缀。"[17]

这几个例子都是从现代早期的规则手册中随机挑选出来的,它们讲的是如何围攻一座城市,如何测量木材和土地,如何在游戏和比赛中获胜,或者如何准备一桌子美味佳肴。当时的这类手册涉及的内容五花八门,例如:如何制作果酱,如何建造房屋,如何从矿井中抽水,如何治疗疣,军队如何驻防,如何创作卡农音乐,如何筹办养猪场,如何用透视法绘画,如何在议会中通过一项法案,以及如何把日子过得井井有条。自此,入门指南类书籍蓬勃发展起来。不过,在印刷时代早期,代代相传仍然是主要的授徒方式,手工行业还在努力证明自己配得上"艺"这个称谓。这时候的规则有长有短;有的细致周到,有的很简略,只是一些口诀或要领;有的用文字表达,有的还辅以图表说明。大多数这类规则的条文都编号,除了一些食谱,它们的内容通常有自己独特的排序方式和话语模式。这些入门指南内容芜杂,就像个大杂烩,但是,从现代早期的那些"怎么做"中,我们还是能够发现它们的一些共同特点。

第一,规则都是以祈使语气表述的。那些指南的读者,无论是法兰西王位继承人(比如前文提到的那位沃邦的谈话对象),还是对几何学一无所知的木匠和泥瓦匠（比如前文的迪格斯的传授对象，或者一位"只认识马夫、伙计，不认识法官，只懂游戏规则，不懂法律"的玩家（比如前文提到的科顿），或者一位有志于成为豪门后厨总监的帮厨男孩（比如前文提到的那位法国厨师），在文中都被置于大师手下的学徒的位置。作者的语态是权威性的，而赋予其这种权威的，是高级的知识。

第二，这里所说的知识虽然通常是个人经验的积累，但它们被打造成规则的形式，追求普遍适用性。按照今天的说法，称一项活动为"艺术"，就是希望人们注意到其中某些只可意会、不可言传的内涵（"医学是一门科学，也是一门艺术"），以及个人偶然获得的精湛技艺——文章本天成，妙手偶得之（"他创造了即兴祝酒的艺术"）。由此观之，现代早期的机械艺术颇有清高的姿态，自视有别于单纯的手工，称手工活不用动脑，按部就班去做就行，做得好算是偶然，但自己拥有明确的规则，那些规则可以向一切愿意勤奋学习的读者（以及他们自己）传授。要想了解中世纪及现代早期的科学及艺术与手工之间的差别，方式之一是考察它们各自自诩的知识确定性的程度。真正的科学是可证明的，这是它的确定性所在，艺术在大多数情况下也具有一定程度的规律性，但简单的手工是偶然的。偶然性的作用在手工中最大，在科学中最小，在艺术中介于两者之间。现代早期的许多入门指南书在标题或副标题中开宗明义地指出这一点，比如，有一本书的标题是："在本书中，全部艺术都被完美无缺且通俗易懂地展现出来，胜过一切语言。"[18]

第三，与后来的同类书相比，16世纪和17世纪的这些入门指南书很少面向新手。他们假定读者都有学徒经历和一些工艺经验。第四，掌握规则的好处是能够有所长进，不论是艺术本身的长进，还是艺术家的前途。依照规则苦练技艺，而不是学着怎么在活计中蒙人，能够激发从业者的"斗志"，对产品精益求精。在 17 世纪末和 18 世纪，欧洲各地的重商主义政府努力提高出口产品的种类和品质，以充实金库——这仍然需要发布规则。这时，人们一边讨论公共事业的进步，一边讨论机械艺术的进化，两种话语相得益彰。[19]

那时，人们对规则寄予厚望，认为规则能够将一个行业提升为艺术，将卑微的工人提升为受人尊敬、事业有成的艺术家，将劣质产品提升为受市场欢迎的商品，将政府财政从负债转为盈余，将无声的直觉提升为可言说的规则，将琐碎的细节提升为可靠的概括。现代早期的这些伟大愿景——全方位的，包括社会、经济和思想领域的愿景——让我们现代人深表怀疑。今天，我们将规则视为繁文缛节、官僚制、全知全能、空洞的学究，认为它们会扼杀主动性，扰乱市场机制，我们还将细致得近乎病态的操作手册视为苍白的理论。一想到要将隐性的实用知识表述为清晰的规则，我们就皱紧了眉头。[20] 关于"如何做"的知识（与身体的无意识的技能相关）与关于"为什么做"的知识（与头脑的有意识的思考相关）之间的界限，在这组反义词中可见一斑：内在知识与外在知识、浅层知识与深层知识、隐性知识与显性知识。实践究竟是如何转变成要诀的？要诀又是如何进入实践的？

## 二、粗放型规则

接下来我们回到现代早期的规则本身。它们虽然在主题、篇幅、格式和细致程度上差异很大，但都包含丰富甚至冗长的关于如何应用规则的建议，还提供了示例、例外、问题、附带条件、模范、警告，而且在几乎所有的情况下，它们都会提到圣本笃认为修道院阿比该有的那种权限——自由裁量。它们是粗放型规则，而不是细密型规则——细密型规则只阐明要执行的命令，不做进一步的阐述。如前所述，在《圣本笃会规》中，不仅预先设置了例外情形，并视其为规则条文的一部分，而且规则的解释者，即阿比本人，就是规则的范例。换句话说，会规不仅仅是文本，如果缺少一位称职的阿比，它仍然是不完整的。但话说回来，《圣本笃会规》不论在拉丁基督教世界如何被奉为圭臬，我们都有理由反对说，它在严谨性方面很难与数学规则相提并论。今天的数学规则，例如解二次方程，或者求一个函数的一阶导数函数，是最细密的规则，简洁而不加修饰。那么，它们在现代早期的对应物，那些接近于希腊文 *kanon* 和拉丁文 *regula* 的原始含义"直尺"的规则，或者说，那些关于精确测量和计算的规则，又怎么样呢？

规则讲究精确性，尤其是数学上的精确性，这种现象由来已久，而且延续至今——事实上，当我们现代人思考规则是什么以及规则如何运作的时候，精确性是题中应有之义。在现代早期，精确性虽然可能不是"规则"一词的首要定义，但肯定是不可或缺的义项。因此，接下来，我要讨论中世纪和现代早期的测量和商业计算等行业中的一些最著名的规则。有点遗憾的是，在这些领域，我们找不到一个在权威性和影响力上堪与《圣本笃会规》相提并论的规则文本，这导致我的论证素材不够集中、有点散乱，带有更多的统计色彩。尽管如此，我们还是能发现其中一些规律性的东西。

在中世纪晚期和现代早期的商业计算中，最常用的计算法则是"三的法则"。对此，《行商表》(*Dial of merchants*，1485) 这样解释：

> "三的法则"之所以被称为"三的法则"，是因为在任何三个数字中，必定有两个数字相近，另一个数字较远；如果一组数字不止三个，则可以通分为这样的三个。

是不是越解释越糊涂？15世纪的商人在读到这个解释时，也可能会挠头。但是，在这段话之后，有这样一个例题：

> 也就是说，如果3个阿维尼翁弗罗林值2个皇家法郎，那么，20个阿维尼翁弗罗林值多少个皇家法郎？[21]
> 答案：$(2 \times 20) \div 3 = 13 \cdot 1/3$。

这样的例题，在这本书中一共有6个。当学习完这6个例题之后，这位商人可能不仅学会了货币转换，而且学会了价格计算，比如，如果4尺[1]丝绸值20弗罗林，那么10尺丝绸值多少弗罗林？从一个例题读到下一个例题时，他既不需要掌握代数，也不需要掌握欧几里得的比例论，而且，即便题目从货币兑换转到丝绸价格计算或度

---

[1] 尺（ell），欧洲旧时布匹度量单位。——译者注

量衡转换，他也不会发蒙。这条法则的通用性与其说在于其明确的表述（其实那些表述往往是难以理解的），不如说在于举例说明。这个算式，任何人只要翻翻小学数学教科书就能认出。如同《圣本笃会规》一样，我们所谓的规则其实并不完备——示例也是规则的一部分，而规则之所以具有通用性，是因为各种例子提供了可以举一反三的细节，可以类推到其他情况中。

让我们再举一个计算和测量领域的例子，前文提到迪格斯1556年发表的那篇论述测量问题的英文论文，它声称要教授测量木材、石头、玻璃和土地等"各种形式的表面积的多种最精确、最完整的法则"[22]。迪格斯批评一些工匠"头脑僵化、自以为是"，固执地用错误的法则测量木材，还标榜自己有几何学的"可靠基础"。他提出另一套法则，几乎都是通过例子来表达的。他说，有时候应该自由裁量，以简化计算："把木材的真实数量设定为所有奇数的平方数，这太乏味了，令人难以忍受，有时甚至行不通。聪明人会具体问题具体分析，结果反而十分准确。"[23]

同样，在17世纪初，威尔士作曲家埃尔韦·贝文解释了如何创作卡农。这是一种十分接近数学的音乐形式，而和声音乐在当时被认为是数学的一个分支。贝文提供了大量示例，供作曲家研习。今天，卡农被认为是最强调规则的，甚至被视为用算法创作出来的音乐形式，但是，贝文是用列举的方式，从简单的示例导出（通过改变素歌[1]的休止符）复杂的曲目。他把那些复杂的曲目比作"这个世界的

---

[1] 素歌（plainsong），拉丁文 *cantus planus*，是一种相对简单的音乐形式，多出现在早期基督教教堂音乐中。——译者注

框架，因为世界确实由四种元素组成，即火、气、水和土……同样，这部卡农也包含或可被分为四个'规则'……"——所有这些表述都不带谱线。[24]（见图3.3）这类手册中的规则表明，即使是数学手册，比如算术、测量、和声等方面的手册，也可以用列举的方法编写。

可以说，例子是规则的一部分，是必要的补充，有时甚至可以替代它们。虽然找不到一个例子可以作为规则的理想示范，就像修道院阿比作为《圣本笃会规》的示范那样，但是，众多这类例子叠加在一起，可以满足传授和推广规则之需，它们在这方面的作用丝毫

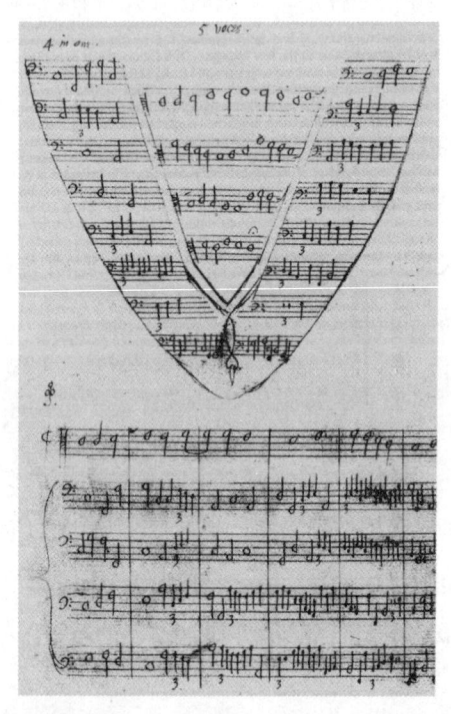

图3.3 埃尔韦·贝文的卡农音乐谱表

*Briefe and Short Instruction of the Art of Musicke, to teach how to make Discant, of all proportions that are in use* (1631).

不亚于范式类规则。就拿科顿来说，他那部"专著"《大玩家》(The Compleate Gamester)除了介绍赛马技巧之外，还介绍了台球、国际象棋、各种纸牌游戏、斗鸡等很多被他称为"迷人的巫术"的游戏的玩法。这件印刷品在伦敦各处的娱乐场里随处可见，有些描述活灵活现。他示范扒手如何趁玩家全神贯注于掷骰子的时候，顺走他外套上的金纽扣；他告诫，不要让袖子拖下来，不要让烟灰撒到台球桌上；他介绍如何通过听一只斗鸡在围栏中的叫声来判断它的斗志。有五花八门的游戏，就有五花八门的"律令"、"法则"和"规矩"，其中有许多是我们一下子就能懂的，例如：如果你碰了一个棋子，你就必须走它。但是，科顿告诉读者，有些游戏要想玩得好，只能靠丰富的经验，例如，"爱尔兰游戏"[1]很难掌握，"要想学好，除了观察和练习，别无他法"；国际象棋更是如此，这是他那本书中最长章节之一的主题。科顿认为，"国际象棋与跳棋一样，有一定的规则"。但在看了大约20页的详细说明后，他得出结论："为了便于读者领会这类高贵的游戏，这里本应该介绍更多的玩法，但囿于篇幅，我只能忍痛割爱。"25

无独有偶，继科顿的著作之后，18世纪出现了埃德蒙·霍伊尔（Edmond Hoyle，1672—1769）编撰的关于惠斯特纸牌等多种纸牌的玩法指南，它们都旨在使读者不仅会玩，而且玩成高手。为此，哪些是"游戏规则"（例如，在开始玩惠斯特纸牌时，每个玩家发多少张牌），哪些是玩法和诀窍（例如，"如果你有一个Q、一个J和三个小

---

[1] 爱尔兰游戏，一种双人桌游。——译者注

王[1]，还有一个同花顺，那么，你就先出小王"），界限被故意模糊了。霍伊尔在书中不仅教读者算牌，算出伙伴手中有某些牌的概率，还开列了一套玩法规则，以"最大可能地欺骗、困扰对手，并让伙伴判断出你的打法"[26]。国际象棋更是如此，要想胜过对手，更需要心理揣测和算计。科顿讲了从"卒"到"后"的每个棋子在不同情况下的价值，紧接着，他又忠告读者："你要观察你的对手最爱用或用得最好的是哪个棋子；更重要的是，一旦它落入你的手中，就一定吃掉它，哪怕是对拼，甚至以大换小，比如用自己的'象'去兑他的'马'，因为这样一来，你就可能打乱他的章法，变得与对手一样兵不厌诈，让他对你捉摸不透。"[27]

在17世纪和18世纪，游戏的规则被标准化了，一开始是在人们频频光顾的赌博场所，比如巴黎的"游戏学园"和伦敦的"伦敦常客"（London Ordinaries，一家以赌博为副业的酒馆），后来是通过科顿和霍伊尔等人的手册的广泛流传。[28] 然而，标准化并不一定意味着切断规则与实践之间的关联。正如在数学和测量中，掌握规则靠的是例子，在惠斯特纸牌或国际象棋中，掌握规则需要善于观察和积累经验。这再一次说明，规则不是孤立的：它的背后是模型、例子、口诀和观察，它靠这些东西来支撑，并被这些东西补充。这并不一定是因为那些规则模糊、不够具体或似是而非，相反，这是因为没有一个普遍的说法能够未卜先知，预见到自己在实践中会遇到的所有细节。普遍性与特殊性之间的差距不是什么新鲜事，令人惊奇的是，现代早期的规则中已经包含了能够弥补这一差距的内容。

---

[1]　在惠斯特纸牌的玩法中，有20张牌都可以作为王牌。——译者注

在机械艺术领域，偶然性被视为规则的敌人。机械艺术的规则希望工匠驾驭千变万化的质料，既克服其对形式的抗拒，又压制其易变性。铁匠知道铁的性质因铁矿的产地而异，厨师和药剂师细致地在食谱或配方中注明关键成分的来源。通往远东和远西的长途贸易路线为欧洲市场带来了丰富的新原材料和制成品，比如：秘鲁的金鸡纳树树皮、印度的棉花、中国的茶叶、巴巴多斯的糖蜜。这些地名本身就能够证明商品的品质和独特性，这可以说是现代"AOC[1]制度"的源头。这种认证体系可以证明一款香槟确实产自法国的香槟区。与今天一样，那些稀有、昂贵的物品鼓励了仿造和假冒，而所有这些都成为作坊中巧夺天工的灵感的来源。[29]这样的偶然性还渗透到其他行业，最明显的是游戏和博彩行业，此外它还挤入战争、商业和政治等活动中。在现代早期的画像中，命运女神的形象高大起来。她手持转动的轮子，吹出易破碎的泡沫，威胁要推翻现有的最好的方案，颁布"不合规则的规则"——她是不稳定性的象征。（见图3.4）

## 三、战争规则

命运女神的幽灵徘徊在现代早期的许多著述中，比如沃邦那篇关于如何打赢战争的文章。不仅是战争，人类的其他活动也充满风险，灾难和混乱无处不在，不确定性和偶然性无论带来善果还是恶果，作

---

[1] AOC（*Appellation d'origine contrôlée*），意为"原产地命名控制"，是法国的一个产品地理标志认证体系。——译者注

图 3.4 汉斯·塞博尔德·贝哈姆，《命运女神》（1541）

画中的命运女神（古罗马女神）手持轮子和幸运草，背景是一艘满帆的船，象征有利可图的冒险。荷兰国立博物馆，阿姆斯特丹。

用力都极大。在现代早期，很多文章都试图从这种或那种混乱无序的实践活动中提炼出规则或诀窍，其中最为自信满满的，当数那篇讨论防御工事的文章。这部分是因为现代早期的防御工事堪称复合型数学的一个分支（这种复合型数学"复合"了从光到炮弹的各种物质）。就像力学或光学一样，防御工事深受几何学的影响，并且越来越多地受到抛体运动之类的理性力学（rational mechanics）的影响。事实上，当时关于这一主题的许多论文都是先从平面几何讲起的，然后将现代早期那些以星状多边形为特征的堡垒处理为一种直角加圆形的结构，比如，佛罗伦萨军事工程师、帕尔马诺瓦防御工事的建筑师博纳尤托·洛里尼于1596年撰写的论文。[30]

然而，围攻战与规则之间的关系远远超出了现代早期设防城市的海星几何形状。（见图3.5）在历史上，陆地战的主力是骑士，到中世纪后期，出现了装备长弓和长矛的步兵；到15世纪末和16世纪初，火力兵器（尤其是加农炮和地雷）的出现对中世纪带有城墙的城市造成了毁灭性的打击，并将欧洲战争的焦点从旷野转移到了堡垒。这种围攻战被称为"阵地战"，它允许——事实上也要求——制订详细的计划，从后勤补给、长途运输重达数吨的大炮（加上数倍于此重量的火药和炮弹），到进攻和防御的物理和数学演算，只不过，后者的精确度很容易被夸大。尽管现代早期的兵书中有许多表格声称可以计算出大炮应该固定的角度，以便在既定的距离内击中碉堡，但实际情况是，17世纪的大炮只有在近距离范围内才够准确。[31] 尽管如此，与野战的混乱无序相比，阵地战是秩序的典范，因为在野战中，有时连最后到底谁是赢家都说不清楚。正如沃邦所言，即使是最伟大的指挥官，也受"命运女神的摆布，她变化无常，经常做出不利于他们的决

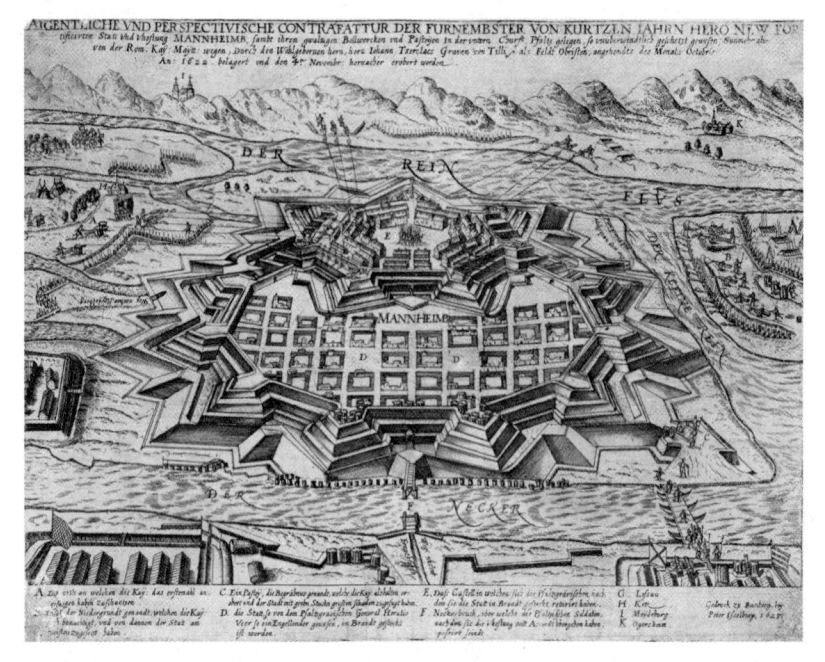

图 3.5　彼得·伊塞尔堡,《曼海姆城的防御工事》(1623)
曼海姆地方档案馆

定,但在围绕防御工事展开的攻防战中,更起作用的是审慎和灵活应变,运气的作用要小得多"[32]。

在现代早期的诸多文献中,只要一提到将实践简化为艺术,著述者就会不厌其烦地讲如何降低偶然性。在实用医学和占星术等"低级科学"中,艺术或手工艺从业者面对的不仅是灵活的形式规则,还有顽固的"质料"个性,比如:这位气色不佳、有久坐习惯的患者,那块带有独特的纹理、树瘤和弯曲度的胡桃木。无论是在医学、大木工,还是在防御工事中,细节都具有支配性的作用,究其原因,就是质料对形式的抵抗。沃邦的老师布莱斯·德·帕甘(Blaise de Pagan)

曾讨论将数学应用于防御工事的局限性:"如果防御工事是一门纯数学的学科,那么它的规则就是纯推理性的,但其实,它(防御工事)以质料为对象,以经验为主要基础,其最重要的准则都源于人的决断。"[33] 在细节的王国里,偶然性是强有力的,规则是脆弱的。沃邦一生打赢过48次攻城战斗,他是从多年的军旅生涯中提炼出规则——至少是通行的要诀。我们无法将命运女神逐出战场,但我们可以限制她。

沃邦重视偶然性,这种努力贯穿围城准备与实施的每个环节。从最初的侦察(最好由总工程师亲自骑马完成,他还应该适当贿赂当地人,从他们的口中套出一些话),到艰苦的挖掘战壕的工作(要用多少农民,用什么样的铲子,应该挖多长时间),再到进攻的那一刻。[34] 他精心绘制表格,详细说明战壕应该挖多深,什么高度和深度的堡垒需要用多少磅火药才能炸开,而要守住一个要塞,需要多少磅扁豆、大米、牛肉、奶酪、咸鲱鱼、黄油、奶酪、肉桂,更不用说多少大炮、炸弹、迫击炮、锤子、剪刀、木材、烤面包炉等五花八门的东西。这些物资都用函数计算,以堡垒或要塞的数量(4~18个)为变量。他还画了31幅水彩画,详细描述如何挖掘战壕,有些局部还配有特写,并具体介绍该使用什么工具。

在他标为第三十条的"通用要诀"中,沃邦反复强调,工程师有责任监督战壕的每一个细节,确保大炮和其他火力点的位置准确无误。他警告说,如果没有在某个时间严格地执行相应的指令,那么就会"乱成一锅粥"[35]。战斗一旦打响,会乱成什么样子,沃邦不止一次目睹过。他坦承自己的攻势远非整齐有序:"让我们诚实地承认,我们的大部分围攻都非常不完美,我们的大部分进攻都非常混乱,而且不必要地、不合理地危及了国王的臣民、荣誉和他的国家。"但是，沃邦并没有因为这类缺失而放弃攻城的规则。相反，他呼吁"更确定、更务实的规则"，以便"围攻战更加有序、更少血腥"[36]。

沃邦可以说是一个"细节狂魔"，但他并不是一个先入为主的系统论者，也不是一个过分追求精确度的人。虽然必须像老鹰一样时刻盯着那些被征召来挖战壕的农民，以防他们挖得不够深，但是，只要壕沟的内壁达到一定的倾斜度就够了，"这些壕沟只用很短的时间，不必搞得像抛光处理那样"[37]。尤其要注意当地的地形特点；对于常规的堡垒，可以按书中说的去指挥攻击和防御，但是，如果遇到不合常规的堡垒，则需要稍微偏离规则；在战斗正酣之际，哪有工夫去做精确的测量。表格可能详细得近乎疯狂，但这并不意味着要严格遵守它们，而应该将它们作为备忘录和物料清单参考。[38] 有了规则和表格，很多东西人们就不需要去强记，这就解放了大脑，人们能够根据具体情况做出判断，甚至发挥创造力。沃邦很早就是一名军事工程师，在他的职业生涯中，他自豪地发现，"工程师"（engineer）与"天才"（genius）这两个词有共同的词根：ingenium，即杰出的因地制宜的创造力。[39]

现代早期的很多规则都提供了示例、例外和经验，沃邦的规则也是如此，它们都不是封闭的。现代早期的规则的普适性不是统计学上的概括，不是总结做什么事的最大可能性。它们没有系统地收集数据，几乎没有考虑过概率分布问题。但是，即使沃邦和他那些制定规则的伙伴做过这些，也很难说他们会觉得做这些是很有用处的。如果可能发生的情况的概率分布接近一条平坦的线，没有明显的峰值，线条尾部也没有突然变化，那么，这种统计概括对于实践就没什么指导作用。任何一种可能性都与其他可能性一样大，平均值没有指导意义，规划变成了开盲盒。此外，统计数据的收集必然假定统计对象具有同质性。例如，为确定立法代表人数而对公民进行全国人口普查，这种调查必须剥离公民与投票权无关的特征，如身高和体重；然而，在另一些场合，这些特征可能很重要。成功与失败往往取决于具体的实践细节，而且细节是不断变化的，所以，大多数现代早期的艺术实践不可能提供统计学的"粗粒度方法"——或者就此而言，亚里士多德的普遍性。现代早期的执业者所处的世界太不稳定，"纹路"太细，不适合细密型规则。只有粗放型规则，辅之以一条又一条的具体说明、条件限定或示例，才能对付命运女神的诡计。

诚如亚里士多德所言，细节是没有止境的。[40] 粗放型规则无意于包揽所有的细节。相反，它们提请人们注意规则中的偏差及例外情形的种类和范围；注意规则在哪些领域有效，在哪些领域无效；注意哪怕再典型的事例，也可能需要做一些调整，才适合成为规则。粗放型规则提醒相关人士留意必须注意的细节，以及根据当下情况灵活运用规则的限度。它们告诉读者，在很多情况下，灵敏与判断力是多么重要，并激励读者去践行。全部列举这类情形是不可能的，也没有意义；标识它们的存在，并提供一些典型的解决方案，就足够了。剩下的问题就交给经验了。现代早期的规则手册很少是为没有任何经验的新手编写的，也没有一本是为机器执行而编写的。如前所述，甚至算术规则也不单单是算法。丢勒和迪格斯对工匠说那番话时，也设想他们至少已经过了学徒期。所有这些都不是在教导一无所知的新手，而是将实践从"照葫芦画瓢"提升到用脑子思考的层次。

即便是游戏类书籍，也不是万能宝典；在某种程度上，想要成为惠斯特纸牌或爱尔兰纸牌的高手，就必须身体力行。粗放型规则之所以一再强调经验，是因为它是这类书籍的读者的出发点和归宿。规则不能取代经验，只能发展经验，并使经验系统化。但这已经很了不起了——经验通过艺术规则的透镜的审视之后，比大多数工匠在自己的作坊里遇到的那些杂乱无章的细节更有序、更聚焦，而最重要的是，可以推广。[41] 1619年，有一部题为《所有职业、艺术、商业、贸易和手工艺》的指导手册，卷首总结了所有这些行当的基础。其中有一幅插图，在画家、印刷工、猎人、木匠、面包师和其他工人的下面，有两个寓意更加深远的重要人物，分别化名"勤劳"（Diligentia）和"经验"（Experientia）——它们是一切艺术法则的根本。（见图3.6）

## 四、厨艺秘籍

有这么一类前现代的规则手册，它们无意于做任何普遍甚至局部的概括，烹饪书就是此类，书中几乎全是细节描述。[42] 烹饪书为在实践中运用规则带来了新问题：如何将实践融入规则本身？17世纪的烹饪书通常面向已经在厨房接受过学徒训练的读者，那些人希望通过进一步学习如何准备新式法国酱和甜点，提高自己在贵族家庭中的地位，但是，到18世纪，烹饪书越来越倾向于面向新手，比如年轻的女仆，或者至少是识字的女主人。[43] 后一种类型的烹饪书追求规则的独立性，尽管它们也承认要考虑鸡蛋、面粉、糖和黄油的具体情况。

有两本英国烹饪书，一本出版于1660年，另一本出版于1746年，它们鲜明地呈现出这种差异。罗伯特·梅的《厨艺大师，或烹

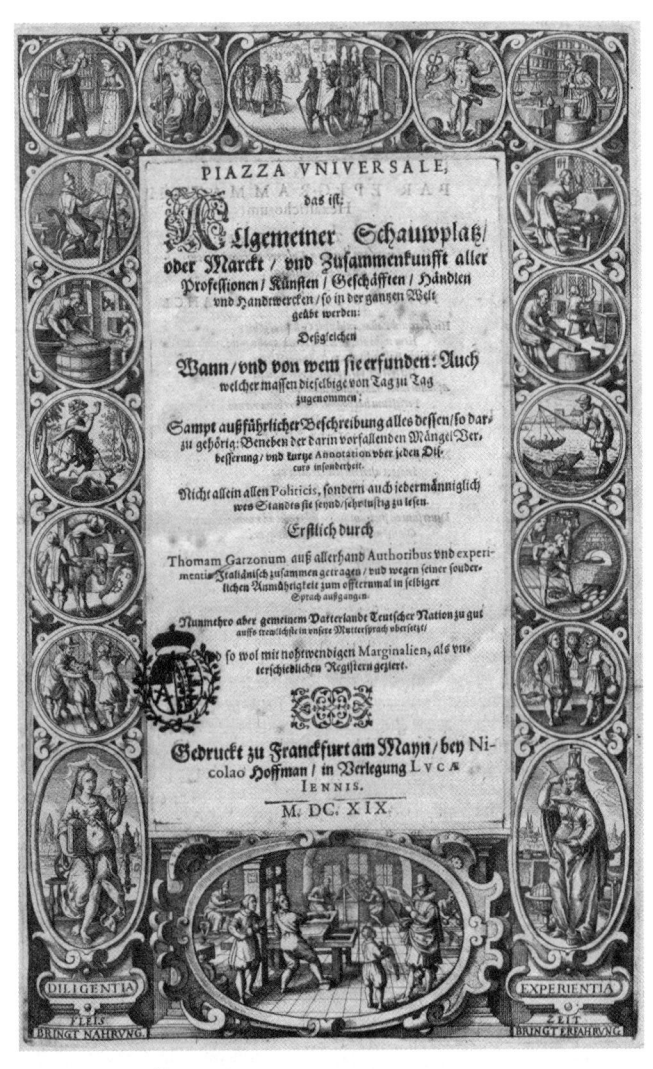

图 3.6 托马索·加尔佐尼[1]的卷首插图

图中显示了许多机械艺术的实践者,他们都十分勤奋,经验丰富。SLUB, https://digital.slub-dresden.de/id265479053.

---

[1] 托马索·加尔佐尼(Tommaso Garzoni,1549—1589),意大利文艺复兴时期的著作者。——译者注

饪的艺术和奥秘》(*The Accomplisht Cook, Or the Art and Mystery of Cookery*) 是写给"厨师，以及那些已经完成学徒期的年轻帮厨"的。梅详细介绍自己的资历：他是一个贵族家庭的厨师长的儿子，曾在伦敦和巴黎当过学徒，后来来到伦敦，在拉姆利老爷[1]家任厨师。英国内战期间，他离开伦敦，在"肯特郡、苏塞克斯郡、埃塞克斯郡、约克郡的各大贵族家里"做厨师。梅向读者信誓旦旦地承诺，书中写的不仅都是基于自己"长期的实践经验以及与同时代顶级行家交流"的成果，而且有很多"新的厨艺"，其中大多数属于法式；相比欧洲大陆的宴会标准，自己的同胞实在是太落伍了。44

当玛丽·凯蒂尔比（Mary Kettilby）在自己的书中列出大约 300 个食谱时，梅在她心目中不过是一位纸上谈兵的烹饪书作者。她认为，自己的这些食谱"教导人们做出美味佳肴，且通俗易懂，没有任何一部书可与之相提并论……某些'大师'给我们提供的那类厨艺规则如此奇怪、荒诞，很难说阅读那些书能够让人开心、有兴致，更大的问题是，如果按照它们的指引，在实践中会遇到更多的烦恼和懊恼"。她的书并不是给贵族手下那些有雄心壮志的厨师长看的，而是给"年轻的、没有经验的夫人"和"乡村旅馆里的厨娘"看的。45 凯蒂尔比同样信誓旦旦地向她的读者保证，自己的这些烹饪和药用食谱汲取了"杰出人士的渊博知识和长期经验"。梅的写作针对的是已经跟师傅学习过的有经验的人，相比之下，凯蒂尔比为没有经验的人传授经验。凯蒂尔比所定的规则是可以独立发挥作用的，或者，像一本

---

[1] 拉姆利老爷（Lord Lumley），理查德·拉姆利，第一代斯卡堡伯爵（Earl of Scarbrough，约 1650—1721），英国贵族、军官，是"光荣革命"期间邀请威廉-玛丽进入英国的主要贵族之一。——译者注

现代烹饪书所说的那样,一卷在手,应有尽有。(见图3.7)

这种所谓的差别究竟表现在哪里呢?让我们拉近距离看看,下面是两份甜点的食谱,第一份来自梅的烹饪书,第二份来自凯蒂尔比的烹饪书,配料相似(警告:不适合肥胖人群):

### 水煮布丁

将三个鸡蛋黄与玫瑰水、半品脱奶油一起搅碎;再将一块核桃大小的黄油加热,当黄油融化时,将鸡蛋和黄油搅拌到一起,用肉豆蔻、糖和盐调味;然后,放入差不多等量的面包碎,做成**浓稠的面糊**;再放入差不多一先令等量的面粉;然后,拿一块布,叠成双层,打湿,再撒上面粉,裹紧面糊,放入锅中煮;煮好后,将其放在盘子里,辅以黄油、葡萄醋和糖,待用。[46]

### 油炸冰激凌

取一夸脱[1]新鲜奶油、七个鸡蛋黄、一点柠檬皮、一粒磨碎的肉豆蔻、两勺面粉、等量的橙花水,在锅里涂上黄油,一起放在火上;**用一个小的白搟(搅拌器)搅拌,要始终朝同一个方向搅**,边搅边轻轻撒入面粉,**直到它变得又稠又滑**;然后上锅煮,煮好之后,可以倒在奶酪盘或"马扎里"[2]上;用刀把它**均匀摊平**,大约半英寸(1.27厘米)厚,然后切成菱形块,放在一锅沸腾的甜羊脂中炸熟。[47]

---

[1] 1英制夸脱≈1.14升,1美制夸脱≈0.95升。——编者注
[2] "马扎里"(Mazarine),一种带有蓝边的瓷碟子。——译者注

图 3.7　玛丽·凯蒂尔比的卷首插图

画中显示，女主人正递给女仆一份食谱

Mary Kettilby, *A Collection of above Three Hundred Receipts*, 1747.

为凸显差异，我将文中的数据（例如"核桃大小"）用斜体标出，将操作程序（例如，如何判断布丁煮得足够熟）用粗体标出。这样就一目了然了，梅与凯蒂尔比提供的测量方法没有明显不同（这一点还得到同时期其他烹饪书的证明），但是，他们对技术的描述以及在如何把握火候方面有所不同。这里的重点是，这两份材料表明一种发展趋势：配方的测量越来越复杂、越来越精确。例如，一份1390年烹饪手稿的1780年版编辑抱怨说，"（书中）很少提到食材的用量，这个问题由厨师的口味与判断决定"。这句话表明，在这中间的四个世纪里，人们的期望发生了怎样的变化。[48]确切地说，这两个样本的比较表明：首先，将有经验的厨师与没有经验的厨师区别开来的是厨艺，而不是食材的用量；其次，那种所谓的只可意会，不可言传的知识是可以被明确表述的。一本烹饪书介绍的菜肴是否达到"傻瓜级"的简易程度，当然取决于那个傻瓜有多傻，但也取决于其表述是否清晰，取决于配料、测量、烹饪器具和烤箱的标准化。但是，知识究竟是只可意会，不可言传，还是可以完全表达清晰，追求这种非此即彼的对立，是现代辩论的特征，遮蔽了这个现代早期的比较案例所涵盖的多种可能性。诚然，没有一种规则是完备的，但是，总有一些规则要比其他规则更加完备。

从现代早期烹饪书中得到的最后一个启示是，表述的明确性并不意味着更多的特异性。再举一个关于甜点的例子，这一次是源于汉娜·格拉斯（Hannah Glasse，1708—1770），她著有《简单易学的厨艺》（*Art of Cookery, Made Plain and Easy*）。此书一直很受欢迎（1747年出版第一版，最新的版本是1995年版），写给"任何家佣，只要识字就行"[49]，其中这样介绍制作布丁的"普遍规则"：

## 制作布丁时应遵守的规则

煮布丁时,袋子或笼布务必非常干净,不要有肥皂味;水要能漫过,水开后撒上足够的面粉。如果想做面包布丁,就把它系松一点;如果想做浓稠布丁,就把它扎紧;务必等水沸后再放入布丁;要不时动一动布丁,以免烙锅。[50]

这次我没有必要用粗体突出显示流程了,因为这段话里全是流程。在格拉斯的规则中,当年梅假定读者会知道的那些事情,都要明确讲出来(例如,不时动一动布丁,以免烙锅),甚至连凯蒂尔比都觉得不用说的事情(例如,袋子不要有肥皂味),也都交代得清清楚楚。但是,请注意,格拉斯的这些规则也是通用的——它们不是在讲杏仁布丁、橘子布丁或无花果布丁,而是在讲水煮布丁本身。很快,格拉斯的烹饪书就成了一部带有某种调侃意味的现代烹饪书:傻瓜手册。要想把只可意会,不可言传的东西讲清楚,多讲特异性内容,注重数量的精确性,不失为一种方法。但是,这并不是唯一的方法,甚至不是最有效的方法。相反,任何一个费力阅读过冗长的说明书的人都知道,太多的特异性、太多的精确性,反而会使简单明了的显性知识变回晦涩难懂的隐性知识。

现代早期的机械艺术规则为当下关于隐性知识和显性知识的讨论提供了丰富的素材。关于这种区别,最早的论述可见于化学家、科学哲学家米歇尔·波兰尼(Michael Polanyi)所著的《个人知识》(*Personal Knowledge*, 1958)。该著作指出,隐性知识的范围很广,从知道如何骑自行车,到知道如何阅读X射线晶体学图像;而在它的对立面,主要是科学知识,科学知识是客观的,因为它可以被完整而明确地表达出来，任何人都可以获得。波兰尼的目标是，在所有人都可以获得的客观的、非个人的知识与不受逻辑或经验证据制约的纯粹私人主观性的区域之间，开辟一个中间地带。在他看来，这种中间地带虽然有资格被视为真正的、实实在在的知识，但仍然是个人的，即该书标题所称的"个人知识"[51]。知识社会学家哈利·柯林斯（Harry Collins）探索并分析了隐性知识的类别，他指出，波兰尼的两极区分事实上介于一系列可能性之间。一端是最根深蒂固的隐性知识，比如，只需正确地动一下手，就能使一台精密的实验室仪器正常工作；另一端是显性知识，比如，如何求一个立方根，它如此明确，甚至可以由计算机程序执行。为隐性知识与显性知识设定鲜明的二元对立，实际上是假定后者既是可能的，也是更高级的。"隐性的观念寄生于显性的观念之上。"柯林斯如此说。[52]

现代早期机械艺术的规则是一个例证，说明在当时那个思想和实践的世界，没有明确的显性与隐性区分。粗放型规则混合隐性与显性，它假定，存在一种手把手传承的经验，但仅凭经验又不足以做出最好的产品。这类规则中附有例子、观察资料，乃至例外情形，告诉实践者注意相关细节，突出模型的作用，并提醒所有规则的适用限度。现代早期的规则手册虽然也会诉诸经验，但通常不会写任何规则都无法表达的技巧或鉴赏力之类的内容。相反，机械艺术规则手册的作者坚持认为，学徒仅凭自己在作坊里学到的那些隐性知识，并不足以达到最高水平的精湛技艺。粗放型规则筛选、整理和拓宽了学徒的经验，然后让他们回到工作岗位，以获取更多的经验。这一次是反思的过程，好比棱镜的折射。紧紧折叠的纸花只有浸入水中才会绽放，同样，粗放型规则只有浸入经验中才能成立。

上述烹饪书的例子还告诉我们，细密型规则中也有模糊之处，它们为那些几乎无所不知的人，也为那些几乎一无所知的人提供了一展身手的机会。面对一个简洁的指令，如"将蛋清加入面糊中"，那些已经掌握相关经验和手法的规则执行者一下子就能理解，而无须进一步解释。高级烹饪书不再为专业读者提供粗放型规则可能为新手提供的额外信息，这不是因为那些信息是隐性的，而是因为它们是多余的。但是，对于那些没有任何经验的人，即入门级的人而言，或者在极端情况下，对于机器而言，细密型规则还是需要标准化、程序化，最好将当前的任务分解成一些简单的步骤。在第四章和第五章，我们将看到，只有后一种细密型规则才是现代意义上的显性规则，才具有面向机械劳动的发展远景，无论是由人还是由机器来实施。

## 五、小结：瞻前顾后、左右逢源

机械艺术是一个动态的范畴。经常有人尝试对照博雅艺术，将机械艺术也总结为七类，但是，它们的种类实在是太多了，很难被塞入"三艺"或者"四艺"[1]那样的固定分类中。1125 年，圣维克多的休（Hugh of Saint Victor，约 1096—1141）将毛纺、航海、农业、狩猎、武器制造、医学和戏剧称为机械七艺，但后来，到中世纪和文艺复兴时期，这份清单不断扩展，增加了烹饪、捕鱼、园艺、制药、畜

---

[1] "三艺"（trivium），指语法、辩证法和修辞；"四艺"（quadrivium），指算术、地理、音乐和天象学。它们合在一起，就是被称为"博雅艺术"的"七艺"。——译者注

牧、商业、金属加工、建筑、工程、绘画、陶器、雕塑、钟表制造、抄写、测量、印刷、政治、军事战略、游戏、炼金术、大木工等几乎所有的所谓"积极生活"[1]53。现代早期机械艺术的扩展说明了市场的扩张和专业化，也证明了某些一度被视为卑贱的、非博雅的志趣的地位在上升。新的发明，比如磁罗盘、印刷机和火药是现代早期的著述者津津乐道的话题，而工程、建筑、绘画、雕塑等建造和装饰广场或宫殿的艺术展示了"机械艺术"的丰富性，令人印象深刻。

机械艺术的发展与变化，还表现在它与科学之间的关系，以及它与手工之间的关系上——手工受偶然性和工序的影响更大。在这一时期，三者形成一种三边互动，机械艺术居于中间位置，介于科学的普遍性与手工的偶发性之间。它深度地介入物质世界，这使得它没有资格像艺术那样声称具有形式的普遍性与必然性，但是，它能够形成规则，并遵循规则，这又使得它超越了手工行业的机械的体力劳动。弗朗西斯·培根试图向人们证明，自己在书中杜撰的乌托邦本塞勒姆并不落伍。在书中，所罗门王朝的官员向那些因海难流落至此的欧洲水手夸耀说："我们这里有各种各样你们所没有的机械艺术，以及相应的物品，比如纸、亚麻布、丝绸、纸巾……它们大多数是在这个王国里生长、制造的，而且，我们在发明这些东西的时候，有自己的模式和原则。"54 培根所称的"模式"和"原则"在现代早期都是规则的同义词，意在强调这类艺术是名副其实的。艺术规则是人与人在社会地位和认知水平上高下之分的标志，而对于那些已经掌握它们的人来

---

[1] "积极生活"（vita activa），西方思想史术语，突出人的行动，与"沉思型生活"（vita contemplativa）相对，这里也体现出机械艺术与博雅艺术相对。西方现代学者汉娜·阿伦特对"积极生活"多有著述。——译者注

说，它还意味着能够带来更大的声望和利润。

在16世纪和17世纪，科学、艺术及手工之间的关系是多么不稳定，这一点从"机械"（mechanical）一词的含义变化上可见一斑。在古希腊文和拉丁文中，机械（mechanice/mechanica）是指能增加人的力量、克服自然阻力的装置。古代最基本的机械，是杠杆和滑轮。然而，到了13世纪，拉丁文的这个单词还与社会底层的人从事的粗鄙的体力劳动联系在一起。人类要想生存，就必须劳动，但劳动被视为不光彩，劳动者也是如此，这或许是亚当受诅咒的一种回声——当他与夏娃被驱逐出伊甸园后，他被罚靠自己的汗水赚取食物。这一时期，"机械"与"博雅"（liberal，带有"自由"的意味，指不受他人约束）相对，这个词越来越多地与不自由的、随时听命于长官的工作联系在一起。在本地话中，它与粗糙、肮脏的双手的联系扩大到一切粗鄙的环境。[55] 然而，在17世纪，实用力学与理性力学的融合，以及机械艺术地位的上升，使这个词焕发出新的光彩，并将其置于新科学的中心。牛顿在《自然哲学的数学原理》的序言中指出："一个人在工作中如果不追求精确，那他就是不完美的机械师；如果他的工作能达到完美的精确度，那他就是最完美的机械师；直线和圆是几何学的基础，它们属于力学[1]的范畴。"[56]

最后，机械艺术要求手脑并用，在心灵与手巧之间找到一个折中的、恰当的位置。这类艺术的规则在普遍性与特殊性、隐性与显性之间寻求平衡，为了找到一个稳定的支点，总是在两者之间摇摆。普遍

---

[1] 现代早期没有出现学科界限分明的力学与机械学，它们的英文都是mechanics。——译者注

性与特殊性的对立是一个古老的哲学命题,而且这种对立一直很强烈,因此,在普遍规则(但不等于普适性规则)与具体情况(但不等于绝无仅有的单一情况)之间,似乎天生不存在不稳定,时而向前,时而向后。但是,正如跷跷板不会固定在一端高、一端低的位置,艺术规则也无意于走向这样或那样的极端,然后停留在那里。艺术规则之所以附带一些示例、例外、解释、模型和问题,就是因为在实践与反思之间摇摆的结果。它所教授的,恰恰是普遍性的东西,它鼓励从业者擦亮眼睛,去寻找模型、类比和典型案例,以便加深对规则的重要条款的理解。正因为普遍性并不等于普适性,而且事例和例外也都从来不是绝对的异类,所以,读者既能够理解那些粗放型规则,也能意识到它们应用领域的局限性。

有的人可能天生感觉敏锐,知道要在什么时候以及如何根据环境去调整规则,甚至完全放弃规则。对于他们来说,自由裁量可能是一个多余的词。即使是最绝对的艺术规则——它们被冠以"公理"的名头,要人牢记在心,最后也总是要讲一讲例外情形。例如,沃邦曾在书中提出了一个听起来无懈可击的关于攻城的公理:永远在堡垒最薄弱的地方攻击它。但是,仅仅在一段文字之后,他就提供了"瓦朗谢讷之围"[1]这个反例,那就是,在安津门发起攻击,它虽然不是防御工事中最薄弱的环节,但有一条铺设良好的道路通向它,这极大地方便了大炮和其他重型弹药的运输。这个例外说明了一个老旧的证明方法——检验,正如民谚所说,"布丁好不好吃,在于尝一尝",它通过

---

[1] 瓦朗谢讷之围(the Siege of Valenciennes,1676—1677),欧洲历史上法国与西班牙属荷兰之间的战争中的一次战役。在这次战役中,荷兰的瓦朗谢讷受到卢森堡公爵率领的法国军队的攻击。瓦朗谢讷,位于今法国北部。——译者注

实践检验一条规则的有效程度。示例和例外往往还会标记需要注意、权衡和利用的相关细节，例如，这里的铺设良好的道路。这些细节还可以被用作类比，将零星的案例与普遍的规则联系起来，以及将零星的案例彼此联系起来，后一点同样重要。就像踩跷跷板一样，自由裁量重在平衡。

粗放型规则为细密型规则的有效性卸下了不少负担。一般来说，规则的应用领域必须明确，材料和测量必须标准化，任务必须尽可能细化，偶然性必须最小化。正如我们将在第四章看到的，细密型规则不一定是简短的规则。相反，可预见的环境、微观管理的精益求精的精神，或者对自由裁量的限制，这三条加在一起，或者其中任意一条，都有可能导致规则过于追求细节。细密型规则的关键特征是假定条件和用户的稳定性和标准化。由计算机执行的算法是最细密的规则。这并不是因为这些规则在某种意义上都是最简化的——相反，那些程序可能既冗长又复杂——而是因为这些规则假定执行过程及应用条件完全不变。细密型规则在实践中是否起作用，取决于程度——用户和环境在多大程度上是不变的，在多大程度上是稳定的。[57] 细密型规则恢复了"机械"一词旧有的"程式化"含义，但这是出于相反的原因。起初，工作是机械的，因为它只处理细节，处理一件又一件烦人的事情；今天，工作是机械的，因为它是由只处理共性问题的机器完成的。

没有什么一纸规则能够粗放到足以独自引领一门艺术。那样的规则可以整合经验、模仿经验，但不能取代经验。在16世纪和17世纪，入门指南都是写给已经开始学艺的从业者，敦促他们回到作坊、战场或厨房，将自己的阅读体会带到实际操作中。艺术规则始于经验，也终于经验。即使到18世纪，开始出现为新手编写的烹饪书，那些书也要回到实践中去修正。经验的文本化有助于试错和减少错误，但不能消除错误。就此而言，即使是YouTube（美国的一个视频网站）上那些制作精良的烹饪视频，也不能免于此，原因很简单，好的手工体验集手、舌头、鼻子、耳朵和眼睛等的经验于一体。感官、思维和身体的协调需要时间和重复，自由裁量权在许多不同的案例中发挥着优势。就现代早期而言，经验是层层累积而成的。许多不同细节的个体感觉最终在记忆中沉淀为共性的经验。因此，经验是一个需要时间的过程，而不是灵光一现。

让我们回过头来再看看霍尔齐厄斯的那幅版画《艺术与实践》。（见图3.2）她（女性）的左手代表"艺术"翅膀，向"实践"（男性）指明某些问题，让"实践"重点注意某个关键细节，这就像粗放型规则要求人们注意其中的示例和例外。她跨坐在地球上，这象征着她学识的渊博以及声誉的广泛。男子离背景更近，背景乍看起来平常无奇，但仔细观察，会看到风车，这是霍尔齐厄斯所在的哈勒姆地区的荷兰特色景观。地球仪和风车象征着普遍性和特殊性的结合。在画面的右下角，是散落的书籍和乐器，而在稍远的地方，矗立着一个沙漏，沙子在一粒一粒地往下落，象征着时间的流逝。没有时间和经验的缓慢沉淀，"艺术"的学识和"实践"的勤奋都将是徒劳的。粗放型规则将示例、解释和例外呈现在人们面前，提醒人们时间的流逝，以及手和脑的缓慢融合。

# 第四章　机械计算之前的算法

## 一、课堂

现在，场景转为课堂，任何时间、任何地方的课堂。[1] 它可能是在公元前 1750 年左右古巴比伦城市尼普尔的一所房子里，正在训练成为书吏的学生俯身在泥板上书写楔形文字；也可能是大约公元 150 年中国汉代的一所书院，豪族子弟正在用算筹求解算术题，而算术是他们的"六艺"之一；它也可能是在公元 1500 年前后文艺复兴时期比萨或奥格斯堡这样的繁华商业城市里的"计算师"的家里，雄心勃勃的商人正在研习印度数字[2]以及复式记账法；或者可能是在现在的任何一所小学，那里的孩子正在学习乘法表，可能是纸质版的，也可能是电子版的。从古代美索不达米亚幸存下来的最古老的书面文献，一直到晚近的文献，都可以看出，算法的自然家园是课堂，它的自然媒介是教科书，其材质可能是泥板、纸莎草纸、棕榈叶、竹简、羊皮纸或纸。几千年来，算法与计算工具没有关系，也与今天的绝大多数应用程序没有关系，尽管今天的一些应用程序让"算法"这个词成了数字时代的象征。实际上,算法的首要内容是计算,而不是计算工具;有人称,计算机具有漫长而久远的历史,其实,这类说法的资料来源绝大多数是一些相当武断的文献。

要理解 20 世纪以前的算法,必须牢牢记住这一背景知识。及至 20 世纪,人类在数学领域里的实践,仍然与古代文献所记载的情况一样,几乎都是围绕寻求特定问题的解决方案而展开的。但是,由于数理逻辑和计算机科学的发展,这类实践规则转变为高度抽象和普遍的原理。今天,这些原理是支撑数学和计算机编程的基础。将这段晚近的实践溯源到 1 000 年以前,是不恰当的,那样做有可能忽略了算法的某些本质特征,它们与我们今天所理解的完全不同。

今天,人们提起算法,总强调它们广泛的通用性,但从历史上看,算法几乎总是用于解决十分具体的问题,例如,在给定直径的条件下,计算圆形场地的面积,或者将一定数量的面包分成不相等的几份,而不是用于计算一些递归条件的算术函数,例如,$\phi(k+1, x_2, ... x_n) = \mu\ [k, \phi\ (x_2,... x_n)\ x_2, ..., x_n]$[3]。1928 年,数学家戴维·希尔伯特提出"决策问题"(*Entscheidungsproblem*),要求数学家设定一个程序,有了这个程序,只需通过有限的步骤,就可以知道是否可以从一组给定的公理中推导出某个表达式。自此,算法成为数学证明的核心标准。[4] 但从历史上看,算法一直是与公理化证明这一理想状态相对立的,通常被贴上带有贬义的"仅限于此"之类的标签,以强调这类"仅限算法"与欧几里得式论证的差别。在漫长的历史中,计算是数学课程的基石,而不是顶峰。它们是基础,是后来所有数学研究的前提。计算是学生最先学到、必须学好的课程。

前现代与现代算法的观点之间还有一个进一步的差异,这也是本章论述计算机出现之前的算法的一个核心内容。在前现代，计算由人执行，而不是由机器执行。计算的机械化是一个渐进的过程，它始于18世纪末将劳动分工原则运用到人工计算上，到19世纪中期，出现了可靠的、可大规模生产的计算机，如"托马斯四则运算器"[5]。在此后的近一个世纪里，在天文台、保险公司、人口普查局和战时武器项目中，只要需要进行工业规模的计算，人类就会与机器协同工作，共同应用算法，这一点我们将在第五章中看到。只是到了20世纪的最后25年，得益于可以预先编程的电子设备，才出现了近乎完全自动化的算法执行。然而，早在19世纪初，甚至在可以用计数机器，更不用说用计算机可靠地执行算法之前，这类计算就已经被说成是"机械化的"。这说明，人们开始以一种新的方式看待算法，认为算法可以在不被人了解，甚至人根本不懂的情况下，只需按照规则，就可以得到执行，由此开辟了一种标准化趋势，在标准化下，具体情境不再被考虑。在19世纪和20世纪，按照第三章中介绍的"粗放型"规则和"细密型"规则的区分，算法成了所有规则中最细密的规则，而细密型规则又进一步成了所有规则的模型。

本章的目的首先是重建什么是前现代算法，以及它们在实践中是如何发挥作用的，其次是追溯算法在计算机出现之前是如何变得机械化的。这两项研究内容的时间和空间规模是不对称的。算法在许多文化中已经使用了数千年，但算法的机械化到两个多世纪前才出现，主要是在经济、政治和科学现代化的背景下。尽管时间线不同，但这两项研究所追踪的目标都是变动的："算法"与"机械"都不是一成不变的，而它们最终的联手可以解释细密型规则如何可行。

## 二、什么是算法？

什么是算法？英语单词 algorithm（及其在其他欧洲本地话中的同源词）本来是穆罕默德·本·穆萨·花剌子米（Muhammad ibn Musa al-Kharizmi）的名字的拉丁文拼写。花剌子米是阿拉伯数学家、天文学家和地理学家，他在印度数字、代数、星盘和天文表等方面多有著述，还修正了托勒密的地理学，极大地影响了中世纪欧洲和中东的科学。在 12 世纪，他关于印度数字计算的专著被翻译成拉丁文；现存最古老的这类拉丁文手稿以"Dixit Algorizmi"（花剌子米如是说）开头，由此，Algorizmi 的变体首先成为用印度数字（0、1、2、3、4、5、6、7、8、9）进行计算的术语，最终泛指一切算术计算。[6] 13 世纪流行的拉丁文初级算术教科书，如亚历山大·德·维拉·代（Alexander de Villa Dei）的《算法歌》（*Carmen de algorismo*）和约翰·德·萨克罗博斯科（John de Sacrobosco）的《通俗算术》（*Algorismus vulgaris*）被用作标准的大学教材，并有助于将这个阿拉伯外来词自然化为加、减、乘、除四种基本运算的同义词。[7]

最初，这个单词的内涵是狭隘的，仅指印度数字计算；但是，在今天的词典中，它的定义虽然因应用领域的不同（数学、医学、信息学）而异，但它的内涵扩大了，甚至可以指计算领域或解决问题过程中所使用的由一个又一个步骤构成的程序。在一本关于计算机编程的标准参考书中，对算法的定义既包含俗语意义上的，也包含技术意义上的："算法的现代含义与配方、过程、技术、程序、惯例、手续等十分相似，只是'算法'一词的含义略有不同。算法除了是一组有限的规则，为解决特定类型的问题提供一系列操作之外，还有五个重要的特征：有限性、确定性、输入、输出、有效性。"[8] 对这五个"要件"（desiderata）中的每一个的解读，都催生了大量逻辑、数学和信息学方面的技术文献，而且这些领域的研究各异其趣。例如，在一个终止于第 $n$ 步的顺序流程中，如果 $n$ 是一个非常大但小于无穷大的数字，那它可能满足数学家的有限性标准，但会让一个计算机程序员不满，因为后者必须考虑计算时间的问题。然而，从历史的角度来看，在 20 世纪之前，这种技术层面上的冲突并不是主要问题。在过去的几个世纪里，算法这个词的核心含义是通过一步步的计算过程来解决特定的问题。

但是，在这个词出现之前很久，相应的事物就已经存在了。在古巴比伦、古埃及、古印度、中国等地区，都有数学文献流传下来，其中都记载了数字问题及其复杂的解题方法，它们显然就是算法，尽管这个词是在大约公元 1200 年后才进入中世纪拉丁语等语言中的。与算法一词相关的题目，最早可追溯到古代的一些简单的例题，例如，古埃及人（约公元前 1650 年）问，如何将 100 个面包分给 10 个人，要求将 50 个分给 6 个人，剩余的 50 个分给其他 4 个人；[9] 古巴比伦人（约公元前 1100 年）推算朔望月长度的规则；[10] 中国人求平方根和立方根的步骤（公元 1 世纪）；[11] 以及中世纪梵文题目（公元 12 世纪）：如何确定由四块重量和纯度不同的金子混合而成的黄金的纯度。[12] 面对这些问题，即便是现代学者，也需要渊博的知识和敏锐的洞察力。所有这些问题及其求解方法完全符合现代算法的范畴——通过计算，一步步地解决数学问题。

在世界各地提出并解决这些问题的文化中，这些问题是否也属于算法这一范畴呢？一直以来，不乏学者矢志于重建那些传统。他们虽然相信那些解题方法符合现代意义上的算法，但仍然怀疑它们就是算法。吉姆·里特（Jim Ritter）是研究巴比伦数学史的学者，他指出，古代数学的规则最早是由欧洲学者在19世纪制定的。在那个世纪，流行的观念是，数学就是数学，无须考虑其他语境；那个世纪的人认为，现代"数学"的定义（以及代数符号）完全适用于过去的各种传统。但是，里特认为，就古巴比伦算题的文本而言，解读现存的楔形文字算题文本，不仅要将它们放在多种数学文本的语境中，还要将它们放在古代近东的其他"理性实践"文本，例如，记录有医学、占卜和法理学信息的阿卡德泥板等语境中，唯有如此，我们的解读才可能有所收获。为什么呢？因为所有那些文本在语义和句法上都表现出惊人的相似性，而且都基于同一种职业——书吏的实践。现代数学史学家可能不了解"过程文本"这种东西，但是，"这样的区分对于理解古巴比伦人是有意义的"[13]。

其他数学史学家也有类似的看法，他们也不赞同用今天的视角来解读过去。就古代汉语和梵语的文本而言，它们虽然有自己的数学法则，且在形式及内容上不那么符合现代的范畴，但是，它们都是围绕算法问题展开具体讨论的。例如，古代梵文文本以诗歌的形式讲述数学规则，以谜语的形式给出问题；在许多这类典籍中，不少内容涉及星体知识，包括天文学和占星术。此外，在古代梵文文本中还可以找到一些组合算法，致力于讨论一些超出现代数学范畴的主题，包括音乐、建筑、韵律和医学。[14] 在实践中，古巴比伦（公元前2000—公元前1650年）的算法被运用于土地测量，以"通过资产的公平分配和公平管理来实现社会正义"[15]。如果将这些前现代算法从它们原来的语境中剥离出来，会导致一种奇怪的效果，使得它们立刻变得为我们所熟悉——它们貌似现代意义上的数学，还略带神秘的面纱。

在古埃及、古中国的文献以及中世纪的梵文、阿拉伯文、波斯文和拉丁文文本中，都不乏算法示例，它们都可以被转译为现代代数符号。但是，书写这些文本的书吏和先贤，是不是也像今天这样理解那些题目的呢？或者反过来说，为什么他们的公式、符号和程序在现代人看来如此晦涩难懂，以至于转译成为我们理解它们的前提条件——这种转译一点也不简单，不经过数十年的专业学术研究无法做到。再者，实际的计算是在什么背景下发生的，我们也难以猜透；虽然问题的解决步骤是连续的，但是，从步骤 A 到步骤 B 的确切路径很少被阐明。研究梵文数学史的学者阿加特·凯勒（Agathe Keller）强调，"算法的陈述与算法执行之间关系的复杂性"是根深蒂固的，这导致在口头传授过程中出现了对解题步骤的多种不同解释。[16] 此外，那些文本中最缺乏的，是关于数字（无论如何书写）运算的物理痕迹的介绍。一些神童可能会心算，但这毕竟是罕见的。那时的大多数数学计算都依赖类似于今天的笔和纸的材质，比如，在灰尘或蜡版上画出符号，在算盘上移动珠子，用绳子打结，或者用更难留存的表格阵列。早在计算机出现之前，就有计算技术。那些文本中偶见关于手工计算的模糊线索。研究中国古典数学的学者卡里娜·尚拉（Karine Chemla）指出，在一些比较古老的中文文献中，可以看到"算筹"这个词，它有时还被用作动词，指的是用算筹在一种面板上进行计算；据称，"操作者知道如何在这个面板上表达数值"[17]。（见图 4.1）

计算有哪些物理实现方式，其差异表现在哪里呢？最近几十年来，随着廉价手持计算器的普及，计算在很大程度上被打入了冷宫。我们的手除了按键外，不做别的。但是，如果有一点是所有时代和文化中的算法教师一致同意的，那它就是，计算意味着手脑结合，一步一步地运算。一些心理学研究表明心算在计算中的作用，但是，对比那些与计算相关的不同的手工制品，例如，算盘与纸笔，或者用文字进行计算与用数字进行计算，它们是否对人理解算法产生了不同的重要影响，仍有待讨论。[18] 然而，一个新词——算法——被创造出来，它指使用印度数字进行的计算；相应地，一个新的职业——计算师——应运而生，他们负责教授如何使用这种新符号进行计算，而这又说明，在不同的计算系统之间进行认知转变并非易事。花剌子米那部著作现存最古老的拉丁文译本《花剌子米如是说》（*Dixit Algorismi*）开篇就介绍并解释了这种新奇的印度数字，但是，在接下来的篇幅里，又回到了人们更熟悉的罗马数字。[19] 任何经历过被迫升级计算机程序之痛的人，都会理解这种回归熟悉的程序的做法，即使

图 4.1 中国古代算筹（汉代）
© 陕西历史博物馆

这种做法无论在计算能力还是计算效率上都是那么短视。

将前现代算法转译成现代的代数符号，既困难重重，又十分必要。试一试就知道，要想搞懂它们，原初的历史语境多么重要。"转译"这个词至少意味着"信"和"达"，但实际上很难兼得。了解相关的语言和符号系统仅仅是个开始；接下来还要从幸存的、通常零碎的文本中抽丝剥茧，拼接出全部的思维模式和计算模式，就像拼接马赛克那样。早期课堂上的口授必然依赖直觉和推断，还难免有遗漏，要想弥补，只能靠猜测，可能猜得对，也可能猜得不对。在几乎任何情况下，前现代算法都达不到现代的"精确"标准。例如，今天藏于柏林的一块古巴比伦楔形文字泥板残片展示了如何计算一个数字的倒数。[20]（见图4.2）（倒数在巴比伦人的除法中起着重要作用，他们的除法分两个阶段进行：先计算除数的倒数，然后用它乘以被除数。）在这块泥板上，有五道题目的辨识度较高，数学史家奥托·诺伊格鲍尔（Otto Neugebauer）对其中的一道题目进行了翻译和补充（括号中的文字是后补的）：

数字2、13、20。（它的倒数是什么？）

步骤如下[1]：

找出3、20的（倒）数，（你会得出）18。

18乘以2、10，（你会得出）3（9）。

加1，（你会得出）1、30。

---

[1] 古巴比伦人长期实行六十进制，他们用一只手除拇指之外的4根手指的12个关节，配合另一只手的5根手指，计数到60。这里的例题是六十进制，而不是十进制运算。——译者注

图 4.2 古巴比伦楔形文字泥板，上面记录了数学解题方法

bpk/Vorderasiatisches Museum, SMB/Olaf M. Teßmer.

1、30 乘以 18，你会得出 27。

倒数是 27。（答题毕。）[21]

这种破译很少是直译。破译阿卡德楔形文字并填补其中丢失了 4 000 多年的文字，困难可想而知，遑论巴比伦符号系统本身经常是模棱两可的，比如："2; 13; 20" 可能表示（2×3 600）+（13×60）+20，也可能表示（2×60）+13+20/60。所有数字都用两个符号的组合来表示，一个是垂直的楔形符号以及所谓的"钩形符号"（*Winkelhaken*，想象一下字母 V 顺时针旋转 90 度），另一个是它们的位置，位置决定数值（六十进制，$60^n$，其中 $n$=1, 2, 3……），但没有位置表示 $60^0$。至于泥板上那些被时间侵蚀的数字，只能根据题目本身的算法来推测，这显然存在循环推理的风险。即使克服了这些困难，也很难搞懂，那些步骤指令到底是怎么推演的。数学史家亚伯拉罕·萨克斯（Abraham Sachs）认为，那些步骤可以被转译为这样的代数表达式[22]：

设：初始数 $c$=2 ; 13 ; 20 ; $c^{-1}$ 表示其倒数；$c$ 可以被分解为 $a$ 和 $b$；

那么，$c^{-1}=(a+b)^{-1}=a^{-1}\times(1+ba^{-1})^{-1}$。

对于现代读者来说，看到这道题被重新表述为这样的代数表达式后，真是如释重负；这样的译文提供了现代符号，采用的是现代语言，我们由此得以窥探那些令人费解的指令背后推理的蛛丝马迹。

但是，这是巴比伦书吏理解计算的方式吗？几乎可以肯定不是。

研究美索不达米亚数学的历史学家克里斯蒂娜·普鲁斯特（Christine Proust）指出，该算法的代数版本并不能反映巴比伦书吏及其弟子实际采用的计算方法。它也不能提供任何线索，以解释为什么这道题目选取这些数字，而不是其他数字。它也不能解释泥板上采用什么样的格式表达计算步骤。她证明，那些数字并不是随机选取的，而是为了便于书吏利用当时的倒数表进行运算。很有可能，这类计算工具曾经被其他计算装置，比如算盘取代过，只不过时间比较短暂。此外，将初始数 $c$ 分解成 $a+b$，可能会有多种结果，而且都能在倒数表中找到它们对应的倒数值。

另一块古巴比伦泥板（编号：CBS 1215）也提供了一些数值计算方面的内容，其算法与上文的例题相同，但没有提供任何指令。而且，在泥板的不同位置清楚地区分了初始数字（左）及其倒数（右），而中间是一部分乘积。即使在古巴比伦的实践中，这些差异也表明了书吏在推演算法过程中蓄意的、功能性的选择。这里需要再次强调，那些泥板出自不同的教育背景，记住这一点很重要。普鲁斯特认为，泥板 VAT 6505 只是一道学校练习题，但是，在泥板 CBS 1215 中，同样的素材"被开发、系统化和重组，其目的不在于设计一套题目"，可能是想通过颠倒计算步骤的顺序，"对计算进行验算"[23]。今天，算法的代数版本被广泛运用，现代人也很容易看懂，但在本质上，它消除了具体的格式、数字的选择性，以及某些模块或"子例程"（如因式分解）的反复，而这些模块或"子例程"恰恰是理解古代巴比伦算法真实运用情况的重要线索。

在理想状态下，现代意义上的细密型规则是普适的规则。它们不受例子和例外的约束，它们不纠缠细节，它们凌驾于语境之上。正如我们在第三章中看到的，粗放型规则在条款与实践之间来回穿梭，二者相辅相成，互相定义。细密型规则则相反，它们注重独立性和确定性。原则上，它们自己解读自己，它们回避评论，也不需要诠释。它们不需要区分不同情况，适应特定环境，因此不需要自由裁量权。它们的通用性预先假定自己所适用的那类案例是明确的、同质的，是永远不变的。细密型规则不需要很简洁，计算机程序可能动辄长达数页，算术计算也是如此，但是，它们不能含糊不清。代数是它们的母语，既通用又明确。从17世纪的德意志学者戈特弗里德·威廉·莱布尼茨到18世纪的法国哲学家艾蒂安·博诺·德·孔狄亚克（Étienne Bonnot de Condillac），再到19世纪后期的意大利逻辑学家和数学家朱塞佩·皮亚诺，都倡导人工的、通用的语言，这并非偶然，他们都尝试将代数和算术用作具有最大限度通用性、最小限度模糊性的模型。[24] 用温莎公爵夫人的话来说，现代算法"不能太瘦了"[1]。

那么，我们应该如何看待大多数前现代算法所带有的模糊的特异性？那些算法通常都深植于某种语境中：第一，在特定的问题文本中；第二，在一系列计算技术和工具中；第三，在某个教育背景中，那种教育大体上能够将文本所隐含的内容明朗化；第四，在各种按图索骥的指导书中，根据文化的不同，指导书又可分为食谱、仪式或操作手册。我们能够像沙里淘金一样，从那些密密麻麻的矩阵中析出细密型规则，就像现代代数公式那样吗？或者说，前现代算法真的只是

---

[1] 温莎公爵夫人出生于美国。英国国王爱德华八世为与其结婚而放弃王位，封温莎公爵。据称她说过，"你永远不要太胖或太瘦"。"瘦"的英文中为thin，同这里的"细密"。——译者注

伪装的粗放型规则，其实具有第三章所描述的艺术规则的那种有限的通用性吗？要回答这些问题，需要重新思考"通用性"指什么，但这次最好不要拿代数说事。

## 三、无需代数的通用性

前现代算法中可能完全没有数字，无论是具体的数字，还是一般的数字。一个典型的例子是，在欧几里得的《几何原本》中，有一个著名的算法题目，它要求判断一个给定的量是否可被用于精确地测量另一个量，结果要不带余数，如果可能的话，还要求出什么是可以测量这两个量的最大的量。[25] 换作现代数学，这种"欧几里得算法"（Euclid's algorithm，这个术语最早应用于20世纪）就是要判断任意两个不相等的数是否互为质数，以及如果不是，则找出它们的最大公约数。[26] 不过，在《几何原本》的原文中，量是用连续的线条而不是用一个个数值表示的，这种证明方法（有时被称为"辗转相除法"[1]）是几何的。与欧几里得的其他证明方法（例如，任何三角形的角之和等于两个直角，或者，与平行线相交的线所形成的夹角相等）一样，这种方法是具象的（它适用于线，而不是抽象的），但是，它在特定范围内是完全通用的。正如任何三角形，无论它是等边的、等腰的，还是不等边的，无论它小如针尖，还是庞若大地，它的三个角之和一

---

[1] 欧几里得算法又称"辗转相除法"（*anthyphairesis*），可用于计算两个非负整数 a 和 b 的最大公约数。——译者注

定等于两个直角三角形的直角之和。因此，正如欧几里得的《几何原本》第七卷中证明的，辗转相除法适用于任何两条长度不等的线。当然，在证明这些命题的图形中实际使用的线，是可以用数字衡量的特定长度的线。[27] 但是，在论证（倒推）过程中，没有任何一步依赖这些特定数值。

通用性有种类和程度之分。在 20 世纪，数学家用严谨的形式重新定义了欧几里得几何。有的重视其中的第七至第九卷，并将它们重新命名为"欧几里得的算术书"[28]。有的试图推测（特别是结合第二卷）其几何论证背后隐含的代数结构[29]——但有历史学家反对这种假设，认为那是无中生有，结果引发了激烈的争论。[30] 这样重新解释古代几何证明，不论它是从现代代数和数论的角度，还是从计算机程序的角度，其史实上的准确性都是有争议的[31]，但是，这些新的表述极大地扩展了那些命题所适用的数学对象的范围，由此提高了命题的通用性。德国数学家莫里茨·帕施（Moritz Pasch）的《新几何学讲义》（*Vorlesungen über neuere Geometrie*，1882）为这些扩展性释读铺平了道路。他坚持认为，欧几里得几何素以铁一般的严谨而知名，果真如此的话，它必须彻底摆脱早先凭感觉论断的色彩："如果几何是一种真正的证明方法，那么其推理的过程每一步都要克服'大而化之'（*Sinn*）几何学概念这一特点，正如［这个过程］必须摆脱图形一样。"[32] 继帕施之后，希尔伯特在他的《几何基础》（*Grundlagen der Geometrie*，1899）中将这种通用性推向了新高度。他认为，几何讨论的无论是点、线和面，还是一组特别的理论，都不影响形式关系的逻辑有效性，因为那是从公理中推导出来的。[33] 概括的最高境界是抽象。从这个高度来看，欧几里得那些命题的对象甚至不必是数学的，更不用说几何的了。

根据这些高远的通用性标准来判断，即使是欧几里得的命题 VII.1–2 这样最具通用性的前现代算法，似乎也是具体的、短视的。形式化，无论是形式代数还是形式逻辑，都不是实现通用性的唯一手段——数学对象的通用性并不是通用性的唯一形式。20 世纪，欧几里得几何被吸收到算术、代数、数论和逻辑中，这是为了维护数学的严谨性和一致性，而不是为了解题——解题只是大多数前现代（以及许多现代）计算的原初目的；当然也不是为了在这类实践中训练学生，但大多数前现代的算法文献都是在这一训练语境中产生的。[34] 因此，什么叫通用性，必须重新定义。在解题，特别是在解题的教学和实践活动中，通用性的标准是什么？

前现代算法文本林林总总，但都具备两个突出的特征：第一，它们绝大多数都是针对具体问题的；第二，一个算法可以解决多个问题。让我们回想一下第三章中描述的中世纪法国商业计算教科书。其中，"三的法则"是以通用的形式陈述的，读者应该大量练习，通过解答一道又一道题目来掌握它，那些题目涉及货币兑换、为不同长度的布料定价，以及在投资者之间分配利润，等等。这种陈述形式今天仍然主导着大多数初级数学教科书，以至于有什么样的题目就有什么样的解题套路。你还记得你的代数入门教科书中那些关于水管和浴缸的题目吗？那些题目是为了一遍又一遍地教你学会解二元一次方程组，或者，教那些在学校接受教育、买不起袖珍计算器的人学习对给定数字算平方根。实际上，所有这些问题都有通用的代数算法，还可以通过计算机编程来完成；即使你不懂代数，没有计算机，也可以口头表达那些通用规则，就像我们在"三的法则"中看到的那样。然而，学习的真正目的是举一反三，要学会从一个具体问题推演出另一个同类但不同的具体问题，在这样的学习过程中，手总是不离铅笔（或者钢笔、算盘或算筹），用完的纸堆起来可能高过膝盖。这个过程能够导致，而且事实上的确带来了更多的通用性规则，但它们都是事后之明，更多的是对所学内容的总结，而不是关于如何学习计算的指导。学生在练习用"三的法则"或"试位法"（Rule of False Position）[35]解答一个又一个题目时，所应用的是某种归纳思维——但不是从具体概括出一般，而是从具体到具体。

约翰·斯图尔特·穆勒认为，一切归纳法都不过是从具体到具体，"三段论"（或数学公理和公设）的前提只不过是人类自远古以来数百万次具体观察的概括。[36] 但是，就我们的需要而言，我们没有必要接受穆勒这个关于概括的笼统概括。我们只需认识到，某些从具体到具体的归纳法向我们展示，在从古埃及到现在世界上几乎所有的小学教室里，初学者实际上是如何学习计算的。它确实是概括，但那是一种特殊的概括，更像是自然史中的分类，而不是逻辑上的概括。学生认认真真地做十几道针对具体问题的题目，比如货币兑换，或者把一定数量的面包分给不同数量的工人，或者以不同速度行驶的火车的到站时间，然后，他们就能以某种方式理解下一个同类型的新问题，即使其中并没有货币、面包或火车。一位数学初学者只要努力钻研足够多的计算例题，就能识别同类型问题的其他题目，哪怕其具体细节十分不同，这就好比初出茅庐的博物学者会煞费苦心地将一只鸟或一株植物与指南书中的红头啄木鸟或洋地黄的图像进行比对，但是，经过大量练习后，他们一眼就能识别出这些物种，不会受到个体差异或不同季节、颜色的影响。

至少在某些前现代算法传统中，算法的发展与自然史的发展不谋而合，还与诸如第二章所描述的模型或范式之类的非数学型规则的历史发展不谋而合。16世纪，木刻插图在印刷体自然史著述中大量出现，至少从这个时候开始，博物学家就努力用典型的图像来表现植物或动物的种属的本质特征。那些图像通常是加工过的，或理想化的，既是具体的，又是一般的——说它具体，是因为它能够明确指出一个物种是这个属而不是另一个属，这样一来，图像就能起到鉴定标本的作用；说它是一般的，是因为它不包括变异的或附带性的个别特征（例如，花瓣的数目不同于通常情况，或者一片叶子被啃过）。[37] 尚拉举了一个古代中国数学的例子，它说明，一道具体的算题可能成为一个"范式"，也就是说，通过"举一反三"，就能确定它的算法所属的运算类型，这样，那些以章句及注解的形式表述的算题，也能以这种类型的运算为基础得到解答。[38] 范式发挥作用时，不同于从具体问题到具体问题的类比；它是将一类问题及其求解的算法集中在一个仍然具体的问题中。

这些颇有启发性的分类，无论是鸟类还是数学问题，都还只是在种和属的层面上，而没有达到通用的程度。然而，就像自然史中的分类一样，对不同种类其他事物的长期、广泛的观察，揭示了它们在结构上的亲缘关系，由此，种组合成属，属组合成科，科组合成目，逐级爬升，直到更具包容性的类群。深入研究算法教科书的学者难免会产生一种冲动，想对那些算法进行扩展和统一，认为只要长期实践，就能发现规律。这种系统化工作，普鲁斯特在古巴比伦石碑CBS 1215记载的算式中看到了；[39] 尚拉认为，在刘徽对中国古代典籍《九章算术》（公元1世纪）的注疏（公元3世纪）中，也有这种通过"形式类比"的方式实现通用性的论述——在《九章算术》中，不少概括性术语被创造出来（例如"通分"，即求解分数的公分母），以涵盖所有步骤相同的具体题目。[40] 里特认为，古代阿卡德算法文本中缺少通用规则，他将其推导形式比作英美的法理学。在英美法理学中，律师在类比的基础上，将前例与手头的案例联系起来，称此方法为"数学实践的发展和交叉，是一种通过一系列典型案例系统地涵盖可能性领域的方法。对案例进行概括不是创造闭环的'规则'或'定律'，而是将新问题归入现有的已知结果的网格中"[41]。

要想做好这种类比，一个重要前提是有大量的前例和足够的技术。就计算而言，前例与技术之间的界限往往是模糊的。几乎所有计算都是建立在别的计算的基础之上，最初是基础性的算术，然后发展到诸如求倒数、求分数的公分母或计算三角形的面积等更高级的技术。虽然前现代数学著作（包括大多数古希腊著作）绝大多数都不像欧几里得的《几何原本》那样，从定义、公理和公设中构建自己的框架，但大多数著作都有隐约可见的架构。[42] 首先，以基本运算和等式奠定其基础；然后，在这个基础上不断进阶。要想确定一部教科书处于哪个段位，一个可靠的方法就是看一看它没有解答什么，因为学生可能已经知道了。尚拉称这种"为描述算法所选取的细节的程度"为"颗粒度"（granularity）。它是一个粗略的指标，能够表明有多少计算以及哪些计算以前是作为示例，现在已被内化为技术。[43] 居于"算法之塔"较低层次的例题可以被拆解为"模块"或"子例程"，它们来自较高塔层的更复杂的算法，就像作曲家可能从早期音乐中循环利用主题和片段一样。

人如果没有记忆，再好的活儿也出不来，即使在今天人人识字、"工具控"遍地的文化氛围中也是如此。今天,即使每个人的口袋里都装着电子计算器,也逃不过要背乘法表。记住等式(2+7=9,9×9=81),记住方法(如何解二次方程),记住技巧(如何操作计数板),这些东西稳居"算法之塔"的底层,它们是支撑其他一切的基础。或者换个比喻,记住算法相当于钢琴家的手指练习或织布工的基本手法。这是一种潜移默化的能力,它首先要经过艰苦的学习,然后还要经过反复练习,直到这项技能成为第二天性,最后融入直觉这一潜意识领域。

在这里,我故意用"融入"(assimilated)这个词,取人体吸收食物之意。自18世纪以来,印刷书籍大量涌现,在知识精英心目中,记忆力的重要性直线下降。对于一位坐拥书城的学者来说,古希腊记忆女神摩涅莫绪涅(Mnemosyne)不再是一切艺术之母。文艺复兴时期的一位人文主义者还能够熟记成千上万行拉丁文或希腊文诗句,他的大脑无异于一座"记忆宫殿",但到了启蒙运动时期,丹尼斯·狄德罗这样的哲人就敢说,一个人如果在书架上摆上一套百科全书,比如他自己主编的《百科全书》,就意味着拥有一切值得拥有的知识;有了这套百科全书,文明不会因灾难而覆灭,所谓的博学也显得多余。[44] 原本耀眼的分析与批判之星,也像记忆之星一样暗淡了;记忆在人们口中正变成"蛮人的记忆"。记忆开始失宠,再加上印刷品体现的优势,记忆的作用也发生了变化。大卫·哈特莱(David Hartley,1705—1757)等启蒙思想家关注人的智力活动,他们在著作中将记忆比作在一块白板上蚀刻或压印感觉,就像印刷工将木制或金属铅字印在空白页上一样。[45] 相比之下,中世纪的书吏将背诵,尤其是记忆活动,比作咀嚼、反刍和消化。[46] 要记住一篇课文或一张数字表,就是把它变成自己的——当然，不是真的拿回家。

改变记忆的命运的，不是口头向书面的转变，而是书本不再稀有、不再昂贵，因此不再只为少数人所拥有，而是变得更加丰富，而且价格适中。研究中世纪音乐的历史学家安娜·玛丽亚·布斯·伯杰（Anna Maria Busse Berger）指出，在五线谱发明后，这种标记音乐的方法在"拉丁欧洲"（欧洲说拉丁语的地区）广泛传播，这实际上有益于"形象记忆"（assimilatory memory），而不是使其变得多余。书面文本可以被反复研读，其中所有的内容和形式都能够得到充分吸收，事后人们还可以检验回忆是否准确，是否接近文本。她引用圣维克多的休对学生的告诫：要多记诗篇[1]，那是一笔财富，将使你们受益终身。他们在记忆经文时，最好始终用同一个版本，不仅记住那些诗句，还要"记住字母的颜色、形状、位置和版式"47。在中世纪，年轻的唱诗班成员能够记住大量普通歌曲，就像学习算术和语法一样，或者，就像17世纪及以后的学生被训练记住拉丁语词形变化表或乘法表一样。

在所有这些情况下，教学中的记忆和重复带来了一种新的教科书，那些教科书的内容主要是需要解答的具体题目，当然，也产生了与题目一样多的规则。很难有一个规则能够覆盖很多具体问题，但是，通过类比，大量的例题可以推演到新的题目上。这时候，为区分不同的模式和流派，与自然史领域一样，分类方法开始出现，新的术语被创造出来。这种推演主要用于解题，而不是证明定理，特别是当其中的问题就像这个世界一样，无法预测，太特殊，以至于很难对其

---

[1] 这里的诗篇指《圣经·旧约·诗篇》。——译者注

进行普遍的概括。

大量存世文献表明，在整个前现代世界的精英教育中，对记忆的重视程度丝毫不亚于现代，甚至比现代更重视。研究古巴比伦数学的历史学家埃莉诺·罗布森（Eleanor Robson）发现，存世的数千块含有乘法表的楔形文字板（这些只是抄写学校当年使用的泥板的一小部分）"基本上是那种依靠口头记忆进行数学训练的文化的遗留物"；研究中世纪印度和中世纪欧洲的历史学家也都解释说，诗体文本（包括数学文本）的激增是它们被用来记忆的证据。[48] 自汉代以来，中国的经典（包括数学经典）教育模式重视记忆，视其为掌握知识的第一步。[49]

现代教育鄙视记忆，经常将其与原创性、分析、理解等独立思考能力相对立。尤其是在现代数学这样的领域，它以统一的观点、抽象的概括为目标，相比之下，记忆一长串具体的数值或数表，会招致蔑视，更不用说背诵具体题目的解题方法了。今天，像18世纪伟大的数学家莱昂哈德·欧拉这样的心算大师很有可能被贴上"榆木脑袋"，而不是才华横溢的数学家的标签，言外之意，他们在算术方面是多么不可救药。在今天课堂学习的背景下，记忆的作用被贬低，它被视为"死记硬背"（机械重复）或"简单粗暴"（动物模仿），远离人类的智力。人们把记忆比作照相底片、计算机存储器，这是在强调其被动性和机械保真性。培养记忆力的知识传统往好了说是猎奇，就像马戏团里的纸牌魔术，往坏了说，是专制的。无怪乎，被长期灌输这种教育之利弊分析的头脑，会刻意回避那些需要记忆的文本。

然而，即使在现代欧洲语言中，也保留了另一个并非完全贬义的形容记忆的短语:"用心去记"[1]。它首先出现于音乐、诗歌或经典文本（如《独立宣言》、莎士比亚戏剧中的独白、《圣经·诗篇》等等）的记忆中，"用心去记"意味着内化，意味着将文本烂熟于心。即便有时候这种记忆只是仪式性的，例如，在节日演讲中引经据典，来上一段，它也是一项值得钦佩的能力，而不能被嘲笑为精神上的奴性。"用心去记"与死记硬背都是认知实践，那么，二者之间的界限在哪里呢？死记硬背带有很强的机械色彩，意味着被记住的那些东西是封闭的，就像书架上的书，积满灰尘，从未被打开；而"用心去记"的东西已经被内化于心，成为自我的一个组成部分。一首奏鸣曲或十四行诗被记在心里，被反复排练，这些都是深度记忆，因此，人对它有着深刻的理解。这不同于照着乐谱演奏，或照着稿子朗读。沉浸式的理解就像身临其境的观察一样，能够发现相似性，并进行分类，比如音乐中的赋格、诗歌中的史诗，以及数学中平面图形面积的算法。

存储、类比和分类在人的记忆中共同发挥作用，结果，某些形式的概括虽然尚未达到现代数学的抽象性与普适性，但也能得到严格的推导和正规的表达。相反，前现代算法文本的某些模型有可能再次成为自然史，它们主要是在数学领域，但也包括某些旨在实现特定目标的循序渐进的一系列指令，比如食谱或仪式。一位长期观察某一特定地区动植物的观察者能够辨别那些物种的亲缘关系、共同结构，以及各种支持其种和属的分类的特征。他们观察的范围越广，他们的分类学就越有野心。现代早期欧洲植物学家面对数千种新的本土和外来物种，开始大规模修订植物分类学；卡尔·林奈的分类系统源于生长

---

[1] "用心去记"（learn by heart）是常见的英语短语。——译者注

有大量来自远东和远西的外来植物的植物园,以及林奈的学生组成的网络,他们被派遣到世界各地,将标本和说明寄给他们在乌普萨拉的老师。[50] 只有深入浩繁的细节,细致地观察和比较,林奈的《自然系统》(Systema naturae,1758)才可能具有令人印象深刻的通用性。[51] 事实证明,深入而广泛地沉浸在特定问题和算法的记忆中,对于分类概括同样奏效,即使没有内在的通用代数语言。

尤其是在现代数学家中,自然史、实际上一切带有经验主义色彩的东西,都散发着恶臭的味道。正如我们在帕施和希尔伯特身上看到的,怀疑经验直觉(例如,对于几何中的运动的直觉),希望形式化和公理化能确保严谨性,二者相结合,催生了一种研究以及教学设想,其目的是将纯粹数学提升到应用数学之上,将抽象提升到具体之上,将通用性提升到特异性之上,这方面的典型代表是布尔巴基学派的《数学原本》(Éléments de mathématique),其中几乎完全不讲计算。[52] 相比之下,书中对前现代算法大书特书。即使书中有时也会设计一些具体的题目,那也是为了教学生如何解决现实世界中的实际问题。而且,书中如果提到一些运用这些算法的书吏、圣贤和商人,那他们也一定能够在旧的、熟悉的教科书问题与新的、同样具体的应用之间架起类比的桥梁。他们一眼就能看出新旧问题之间的相似之处,就像经验丰富的博物学家能看出鲸是哺乳动物,而不是鱼一样:"啊!这道题基本上就是一个火车问题,尽管里面没提到火车。"概括性的抽象规则可能适合其他用途,但不适合这一目的。[53] 代数表达式是一个很有用的工具,能够揭示潜在的、统一的结构,但是,它不会告诉你那些结构对应哪些应用。我们想要的,不是像代数那样的 X 射线机,而是一个可以无限延伸的链条:从具体到具体。现在,我们可以理解本节一开始时提到的前现代算法文本的两个显著特征——具体而大量的问题,它们并非没有意义。充足的特异性孕育了强大的通用性。

研究古代数学史的历史学家延斯·霍拉普(Jens Høyrup)认为,现代数学家(以及一些受其摆布的历史学家)贬低前现代算法,认为它们是靠"规则的范例",而不是靠严格的论证去传授,这类现代批评家赞同"数学泰勒主义"(mathematical Taylorism)[1],将脑力劳动与体力劳动分开。从"数学泰勒主义"的角度来看,前现代算法文本中的那些所谓"显性或隐性规则"看起来都像是"不用脑子的死记硬背"[54]。如前所述,记忆并不意味着"盲目的死记硬背";"用心去记"这个短语会让人联想到一片充满希望的祥云。然而,在漫长的历史中,曾几何时,算法——以及由此可能实现的计算——的确变得有点机械化,即便那时可能还没有机器可用来执行它们。在18世纪末或19世纪初的某个时候,一种"提前到来[2]"的"数学泰勒主义",一种严格、严厉的劳动分工,将计算转变为低收入的助手的半熟练计件工作。这是算法变得现代化的时刻,也是它开始式微的时刻。

---

[1] 这里的"泰勒主义"原指美国的一种现代企业管理制度,由美国工程师弗雷德里克·泰勒(Frederick Winslow Taylor,1856—1915)首创。——译者注

[2] 提前到来(avant la lettre),意为一个事物还没有出现之前就有了名称。——译者注

## 四、计算机出现之前的计算

1838年8月的一个早晨,17岁的埃德温·邓金(Edwin Dunkin,1821—1898)和他的兄弟在皇家天文学家乔治·比德尔·艾里(George Biddell Airy,1835—1881)的指导下,开始在格林尼治皇家天文台从事"计算员"的工作:

> 现在是早上8点,我已经到岗。在八角形房间中央,有一张宽大的桌子,旁边是一把高脚椅。我刚坐下,就看见一本巨大的书摆在我面前,里面的内容我闻所未闻。这本大开本的印刷书专门用来计算林德瑙数表上水星的赤道周长和距北极的距离……主管、首席计算员托马斯先生给我做了简单的指导,我就开始处理我的第一批数据。我做得很慢,我的手在颤抖,我不确定自己做得对不对。但是,在静静地对数表中的例子研究一番之后,我所有的紧张感很快就消失了。晚上8点前,当我一天的工作结束时,一些年长的计算员对我成功入手表示祝贺。[55]

两个男孩离家谋生,为的是赡养寡母,再加上高脚椅、笨重的书册、12个小时的眼睛疲劳、手抽筋的计算(中间只有一个小时的晚餐休息时间可以稍微放松一下),标准化的印刷资料将计算拆解为小的步骤,就像制作别针那样——这很像狄更斯笔下的一个小故事。在历史学家的笔下或者今人的眼中,艾里及其前任约翰·庞德(John Pond,1767—1836)就像是《艰难时世》中的庞德贝,或《圣诞颂歌》中的守财奴斯克鲁奇。[56]

但是，某些亚洲地区至少从中世纪开始，欧洲从16世纪开始（其中，保险公司、政府统计部门从19世纪开始），就在天文台中进行类似的大规模计算，其真实情况十分复杂——同一件工作在不同的历史和文化背景下往往呈现出不同的性质。唯一确定的是，为了计算天文观测数据，计算预期寿命，统计从犯罪到贸易的一切数据，需要开展大规模计算，其工作量如此之大，以至于首任皇家天文学家约翰·弗拉姆斯蒂德（John Flamsteed，1646—1719）称之为"费力不讨好"[57]。在可靠的计算机发明和广泛使用之前，甚至之后，天文学家等从事繁重计算工作的人面临的挑战是，如何有组织地一次又一次部署众多的计算。这些实验将劳动组织和算法操作结合起来，最终改变了人类的劳动和算法。

让我们回到年轻的埃德温·邓金身上，他正坐在格林尼治皇家天文台八角室的一把高脚椅上。埃德温的父亲威廉·邓金（William Dunkin，1781—1838）也是一位"计算员"——这个词在20世纪中叶以前主要指人，而不是机器，他曾为艾里的前任、皇家天文学家内维尔·马斯基林（Nevil Maskelyne，1732—1811）和约翰·庞德工作，职责是为《航海天文历》（*Nautical Almanac*）制作数表。自1767年以来，皇家天文学家指导编制航海天文历，以便为全球化的英国海军和商船队提供导航工具。《航海天文历》中的数表计算需要大量劳动力，格林尼治皇家天文台自己人手不足，因此，马斯基林在英国各地搭建了一个付费的计算员网络，各位计算员根据一套"规矩"或算法进行数千次计算，计算结果被填入预先打印好的表格中，表格中详细标明计算的步骤（有14种不同的表格样本），但那些计算并非机械性的。[58]这种散布式的计件计算方法并不是新鲜事物，早在17世纪末，弗拉姆斯蒂德就派他的助手亚伯拉罕·夏普（Abraham Sharp，1653—1742）去完成大量的计算任务。[59]这种通过预先制表的方式指导天文计算的做法并不新鲜，中国至少从明朝开始就使用（包括那里的耶稣会士天文学家），这在当时是一种突破性的创新。[60]马斯基林的操作小组包含一名计算员，有一个人负责反算，还有一个人负责对比、检验每个月的计算结果。这种操作的独特之处在于，它构成一个稳定的计件劳动系统，劳动在家里完成，经常动用多名家庭成员。每位计算员都按照既定的算法计算一个月内完整的月球位置或潮汐预测计算等，所得数据被捆绑在一起，这种模式就像农户被组织起来生产纺织品。

在以蒸汽为动力的织布机出现之前，早在18世纪中叶，一种新的生产系统就开始取代家庭纺织作坊，许多工人聚集在一间大屋里，接受密切的管理监督。[61]在机器能够可靠地执行算法之前半个世纪，繁重计算行业的发展也经历了同样的历程。威廉·邓金和埃德温·邓金父子都是为英国皇家天文学家服务的计算员，他们的职业生涯跨越计件劳动和大制造（但尚未实现机械化）这两种不同的劳动组织系统。威廉曾是康沃尔的一名矿工，他职业生涯的大部分时间是在马斯基林的网络中做计算员，工作地点在他位于特鲁罗的家中。1831年，《航海天文历》的计算工作集中到伦敦，在主管的指导下进行。这时，威廉是唯一一位从旧的计算网络中进入这一新系统的成员，他和家人搬到了伦敦。他的儿子埃德温回忆起那场痛苦的转变："我们搬家了，撇下自己的房产，那是许多家庭求之不得的。我们的生活习惯发生了很大改变，父亲对此一直很不满意。我经常听到他抱怨不该丢掉在特鲁罗的那种半独立的工作，现在每天坐在办公桌前，一坐就是好几个小时，与比自己年龄小、不如自己成熟的同事为伍。"[62]

埃德温·邓金的计算员生涯的起点，正是其父曾经后悔进入的那种职场氛围：所有的计算员都聚集在一个房间里，有固定的工作时间（在他开始在格林尼治皇家天文台工作后不久就被大大缩短了），有更严格的监管，还划分不同等级的计算员和助手，并给予不同报酬的等级制度，低级别的年轻人流动率很高。但艾里的"系统"——当时就有这种称谓——还不能被描述为一个计算工厂。它不仅没有任何机器，而且劳动分工很松散，看不出发展壮大的前景。像埃德温这样的年轻计算员还被增加夜间值班的职责。威廉·邓金对自己作为计算员的社会发展前景十分不乐观，他劝自己的儿子们不要步自己的后尘。不过，埃德温最终成了皇家学会会员和皇家天文学会主席。[63] 一项关于艾里在格林尼治的计算员和助手的研究显示，那是一个生计链，从工资最低的年轻计算员——他们中的许多人没能坚持多久，到直接从大学聘用的助理——他们通常具有很厉害的数学学历，其薪水足以支持一个家庭维持富裕的中产阶级生活。[64] 马斯基林预制的表格和艾里的"规矩"以清晰和严格的程序构建了算法（以及多个表格之间的互相参照），分别适用于家庭式的计件工作和监管下的办公室工作。但是，它们还不像亚当·斯密笔下的别针工厂[1]，有着精细的劳动分工，或者对同一件劳动的无休止的重复。无论是从字面意义还是比喻意义上看，"计算"那时都还没有变成"机械的"。

艾里的"系统"实际上处于19世纪有组织的人力计算劳动

---

[1] 亚当·斯密在《国富论》开篇描述了别针工厂的18道生产工序，由此提出劳动分工的概念。——译者注

模式的两个极端之间。一个极端是美国人效仿编制《航海天文历》，它由位于马萨诸塞州剑桥市的哈佛大学数学教授本杰明·皮尔斯（Benjamin Peirce，1809—1880）主持。西蒙·纽科姆（Simon Newcomb，1835—1909）后来成为一名杰出的天文学家，但在22岁开始从事《航海天文历》计算员工作时，他基本上是自学数学的。他发现，自己的工作环境绝对是宽松的：《航海天文历》办公室的公共服务纪律没有我听说过的政府机构那样严格。这里有一种说法，理论上，每个助理都'被期望'每天在办公室待上五个小时……然而，事实上，助理可以选择工作时间和地点，只要能够按时完成规定的全部工作任务就行。"他的一位计算员同事、哲学家昌西·赖特把一年的计算压缩到两三个月完成，经常熬夜到凌晨，"靠抽雪茄提神"[65]。难怪纽科姆在出访英国时，对艾里的"格林尼治系统"印象深刻。他称赞它所产生的成果"在本专业领域的价值和重要性是其他任何机构都无法超越的"[66]。

与"自由放任"的美国《航海天文历》办公室截然相反，在大革命期间，法国为吹嘘公制系统的优越性，发起了以十进制为基础计算对数的项目。[1]这是计算与现代制造方法相遇的时刻——尽管还不是机器制造，而且在人们的印象中，它仍然是机械劳动，而不是脑力劳动。这一切都始于政治经济学史上那个最著名的场景：别针工厂。

在启蒙运动时期的《百科全书》中，词条"别针"开门见山地指出这个小物件的大名堂："在所有机械产品中，别针是最小的、最

---

[1] 公制是国际化十进制量度系统。法国在1799年开始使用公制，是第一个使用公制的国家。——译者注

普通的、最不值钱的，然而也是工序最多的产品之一……因为一枚别针在进入市场之前，要经过18道工序。"[67] 该词条作者一步一步地引领读者见识到，一卷卷金属线如何从汉堡和瑞典运来，最后十几枚别针成品又如何被一次卡在纸条上。另一个词条更为详细地介绍了这一过程，还附加了图片，那些图片的刻版一定颇费功夫。从中我们了解到，为了达到每分钟生产70枚别针的速度，工人必须坐在那儿，一直用手中的工具切割，我们还看到一位经验丰富的"别针夫人"（*bouteuse*，将别针卡入纸中的女人），她每天能生产4.8万枚别针。一张表列出了每一道工序耗费的材料成本、工人工资，并计算出利润率。[68]（见图4.3）

受《百科全书》词条以及其他资料的影响，亚当·斯密在《国富论》中，用别针制造来展示劳动分工如何提高工人的灵巧性和车间的生产率；[69] 法国工程师加斯帕德·里奇·德·普罗尼读了亚当·斯密关于劳动分工的论述后，决定"像生产别针一样生产我的对数"[70]；英国数学家查尔斯·巴贝奇（Charles Babbage，1791—1871）亲自检查了普罗尼手稿中的对数表，并得出结论：不仅对数计算，而且所有的脑力运算都可以机械化。[71] 从《百科全书》、斯密、普罗尼到巴贝奇，在理想与现实的别针工厂的演进链上每推进一步，劳动分工的意义都发生了明显的变化。就本书的主旨而言，普罗尼与巴贝奇之间的对比最能反映关于机器、机械和规则的新思考。

作为法国地籍局（*cadastre*，负责土地测量及地图绘制，以便为税收提供数据支持的官方机构）的负责人，普罗尼在1791年根据革命政府推行的十进制公制系统，创建新的对数表。[72] 因为新的对数表的目的是宣传法国新的理性测量、理性治理制度的优越性，所以这个

图 4.3　别针生产（启蒙运动时期狄德罗等主编的《百科全书》中关于"科学、博雅艺术、机械艺术"合编的刻版插图，并附有解释）

vol. 4, plate 1, 1765.

项目对所有比值的精确度都提出了夸张的要求：有一万个正弦值被计算到小数点后 25 位，有大约 20 万个对数被计算到小数点后至少 14 位。新的对数表取代了旧的六十进制对数表——它们的历史可以追溯到 17 世纪；不仅如此，用普罗尼的话说，新的对数表还将作为"有史以来人类所完成的，甚至所设想的最庞大、最壮观的计算丰碑"，一座计算领域的名副其实的胡夫金字塔而被载入史册。[73]

普罗尼确实是像建造金字塔那样组织这件计算壮举的劳动分工。（见图 4.4）占据顶端的是少数精通此道的"数学家"，他们制定了指导整个运算的解析公式；在他们的领导下，一支由七八个具有分析知识的"计算员"组成的团队把公式转换成数字；然后，七八十名最多只会加减法的"工人"执行实际计算，这构成了金字塔的广阔基础。[74]（普罗尼透露，他招募的最低一级的计算员主要来自贵族家庭以前的雇员，他们逃避革命浪潮，在"这种工作间里找到了避难所……幸亏有这种劳动分工体系，他们即便算不上专家，也能在科学的庇护下安全地活下来"。）通过普罗尼所称的这种"纯机械"的方法，工人每天重复进行大约1 000次加减运算，目的是降低误差。在18世纪90年代恐怖时期的政治和经济动荡中，普罗尼的"对数工厂"设法在几年内完成了这项任务，其对数表手稿多达17卷对开本，它们至今仍被保存在巴黎天文台。[75]

在这个艰巨的计算项目中，最为复杂的机器无非一支羽毛笔。在普罗尼时代的人看来，这个项目之所以是"机械的"，正是由金字塔

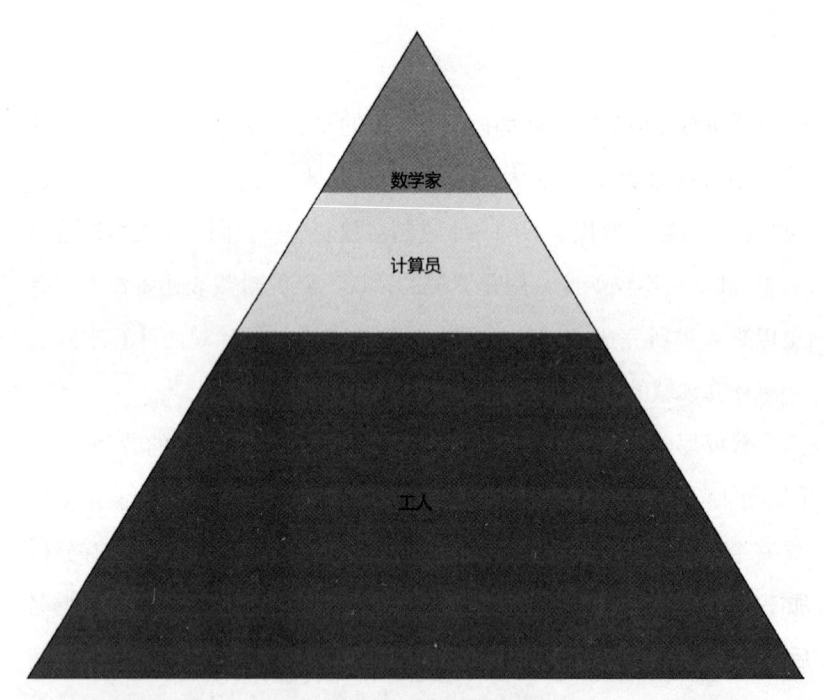

图4.4 加斯帕德·里奇·德·普罗尼的对数工作间的金字塔式劳动分工

底层的劳动——更确切地说，是劳动者——的性质决定的。在巴贝奇反复重复的一段话中，普罗尼惊讶地发现，最愚蠢的劳动者在他们没完没了的加减法运算中犯的错误反而最少。他说："我注意到，错误最少的表格来自那些智力最有限的人，可以说，他们是一种自动化的存在物。"[76] 这一观察结果与先前关于劳动分工对劳动者影响的叙述截然相反。无论是《百科全书》的制作者，还是亚当·斯密笔下的别针工人，都没有被他们分工细致的工作搞得晕头转向。相反，斯密认为，随着工人技能的不断熟练，以及发明更快捷的处理方式，反复处理一项严格限定的任务，反而能够培养独创性和灵活性。[77] 普罗尼本人对这一有违直觉的发现似乎惊讶不已——没头脑的人反而提高了心脑算的准确性？而对于沉浸在英国新兴工业化的政治经济学中的巴贝奇来说，普罗尼制作的对数表恰恰证明，即使是最复杂的计算，也可以完全机械化。如果没头脑的劳动者能够如此可靠地工作，那为什么不用一些更没有头脑的机器来替代他们呢？[78]

正是借鉴普罗尼的思考并汲取其教训，巴贝奇发起了自己的"分析机与差分机"（Analytical and Difference Engines）方案。当时，法国政府的财政濒临崩溃，普罗尼的对数表出版被搁置了。实际上，直到今天，它们也没有被全整地出版。[79] 1819年，巴贝奇来到巴黎，彼时，伦敦的卡斯尔雷勋爵（Lord Castlereagh，1769—1822）发起倡议：英国政府与法国政府分担普罗尼对数表的出版费用。虽然出版计划最终不了了之，但巴贝奇被允许进入巴黎天文台，他悄悄地查阅了那里的手稿档案，这对他后来于1827年出版对数表大有帮助。[80] 几年后，巴贝奇在其《机械与制造经济论》（On the Economy of Machinery and Manufactures，1832）中以普罗尼的对数工作间为例，证明劳动分工的原理对脑力劳动和体力劳动一样适用。他对普罗尼的说法赞赏有加：计算者懂得的数学知识越少，其计算反而越正确。巴贝奇得出结论：无论产品是别针还是对数，只要实行劳动分工，就会区分不同层级的技能，从而提高利润率，普罗尼的金字塔便是如此。巴贝奇说："我们不会一天花 8 先令或 10 先令雇一个有烧制别针的技能的人去转轮子，那种活一天花 6 便士就能请到人干，同样，我们不会雇一位有成就的数学家来完成最低级的算术运算。"[81]

巴贝奇的分析机与差分机的灵感来源并不限于普罗尼用人工生产对数以及相应的差别处理的做法。约瑟夫-马里·雅卡尔发明的提花织机卡片系统能够实现精美图案编织的部分自动化，并于 1818 年全面投入使用。巴贝奇对此印象深刻，他珍藏了一幅雅卡尔本人在装有"雅卡尔卡片"的织机上编织的肖像。[82]（见图 4.5）不过，虽然由于装备了"雅卡尔卡片"，织造过程部分实现（不可能全部实现）了自动化，但是，设计图案的设计师、将图案翻译为数百张卡片的转录员，以及用合适的织物和颜色的线将织机串起来的织布工，仍然是不可替代的。[83] 当然，任何计算装置，无论是夏尔·泽维尔·托马斯·德·科尔马（Charles Xavier Thomas de Colmar, 1785—1870）发明的实际有效的计算机，还是巴贝奇的不成功的"分析机"，甚至是 IBM 的打孔卡，都不能完全代替人工操作员。进入 20 世纪后，计算员通常是收入微薄的工人，在 20 世纪 20 年代之前主要是女性，她们在天文台、人口普查局和军事机构（如二战期间的"曼哈顿计划"）中从事计算工作，有时有机械辅助，有时没有。[84]

从人工计算员到机械计算器之间的变迁史，其源头可追溯到普罗尼的对数工作间——或者更确切地说，追溯到巴贝奇对普罗尼项目

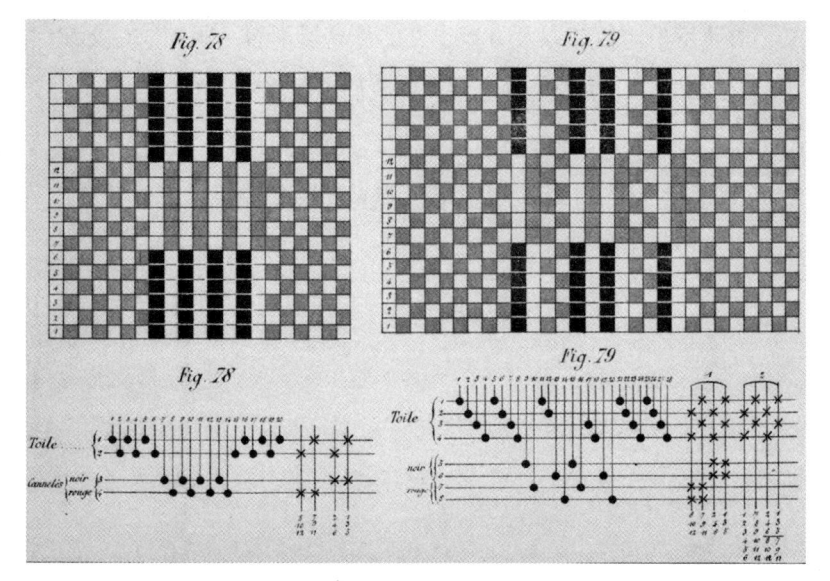

图 4.5　雅卡尔卡片上描绘的纺织图案

Constant Grimonprez, *Atlas tissage analysé* [Analytical textile atlas, 1878], fig. 178.

的解释。人们最初想到机械化计算，并不是因为机器能够可靠地计算，而是因为机械工人也能够可靠地计算。直到 19 世纪初，"机械的"（*mechanical*）一词一直指最低级的体力劳动，只用动手，不用动脑。机器的存在是为了帮助甚至可能取代这种"机械"。相比之下，计算，无论多么简单乏味，都被认为是脑力劳动，甚至在巴贝奇制造出第一台差分机样机之后，只要听说用"机械操作代替智力过程"反而能获得一定程度上"普通方法无法达到的速度和精确性"，那个时代的人一定会错愕不已。[85] 不过，普罗尼的机械和巴贝奇的机器的实际运行效果究竟如何，人们观望、怀疑了几十年。直到 19 世纪 70 年代，一个习惯于用手工计算和检验对数表的苏格兰人还在以心算的名

第四章　机械计算之前的算法—125

义,对普罗尼对数表以及方兴未艾的计算器不屑一顾,他写文章称:"我们必须坚守一条健全的真理,即我们不能将我们的智力活动转交给机器、公式、规则或教条,还说什么我懒得动脑子,让它替我思考吧。"[86] 话说回来,计算可以由没头脑的机械来完成,这似乎只是一小步,至少对于像巴贝奇这样经常脑洞大开的人来说,下一步就是,让这类没头脑的机器以及相应的刚性规则在他们飞转的轮子和链条中变成现实吧。

## 五、小结:细密型规则

当有人想象机器可以完美地执行算法时,计算就变得机械化了。这里的"想象"是有所指的。20世纪末以前,巴贝奇的分析机一直是一个幻想,从未变成现实;它还只是一台谋划中的机器,而不是可以运行的机器。(见图4.6)那些机械咯吱作响,经常卡死;它们的轮子经常转不动,齿轮也不能啮合。帕斯卡和莱布尼茨在17世纪设计的计算机原型都很不可靠,今天无非是个古董;[87] 巴贝奇的差分机也从未超出这个原型阶段,不过是一个在派对中供客人娱乐的玩具。[88] 机器都需要人的调试和判断,就像前现代文献中的粗放型规则一样——即便只是为了确定机器何时出现故障、针脚何时弯曲了,或者统计出错的总数。但是,人们想象中的机器是不会有卡顿和磨损的,没有灰尘或湿气能干扰它们的运行,它们从不崩溃。在关于规则的僵硬性的故事中,我们又发现了十分重要的一点:想象一开始只是幻想,即便它多年以后变成了现实。

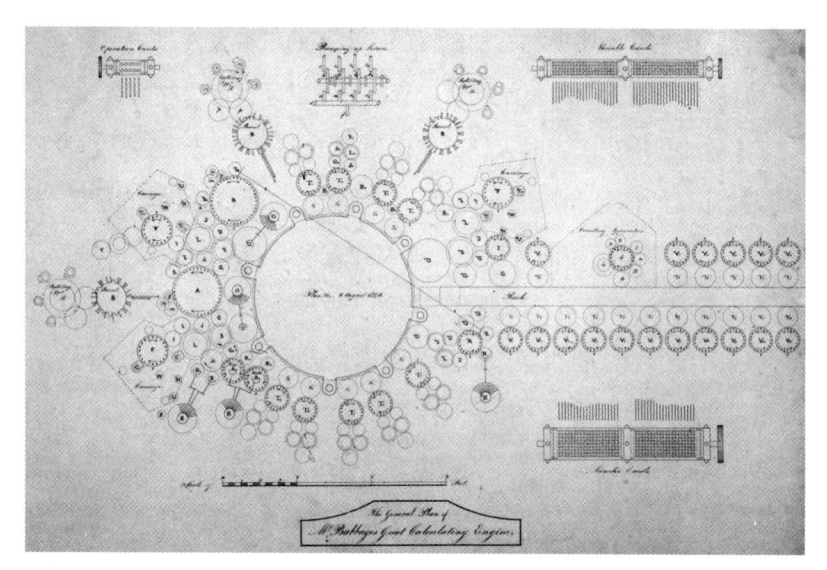

图4.6　约瑟夫·克莱门特为查尔斯·巴贝奇从未实现的分析机设计的计划（1840）
伦敦科学博物馆/科学与社会图片库

在18世纪的英语中，"刚性规则"常指道德准则，例如："荣誉方面的刚性规则"、"礼节"方面的刚性规则，或"诚实、正直"等刚性规则。这些规则之所以是刚性的，是因为违反它们就是冲击道德秩序的大不敬行为，因而是不可容忍的。相比之下，"机械规则"通常是指做一件事情时的手工或工艺方面，指机器的运行，或者自然律（与"机械论哲学"有关）的运行，或者，有时候带有贬义，指试图提炼文学创作的规则，例如，亚历山大·蒲柏曾嘲笑那些为史诗颁布"机械规则"的法国作家。[89]当体力劳动方面的规定被硬扯到脑力劳动上时，"机械规则"受到了最强烈的蔑视，因为这意味着后者被"降格"和去技能化。"机械的"不仅指机器，还形容那些被认为是无脑的、重复的、乏味的劳动，以及执行这类任务的人，比如莎士比亚

第四章　机械计算之前的算法—127

在《仲夏夜之梦》中所描写的傲慢的"鲁莽的机械工人"。

直到18世纪末19世纪初,对算法的操纵才被视为脑力劳动。此类工作的地位取决于当时人们的文化程度、算法的复杂程度,以及要执行的计算的体量和标准化程度。即使在全靠手写的古代世界,学生计算与老师编写和讲解算法教科书在人们心目中的地位也判若云泥。然而,在18世纪,即使是杰出的天文学家和数学家,也忙于计算。法国数学家、自由派革命家孔多塞侯爵(Marquis de Condorcet,1743—1794)甚至宣称,新法兰西共和国的公民可以通过学习算术来预防牧师和政客的欺骗。[90]无数的数字由1到10构成,它们不可能强记,而只能靠学习,那就是"通过智慧和理性,没有什么能够骗过演算"。孔多塞坚持认为,计算绝对不是无脑的活动,它是"我们的大脑能够进行的三种智力运算的基础:形成想法、判断和推理"[91]。

到17世纪中叶,无论是国家行政管理、数学和航海领域的数表,还是天文观测,计算的工作量都大幅减少,到了惊人的程度。直到此时,弗拉姆斯蒂德这样的领头人才解甲挂靴。17世纪计算最密集的行业是天文学(包括航海)和行政管理(帕斯卡发明了计算机,以帮助他的父亲、鲁昂的总督),叫苦的声音不断从这些领域冒出来,它们证明计算是人们心目中的苦差事。约翰·纳皮尔(John Napier,1550—1617)在计算杆(被戏称为"纳皮尔的骨头")和对数方面做了大量改进,就是为了应对不断增加的计算负担。[92]然而,经历了大半个世纪的发展,才发展出标准化的计算程序及劳动组织,最终使得对一度繁重的计算劳动进行分工成为可能。尽管巴贝奇关注的是普罗尼对数计算劳动金字塔的底层,但是,上面两层的劳动对于完成工作才是至关重要的——就像马斯基林的"规矩"和艾里的那些表格对分配格林尼治皇家天文台和《航海天文历》所需的计算一样重要。数学家和天文学家要设计的，远不止是公式；他们必须做的，远不止将复杂的计算转化为一步步的数值程序。他们必须为整个过程设想出足够细致的分工，以便半熟练的计算员能够可靠地执行大部分计算工作。换句话说，他们要把数学重新想象成一种别针工厂，配有不同层级的岗位和薪酬。

处于底层的低薪计算员，无论是男学生、失业工匠，还是（后来的）女性，至少在一个重要方面不同于前现代世界中学习计算的学生——他们不再需要锻炼那种将新旧应用程序相联系的类比推理能力。他们这时有了预先分包的问题以及解决问题的方法，这都要归功于马斯基林、艾里、普罗尼等人的劳动。这时，没有必要还像前现代算法教科书那样，从一个问题推导出另一个问题，也没有了早期数学家对算法进行分类概括的余地。问题已经被预先分类，程序也预先有了具体说明。计算员不再需要问：这是什么问题，或者，需要用什么算法来解决它。计算员也不太可能遇到各种各样的问题和算法。他们的算法经验迥异于前现代计算员的经验。他们的规则真的很"细密"。

他们思考不是因为他们独立于语境，而是因为他们的语境被仔细地固定了。要素的不可预测性和多变性是粗放型规则的典型特征，甚至也是带有开放式应用程序的前现代算法的典型特征。但现在，它们已经在很大程度上被普罗尼、艾里等计算"系统"设计者的努力消除了。要想在实验室里实现混乱的现实世界中不可能实现的效果，就需要精心控制实验条件。同理，人工计算员系统之所以取得令人耳目一新的高效，是因为预先设置做好了杰出的分析和组织工作。在这两种情况下，一些干扰因素已被诊断和消除。他们重新考虑如何在格林尼治和巴黎的天文台进行计算工作,这使得那两个小世界适合安全地运行细密型规则,还带来了执行它们的廉价劳动力。

这些规则也很细密,因为它们被分割成了尽可能小的步骤——在普罗尼的对数项目中,只有加法和减法。这既是数学的成就,也是政治经济学的成就。这一成就将复杂的问题分解成方程,转换成数值,最后进行实际计算;还将解决问题的平行劳动分解成数学技能差异很大的三类工人。这时,只有最低级的计算员的工作才被称为"机械的"。是劳动分工,而不是机器,使计算变得机械化,并且使真正大规模计算的机械化成为可能。

# 第五章　计算机时代的算法智能

## 一、机械遵循规则：巴贝奇与维特根斯坦

路德维希·维特根斯坦曾用一个数学例子证明，即便是计算法则，也不能被机械地遵循。他的这个例子堪称20世纪哲学中最有名，也最奇怪的论述之一。在维特根斯坦的例子中，老师让一名学生从0开始，用"+2"的方式，连续书写0、2、4、6、8……，到1 000后，如果学生写的是1 004、1 008、1 012，那么，老师肯定会认为学生写错了，学生的理解有误。但是，维特根斯坦不这么认为，他说："对于这道题中的数列，学生或许会这样理解：到1 000后加2，到2 000后加4，到3 000后加6，以此类推。学生出现这样的理解是很自然的，我们有时候也可能这样理解它。"想来也有道理，且不说学生，即便是一台机器，也不一定总能保持机械的准确性——"我们是否忘了，它们（机器的零部件）可能会弯曲、断裂、熔化？何况这名学生"。维特根斯坦的结论是，遵守计算的刚性规则与其说是执行一种机械运动，不如说是遵循一种习俗。[1]

维特根斯坦的例子表明，一个数列即便具有明显的、不证自明的连续性，也有可能出现意外。当然，这个例子并非他的原创，但是，他对它进行了不同的发挥。一个多世纪以前，前文第四章中提到的英国数学家、发明家和政治经济学家查尔斯·巴贝奇就提到过维特根斯坦所说的这个不守规则的数列，甚至尝试真的用一台机器去运行它。1832年，巴贝奇设计出差分机之后，向工程师约瑟夫·克莱门特（Joseph Clement）订购了一台缩小版的机器（长、宽、高均大约61厘米的立方体，用青铜和钢制成），以检验这个例子的真实情况如何。（见图5.1）巴贝奇经常在他伦敦的家中举办晚会，参加者多为社会名流，其中，政治经济学家老拿骚、天文学家约翰·赫歇尔，还有一些杰出的外国来宾，比如亚历克西·德·托克维尔，都是其座上宾。在丰盛的点心和马德拉葡萄酒中，在舞池里跳舞的间隙，客人们欣赏最新的科学展示，从电池到早期照片。作为一种改进装置，差分机将这些饶有趣味的娱乐活动推向高潮。巴贝奇称，它是一种计算奇迹。[2]

这台差分机可以接受编程，计算代数函数，例如 $2+x=n$，设：$x$ 为从 0 开始的自然数。而且，还可以为它编写不同的等式函数方程，让这个函数在序列中的某个节点开始生效，比如：当 $x=1\,000$ 时，函数变为 $4+x=n$。由此，差分机产生的数列为：

2, 4, 6, 8, 10, 12, ……994, 996, 998, 1 000, 1 004, 1 008, ……

图 5.1 查尔斯·巴贝奇的差分机 1 号（1824—1832）

伦敦科学博物馆 / 科学与社会图片库

在《布里奇沃特著作集之九》[1]中，巴贝奇大胆地提到神学，他

---

[1]《布里奇沃特著作集》(*Bridgewater Treatises*，1833—1836)，英国皇家学会主席任命一些科学人物撰写的八部作品，受第八代布里奇沃特伯爵的 8 000 英镑遗产的资助。这套丛书是维多利亚时代重要的宗教与科学文献之一。巴贝奇将自己的著作称为《布里奇沃特著作集之九》，意在与其相提并论。——译者注

将差分机计算出来的这种预先编程的意外结果比作神迹。后来，还出现了更大、更好的桌式差分机，它可以通过编程生成一个连续的平方数数列，并在某个关键节点终止于一个立方数，但又不会有悖于"机器行为法则的完整表达"。这些似乎都说明，神从创世之初就预见并规定了自然法的所有明显例外。[3]

当然，维特根斯坦的观点与巴贝奇的观点截然相反。巴贝奇用他的计算机证明，即使是明显的异常，也不违反规则，并且规则可以被机械地遵守，但维特根斯坦认为，即使是机器，也不能机械执行规则。[4]维特根斯坦是否读过巴贝奇的这本书，目前尚不清楚；如果他读过，他就算不上第一个从上到下、从里到外推翻那个方兴未艾的维多利亚式推论的人。英国学者弗朗西斯·高尔顿（Francis Galton，1822—1911）利用他的合成照片技术揭示了人类行为原型——例如罪犯行为原型——作为一个类型在视觉上的本质特征。维特根斯坦也使用合成照片，但结果恰恰是打破了高尔顿的"家族相似性"（family resemblances）这一关键观念。[5]姑且不论维特根斯坦是否见过巴贝奇以及他的差分机，他毕竟生活在巴贝奇曾经设想的世界中——在这个世界中，在天文台、政府人口普查局、会计办公室等所谓的"大计算"（Big Calculation）场所，那些真实存在的机器每天都在进行繁重的计算。这个由计算器、计算机和制表机组成的世界并非巴贝奇所创造的，他的差分机和分析机从未通过设计阶段。但是，巴贝奇从普罗尼的对数项目中得到启示，他比任何人都努力地思考如何将计算变成机械的，如何实现由无脑的机器完成智力活动这一突破。

在我们今天生活的时代，人工智能、智能手机无处不在，算法被广泛应用于几乎任何人、任何事，这一切将计算机模仿并超越人类智力这一梦想（和噩梦）不断变为现实。由此看来，巴贝奇设想将计算从人脑转移到机器，实属先见之明。我们甚至可以把人类思维本身想象成一台机器，这种想象是许多当代认知科学的基础模型。我们还可以想象，机器自己有思想，而且越来越高级，可能还不是什么好的思想，最糟糕的情况比如，我们或许记得电影《2001：太空漫游》中那台名叫"哈尔"的计算机吧。[1]然而，从巴贝奇认为无脑的机器可以计算，到我们今天开始担忧被机器思维取代，中间经历了近一个世纪的计算机与人类的协同工作，大约是从1870年到1970年。在这一时期，想出如何对复杂的计算进行分工，以便只有很少或没有编程能力的机器能够执行这些计算的，是人类；操作这些机器的，也是人类。维特根斯坦在柏林工业高等学院和曼彻斯特大学学习工程学时，身处的就是这一计算现实。或许，这一经历导致他质疑这类机器的自主性："如果计算在我们看来是机器的行为，那么，人类做计算，人类也是机器。"6

在人类和机器共同完成"大计算"的那数十年里，计算突破了人脑与机器之间的界限。这不是因为计算机被认为是智能的，而是因为计算已经变成一种机械的智力活动，正如我们在第四章中看到的那样。然而，人类的意识对于机器进行有效而准确的计算仍然至关重要。在历史上，"人的智能"曾经费力地完全凭借手工完成大量计算，如天文学家约翰尼斯·开普勒在17世纪初对火星轨道的计算。但是，在20世纪后期，这样的计算可以由"人工智能"通过计算机编程在

---

[1] 在电影《2001：太空漫游》中，机器人"哈尔"最后背叛人类，企图杀死三位工程师。——译者注。

瞬间完成。在"人的智能"与"人工智能"之间，存在着人类与机器的"混合智能"。这种混合智能是双重的算法。

正如我们在第四章中看到的，"算法"这个术语有狭义和广义之分。在狭义的、最初的意义上，算法指的是用印度数字进行的算术计算，即用数字0、1、2、3、4等进行加、减、乘、除。在广义上，大多数算法的现代定义还包括在计算题目或解决问题时使用的一步步程序。在算法智能的历史上，广义和狭义的这两种定义都是有问题的。在历史上，算法指狭义的算法，即数值计算。但是，从广义上来说，将计算转化为程序和工作流，就是将一项复杂的任务划分为有限的、明确的、带有精确定义的输入和输出的小的步骤序列，这种做法本身也是算法。食谱、宜家家具组装说明书等都带有一步步详细说明的程序，它们都类似于广义的算法，即使不涉及任何计算。广义的算法完全适用于别针制造，就像适用于对数计算一样，或者就此而言，还像适用于笛卡儿著名的方法论描述的第二步："将我所发现的每一个困难分成尽可能多的部分，而且每一部分都得到令人满意的解决。"[7]这是字根意义上的分析——解开或拆开单词。

19世纪末20世纪初，计算机的引入和广泛使用既改变了用于计算的狭义算法，也改变了用于组织计算的广义算法。机器还改变了计算的意义以及计算员的身份。但是，机器被设计的初衷——减轻脑力的计算负担，并没有发生根本上的改变。它们只不过是把负担转移到其他人的肩上，或者更确切地说，转移到其他人的头脑里。自16世纪以来，大规模的计算工作一直是天文学家、测量员、管理者和航海家抱怨的对象。今天，它依然单调乏味，以至于激发了对精神疲劳和注意力下降的全新的心理物理学研究。至少在计算机被广泛应用的第一个世纪里，机械计算并未完全成功地驱除机器中的幽灵——那个疲惫不堪的幽灵。

## 二、"先有组织，再有机械化"——人机工作流

如果真如普罗尼和巴贝奇所声称的那样，计算本质上是机械的，那么，为什么机器执行计算要花那么长时间，尤其是在像《航海天文历》那样的计算密集型机构对时间要求十分紧迫的情况下？法国数学家布莱兹·帕斯卡在17世纪40年代试图出售他的计算机，但并不十分成功。此后，又有多种精巧的计算机，至少是样机被发明和制造出来。在整个17世纪、18世纪及19世纪，发明家尝试了各种各样的设计和材料，但是，他们的机器仍然很难制造，而且价格昂贵，性能不可靠，不过是用来填充华丽的古董柜子的摆设，而不能成为日常使用的工具。[8] 对于冗长复杂的计算更有帮助的，是苏格兰数学家约翰·纳皮尔制作的对数表。他用拉丁文写了一篇描述和说明如何制作对数表的文章，该文章问世于1614年，到1899年至少出现了七个版本，它启发了包括巴贝奇在内的许多人的较大型对数计算。[9] 在整个19世纪，像埃德温·邓金（我们在第四章中提到过他）这样的人工计算员几乎一直使用这样的对数表，每次计算都要多次查阅对数表。[10] 古代中国使用的算筹、算盘，以及西方常用的"纳皮尔的骨头"（刻有乘法表的计算杆）、各种刻号计数法、"吉纳伊尔杆"等林林总总的计算装置在商业环境中司空见惯，但是，它们只能用来处理相对较少的数字，不适合天文学和航海这类长时间、繁重的计算。[11]

在一篇堪称 18 世纪最为详尽地介绍各种数学工具的文章中,这些计算机或计算装置被提到的次数都不多,这表明它们对从业者几乎没有用处。[12]

第一台足够强大、可靠、被成功制造和销售的计算机是"托马斯运算器",它由法国商人托马斯·德·科尔马于 1820 年申请专利,但直到 19 世纪 70 年代才被广泛使用。(见图 5.2)即使在那时,它主要的买家——保险公司——也抱怨说,这种运算器经常出故障,而且要求操作相当熟练。[13] 然而,到 20 世纪第二个 10 年,法国、英国、德国和美国制造的各式计算机已经成为保险公司、银行、政府人口普查局和铁路管理局的固定设备。但是,1933 年对计算机的一项全面调查显示,为保证科学性,"在文字和数表辅助下的心算"仍然是主流。[14]

差不多就是在这一时期,英国《航海天文历》编辑部开始引入机

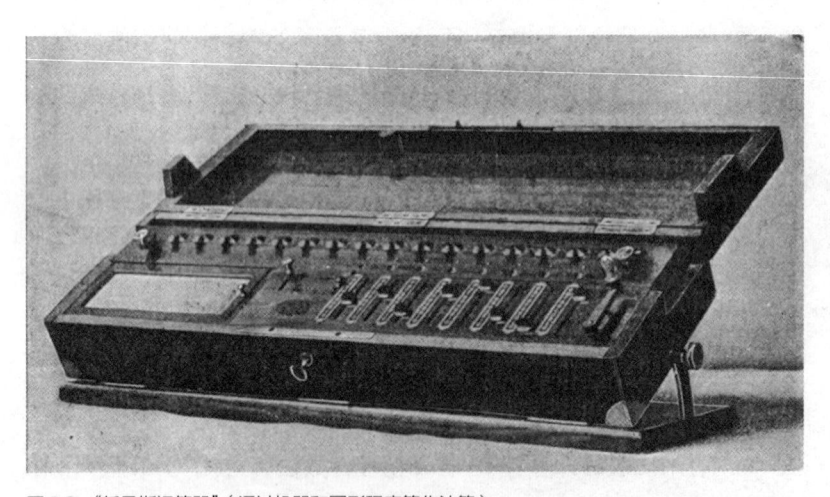

图 5.2 "托马斯运算器"(通过机器和图形程序简化计算)

Maurice d'Ocagne, *Le Calcul simplifié par les procédés mécaniques et graphiques* [Calculation simplified by mechanical and graphical procedures], 2nd ed., 1905.

138—规则:我们依之生存的历史

械计算机,参与实际计算。[15] 作为最古老、最定期出版的基于繁重天文计算的导航指南之一,也是最早将计算机引入其运行的指南之一,《航海天文历》是一个特别有启发性的例子,它能够说明在人类与机器合作处理数字之前和之后,这些计算是如何被组织起来的。此外,尽管《航海天文历》的相关计算的对象高高在上——天体的位置,但是,它们的目标是脚踏实地的——引导世界上最强大的海军和商船安全而迅速地穿越大英帝国。每期《航海天文历》必须按照严格的时间进度按时完成,这种时间压力与其说是来自天文台,不如说是来自商业活动的需求。因此,《航海天文历》努力将科学计算的高精度标准与商业计算的效率要求结合起来。这是一种有截止时间的"大计算"。

回看年轻的埃德温·邓金,他正坐在格林尼治皇家天文台八角室的高脚椅上,面前放着艾里预先打印好的表格,周围全是数表手册,他可以在数表手册中查找指定计算中某个步骤的数值。艾里的计算系统严重依赖劳动分工和数表,但完全不靠机器。从八角室的一片寂静(只有初级计算员和高级助理查找表格时的翻页声和计算时的钢笔刮擦声才打破这种寂静),到格林尼治海军学院拥挤的办公室里加法机震耳欲聋的咔嗒声,这种转变让人觉得恍如隔世。1930 年,《航海天文历》总监莱斯利·科姆里(Leslie Comrie,1893—1950)紧急请求海军总部增加办公场所和宿舍,他这样描述当时的情景:"我们有一台大型的巴勒斯加法机,它不停歇地运转,噪声如此之大,以至于在那个工作间里,人简直无法集中注意力。为了其他工人的利益,机器应该有一个自己的房间。"

为什么办公室那么拥挤?因为机器的使用导致以前分配给"外部工人"——退休员工及其亲属、寻求增加微薄收入的神职人员和教师——的工作，现在分配给了"会用计算机的普通的初级市场劳动力"，而不再是那些"除了对数什么都不知道，经常在自己家里工作的旧时代的高薪计算员"。这些低收入的工人需要被"更密切地监督"，而昂贵的机器也不能离开办公室。[16] 那么，这些在他们的主管的严密监视下操作新机器的廉价工人是什么人呢？他们不再是埃德温·邓金时代刚从学校毕业的男生，而是六名未婚女性（当时，《英国公务员条例》禁止雇用已婚女性），她们都通过了"英语、算术、常识和数学"的选拔考试。[17]

吊诡的是，引入机器本来是为了降低成本、节省劳动力、加快生产速度，最重要的是减轻脑力劳动，但结果却导致雇用更多的工人，花费更多的钱，生产被中断，而且，脑力劳动也增加了——特别是对于主管来说，因为他要负责重新组织计算，以将人工计算与机械计算器整合成一个稳定、高效且无差错的序列。以何氏制表机为例，总监科姆里迫不及待地租用了至少六个月，以制作月球的星历表（即计算特定时期的月球位置）。除了支付大约264英镑的租金之外，还要支付100英镑购买1万张打孔卡，还要雇女工输入数据和操作机器，为此要支付"四个女孩六个月的工资，两个女孩另外六个月的工资"，计234英镑——我好像还没算电费，也增加了9英镑吧？这样，总共支出607英镑；相比之下，用旧方法进行同样的计算，每年只需要500英镑。现在需要做的，不再是计算7张不同表格中的1万个数字，而是将1 200万个数字打在30万张卡片上，这样它们才能在何氏制表机上运行。（见图5.3）当总监上报这笔开支账目时，他肯定预料到吝啬的海军总部会有些惊讶，他赶紧解释说：这笔"最初的巨额成本"是合理的，因为"使用这台制表机能够提高速度和准确性，还

图 5.3　美国人口普查局里的何氏打孔卡操作员（约 1925）
美国国家档案馆

能缓解精神疲劳"[18]。

　　大约在 1930 年，流行一种说法："一台真正的计算机就是一个压迫狂，它一旦开动起来，就会打压一切需要动脑完成的事情。"[19] 但是，就像"被压迫者归来"[1]，脑力上的付出和疲劳往往刚被赶走，就又从后门溜回来了。不仅打卡的女工需要忍受疲劳（这一点我将在后文论及），还要有人负责重新思考如何设计《航海天文历》所需的数百万次计算的劳动分工。如前所述，至少从 18 世纪起，天文台台长

---

[1] "被压迫者归来"（the return of the repressed），弗洛伊德在《梦的解析》中的术
　　语。——译者注

和《航海天文历》总监就一直将计算工作分解为多个步骤，并将不同的步骤与不同的数学技能程度相匹配，那些技能从小学生到剑桥的"牧马人"（Wranglers，在数学考试中获得最高分的学生），不一而足。到19世纪中叶，这种使工作条理化的努力仍然没有因艾里发明的那个"系统"而结束。到20世纪初，为了降低工资成本，《航海天文历》尝试雇较少的固定员工，配以临时计算员，这样就可以将计算分包给临时计算员。这些计算员与女雇员一样，通常只得到比"内部"工人更少的报酬。[20]

但是，随着20世纪30年代越来越多新的"内部"工人操作计算机，总监和副总监发现，自己正面临一场监管危机：新员工、新机器如何与老员工及其拿手的老方法相结合？丹尼尔斯兄弟是出了名的坏脾气，但却是难得的行家里手，他们是唯一可以信赖的校对表格的员工，但是，就连他们也被认为"墨守成规，不能适应机器"，"脾气不适合管理下属"。斯托克斯小姐和伯勒斯小姐负责用布朗斯计算机将日心坐标转换为地心坐标，为此，她们两人都需要从主管那里接受计算辅导，每人三个月。[21] 尽管投入大量资金添加新机器和人员，但《航海天文历》仍然落后于计划12个月完成。对此，总监科姆里向他的海军总部老板解释说，仅准备机器及其操作员，管理现在所做的准备工作，就占"整个（计算工作量）的20%或30%"。以前，要计算月球凌日的星历表，只需简单地告诉马萨诸塞州的W. F. 杜肯："做月球凌日。"四五个月之后，他就能交出一份印刷本报告，但现在，这项工作被分配给"六七个人，他们可能收到100~120组不同的指令"。

但是，看看报表的最后一行——"总计"，数据明摆在那里，新方法至少比旧方法节省20%的经费。如果《航海天文历》不想采用他们的德国同行那种奢侈的人员配置方案——德国人雇用了 11 位博士,那么,更便宜的员工(女工)、机器,最重要的是持续和创造性的监督,将是必要的。新算法至少在两个方面颠覆了旧的计算方法。首先,机器的计算方式不同于人类所学会的计算方式,它甚至很少按照数学理论的解题方式进行计算。例如,塞金机(Seguin machine)不是通过迭代加法来进行乘法运算,而是将数字视为 10 的幂的多项式。[22] 最好的人脑计算法则也不是机械计算的法则,而且不同的机器使用不同的算法。用机器组织计算可能意味着要重新思考算术的算法。其次,将脑力、机器和手动的计算结合起来,需要管理者发明新的程序算法,以便将月球凌日这样的问题分成多个小而明确的步骤。科姆里心里有抱怨,[23] 毫无疑问,他之前和之后的所有总监也都有抱怨。科姆里已经获得剑桥大学的天文学博士学位,他认为这不是自己想要的科学工作,因为自己的时间被行政工作侵占太多了。他说:"我的精力应该从行政琐事中解放出来,这样我就可以开发新方法,改进计算安排,并整理和监管员工的工作。"[24] 这是一种"分析智能"(analytical intelligence),其关键在于双重算法,同时考虑计算与劳动分工,以适应机器与操作机器的所谓"机械的"工人。当然,所有这些都以削减成本为名义。

购置昂贵的机器,雇更多的员工来操作那些机器,可能削减成本,但要证明这一点并非易事,尤其是在铁路这样的计算密集型行业。当格林尼治的《航海天文历》尝试用何氏制表机等计算机简化天文计算时,法国的 PLM 铁路公司也在引进那些计算机,以跟踪货运和库存情况。1929 年,该公司会计主管乔治·博尔在一篇文章中解释说,这种新机器具有"无法估量的"的优势,但前提是整个工作流中的每一个细节都事先经过精心考量，从如何最大限度地利用何氏打孔卡的所有45个阵列，到为常规运输货物设计图标，以加快机器操作员的信息编码速度。再小的细节，甚至连货物类别的编号，都逃不过主管的审查，"在这种工作中，每个细节都必须经过仔细的检查、讨论和权衡"。与《航海天文历》一样，机器的使用需要集中的工作场所（当然是在巴黎），并雇用廉价的、符合"守规矩、细心、专注、和善"（显然指女性）这一标准的劳动力。廉价劳动力的经济优势如此之大，以至于博尔认为，相比之下，放弃旧方法遇到再多困难——不仅仅是机器成本本身，都不值一提。但是，要实现这些收益，必须在工作组织上付出巨大的努力："为建立有计划的组织体系，并确保其顺利运行，就要研究机器要解决的每一个问题，为此我们要付出艰苦的脑力劳动，需要大量的反思、观察和讨论。"[25]或者，用他的那句名言来说："先有组织，再有机械化。"[26]

## 三、机器思维

从17世纪到20世纪中叶的所有计算机，无论其设计、材料、功率和可靠性如何，都旨在减轻人类的智力劳动，而不是要取代它。[27]机器有计算能力，但当时没有人据此得出结论：机器是有智能的。相反，人们认为，至少某些智能是机械的，因为它们没有思维。不过，这是一种特殊的无思维活动，要求有极好的专注力和记忆力。这一点在一些心理学研究中表现得最为突出，比如那些关注计算天才，以及关注计算机操作员的研究。曾几何时，这两个群体被视为相反的两个极端：数字天才与数字笨蛋。计算机的普及降低了计算这一脑力活动的价值，但没有消除传统计算的单调性以及对专注力的要求。结果，心算大师与计算机操作员的心理特征以一种奇怪的方式融合在一起。

人们一提到18世纪和19世纪早期的数学史，总会想到几位计算天才，他们后来都成为著名的数学家，包括：莱昂哈德·欧拉、卡尔·弗里德里希·高斯、安德烈·马利·安培。[28] 坊间一直流传他们早慧的心算特长，视之为数学天才的早期迹象。但是，到了19世纪末20世纪初，心理学家和数学家开始认为，情况恰恰相反。伟大的数学家很少是计算高手，而计算高手更少是伟大的数学家。值得注意的是，这类观点在那些关于计算机的论文中十分突出。如果计算是一种机械的活动，那么擅长计算的人必然也是机械的，"因为把强大的计算能力作为卓越数学天赋的标志一样，是一种真正的歪理邪说，尽管这种歪理邪说很普遍……将二者混为一谈，其实是一种严重的判断错误，就像将钢琴演奏家非凡的手指灵巧性视为非凡的音乐创作天赋的标志一样"[29]。由于新式计算机带有键盘，操作者通过它输入数字，因此这项工作被经常与人在钢琴上弹奏和弦相提并论，这种类比有一定的道理。[30]（见图5.4）无论从思维层面还是从机械层面上看，计算即便快如闪电，现在都更接近于灵巧，而不是创造力。

阿尔弗雷德·比奈（Alfred Binet，1857—1911）是索邦大学的心理学教授，也是智能实验研究的先驱。19世纪90年代，他在实验室里让两个在巴黎歌舞杂耍中表演的精于计算的天才——意大利人雅克·伊瑙迪（Jacques Inaudi）和希腊人伯里克利·迪亚曼迪（Pericles Diamandi）——接受一系列测试。（见图5.5）根据自己的测试结果，再查阅心算大师方面的历史文献，他得出结论，尽管两人的个体差异

图 5.4　操作员在使用"瓦尔机"

Louis Couffignal, *Les Machines à calculer* [Calculating Machines], 1933.

很大,但他们构成了一个"自然家族":他们都是反自然的变体;他们都出生在没有神童历史的家庭中;他们都在贫困的环境中长大;他们都在很小的时候就表现出天赋,但在智力发展方面不突出,甚至落后于常人;即使长大成人,他们也都像是"没有长大的孩子"。相比之下,像高斯这样的数学家虽然在小时候就用心算特长让父母和老师目瞪口呆,但据说随着他们的数学天才的成熟,他们失去了这些能力。比奈甚至质疑,计算天才是不是真的了不起,抑或他们不过是"数字专家"。比奈让一名计算天才与乐蓬马歇百货公司的四名收银员进行比赛。结果,计算天才虽然在求解包含大量数字的题目时超过了乐蓬马歇百货公司的四名收银员选手,但是,在计算小的数字相乘的题目时,却输给了其中最厉害的一名收银员。比奈得出结论:计算神

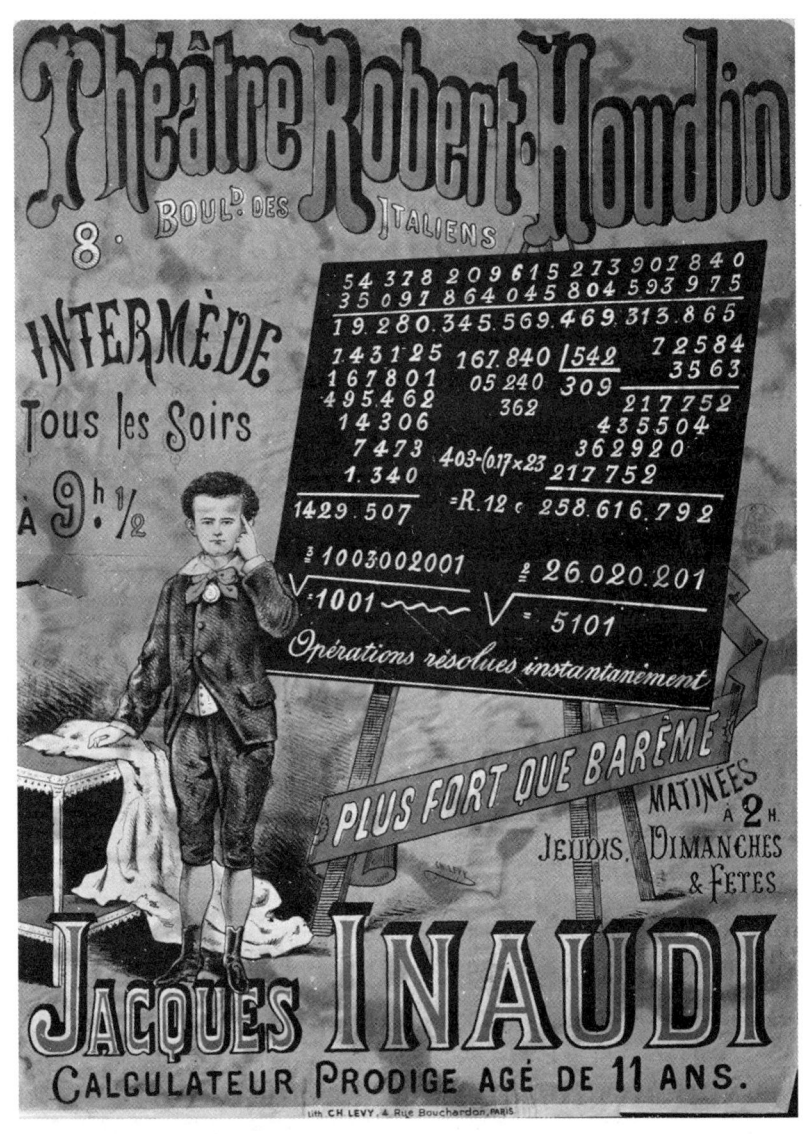

图 5.5 罗伯特-霍丁剧院的海报（约 1890），图中人物是一位计算天才，名叫雅克·伊瑙迪

Musée de la Ville de Paris, Musee Carnavalet, Paris, France© Archives Charmet / Bridgeman Images.

童真正了不起的是他们的记忆力和"专注力",至少是在数字方面的这种能力。[31]

计算机操作员要持续数小时对付的,正是这种需要高度集中注意力、既单调又乏味的工作。人工操作计算器的紧张程度让人难以忍受,这一直是操作员与其雇主之间争论的焦点。艾里一方面努力提高计算效率,但另一方面还是在1838年将计算员的工作时间从11个小时缩短到了8个小时。1837年,为了完成对哈雷彗星的计算,有人提议加班一个小时,这激起了计算员的反抗。他们抗议说,正常的朝九晚五"就足以让脑子受不了了,那些没完没了的计算实在乏味、令人压抑"[32]。1930年,即将离任的《航海天文历》总监菲利普·考埃尔在给他的继任者科姆里的信中写道:"真正努力工作五个小时,是人的极限了。"不过,他又补充道:"或许,你用上机器后,会有所不同吧。"[33]

的确,有了机器,情况会有所不同,但是,法国的铁路公司里那位效率狂人博尔也认为,在一个时长6.5个小时的工作日里,给300张卡片打孔(每张卡片上的孔有45列),是何氏制表机操作员的极限,而且,每个月只能连续工作14天。[34] 1931年,一项专门针对法国铁路系统中的埃利奥特–菲舍尔计算机操作员的心理学研究发现,肢体动作可以通过练习变得自动化,但"对工作的注意力必须是持续和集中的。操作员必须不停地检查机器,核对纸片上的条目,确保计算要素的正确"。每次计算从将纸片插入机器开始,到清除所有的数字,准备做下一次计算,一共包括16个独立的步骤。通过对这些操作员的测试,心理学家发现,如果这么长时间都"不休息",他们不可能保持如此高度的注意力。[35](见图5.6)1823年,英国天文学家

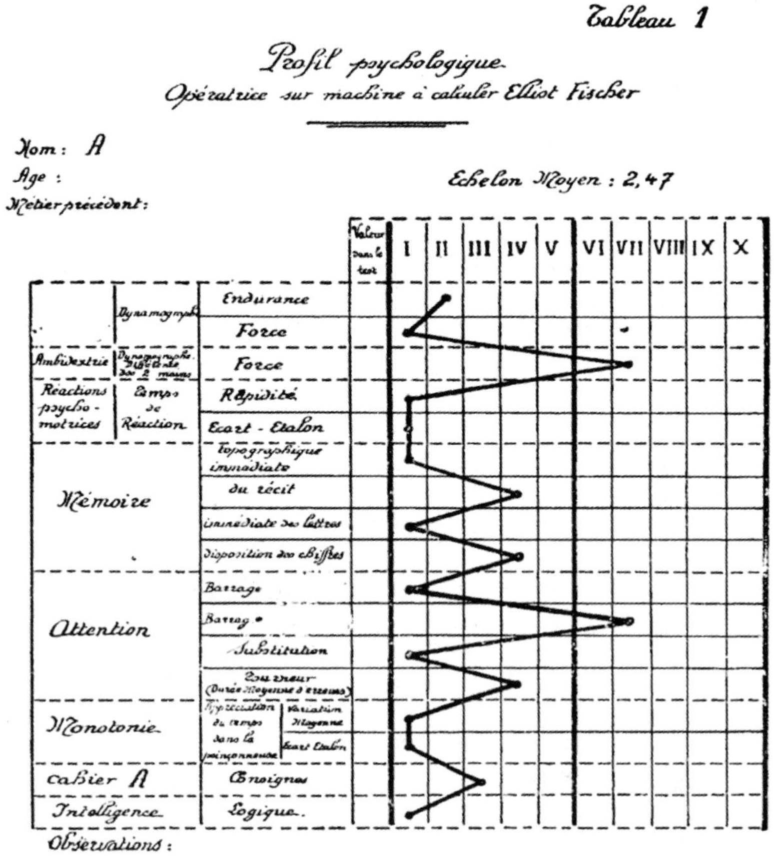

图 5.6 针对一些使用埃利奥特-菲舍尔计算机的最能干的操作员的测试，结果显示了其体力和注意力的变化

J.-M. Lahy and S. Korngold, "Séléction des operatrices de machines comptables [Selection of calculating machine operators]," *Année psychologique* 32 (1931): 131-49.

弗朗西斯·贝利（Francis Baily，1774—1844）谈到用巴贝奇的差分机计算数学和天文表的优势，他意识到，"机器的重复不变的动作"可能解决"计算员将注意力集中于数千次重复的连续加减法的枯燥乏味的劳动"的问题。³⁶ 但一个多世纪后的 1933 年，计算机仍然被视为对大脑的压榨。³⁷ 不管怎么说，计算机本来是为了减缓人脑的劳累，结果却加剧了它。

机械计算的出现本来有自己的目标，但现在已经非常接近脑力劳动，至少以当时的标准来看是如此。20 世纪初的心理学家一致认为，主动为乏味但必要的任务目标集中有意注意，这种能力在本质上是有意识的意志行为，因此是意识的最高表达。³⁸ 法兰西学院比较与实验心理学教授泰奥迪勒-阿尔芒·里博（Théodule-Armand Ribot, 1839—1916）推测，正是这种保持对枯燥工作的注意力的能力，将文明人与野蛮人区分开来，将体面的公民与"流浪汉、职业小偷和妓女"区分开来。与前述那位测试计算机操作员的心理学家一样，里博强调，有意注意的锻炼总是伴随着一种勉强的感受，这是一种"导致机体快速衰竭"的不正常状态。³⁹ 因此，计算是心理学家给实验对象设定的一项常规任务，目的是测试有意注意的强度及其对精神疲劳的抵抗。⁴⁰ 研究结果表明，随着测试对象变得疲劳、爱走神、错误增多，他的注意力会出现剧烈波动。在教室或实验室的环境中，对单调乏味的任务的恐惧随着疲劳而增加，据称有时达到了"轻度精神错乱"的程度。⁴¹ 就机械计算而言，操作员的疲劳还会导致注意力的波动和出错倾向的先兆。但是，我们不能不要操作员，正如 1933 年一篇关于最新计算机的论文所强调的："在对现代机器进行比较研究时，不可能不考虑操作者干预（计算）的方式。"⁴² 唯一能做的就是改进计算工作的组织，以尽量降低操作员的自由裁量权，但同时最大限度地让其始终专注于自己的单一工作，也就是说，使机械计算脑力化。

## 四、算法与智能

本章一开始给出了一个尖锐的对比，展示巴贝奇与维特根斯坦如何使相同的数列导向相反的结果。巴贝奇认为，当差分机吐出一个明显反常的数值时，它实际上是在忠实地、机械地遵循齿轮运转的规则，这就好比自创世以来，那位神圣的工程师在大自然的机器上展现神迹一样。规则没有例外，这就是机器能够执行规则的原因。维特根斯坦指出，教师认为，学生得出反常数值是错误，而不是什么奇迹，但是，他与和巴贝奇一样，怀疑表面上的反常是否真的违反了规则。不过，对于维特根斯坦来说，这个例子表明，机械遵循规则是不可能的，因为那个规则本身就是不确定的。要切断这种对什么是规则的无限循环的解释，唯一方法是将规则理解为一种习惯或制度，而不是一种算法。维特根斯坦不仅质疑人类是否机械地遵循规则，还怀疑机器是否也是如此。

但是，在关于机械遵循规则的这两个故事中，讨论的究竟是哪种机器呢？或者，其中根本就没有机器？前文第四章谈到普罗尼的对数项目，我们知道，"机械的"一词可以被用来指没有机器的计算。这种用法（通常是贬义的）大大扩展了它的内涵，冲淡了由不同材料（木材、象牙、钢、硅）、不同部件（齿轮、杠杆、键盘、砝码、制动器）、不同算法（多项式乘法与重复加法、寻找差异与重新计算每个值）以及不同操作（从简单的加减法到何氏制表机的 45 列表格）构成的机器之间的差异。这些差异是非常重要的，因为经常卡住或打滑的机器是不可靠的，而且，如果没有技术娴熟的工人和合适的材料，再杰出的设计也无法付诸实践。巴贝奇的差分机与分析机尽管获得了巨额政府补贴,但都没有走过制图阶段,直到20世纪下半叶,精密的机械加工技术才使它们成为可能。[43]

巴贝奇和维特根斯坦在有生之年都没有看到差分机和分析机这类计算机的广泛应用。1853年,瑞典人耶奥里·舒尔茨(Georg Scheutz,1785—1873)和他的儿子爱德华·舒尔茨(Edvard Scheutz,1821—1881)基于差分机模型,成功地制造了一台计算机,但从未投入大规模生产。[44] 1905年的一项关于计算机的调查将巴贝奇对分析机的构想贬为"幻觉"[45]。巴贝奇的奇思妙想与20世纪下半叶的计算机之间并没有直接联系。在这两点之间的近一个世纪里,机械计算是先后以不同方式完成的。这一点对于思考规则的历史很重要,因为人们一直梦想计算就是绝对无错地遵循清晰明确的规则,但这只出现于个别的特例,即所有规则中最细密的规则中。甚至在"机械计算"走入实际的机器之前,它指的就是巴贝奇和维特根斯坦以不同的方式描绘的那个梦想——一个没有回旋余地的规则:带有清晰明确的表达和自动完美的执行。正如我们在第四章中看到的,算法,甚至计算算法,也不需要追求如此碎片化的精细。在世界上许多地区的数学史上,以问题为中心的算法更接近于机械艺术的粗放型规则,那些规则都是从实例中得来的。只是到了19世纪和20世纪,计算才变成一种不需要范式的规则,不需要效仿模型的算法,不需要解读或适应模型的思维。赋予机械计算这种欺骗性的一致性的,不是它所使用的机器的一致性,而是它的对立面的一致性:心算。

出于物质、观念和经济等诸多原因,机械计算普及的第一个时代是人的智能与机器智能相融合的时代。越来越多的操作机器的人力计算员是女性,她们最早在19世纪90年代就被格林尼治、巴黎和剑桥（马萨诸塞州）的天文台大批招募。在此后的几十年里，从天文台到武器项目，哪里有重型计算，哪里就有她们的身影。[46]（见图5.7）虽然其中一些机构，如哈佛大学天文台，看中的是那些女性在天文学和数学方面受过的高级训练，但是，女性劳动力的主要吸引力在于其廉价性——女性即使拥有大学学位，薪酬也远低于男性同行。[47] 的确，引进计算机的首要动机是降低成本，这一点，我们从科学领域的英国《航海天文历》编辑部和工业领域的法国铁路中，都可以看到。这一点，那位堪称政治经济学家的巴贝奇肯定也会同意的。[48]

但是，那位堪称自动化智能的预言家的巴贝奇会这样想吗？诚然，那时，"机械"工作与"脑力"工作之间的界限已经模糊了，但这发生在普罗尼的对数项目中，发生在真实的机器被用于大规模计算

图5.7 美国加利福尼亚州帕萨迪纳市喷气推进实验室里的女性计算员（约1955）
Courtesy NASA/JPL-Caltech.

项目之前。计算机的确开始影响天文台和保险公司的日常工作,但这似乎并没有让机器看起来更智能——现代意义上的人工智能,相反,它让人力计算员看起来更机械。这种转变的标志之一,是计算天才的声望急剧下降。到19世纪晚期,这种天赋不再被视为数学天才的预兆,而是被视为杂耍表演的素材。计算能力不再与人的智能相关;另一方面,它也没有为计算机带来任何类似人工智能的表现。

在大型计算项目中,计算机并没有代替人的智能。相反,人的智能多受一重挑战——要以新的方式进行算法式思考。在机械齿轮和杠杆层级的计算算法中,算术运算的设计必须既不等同于心算,也不等同于数学理论。某些对于人脑来说最理想的东西,对机器来说并不是最理想的;随着机器的运行部件越来越复杂,这种差异变得越来越明显。在步骤繁多的计算中,无论那是在《航海天文历》编辑部里的计算,还是在法国铁路公司办公室里的计算,人力与机器被结合到一起。在这个层级上,以前被整体构思并由一个计算员执行的任务现在必须被分解成最小的组成部分,并严格排序,分配给能够最有效地执行该步骤的人工计算员或机械计算器——这里的"有效"并不意味着更好或更快,而是更便宜。从某种意义上说,人机协作生产线上的计算需要新的分析智能,这与任何机械化制造所需要的变革没有什么不同:机器织布机的工作方式与人类织工不同,纺织工厂里的人力与机器动力的组合要求以新的、反直觉的方式分解工作任务。然而,换个角度看,人机协作计算工作中所运用的分析智能是一类行为的预演。那类行为一开始被称为运筹学,后来被称为计算机编程。[49]

计算员与机械计算机的互动以微妙的方式改变了智能。计算无论被理解成什么,是智力成就,还是体力劳动,也无论由谁来完成,是皇家天文学家，还是学生计算员，它都是高强度的，甚至是乏味的。从开普勒到巴贝奇，计算员都抱怨天文表的计算太劳累；自纳皮尔和帕斯卡以来，计算设备和计算机的发明者一直承诺，要让人们从单调的、要求始终保持高度专注力的劳动中获得一丝喘息。通过练习，计算速度可以得到提高，但是，很难保证不增加出错的风险，很难保证计算可以变成自动的、几乎无意识的（就像身体姿势的重复一样）。脑力的消耗与计算的精确度是如此密切相关，以至于普罗尼声称，在他的计算员队伍中，最不聪明、最"自动化"的计算员犯的错误最少，这真让人惊叹；后来，普罗尼数表的批评者怎么也不敢相信，那些没头脑的工人出错的数量实际上并不比其他人多。[50] 但是，随着更可靠的计算机的普及，不仅计算的智能性在下降，而且脑力消耗与准确性之间也不那么正相关。到 20 世纪初，自动化已经成为无差错计算的保障，而不再是障碍。到 20 世纪 20 年代，由于设计、材料和结构方面的改进，自动计算与准确计算已经合二为一，从而扭转了几个世纪以来机械计算不靠谱、常常需要人工检验结果的历史。[51]

然而，有一个幽灵仍然在机器中徘徊：人工操作员。就连新一代计算机的狂热拥趸也承认，计算的效率和准确性的关键，在于人的灵巧和专注，在于他们是否能够按照准确的、有节奏的顺序输入数字、拉动杠杆、打卡和结算。操作员可能不再执行实际的计算，但他们的任务仍然要求保持高度警惕性，这与计算机未发明之前的脑力劳动一样令人难以忍受。操作员的精神疲劳如此严重，以至于只好缩短他们的工作时间，这有违当初引入计算机时的经济铁律。与其他形式的重复性工厂劳动或文字工作（人工操作员受制于机器的节奏）相比，操作计算机时所用的身体动作再怎么娴熟，也不能发展到无意识的程度。也就是说,当思想开小差时,手指还能自动地在打字机键盘上敲击,这是不可能的。正是这种例行公事的动作与毫不动摇的专注度的不寻常的结合,使得计算——不管有没有机器参与——都如此令人疲惫不堪。计算机即使是可靠的,也没有从"大计算"中排除人脑的消耗和注意力的单调。它们只是把这些脑力劳动转移到其他任务和其他人身上而已。

## 五、小结:从机械智能到人工智能

计算机对人的智能提出了新的要求,但是,它们为人工智能铺平了道路吗?可以说,它们迫使人们重新思考如何在每个层面优化"大计算",从机器的内部构造,到工作流的组织,再到人与机器的密切互动,由此扩展了算法的领域。但是,从标准化、程序化这类意义上说,让计算变得更加算法化,也就是遵循标准化的、一步步的程序,距离让智能变得算法化还有很长的路要走。为了实现这一点,将智能简化为某种形式的计算,似乎既是可行的,也是必要的。虽然这种设想在历史上有过先例,有人曾经尝试用计算及其组合对所有智能活动进行建模,但是,计算机并没有帮助他们推进这一事业。[52] 相反,使计算机械化的结果是取消计算作为一种智能活动的资格。为了让人工智能或机器智能看上去不再像个奇怪的嫁接,就需要对计算以及智能的概念进行彻底的重新界定。从乔治·布尔,经过戈特洛布·弗雷格、戴维·希尔伯特、伯特兰·罗素、阿尔弗雷德·诺思·怀特海和库尔特·哥德尔,最后到艾伦·图灵,贯穿着一条数理逻辑的发展之路。与之相关的，是种种旨在为夯实数学逻辑基础的努力，而不是大规模办公室计算的日常事务。[53]

然而，计算机时代涌现出来的那些智能超越了当时一般人对计算概念的理解，即狭义的算法。算法智能还培养了将复杂的任务和问题分析成一步步的序列的能力——广义的算法，相当于"程序"。这是计算机时代的算法智能的另一面，在人工智能的早期阶段初见端倪。在1956年的一篇开创性论文中，艾伦·纽厄尔（Allen Newell）和赫伯特·西蒙（Herbert Simon）开发了一个计算机模型，让它证明逻辑定理。他们声称，他们的这个系统"相比通常的计算中使用的算法系统，更加依赖探索式方法，类似于我们在人类解决问题的活动中看到的那种"[54]。纽厄尔和西蒙的第一个模型——"逻辑理论家"（Logic Theorist）程序，让人联想到自普罗尼的对数项目以来居于"大计算"核心位置的劳动分工：索引卡片被分发给西蒙的妻子、孩子和一众研究生，这样，"每个人实际上都成了'逻辑理论家'计算机程序的组成部分"，他们共同证明伯特兰·罗素与阿尔弗雷德·诺思·怀特海合著的《数学原理》（Principia Mathematica，vol.1，1910）第二章中前60个定理的大部分定理。[55]这是人力序列向计算机编程过渡的时刻。几十年后，西蒙仍然认为，尽管"没有强大的工厂方法——没有生产科学真理的流水线"，但是，他相信，一般的劳动分工中所采用的分析方法——将复杂的问题分解成更简单的问题，在这里同样适用，那就是，通过计算机程序为科学发现的关键环节建模。[56]曾几何时，计算机的子例程只是劳动分工的经济原则的延伸，以及随之而来的贬低智能的延伸。[57]

巴贝奇不会想到，就连科学发现有一天也会从烧脑的劳动降格为机械的劳动,甚至西蒙可能也没有预见到,对大数据算法的利用,会走向当下时兴的创造"无理论的科学"[58]。这些变化都拜计算机所赐,但这类计算机无论在类型(灵活的、超长的编程)还是性能(速度和内存的巨大进步),乃至设计、材料等方面,都不同于那些作为计算机时代标志的计算机。或许,人工智能之所以看上去就像个奇怪的嫁接,同样重要的一个原因是,计算机程序那些高深莫测的代码的无论狭义还是广义的算法都是"暗箱化"的。就机械计算的生产线而言,在一间开放式大办公室里,在一排排办公桌上,满是操作员和机器,这种空间阵列是肉眼可见的,但相比之下,对于大多数计算机用户来说,那个将复杂任务分成众多细小步骤的程序则是隐秘的。计算结果的生成过程开始变得像人类的脑力活动过程一样不透明,因此更有可能产生相当于甚至超过人类智力的新的智能。只有在这些创新及其带来的十分强大的计算能力的语境中,才可以理解从无脑的机器到机器思维的转变的意义。

计算机的时代并非从此一去不复返。从一开始,人类与机器一起工作时就必须对所要解决的问题进行调整,使其既适应人的算法,也适应机器的算法。人类服从机器的冷酷节奏,以至于人变得像机器一样,这样的主题是工业化批评家最经久不衰的主题之一。典型的批评家及作品有:托马斯·卡莱尔、亨利·柏格森,以及查理·卓别林的电影《摩登时代》。计算机规训人类操作员,手段是要求人类持续保持注意力,不要依赖习惯动作。即使是数字原住民,每次面对电脑屏幕时,仍然能感受到这种差别。你的手指能够无意识地、毫不费力地打字、发短信,就像用腿走路一样轻松自如,但是,你的注意力必须唯"算法"之首是瞻,一次错误的点击,就可能将一封机密邮件发送给全部联系人，或者购买了你想要的商品旁边的商品，或者使在线填写的纳税表格白填了。

即使是在用计算机时，如果心不在焉，也会造成损失：输入错误的数字或测量单位，价值 1.25 亿美元的火星气候轨道器就会消逝在太空。[59] 我们与算法互动，但大多数算法对我们来说都是未知的、得罪不起的，就像计算机内部的那些算法对人力操作员一样。今天，与往昔一样，对于那些细密又细密的规则，我们无须理解，但需要高度集中注意力去遵循它们。

# 第六章　规则与规章

## 一、法则、规则与规章

流动而有序的劳动分工形成各种法则、规则与规章。三者在范围、特异性和稳定性方面各有不同，这种差异在1500—1800年左右尤为明显。在这三者中，处于顶端的是法则，它的表述较为笼统，管辖范围广，权威性强。在17世纪和18世纪，所有法则中最普遍、最重要的，一是"自然律"，比如，自然哲学家艾萨克·牛顿于17世纪晚期在《自然哲学的数学原理》中阐述的自然律；二是"自然法"，比如，雨果·格劳秀斯、塞缪尔·普芬多夫等法学家为了在全球扩张时代寻求有效的国际人类行为规范而编纂的那些自然法文献。自然律与自然法都被视为源自上帝，或至少源自恒常的人性。至绝对君主[1]统治时期，君主希望自己在领土上颁布的法律具有普遍的、统一的

---

[1] 绝对君主（Absolutist monarchs），在此为政治学专门术语，指欧洲现代早期历史上渴望拥有或实际拥有绝对权力的君主，他们的权力不受贵族或议会等其他因素的制约。——译者注

效力。[1] 接下来，是自然和人类领域的规则。例如，夏天通常比冬天暖和，这是天气规则；遗产在没有遗嘱的情况下如何在继承人之间分配，这是法律规则。就管辖范围而言，规则比法则更具体，也更有限。[2] 处于这个金字塔底部的，是规章，它的范围更有限，数量更多，而且极其详细。第七章将讨论自然法和自然律这两种最具普遍性的法则；本章讨论的是另一个极端：地方性的规章。

如果说法则代表着规则最高、最严肃的一类（比如"法治"），那么，规章就代表那些如何动手把事情做好的规则。法则是拿着望远镜的规则，看的是远景，就像瞄准星星；规章是显微镜下的规则，看的是近景，注重细节。在理想情况下，法则相对较少，较少改变；规章则较多，需要不断更新。法则追求普遍性，规章注重细节。规则二者兼具。但是，如果说法则在威严方面占据优势，那么，在现代社会，规章在日常生活中占优势。普通公民很少违法，但我们几乎每天都在拼命反对各种规章。

在复杂的社会中，政府，尤其是现代城市的政府，负责管理从交通、照明到食物、水供应等方方面面，所以规章越来越多，以至于自由主义批评者认为，政府所做的很多事情其实与安全或基础设施无关，也与法治无关，相反，政府的那些工作就像一群蚊子，令人不堪其扰。他们想把那一切统统扔掉。日常生活中的规章何其多，以至于在从法则到规章的规则谱系中，规则的含义越来越接近规章这一极。在过去的500年中，最熟悉的规则不再是"不能杀人"，而是"红灯停，绿灯行"之类的禁令。

这一转变反映了经济、人口、技术和政治变革等因素导致的人们生活方式的转变，特别是在人口高度密集的大城市里。本章将指出，有三种类型的转变助长了规章的地位从中世纪盛期[1]到现在一路攀升。第一种转变是，贸易的快速发展让人们的钱包鼓了起来，并点燃了人们新的欲望。当一座城市成为辽阔的贸易网络中的一个节点时，比如14世纪的热那亚、佛罗伦萨和威尼斯等城市，一夜暴富的人们自然会把钱花在新进口的奢侈品上，比如丝绸、缎子、天鹅绒、金银线编织物和纽扣。时尚的诱惑以及它所代表的社会地位使贵族家庭面临贫困的威胁，使社会面临秩序颠覆的威胁。现在，傲慢商人的风头盖过公爵，工匠学徒与贵族子弟大打出手，只是为了在谁的帽子更时尚这个问题上一争高下。

第二种转变是，迅速增长的城市人口使旧的街道和卫生基础设施不堪重负。在1600年前后，一个人口大约3万的城市是相当大的城市，如维也纳或波尔多；人口达5万的城市是大都市，如热那亚或马德里；人口达25万的城市就是特大城市了，如伊斯坦布尔或伦敦。人口越多的城市，内部差异性越大。³一旦一个城市的人口越过50万的门槛，就像18世纪上半叶的伦敦和巴黎，那么，在狭窄的街道上，单单是行人都有可能导致交通堵塞，若加上马匹、四轮马车和骡车，就会乱成一团。让-雅克·卢梭就曾被巴黎公共大道上的四轮马车撞倒，他只是成千上万的巴黎行人中的一个。⁴在这座17世纪末和18世纪最大的欧洲城市，市政当局努力将中世纪残留的杂乱无章的小巷改造成宽阔的林荫大道，不断驱赶摆摊的小贩和街上的行人，为四轮马车让路，还想办法消除人类和动物粪便的恶臭，这种恶臭与

---

[1] 学术界一般认为，欧洲中世纪始于大约公元500年，至大约公元1500年，其中，大约公元1000—1300年为"中世纪盛期"，此前为"中世纪早期"，此后为"中世纪晚期"。——译者注

疾病的传播不无关系。

第三种转变是，从 17 世纪到今天，民族国家不断加强政治统一，其结果是促进了此前四分五裂的疆域的统一，这不仅体现在法律上，也体现在文化上。学校教授一种民族语言，各地方言可教可不教；语言和文字的统一象征着国家的统一。曾几何时，公民如何拼写是一件与官方无关的、任意性很强的事情，不仅因人而异，而且一个人在同一页上也可能以不同的方式书写，现在，它却成了一项关涉爱国主义的事业。从 16 世纪欧洲各民族本地话的兴起，一直到今天，人们在规范拼写方面花费的精力和态度的执着简直惊人。

在本章的这三个案例研究中，每一个都有代表性的事例，它们都说明，规章在大幅增多。在 1300—1800 年左右的许多欧洲城市中，主要由奢侈纺织品推动的经济繁荣导致奢侈法的出台；大约在 1650—1800 年，为应付巴黎急剧膨胀的人口，交通和卫生规章出台；从伊丽莎白时代的英国到启蒙运动时期的法国，到 19 世纪后期新统一的德国，再到现在，在拼写改革中，一种本地话爱国主义初现端倪。这些例子都说明，规章作为规则，曾经多么努力地试图弥合秩序井然这一普遍理想与一地鸡毛的具体生活现实之间的鸿沟，而且取得了一定程度的成功。普遍理想如量入裁出，反对奢靡；具体规定如不要用儿子的教育经费和女儿的嫁妆钱购置时髦的天鹅绒饰品，毕竟，这类饰品次年就不流行了。普遍理想如城市应该保持街道清洁，交通畅通；具体规定如不要向窗外倒夜壶，不要在马路中间打球。普遍理想如国家的公民应该使用同一种语言自由地、清晰地相互交流；具体规定如用三个 f 拼写 *Schifffahrt*（船的航程），而不是两个 f。规章就是行动中的规则。

但是，行动，即使是协调一致的、持续不断的行动，也不总是足以发挥规章的作用。本章选择这三个案例研究，就是为了说明规则在实践中是如何成功和失败的。像大多数规则一样，规章通常采取祈使语气，规定该做什么，不该做什么。但是，不同于许多规则，更不同于许多法则，它们并不追求高度的通用性。一部规章，其总则不论怎么写，都不会声称自己是道德的最高原则。相反，他们充斥着十分琐碎的细节。规章的姿态是对抗，就像税务审计员一样，假定几乎每个人都想钻规则的空子，因此必须预测和堵住每个漏洞。法则憧憬着能带来理想的政体；相比之下，规章总是被动的，是针对明目张胆的违规行为而出台的。法则的强制性是永恒的，对所有人都适用；规章则针对当下，针对的就是你——是的，就是你，那个在天鹅绒装饰上挥霍钱财、向窗外倒夜壶，或依然像巴伐利亚人那样拼写的人。

这些令人不快的规定即便得到严格的执行，其结果也并不总是都令人满意。比如，欧洲的禁奢规章是500年来规则失效的一个可悲例子；交通和卫生规章最终也只是取得了部分成功；拜公立学校教育普及所赐，旧的拼写习惯在一些阳奉阴违的人，比如广告商中间根深蒂固。规章是最明确、最详细、最不合乎自然的规则，但吊诡的是，一旦被内化为一种隐性规范，成为类似于人的第二天性的惯例时，它们反而会成功。一些规章确实成功了，成为真正的规范，这一点，从改革方案所引发的愤怒之情上可见一斑，比如我们将谈到的拼写改革。规章——地方性的、具体的、习俗的，甚至几乎从名称上一眼就能看出不受欢迎的规章——如何成为或不能成为名正言顺的规范，是贯穿本章所有三个案例研究的一条线索。

## 二、规则失效 500 年：时尚之战

规则千奇百怪，在今天看来，禁奢规章是最奇怪不过的了。那是一些试图遏制"高消费"（英文中的"高消费"同拉丁文中的"奢侈"）的规章。要知道，攀比邻人是人之常情，但是，为了满足这种欲望，往往要付出高昂的代价。在很多文化传统中——这种文化传统实在是太多了，从古代希腊和罗马到中世纪的欧洲，从德川幕府时期的日本到当代的苏丹，政府部门都试图限制人们在葬礼、婚礼和宴会上的奢侈排场，抑制他们对昂贵的服装、珠宝、四轮马车等身份象征物的消费——无论那是出于谦虚、节俭、虔诚、等级制度、爱国主义的名义，还是出于一种普通的、古老的、良好的品位。[5] 这些规则之奇怪，主要表现在两个方面：首先，它们痴迷于特异性；其次，它们虽然屡战屡败，但屡败屡战。没有哪种规则如此细致地规定什么该做，什么不该做，也没有哪种规则最终被证明如此失败，自己宣称的那些目标几乎无一实现。然而，正因如此，才更需要解释它们为什么曾经如此普遍而持久地存在。

禁奢规章通常以容易更新的规章或条例的形式，而不是以效力持久的法律形式出现，由此，它为研究规则的历史学家提供了一个规则失效的典型案例。在中世纪和现代早期的欧洲，在 500 多年的时间里（约 1200—1800 年），这些规章不仅没有消除过度消费（或者今天所称的"炫耀性消费"），而且可以说加剧了它们旨在纠正的那些弊病。那些规章非常具体地描述了被禁止的时尚穿戴以及奢侈面料（无论是金色蕾丝、紧身短上衣还是天鹅绒饰边），结果无意中引发了一场行业竞赛，因为设计师争先恐后地发明新的、更奢侈的、尚

未被明确禁止的装饰品。[6] 官员徒劳地追赶时尚，发布，再发布新的规则，但这些规则总是比新样式落后至少一个季节。这就是禁奢法规（sumptuary rules）采取可修订的规章形式，而不是稳定的法律形式的原因。英国议会在 1363 年颁布的法令规定了谁可以穿戴金银，同时规定，这些法令"可以随时修改"，因为它们在规定这类行为方面，比那些长期有效的法典更适合。[7] 几个世纪以来，官员一直为完成这项无望的任务而疲于奔命，即便如此，规章中几乎听不到一丝疲惫的呻吟——疯狂的圣维图斯[1]异装舞是不是永无尽头？德意志的萨克森王国于 1695 年发布禁奢法令（sumptuary ordinances），指出时尚的诱惑令人窒息，这本身就是一种罪恶，法令敦促官员及其家人坚持他们目前的着装模式，"在未来不要做显著的改变，要从一而终"[8]。马托伊斯·施瓦茨是奥格斯堡富有的富格尔家族银行的一名会计，也是一个纨绔子弟，他藏有一本关于最受欢迎的服装的书。从这本书中，人们可以看到时尚的变化有多快（以及有多夸张）。[9]（见图 6.1）

更糟糕的是，那些规定谁可以穿什么、在什么情况下穿什么的规章，本来是为了巩固社会秩序而制定的，结果很可能教会那些一心向上爬的人如何效仿上流社会，成为他们的行为指导手册。[10] 例如，如果 1294 年法国的"禁奢法令"禁止所有中产阶级臣民穿貂皮大衣，那么，野心家肯定会注意到这一点。[11] 难怪这些规章虽然一再发布，但几乎无济于事，以至于在前言中都流露出一种近乎歇斯底里的愤怒。1450 年，法国国王查理七世谈起前任们曾经颁布的、他们的臣

---

[1] 圣维图斯（Saint Vitus），基督教圣人，据传于公元 4 世纪早期因信仰基督教被迫害而殉道。在某些基督教传统中，人们在节日里穿戴最新奇的服装纪念他。——译者注

图 6.1　奥格斯堡时尚样板，马托伊斯·施瓦茨展示他的带有锁口袖子和毛皮饰边的新服装

*Das Trachtenbuch des Matthäus Schwarz aus Augsburg* [The costume book of Matthäus Schwarz of Augsburg, 1520–1560]. 汉诺威莱布尼茨图书馆，约 1513 年。

民津津乐道的一系列禁奢法律,哀叹道:"在地球上所有可居住的国家中,没有一个国家的人像法国人那样在穿衣和化妆上如此畸形、多变、过度、奢靡和反复无常。"[12]

事实上,禁奢规章在所有的现实体验面前碰壁,这一点,老师以及学生只要了解一点高中的着装规范,就会感同身受。当局一味地禁止貂毛饰边(热那亚,1157年)、开叉袖子(费拉拉,1467年),或尖头超过一指宽的"鸟嘴"鞋(兰茨胡特,1470年),但是,总有人别出心裁地重新定义违禁物品——"不是开叉,警官——只是衬里露出来了",或者,新季时装使前一年的禁令如同废纸一张——"鸟嘴鞋早已过时了,那是1470年的玩意儿"。(见图6.2)

那么,为什么这些无效的规章会层出不穷呢?经济史学者对此匪夷所思——为什么市政当局想要禁奢,扼杀繁荣的源头呢?对于那些靠奢侈品贸易致富,尤其是经营丝绸和天鹅绒等纺织品的城市来说,这个问题尤其令人恼火(因为城市是商品和财富的集中地,禁奢规章针对的现象几乎都是出现在城市里)。这个领域的历史学家大多对这种明显不合理的立法感到无奈,并将其归因于宗教的令人窒息的影响。但是,有人反对这种解释,认为情况远比这复杂。实际上,奢侈品本身很少被禁止;佛罗伦萨或热那亚的官员不会杀死下金蛋的鹅,他们没必要跟金蛋过不去。[13] 此外,违法者支付的罚款在某些情况下可能会填补城市预算,这就像现代城市中的交通罚款或副税,能提供稳定的额外收入。[14] 相比之下,社会和文化史学者则感到轻松些,因为某些禁奢立法显然有益于稳定社会分层,强化社会差异符号——男人与女人、女仆与女主人、市民与农民、学生与工匠。不过,一项新近的、更加规范的观察对此做出了不同的解释。并非所有的禁奢规章

图 6.2 鸟嘴鞋（一位译者将此书呈送给了"莽夫查理"）[1]

Quintus Curtius, *Fais d'Alexandre le Grant*, 1470, Paris, Bibliothèque nationale de France, MS fr. 22547, fol. 2. *Source*: gallica. bnf. fr / BnF.

---

[1] "莽夫查理"（Charles the Bold），欧洲历史上的勃艮第公爵查理一世，绰号"莽夫"。——译者注

都因社会分层而异，即使某些这类规章区分得很好，其结果也可能导致重新区分，而不是巩固现有的社会分层。[15]

不同的禁奢规章背后有不同的动机，它们试图抑制的奢靡行为多种多样，对此我们不能一概而论。不同的规章在不同的时间和地点规定不同的内容，有的禁止餐桌上的铺张浪费，比如，1327年，英国法律规定，任何等级的人每餐不超过两道食物；[16] 有的规定不能在葬礼上不得体地表达悲伤，比如，1276年，博洛尼亚禁止女性哀悼者撕破衣服和撕扯头发；[17] 有的规定不许搞颓废的炫耀，比如，1563年，法国皇家法令警告裁缝，不许在宽松的裤子里塞羊毛或棉花来使裤子更加臃肿，违者处以200里弗的罚款；[18] 有的限制与本土商品有竞争关系的进口商品，比如，1712年，符腾堡颁布法令，限制进口瑞士制造的印花棉布。[19] 规章的动机同样多种多样。比如，害怕上帝的愤怒（特别是最近吃了败仗或者暴发瘟疫之后）；拯救家庭，使其不要一看到某个社会"暴发户"僭取了更高等级的荣誉和尊严就攀比，最后陷入贫困和仇视；强化性别角色（变装几乎是唯一有可能受到体罚的违反禁奢规章的行为）；[20] 维护男女伦理；抑制奢华、轻浮，或者经济保护主义。通常，在同一个文本中，比如，1695年的那部絮絮叨叨、没完没了的萨克森法令中，宗教、社会和经济方面的动机堆在一起，它不是给出一个理由，而是给出两个或三个：妇女戴半透明的披肩是不虔诚、不谦虚、不方便，而且不健康的。[21] 有时，一件事情在一个法令中出于某个原因被禁止，后来又出于另一个完全不同的原因被禁止。1563年的法国皇家法令禁用金纽扣这种奢靡的新时尚，无论上面"有没有镶嵌珐琅"，但是，1689年的法令给出的禁止理由是，时尚人士熔化硬币来制造它们，耗尽了货币储备。[22]

然而，从规则史学者的角度来看，这些规章虽然在很多方面变化不定，但有两点实际上始终没变：第一，它们在被制定时考虑到严格的细节，但在执行中却有相当大的弹性；第二，面对几个世纪的失败，规则制定者始终拒绝放弃。禁奢规章可能是一个绝佳的例子，说明规则一再失败，其失败的原因是多方面的，归结到一点，在于将规章视为规则的一个子类别。

纵观几十年乃至几个世纪，我们发现一个明显的趋势，那就是，禁奢规章的内容越来越具体。鼎盛时期的禁奢规章内容十分细致，这远非今日《时尚》杂志的编辑关于时装秀的报道所能比。那些细节规定呼应了当时欧洲城市奢侈品贸易的兴起，及其与远至印度和中国其他商业中心联系的增加。早期的这类法律都篇幅相对较短，且规定不够精确。例如，法国腓力三世在1279年颁布的一项法令中规定，每餐的菜肴不超过三道，"务求精简"，虽允许吃甜点，但仅限于"水果和奶酪"，不包括"果馅饼"[23]；1294年颁布的规定服装的法令篇幅较长，但做法照旧，它规定，收入低于6 000里弗的贵族每年添置新长袍的数量被限制在"四件或以下"[24]。然而，到了17世纪，禁奢清单扩大了，诸如金纽扣、进口蕾丝和四轮马车之类的物品都被列入其中，而且，对于所有这些物品都有详细的规定。前文提到的皇家法令中也有这样的清单，只不过都被人抛到脑后了。路易十四1670年颁布了一部敕令，这部文献开篇细数自己掌权以来颁布的一系列收效不佳的禁奢令：1656年10月25日敕令、1660年11月27日敕令、1661年5月27日敕令、1663年6月18日敕令、1667年12月20日敕令、1668年6月28日敕令、1669年4月13日敕令。[25]那些敕令篇幅越来越长，内容越来越详细，而且，就像这部敕令在前言中公开承认的，其收效越来越差。

在中世纪和现代早期的欧洲，从热那亚到奥格斯堡，再到巴黎，各大城市的禁奢规章越来越多，越来越烦琐，这可以说是经济增长的晴雨表。购买的奢侈品越多，挥霍的力度就越大——其结果是，暴发户商人家族越是让老牌的贵族家族相形见绌。新的纺织品、新的时装成为禁奢法规的焦点。1463年莱比锡的法令只限制丝绸和天鹅绒，但到了1506年，法令的清单上增加了12项物品，包括锦缎和塔夫绸，这是在向莱比锡不断增长的财富和消费意愿致敬。[26] 丝绸、天鹅绒、缎子、锦缎、金丝布料等昂贵的织物是长距离贸易的支柱，也是最诱人的奢侈品，它们创造了财富和时尚。它们还重塑了禁奢规章的走向。古希腊和古罗马限制奢华的盛宴和哀悼仪式，从那时起，禁奢法规始终努力遏制无节制的奢侈行为，那些行为最初出现在葬礼、婚礼或洗礼上，后来发展到很多场合。虽然那些场合的奢侈行为一直受到管制，但是，从12世纪开始，在意大利北部，禁奢的焦点变成个人服饰。只不过，谁的服装和饰品应该受到审查，因地区而异。1200—1500年，意大利各城邦颁布的大部分禁奢法律都管制女性服饰；法国的法律似乎更关注浮夸的男性贵族；巴伐利亚盯着每一个人、每一件事。[27] 立法背后的动机也是多种多样，但是，在几乎所有情况下，维护社会等级的这类可见标志、抑制不必要的开支都是官方给出的突出理由。

至少在三个方面，这些规则不同于前文第三章中讨论的同时代的那些入门指南。首先，它们不是关于"如何做"的规则，而是关于"如何不做"的规则。它们明确规定了哪些人在什么情况下不能穿哪些鞋子，不能戴哪些帽子或饰品。其次，它们是可以通过，实际上经常通过制裁来执行的强令措施，而不是自愿执行的自我完善的指南。最后，它们总是将自由裁量权的范围尽量缩到最小。禁奢法律中充斥着细节规定，它们并不是粗放型规则。立法者起草它们时，希望摒弃所有的解释、特例和自由裁量权——即便它们是站在执法者一边，遑论有可能站在违规者一边的。它们也不同于第五章中的计算算法那种细密型规则。要理解并遵循它们，需要大量的相关背景知识。在研究时尚的历史学家的词典中，满是描述这种或那种存在时间较短但时人必须拥有的服饰的深奥术语。[28] 但是，在有一点上，禁奢规章既类似于细密型规则，也类似于粗放型规则——它们有着丰富的细节。与第三章讨论的粗放型规则一样，它们不在乎具体的细节；与第五章讨论的那些细密型规则一样，它们都是要被严格地、逐字逐句地遵守，比如那些关于皱领、袖子长度和天鹅绒饰边的具体细节。

规则制定者和规则破坏者陷入了无尽的循环——禁止、逃避、创新、禁令被修改。所谓的"禁令被修改"，换个说法，就是有了新的时尚。如果今年的法令禁止过长、带尖头的鞋子，那么明年的款式将以高跟和带扣为时髦，这仍然夸张、昂贵。等到当局追上最新款式，裁缝、鞋匠，还有他们的顾客，都已经转身离去。禁令越来越详细，一浪高过一浪，但其结果可能恰恰出乎意料：加快时尚的步伐，因为供应商创造和客户接受新奇事物的步伐总会领先当局一步。[29] 这些禁令的结果与那些被反复修订的税法无异。曾几何时，税法被一再修订，为的是防止狡猾的会计师钻空子，不让他们利用尚未明确禁止的每一处模糊性和可能性。税法规定的具体细节如此复杂，以至于在实践中变得更加模糊，难以执行。当法国官员向涉案者解释1549年的禁奢令时，涉案者提出了一些问题，这场对话可以让我们一窥当时天鹅绒帽子与社会等级的对应关系："天鹅绒的有边帽以及无边帽是否都被包括在（被禁的）'天鹅绒帽子'中？"（答：是的。）"'技工'这个词是否适用于零售商、金匠、药剂师和巴黎的其他主要手工业者，技工的妻子是否可以穿着带有丝绸镶边和其他饰边的服饰？"（答：是的，他们都是技工，但他们的妻子的衣服上可以有丝绸的镶边和袖子。）[30] 法律的意外后果有时无法预料，这就是一个典型的例子。它说明，官员越想通过列举细节来限制自由裁量的空间，就越是在无意间鼓励创新和解释。

因此，禁奢法规在实际执行中很难落实。虽然有强有力的证据表明，官员试图动用一切手段推行禁奢法规，至少在一段时间内如此，但是，那些手段的效果总是不佳。博洛尼亚早在 1286 年就设立了一个专门的地方行政官处理违反禁奢法规的行为；许多城市向举报人提供高达违法罚款一半的奖励；威尼斯 1465 年的一项法律承诺，奴隶如果告发主人及其情妇的挥霍行为，就会获得自由。[31] 但是，官员遇到的麻烦很大。不时有人告发自己的雇主，告发自己所认识的人，只要那些人来自有势力的富人阶层，整个社会戾气日盛。违规者不愿缴纳罚款，有时还侮辱甚至殴打官员。这类官员很难招募，在职者也会因懈怠而被罚款。[32] 即使没有受到侮辱，没有被殴打，官员也要面对没完没了的抗议和狡辩："你说什么？你这个老东西，早在这些规定颁布之前，我就已经拥有它很多年了。""丝绸？不，不，这只是一件仿羊毛制品。""但是，我有权在我的长袍上系缎带——我有神学博士学位。"[33] 1695 年的《撒克逊法典》告诫地方法官，不许有人通过任何"歪曲解释和欺骗"违背这部长达 26 页的法典中关于什么人可以在什么时候穿什么衣服的具体规章。[34]禁奢法规十分琐碎,这导致在法规细节和解释上的扯皮和推诿。

于是,规则规定了例外和区别对待的情形,但这并没有使问题变得更容易处理。一些城市,如帕多瓦,对所有居民实行禁奢令,而不考虑他们的等级;但其他许多城市在禁止什么等级的人穿戴什么样的服饰上,做出了极为细致的区分。[35] 1661年的法国法令规定,妇女可以"在连衣裙或者裙子的底部和前面以及袖子中间"装饰丝边(仅限本国制造),或者其他宽度不超过2英寸(5.08厘米)的花边;至于男士,相关规定更加详细。[36] 1660年,斯特拉斯堡颁布法令,区分了256个居民等级,并详细规定了每一类人可以穿什么,不可以穿什么。[37]这种区分的执行注定是一场噩梦。如果饰边有2.2英寸(5.588厘米)宽,或者被缝在了袖子的错误部分,那怎么办?再者,谁有权判定一位斗篷上有狐狸毛饰边的女人属于第135还是第136个社会等级?最大的问题是,这些规章本身都规定了例外情形。1459年,威尼斯的一项法令临时特别许可女性不用遵守禁奢法规,以便给来访的外国政要留下这座城市繁华的印象;[38] 1543年法国的一项法令规定,在强制执行该法令前,有三个月的宽限期,以便臣民可以购置新的服饰;[39]在博洛尼亚、帕多瓦和莱比锡,就读的外国学生可以获得一些豁免。[40]

可以想见,大量的细节规定、细微的区分、频繁的修改、数不尽的例外,以及最重要的是,公众的不懈抵制,这些加在一起,最终导致这些规定的执行变得异常困难。这些因素加在一起,还导致负责的官员在个别案件中行使相当大的自由裁量权。通过研究相关存世文献,学者发现,在中世纪和现代早期的意大利,违规者很少如数缴纳罚款，地方法官也经常网开一面，为的是"找到一种灵活可行的手段，以适应当下的情况，那些情况必须小心谨慎地应对"[41]。尽管规定得十分详细——更确切地说，正是因为规定得十分详细，1695年，撒克逊的禁奢法规将官员的自由裁量权提升到"原则性处理"的程度，即以警示和仁慈的名义灵活处理。一方面，地方法官应该注意"当前法令中没有明确禁止的新的过度时尚行为……因为没有人能考虑问题面面俱到，或者预见到未来的新花样"，另一方面，任何人的冒犯行为如果不是出于"傲慢和自大，而是因为没有想到这件（衣服）不适合自己的等级"，就应该被宽容对待。[42] 为消除任何曲解的可能性，不给违规者提供特殊请求的余地，这些禁奢法规规定了令人生畏的细节。但是，它们与我们在第三章谈到的机械艺术的规则一样，也需要官员自由裁量，以便在实践中具体问题具体解决。不过，与第三章的粗放型规则相反，这里的自由裁量权完全是单方面的。与第二章讨论的《圣本笃会规》一样，这里的自由裁量权是掌权者，即官员的特权，而不是违规者的特权，只有官员才有权决定是否在个别案件中做变通处理，甚至不执行规定。

欧洲（不包括欧洲的殖民地）[43]的禁奢法规在18世纪开始衰落，旧的禁奢法规不再执行，也没有颁布新的禁奢法规。研究禁奢立法历史的学者认为，1793年是一个分水岭。当时，法国大革命宣布，按照自己喜欢的样子打扮自己是人的一项权利。不过，即使是这一法定，也是有限制条件的：服装必须符合公民的性别，帽子上必须有三色帽徽。[44] 在当今世界，禁奢法规仍然存在，其中大多数法规规定妇女可以穿什么，不可以穿什么。这类规定有的是以宗教信仰的名义发布的，有的是以世俗自由的名义发布的，例如，在法国，围绕穆斯林女性是否可以在学校戴头巾问题,进行了长达几十年的辩论,结果,在 2004 年,法国颁布法律,禁止在公共场合佩戴任何明显的宗教标志。[45] 一些规定明确的着装手册在学校、军队和医院被保留下来。当然,还有在学术典礼上,规定了不同颜色带有不同含义的帽子、长袍和头巾。

但是,关于谁可以在什么场合穿什么,仍然有大量的隐性规章存在。如果你不相信,你不妨试试穿泳衣去面试,或者穿燕尾服去烧烤。无论是在街头,还是在互联网上,不时暴发关于女性在公共空间中的地位的抗议和辩论。它们令人悲伤地表明,那些被认为违反了隐性着装规则的女性仍然面临着制裁,有时甚至是暴力制裁。现代社会以衣着方面不受限制的消费和不受约束的自由而自豪,现代人似乎可以在任何时间、任何地点穿自己喜欢的衣服。但是,着装的权利从来都不是无条件的;即使没有书面规章明确限制这种权利,也并非所有人都能平等地享有这种权利。

纵观禁奢规章的漫长而奇怪的历史,这些最为琐碎的规则有哪些特性呢?首先,我们发现,具体的细节规定非但不能消除,反而会增加歧义和曲解。尤其是当存在违规的动机和机会时,这种现象尤其明显,比如,中世纪的市政当局试图规范着装时,就发现有这种情况;现代政府在试图完善税法时也发现了这一点。其次,监管的失败,即使是几个世纪以来公认的失败,本身也不足以成为放弃监管的理由。不要指望政府会很快向违规者屈服。禁奢规章也不会从此消亡,一去不复返。要想让它们复活,所需要的只是一种被高度政治化的联想,比如说,由毛皮联想到虐待动物,由棉花联想到可持续发展,或者由廉价服装联想到"血汗工厂"。今天这方面的禁令可能不像现代早期欧洲城市宣布的禁奢规定那样管得太宽，但执行起来也不会更容易，即使公众对剥夺某些着装权利的合理性达成了广泛的共识。在中世纪和现代早期的欧洲，几乎每个人都认为，过度奢侈是不道德和浪费的，但是，如果听到有人说自己穿宽松的长裤或梳金色的发辫是奢靡之风，他们又强烈反对。第三点，也是最后一点，正因为执行上存在阻力，就实现预期结果而言，隐性规范远比显性的规章更有效。只有新人才不懂，才需要被告知大多数社交场合的不成文的着装规范；违背这类规范的情况很少，如果有发生，那通常是故意的。例如，在1930年的电影《摩洛哥》中，演员玛琳·黛德丽故意穿上男性晚礼服，以增强戏剧效果。

　　面对这些禁奢规章，思考规则的历史学家会有一个困惑：为什么禁奢规章要作茧自缚，执着于自己那些疯狂的细节、随意的弹性，却从未成为人们的隐性规范？它们永远不会成为第二章介绍的那种"模型类规则"，或第三章的"粗放型规则"（遑论第四章介绍的前现代算法）。一个在短短几个月内就过时的模型或示例，能有什么效果？如果不能对这些具体案例进行归类和概括，就像那些例子组成粗放型规则一样，那么，这些具体案例又有什么用？如果禁奢规章的颁布者能够像一些宗教团体那样，叫停时尚的钟摆，那么，一些明确的规则就有可能成为人们的隐性规范。但是，这种成功是罕见的、脆弱的，通常以铁一般的纪律和与外界社会的隔离为代价，就像阿米什人[1]社群那样。相比之下，交通规章最终成功了，尽管它们的成功之路曲折且

---

[1] 阿米什人，基督教新教一个分支门诺派的信徒，拒绝汽车及电力等现代设施和技术，过着俭朴的生活。今天，他们主要居住在美国宾夕法尼亚州。——译者注

缓慢，而且它们的权威并不总是稳定，但是，所有城市居民都知道，它们生死攸关。

## 三、不守规则的城市：启蒙运动时期巴黎的街道治安

"规则规定的是一个人必须做的事情，而规章规定的是一个人做事情的方式。"[46] 在 18 世纪启蒙运动时期，欧洲诞生了一部了不起的《百科全书》，书中设"规则、规章"词条。词条的作者试图对二者予以区分，并说明各自的本质特征。在这一时期、这个地方出现关于规则与规章的区分，这并非偶然。18 世纪中叶的巴黎拥有在整个欧洲无与伦比的治安力量以及大量规章，试图以此控制城市的混乱，结果，这个城市成为欧洲人最向往，但同时也最诟病的地方。下面是 1667 年至 1789 年法国大革命前夕发行的数千份报纸中摘录的几段文字，以作为例证。

> 根据 1729 年的法令，不得将四轮马车租给 17 岁以下的人驾驶，并导致行人受伤；或骑在作为载重动物的骡子或马身上穿行街道，并导致行人受伤。
>
> ——巴黎，《警察条例》，1732 年 6 月 22 日[47]

> 根据 1663 年、1666 年和 1744 年的法令，巴黎人不得在早上 7 点清理自己的马桶，不得将夜壶里的污物倒在街上，不得用

石头和粪堆堵塞街道,概言之,"不得完全无视当局一再颁布的各项敕令、法令和禁令"。

——巴黎,《警察条例》,1750年11月28日[48]

根据1667年、1672年、1700年、1703年、1705年、1722年、1724年、1732年、1746年和1748年的敕令,巴黎人不得在街道上嬉戏,攻击路人,毁坏街灯。违规者,特别是"商店男孩、工匠、穿制服的仆人和其他年轻人",将被责令停止此类行为,勒令改过,否则处以200里弗的罚款。

——巴黎,《警察条例》,1754年9月3日[49]

从1667年始,至1789年法国大革命爆发,法国颁布了数以千计的警察规章,上面摘录的几条规定颇有典型性。1667年,巴黎设立专门的治安署。用王室法令的话说,这是为了"确保公众和个人的内心安宁,清除一切可能导致城市混乱之物,促进繁荣,使人人安居乐业"。[50]在治安署的各项事务中,最重要的并不是抓捕和惩罚罪犯,而是那些没完没了的规章所规定的诸多事宜,它们覆盖城市生活的每一个细节,从消防到街道清洁,从交通到照明。[51]任何违规行为都逃不过警方的注意,比如:鱼贩占据圣保罗大街售卖,观众在法兰西剧院的演出上发出嘘声,四轮马车司机在人行道上横冲直撞。这些规则在数量、范围、细节和野心方面都是前所未有的,其目的,就是要牢牢掌控城市范围内的一切人和一切事,将没有规矩、臭名远扬的巴黎变成人人遵守规则的地方。巴黎人相信规则的作用,这一信念从未如此坚定、如此包罗万象。

但这并非城市生活的真实景象。如果有一点是巴黎人和游客都同意的,那就是启蒙运动时期的巴黎是一个肮脏、恶臭、拥挤的混乱之地,在那里,一个人过马路要冒着生命危险,今天依然如此。(见图6.3)18世纪中叶的一位德国游客抱怨说:"四轮马车、小马车、街头小贩不停地吵闹……肮脏的街道,可怕的、不知从哪冒出来的蒸汽和不健康的臭味。"[52] 大约十年后,本土作家路易-塞巴斯蒂安·梅西耶(Louis-Sébastien Mercier)在其《巴黎图景》(*Tableau de Paris*)中描绘了巴黎的狭窄小巷的场景——行人惊慌失措地避让快速驶过的四轮马车,咒骂这类车辆的"野蛮奢侈"[53]。而在其乌托邦小说《2440年:

图6.3 画作《喧闹的巴黎街头》(1757)

卡纳瓦莱博物馆,巴黎。bpk / RMN—Grand Palais / Agence Bulloz.

一个梦,如果做过梦的话》(*L'An 2440: Rêve s'il en fut jamais*,1771)中,梅西耶想象未来的巴黎是这样一个地方:它让时间旅行者惊讶,巴黎人彬彬有礼,工作努力,已经放弃了高级时装,穿上耐穿的、朴素的服装。街道宽阔,光线充足,行人(包括国王,他也已经放弃了他的御用四轮马车)是安全的。[54] 值得注意的是,他认为,巴黎要改善城市生活,还需要花大约 650 年的时间。尽管治安署颁布的规则繁多、冗长、严苛,但它们似乎仍然不足以驯服启蒙运动时期的巴黎。

然而,数以千计的规则不断出台,一个比一个语气强硬,都要求严格遵守,违者将被处以罚款,甚至更严厉的惩罚。但是,我们发现,一切并没有完全按照计划进行,一个证据就是,这些法规在前言中长篇累牍、一本正经地复述先前的一长串明显无效的法令,语气中带着恼怒。面对规则失灵,规则制定者表现出令人震惊的僵化。相比之下,前面讲的禁奢规章倒是在勉力跟上时代的步伐,它们被不断修改,唯恐落在最新款式的服饰后面。巴黎启蒙运动时期的"规则躁狂"(rule-mania)代表了一种新现象——开始出现一种新的、迥异于我们在第三章中介绍的 15 世纪、16 世纪的粗放型规则的规则。那些粗放型规则几乎总能着眼于实践,适时地做出必要的调整,其制定者从一开始就预料到可能出现的例外情形。那些粗放型规则出现较早,在表述上是灵活的;但巴黎的这些法令出现较晚,表述僵硬。那些粗放型规则在制定时没有假定语境永久保持不变,这一点不同于细密型规则,如第四章讨论的格林尼治皇家天文台的计算规则,或第五章讨论的英国《航海天文历》的规则。18 世纪的巴黎是一个万花筒,充满了新奇、进取和追求成功的人。是什么让巴黎当局对摆在面前的大量完全相反的事实视而不见,竟如此自信地相信,他们的规则可以让具体情形屈服于一般规定，好像巴黎人总是会按照他们被告知的那样去做呢？答案在于一种诱人的秩序幻想，这种幻想使巴黎的治安积重难返。

图 6.4 展示了车辆牌照的发明，该图由艺术家加布里埃尔·圣奥宾（Gabriel Saint-Aubin）精心绘制。后来，1749 年，一位巴黎治安署长官在自己呈送给路易十五的"奏折"中引用了这幅画。这位长官名叫弗朗索瓦-雅克·吉约特（François-Jacques Guillote，1697—1766），长居巴黎，还是《百科全书》编辑丹尼斯·狄德罗的朋友。[55]他在这份"奏折"中还提出为巴黎的房屋编号，实际上，是为每栋房屋内的楼梯编号，为每间公寓标记字母。他提议颁发身份证，这样警察就可以追踪巴黎大约 50 万居民中每一个人的行踪。他设想，通过一个巨大的类似于洗牌机的机器，警察只需转动一下轮子，就能在数百万份文件中找到所需要的文件。（见图 6.5）他想编织一个精细的监管网络，让"每个人都有做好事的动机，让每个做坏事的人寸步难行"[56]。1750 年前后，他一心扑在如何管理巴黎这座繁荣、快速膨胀、桀骜不驯的城市上。难怪后来研究监视问题的哲学家米歇尔·福柯对 18 世纪巴黎的治安集权问题极其关注，乐此不疲。吉约特的"奏折"是一部狂想曲，幻想对城市生活的方方面面，从交通到垃圾处理，实施全面监视和控制。[57]

这当然纯属幻想，只要看一看 18 世纪巴黎治安署为维持哪怕是表面上的秩序所付出的努力，就可以证明这一点。当时，人们见怪不怪的是，街道肮脏、恶臭和拥挤，四轮马车、小马车、马匹、骡子、行人以及小商小贩在拥挤的巷子里争夺空间，巷子里满是泥泞，通常被一条肮脏的水流分隔两边，水流裹挟着垃圾，进入塞纳河。[58]人行

图 6.4　巴黎计划为马拉车和马匹编号

François-Jacques Guillote, *Mémoire sur la réformation de la police de France* (Memoir on the Reformation of the French Police, manuscript presented to Louis XV, 1749), 复制自 *Mémoire sur la réformation de la police de France. Soumis au Roi en 1749*, ed. Jean Seznec (Paris: Hermann, 1974)。

道是不存在的[59]——正如 *trottoir* 和 *montoir* 这两个名词所暗示的，这种高过路面的步行道的最初目的是方便骑马的人上马时搭上一只脚。[60] 实际上，在街上来回走动的行人往往胆战心惊，特别害怕被疾驰的四轮马车碾压，或者被卸货后返家的骡子撞到。从 16 世纪晚期到 19 世纪中期，巴黎治安署以及市政部门认为，他们的当务之急是征服公共空间，具体而言，就是保持街道清洁，清除交通障碍。（见图 6.6）

图 6.5 警察用于检索档案的机器

François-Jacques Guillote, *Mémoire sur la réformation de la police de France* ( Memoir on the Reformation of the French Police, manuscript presented to Louis XV, 1749), 复制自 *Mémoire sur la réformation de la police de France. Soumis au Roi en 1749*, ed. Jean Seznec (Paris: Hermann, 1974)。

但是，怎么才能做到呢？与现代早期的许多欧洲城市一样，巴黎在 17 世纪晚期摆脱了令人窒息的中世纪城墙，同时，人口和商业活动飞速增长。得益于北大西洋贸易，法国国库充盈，结果引发了建筑热潮。到 1779 年，巴黎估计有 5 万座房屋、17 个公共广场、12 座桥梁、975 条宽度从 2 米到 20 米不等的街道，人口约为 65 万。[61] 这个城市在 1594 年还只有 8 辆四轮马车，到 1660 年，就有了大约 300 辆，到 1722 年，有 1.4万~2 万辆。[62] 但是，除了在改造城墙时新建的几条宽阔的林荫大道，大多数街道都是弯曲而狭窄的。房屋杂乱无章地排列着，每一面墙都朝向不同的方向，挤压着它们之间可怜的那一点点空间。[63] 吉约特甚至想过把这座城市夷为平地，然后重新建设。[64]

扭转这种混乱局面的责任落在了巴黎警方身上。从 17 世纪晚期

图 6.6 巴黎新桥上拥堵的交通

Nicolas Guérard, *L'Embarras de Paris* (Pont-Neuf), Paris Congestion, c.1715, 卢浮宫博物馆。

开始,巴黎警方负责城市管理的几乎所有方面,不仅要保障市民的安全,还要确保他们的舒适和便利。当时,阿姆斯特丹在保障福利、秩序和安全方面表现优异,被观察家奉为现代早期良好治安的典范。阿姆斯特丹因其干净整洁、漂亮统一的街道立面,高效的污水处理系统,宽敞的公共广场,夜间的油灯照明,严格管制的交通以及设立济贫院,让乞丐远离公众视线而受到称赞,它为巴黎和伦敦树立了一个比学赶超的标杆。[65](见图 6.7)到 17 世纪晚期,西欧的大都市竞相拉直街道、增加照明、改善卫生、扩大城区,尤其注重整理街道,为此,治安署或警务队伍被赋予巨大的领导改造工作的权力。1667 年巴黎警务专员设立伊始,就在城市各地部署了大约 50 名警务专员。他们每天汇报工作,收集了成千上万份档案资料,按时间和字母顺序排列。巴黎警方成了法国绝对主义官僚制的排头兵,在整个欧洲令人既羡慕又畏惧。[66] 政治经济学家、巴黎警务档案保管员雅克·珀谢称巴黎警务专员是"庞大的治安机器"的核心;这支队伍向四周辐射,好比一只巨轮带动所有的辐条运转。[67] 当年,吉约特曾设想以巴黎警务专员为核心架构监视和文书工作,此可谓"英雄所见略同"。

那些数量庞大的档案都是规章的产物[68],内容包罗万象:谁可以拥有一个家庭实验室(仅限药剂师和化学教授);驾驶租用四轮马车

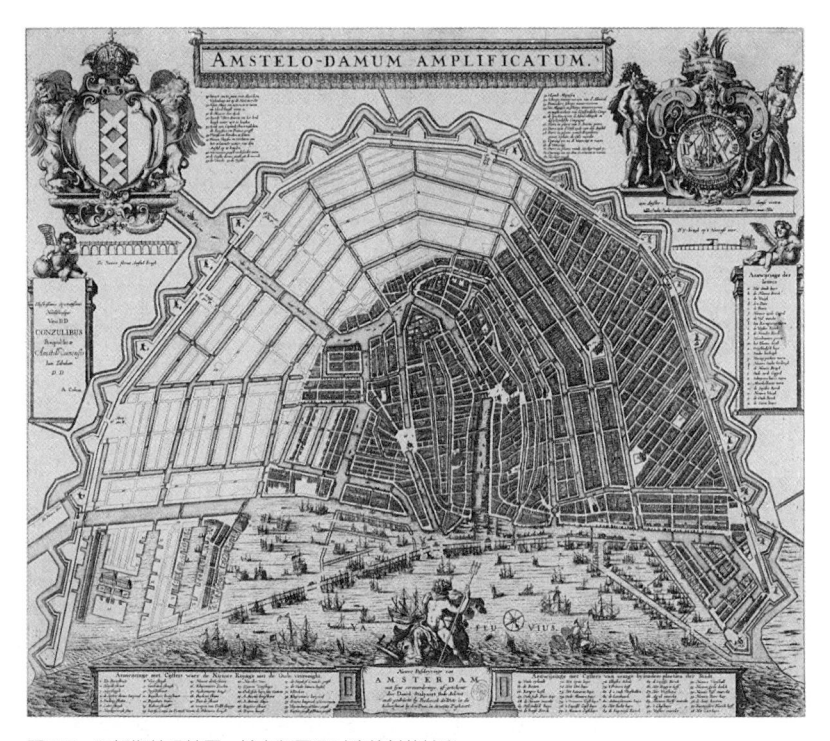

图6.7 阿姆斯特丹地图,城市版图呈对称放射状扩张

丹尼尔·斯托尔帕特(Daniel Stalpaert),1657年,荷兰国立博物馆,阿姆斯特丹。

第六章 规则与规章—187

的最低年龄（18岁）；在王室成员生日那天，市民可以做什么（在窗户上插蜡烛是被允许的，向空中鸣枪是不被允许的）；套在一起的马或骡子的最大数量（两只）；黄金和白银应该如何使用（仅限制作硬币，除了偶尔制作大主教的十字架）；主干道旁种植的树木的间距（至少相隔5米左右）；还有街道交通方面数不清的禁令——禁止用垃圾、雪、手推车、动物、砖块、货摊或球类运动阻碍交通；等等。69 读完所有这些法令可能要数十年之久；随意翻阅一下，你可能偶遇几件被启蒙历史学家习惯上视为时代里程碑的事件：圣梅达墓地在1732年所谓的神迹疗法浪潮之后被关闭[1]；或者，1752年查禁《百科全书》。但是，这些档案只是巴黎警方日复一日所颁布的规章海洋中的冰山一角。这些规章范围之广、细节之琐碎，是惊人的——它们是预防、打压和调整每一件可能冒犯公共安全和良好秩序的行为的英雄壮举。孟德斯鸠男爵在谈到治安问题时说："（他们）没完没了地关注细节；……用规章而不是法律。"70

但显然，这个官僚机构的所有预防、监视和登记基本上都是徒劳的。一方面，所有的违规行为都会被处以罚款，有些甚至会被判入狱；另一方面，社区专员对违规行为的每日报告恰恰证明，即便对轻微的违规行为，他们也如临大敌，处罚变本加厉。每个星期二和星期五，警务专员在大沙特莱办案，例如，对"住在阿尔莱街的'失足少女'"处以300里弗71的高额罚款，因为有人发现她穿着一件印有红玫瑰的违禁的"棉大衣"；或者，对寡妇吉拉尔（Girard）处以100

---

[1] 18世纪上叶，法国的一些宗教信徒发起向圣梅达墓地的朝圣运动，那块墓地安葬着他们的宗教领袖。这些信徒经常表现出抽搐的症状，他们认为这是治疗疾病的神迹。这场运动一度颇有声势，遭到当局压制，墓地被关闭。——译者注

个苏的较轻罚款,因为她在一月里某个夜晚的9点钟把夜壶里的东西倒在街上。[72]（她通常会先向楼下高喊Garre-l'eau！意思是"放——水——啦！"[1]，以警告路人小心。）如果是一些情节严重的违规行为，比如骑马的速度超过人的小跑速度，或者是再犯，通常会被处以更重的罚款。专员寻找各种机会开罚单或起诉犯者，这样他们就能私吞一部分罚款。

这些法令被频繁地重新颁布，经常与先前的法令一字不差（无非加一段乏味的序言，哀叹重申这些规章的必要性），这些都能证明它们在实践中的无效。再看看我前面提到的例子：1750年11月28日颁布的关于街道清扫的《警察条例》，它实际上是逐字逐句地重复1663年、1666年和1744的法令（巴黎人那时还没有在早上7点醒来后清理他们的夜壶的习惯）。[73] 1667—1754年，禁止在巴黎街头嬉戏的法令被重新颁布了17次。[74] 1644年的王室法令（再次）禁止进口蕾丝，行文几近绝望："现实表明，迄今为止所有由先王和本王制定的规章都是无效的，它们都没有得到执行，它们只能证明自己的权威遭到蔑视、地方官员的软弱，以及这个世纪的世风日下。"[75]

面对种种可耻的失败——它们无法让巴黎人铲雪、放弃蕾丝、停止在街上打球，或在指定时间将垃圾放入指定容器，治安官僚制的应对措施是，发布更多、更详细的规章，并加倍监控和报告。吉约特在呈送给路易十五的那份"奏折"中建议增加警力，提高报告频率，增加登记的范围，密切观察任何人和任何事。一个规则明明是失败了，

---

[1] 这里的Girard是双关语，既是那个寡妇的名字，在法语中又有"放水"的意思。——译者注

却被当作呼吁修复规则的机会。如果现行的规则遇到阻力和破例,那么解决办法就是修补规则的漏洞,编织一个更加紧密的规则之网,让违法者无处可逃。对于这种官僚主义的反应,我们今天十分熟悉,几乎不会质疑它的奇怪之处。为什么对规则失败的反应就一定是重复旧规则,并制定新规则呢?是什么样的对秩序的执念、什么样的对规则的愿景,迷惑了巴黎那位声震四方、铁石心肠的警长?此公见多识广,洞察每个人的隐私,再多的规则失败,也不会让他稍改初心。巴黎警方的长官可以说是法国乃至全欧洲最位高权重的官僚,他们拒绝屈服于巴黎人的反抗。

为什么面对一次又一次失败,他们的态度却越来越固执?为什么那么多法令既没有被废除,也没有被修改,除了加上一个愤愤不平的序言外,就一字不差地重新颁布,明知道大多数巴黎人压根就不会理会它们?面对局势的这种可悲发展,序言的态度最初是理解(1735年重新颁布的消防条例在序言中说:也许,人们只是忘记了先前的法令)[76],后来发展到愤怒(人们熔化金币和银币来制作纽扣,以满足他们的虚荣心,是可忍,孰不可忍)[77]。研究巴黎历史的历史学家记录了巴黎人的反抗,记录了那些规章如何不足以控制混乱的局面,但是,对于那些规章匪夷所思的固执和僵化,他们却很少做出评论。[78]

无独有偶,此前,15 世纪和 16 世纪的"规则躁狂"也同样丰富了规则,也相信正确的规则能解决一切问题,从如何学习游泳,到如何获得不证自明的真理。但是,这些早期规则是粗放型的,包含很多示例,对例外情形的处理也很灵活。禁奢规章虽然也很少成功,但是,它们的失败并不是因为面对阻力时的僵化。如果说有什么不同,那就是,禁奢规章对环境的变化过于敏感,在执行过程中过于灵活

（且不稳定），所以才威信不足。相比之下，警察规章虽然试图为启蒙运动时期的巴黎带来秩序，但在制定时又失于僵化，这一点，可以从位于大沙特莱区的治安当局里的那些规章档案中看出来，如果我们可以相信它们一直被推行的话。[79] 巴黎的警察似乎患有某种强迫症，注定要年复一年、十年复十年地重复先前的无效规则，不能或者说不愿意适应环境的变化。

他们固执己见的原因之一在于欧洲大都市之间的竞争。这种竞争始于17世纪晚期，在18世纪愈演愈烈。阿姆斯特丹、巴黎和伦敦不仅相互竞争，还相互效仿，背地里争相为一流城市的景观、声音和气味等方面树立新的标准。造访阿姆斯特丹的游客及官方代表团发回报告，描述阿姆斯特丹新的消防泵及路灯系统，很快，这些系统在伦敦和巴黎被复制。[80] 巴黎圣奥诺雷街上陈列的奢侈品在伦敦的时尚购物区也能见到。这些城市你追我赶，争相建设最畅通的交通、最壮丽的公园和休闲场所，以及最干净、最明亮的街道。[81] 1649年，瑞典女王克里斯蒂娜颁布法令，升级改造斯德哥尔摩的街道。她声称，这些设施标志着"富裕城市的优雅和实用"[82]。虽然当局声称所有这些改造的目标都是为了城市居民的舒适、安全和便利，但是，它也非常在意外国人的评判。比如，巴黎警方无数次禁止商贩在新桥摆摊。为证明这一规章的合理性，他们不仅指出摆摊会造成交通拥堵，而且指出它们破坏了"最壮丽的，也最令外国人羡慕的景观"[83]。

人们很容易将所有这些管理交通、消防、清洁街道和美化景观的措施视为"现代性"的尝试，城市历史学家也确实在用这样的术语描述一座城市在17世纪末和18世纪如何从四面城墙包围的中世纪城市，转变为欧洲人口最多的商业大都市的。但实际上，更准确的说法应该是，城市之间的竞争创造了现代性的第一幅肖像，这种现代性与秩序、可预测性——当然，还有规则——密切相关，而与科学和技术（19世纪版本的现代性）几乎没有任何关系。当梅西耶构想巴黎的未来时，他没有预见到交通和通信方面的技术奇迹。他认为，2440年的巴黎人仍然会乘坐马拉车或步行出行，但是，他们的出行方式是有序的。启蒙运动时期的巴黎以及它的那些竞争对手都不是在为一个尚不存在的"现代性"（甚至连这个名词都没有）愿景而奋斗，而是瞄准一个已经存在、隐约可见的愿景——阿姆斯特丹统一的市容、高效的污水处理、畅通的交通、灯火辉煌的夜晚。在这座城市里，可预测性在日常生活的作用范围扩大了，这一点令人印象深刻，至少在城市范围内如此。同一时期，荷兰人还率先发起以数学为基础的年金、彩票和保险计划，以干预人类事务中的偶然性，这些事物的出现是在情理之中的。

政治经济学家艾伯特·O. 赫希曼（Albert O. Hirschman）著有《欲望与利益：资本主义走向胜利前的政治争论》，广受好评。该著作梳理了伯纳德·曼德维尔（Bernard Mandeville）和亚当·斯密等启蒙思想家如何从道德角度矫正人的贪婪追求私利的恶习。书中指出，这些思想家认为，自利即便没有使人变得高尚，也使人变得值得信赖，这是利益相对于野心、愤怒和欲望等放纵不羁的激情的巨大优势。赫希曼指出，利益一开始是"平静的激情"，非常适合平抑狂野的激情，最后发展成为"半美德"，因为它能够滋养商业，稳定社会生活。[84]正如该著作副标题所宣称的，这种"利益有益论"先于资本主义的胜利而出现，而不是在资本主义胜利之后为其正名，但是，赫希曼没有解释，为什么此论在那个时候，在那种情况下出现。毕竟，自古以来，激情一直被哲学家和道德学家斥为理性和美德的敌人。再者，为什么这种认为冷静的利益可以平抑令人讨厌的狂热情绪的观点在当时很有说服力？最后，为什么可预测的益处比现实的益处更好？

该著作旨在回答利益增长的问题，但是，它给出的答案也可以用于回答巴黎的问题——为什么巴黎警方如此刚愎自用，反复颁布数以千计的规则，不做一点点调整，更不用说面对规则的失败做出让步。无论是财富问题还是巴黎问题，只要得到一点点成功的解决，无论那种成功多么脆弱、琐碎，都会在人们心中激起对彻底成功的希望。市政当局跌入规则的泥潭，一意孤行，而不是向当下的现实低头，走向粗放型规则。在一些地方，规则虽然较少，但非常普及，文字和形象方面的宣传也很有力量，按照现代早期欧洲的标准，这些地方的秩序和可预测性可以说已经达到了惊人的程度。在改造城市的这类设想和愿景中，阿姆斯特丹扮演了重要的角色。即便是在混乱的巴黎和伦敦，监管能够带来规矩，这样的预期也越来越清晰，无论那些监管是自上而下，还是自下而上的。连最简单的交通规则，也被誉为了不起的创新。梅西耶笔下的时间旅行者观察到，2440年，巴黎的交通是靠右侧通行："这种避免阻塞的办法简单易行，竟然最近才想到；的确，一切有用的发明都需要时间。"[85] 1786年，伦敦的游客被告知，他们在城市拥挤的街道上行走时，如果始终让建筑物的墙壁位于自己的右边，那么，"你走路就不会受到干扰，对面的人都会为你让路"[86]。1831年，在梅西耶的书出版50年后，也就是在他认为巴黎人最终发现这个简单易行的办法整整600年前，巴黎警方终于发布法令，要求靠右侧通行。[87] 变化来得有点慢，但也不像某位见多识广的观察家目睹18世纪巴黎混乱的交通时所预期的那样慢。

巴黎于1668—1705年沿着这座城市的城墙改造出宽阔的林荫大道，它从圣安东尼门直通圣奥诺雷门，成为秩序的缩影之一。（见图6.8）在整个18世纪，游客和居民对此都赞不绝口，到18世纪80年代，梅西耶还对其念念不忘。在城墙大道，两侧的树木按精确的间距种植，将行人与马匹、四轮马车的交通分隔开来，这在巴黎史无前例。在干旱季节，很多道路满是灰尘，这时就会洒水；在潮湿的季节，会在路面上撒沙子。这些道路现在变成宽敞、安全的散步场所，深受广大民众的喜爱。1751年的一项法令开篇有一段颇为自得的声明，宣称城墙大道多么令人赏心悦目，还标榜称，警方的意图就是"为实现公众的诉求，满足公众对舒适性的越来越强烈的渴望，扫清一切障碍"，并确保持续"舒适和完全清洁，以极大地提高沿城墙通行的人的满意度，无论他们是乘坐四轮马车还是步行"[88]。在城墙大道上，秩序井然的绿洲被营造出来，并按规则运行。鉴于巴黎其他地方普遍存在的混乱局面，这还只能算是一个小小的成功，但是，这一成功孕育了雄心——秩序的绿洲可以不断扩大。

新的城墙大道的象征性还在于，它能够说明为什么17世纪和18世纪的市政当局痴迷于秩序和可预测性。自17世纪下半叶开始，由于新的围攻战技术的出现，中世纪的城墙开始被淘汰，结果，像巴黎、伦敦和阿姆斯特丹这样的城市突破了旧的边界，而且扩展速度相当惊人。1600年，阿姆斯特丹的人口约为5万，1700年为23.5万；同一时期，巴黎的居民从21万膨胀到51.5万。在法国大革命前夕，有多达63万人居住在这座城市。伦敦的增长曲线更加陡峭。这些城市拥挤不堪，新来者源源不绝；无论是在基础设施上，还是在社会习俗方面，城市都承受很大的压力。18世纪的就业年鉴显示，随

图 6.8　巴斯杜伦帕特林荫大道,即后来的卡皮西纳林荫大道,沿城墙改造而成
Jean-Baptiste Lallemand, *Boulevard Basse-du-Rempart*, mid-18th c. 来源: gallica. bnf. fr / BnF。

着人口增长和社会繁荣,行业变得越来越专业化,也越来越相互依赖。[89] 现在,人口增长到原来的 2~4 倍,人们在狭窄的街道上相互推搡,挤满了正式或非正式的市场;他们将垃圾扔出窗外,用砖块堵塞大道,以建造新住所;他们驾驶四轮马车冲撞人群,以更多的方式与更多的人互动。在这种高密度的流动和社交环境中,人们重视可预测性,视其为"利益"——赫希曼所谓的"半美德"——的巨大优势,这是可以理解的。

可预测性一旦变为现实,即使是在一个狭窄的范围内变为现实,也会让人上瘾,这就像在我们这个自诩"控制达人"的时代,我们不需要他人告诉我们怎么做。成功再小,也能滋长骄傲和雄心。渐渐地,一些规章,至少是一些被反复颁布的规章,渗透到人们的行为习惯甚至规范中。诚然，这种转变是缓慢的。1534 年，巴黎颁布了第一条法令，要求住户建造厕所，以防止居民将粪便倒在街上。与许多其他规章一样，直到 1734 年，它被反复重申，但都毫无效果；抗拒者大有人在，罚单一直开到 18 世纪 60 年代。[90] 现在，新的希波克拉底派思想认为，传染病与腐败的空气有关，而宽阔的街道（如城墙大道）允许空气自由流通，因此有益健康。这样，来这里呼吸新鲜空气成为深受广大民众喜爱的生活体验。人们厌恶难闻的气味，害怕感染，还对这些东西感到羞耻，渴望新鲜空气和开放的空间，这些都有利于警察规章的强化。[91] 即使是那些对医学理论一知半解的人也能理解 1758 年的一项王室法令。该法令要求居民将垃圾和"排泄物"放到远离住宅区的地方，以免那些东西"污染空气，导致疾病"[92]。

　　早在 18 世纪初，尤其是在伦敦、阿姆斯特丹和巴黎这样的繁华城市里，人们的期望越来越高。在他们的心目中，一个治安良好的城市不只是安全的城市，还应该是秩序良好的城市，街道应该宽阔笔直，房屋都有编号，且朝同一个方向，成千上万的灯火照亮夜晚，消防队能在发生火灾时及时赶到，水泵能正常工作，四轮马车有执照，四轮马车司机不会欺负行人，居民在指定的时间和地点清理垃圾。成功之路总是坎坎坷坷。巴黎人花了将近 200 年的时间，才将人们对于城市秩序的这些愿景内在化——把规章变成规范。不过，规范总是脆弱的，反复发生的街头暴乱和持续不断的交通混乱都证明了这一点。每一种新的交通工具——四轮马车、自行车、有轨电车、汽车、地铁——都颠覆了既定的交通规章和惯例，要求制定者推陈出新。法令汇编越来越厚。1897 年，巴黎的《交通警察条例》多达 424 条，超过 200 页。[93] 新的铺路和液压技术，不论其复杂如现代下水道系统，抑或简单如垃圾桶的标准化（1883年，塞纳河总管欧仁·波贝尔颁布了这一法令，他的姓氏Poubelle后来成为垃圾桶的代名词）[94]，都功不可没。这些成功虽然是局部的，但在我看来，重要的是，它们孕育了大获全胜的希望。18世纪早期的巴黎有了第一条笔直宽阔的林荫大道；相对于中世纪的那个兔子窝，这里井然有序。这激励吉约特及其同僚对城市生活的更多方面进行更多监管，面临再大的阻力也不放弃。

阿姆斯特丹、伦敦和巴黎等现代早期城市的这段历史颇有启示，它让我们思考规章如何渐渐地被接受，并最终（可能是出于自愿选择）内化为规范。诸如1521年的阿姆斯特丹大火和1666年的伦敦大火这样的灾难为新建筑和新规章创造了契机，当局开始要求用不易燃的砖和瓦代替木材和茅草。法国的绝对主义君主，从亨利四世到路易十四，都好大喜功，他们在巴黎建造宏伟的建筑，喜爱宽阔的林荫大道、壮阔的广场，以及庄严的公园，如卢森堡公园或杜伊勒里宫。

但是，要想通过规章快速地、不断地改变城市行为，最有效的途径可能是一个兼具威权与共和体制的市政府。阿姆斯特丹市政当局制定的措施比巴黎那些全能警长，甚至比一些国家的绝对主义君主所敢想到的更为严厉，然而，它的规章却让人心悦诚服。阿姆斯特丹当局拆除了大片街区，为新的运河和街道让路，还驱走街上的乞丐，完全禁止四轮马车进入城市，要求家庭安装铅管来处理废物。它为此采取的措施之严厉，有时连外国游客都感到震惊。[95] 阿姆斯特丹的规章虽然严厉，却被遵守；巴黎的规章虽然温和，却遭到抵制，这究竟是为什么呢？城市历史学家考察荷兰的历史，似乎从中找到了答案，那就是，荷兰人一直联合对抗他们共同的、永恒的敌人——海洋，结果使得"必须将公共利益置于公民个人福利之上这一普遍观点"根深蒂固。[96] 然而,在法国大革命中的巴黎,一个同样带有威权性质的共和政体实现了类似的顺从,没有很快被推翻。正是革命当局和后来的帝国当局促成了吉约特几十年前设想的那些关于建筑立面的统一尺寸和房屋的统一朝向及编号的规章。[97]

共和政体采取威权手段反而更能让公民遵守规章,其中的原因并不难推测。也许,一个共和政体在公民中享有更大的合法性,因此能获得更多的服从;也许,它对自身的合法性深信不疑,因此敢于在执行中实施更加严厉的措施。不管原因为何,那些成功终究是不连续的、不全面的。还没有人能成功地控制巴黎的交通。这里不妨对比梅西耶对2440年巴黎的憧憬与90年后儒勒·凡尔纳创作的另一部关于巴黎未来的虚幻作品《20世纪的巴黎》(*Paris au XXe siècle*, 约1863)。凡尔纳的想象力何其丰富,也只是跃进到一个世纪之后,即1960年的巴黎,这时巴黎的面貌相比梅西耶笔下650年后的巴黎已是判若云泥。梅西耶笔下的马拉车和快乐的行人不复存在。快速、安静的电磁列车在城市中纵横驰骋;汽车已经完全取代了马拉车;信件由"照相电报机"(一种传真机)发送;电灯照亮了商店和街道,令人眩晕。梅西耶笔下的新道德公民也去无影踪。技术奇迹改变了1960年的巴黎,但是,人性依然如故,依然被自满和贪婪蒙蔽。"1960年的人不再对这些技术奇迹感到惊讶;他们心安理得地享受着它们,但也没有变得更快乐,因为从他们焦急的表情中,从他们慌张的脚步中,从他们美国式的匆忙中,不难看出,是金钱这个魔鬼无情地推动着他们麻木地前行。"[98] 梅西耶对未来巴黎的憧憬是乌托邦式的,而凡尔纳描写的是一个反乌托邦。使得他们两人——以及迄今为止的所有巴黎人——走到一起的,正是为巴黎混乱的交通带来秩序这一执念。

## 四、太成功的规则:该如何写,不该如何写

1996年,德国舆论哗然。各州纷纷召开州长及部长特别会议;媒体纷纷发表头条文章和言辞激烈的社论;公众的愤怒之情高涨,他们致信媒体编辑,表达抗议,还每天都搞出抵制新规定的行动。这一事件与政治和经济无关,也不牵涉诸如高速公路是否应该限速之类的久拖不决的争论。导致全国人民群情激愤的,是一项关于拼写改革的提案。虽然这项改革只涉及德语中1%的单词,例如,*Balletttänzerin*(芭蕾舞演员)这个单词的拼写应该用两个t还是三个t。[99] 最终,在1998年,500多名教授将这个问题告到了德国宪法法院。他们以法律为武器发起挑战,认为新规则侵犯了他们的宪法权利。[100]

并非只有德国人在拼写规则上较真。2008年的一份报告称,英国大学教师在评定学生成绩时,常常忽略学生论文中的一些拼写错误(例如,将supersede写成superseed或supercede)。消息传出,反响强烈。有人说:"我只能说三个词: World, Hell, Handcart[1]。我了解我们的文明,我对它还没有丧失信心……但是,当一位大学讲师提议放过学生最常见的20种拼写错误时,我担心,我们正在走向末日。"[101]

---

[1] World, Hell, Handcart分别意为"世界"、"地狱"和"手推车",合在一起能构成一句英语谚语,常用来形容局势每况愈下,无法挽回。——译者注

法国政府在1990年提出拼写改革，结果引发"睡莲之战"[1]，最终迫使法兰西学院放弃了最初在该院获得一致支持的拟议改革。[102] 法语语法规定，当一个词语是混合性别的集体名词时，其词性自动为阳性（例如，*tous les femmes et hommes*，"所有的女人和男人"）。2019年，法国的一位女性主义者提出，这一规则必须改变。左派更是怒不可遏，索邦大学语言学荣休教授丹尼尔·马内斯（Danièle Manesse）素以"死不改悔的女性主义者"自诩，他公开表示坚决反对拟议中的拼写规则，至死不渝。[103]

拼写改革的支持者同样态度坚决。至少从19世纪开始，一些简化拼写协会，尤其是英语国家的这类组织，已经获得了大量的同情和资助。爱尔兰裔英国剧作家乔治·萧伯纳戏称，如果莎士比亚用7个字母而不是11个字母拼写自己的名字，他可能还有时间再写几部戏剧。当时，在一场拼写竞赛中，一位获胜者设计了一种新的字母表，能使说英语的人更轻松地拼写单词。萧伯纳在遗嘱中给获胜者留下了一笔可观的遗产，那份字母表被称为"萧伯纳字母表"。无独有偶，在美国，自1925年以来，长期举办"全国拼写大赛"，意在纠正拼写错误。但是，2010年，一群抗议者扮成蜜蜂的模样，举着"Enuff is enuff, but enough is too much"和"I laff at laugh"等标语[2]，在赛场外抗议。[104]

---

[1] "睡莲之战"（*la guerre du nénufar*）指法国在20世纪末发生的一场围绕拼写改革的论战，因其中 *nénufar*（睡莲）是否应该写作 *nénuphar* 而得名。——译者注

[2] 这两个标语的大致意思分别是"受够了""我爱笑"，但都采用一种奇怪的拼写，以示对大赛的讽刺和抗议。至于抗议者扮成蜜蜂，是因为大赛的英文名称中的单词 bee 有"聚会"和"蜜蜂"的双重义项，这一点不难理解，因为蜜蜂是群居动物。——译者注

拼写规则是最终成功了的规则，甚至可以说过于成功了。虽然每个人都或多或少地知道，词典里的正字法（orthography）只是传统的产物，是历史和习惯的偶然结果，但是，任何人如果想放弃它们，比如，放弃英语单词中多余的、不发音的字母（比如 night，knight），放弃德语中烦琐的大写规则（不仅是名词，在某些情况下还有代词），或者放弃法语中古老的抑扬格，都会招惹众怒，仿佛无辜者遭杀戮一般。这不仅仅是现代的现象。自 16 世纪和 17 世纪印刷术的出现及民族国家本地话的兴起，西班牙语、意大利语、法语、英语、德语和其他语言的语言改革家试图推行正字法。他们以纯正、合理、统一、爱国主义，以及方便学童及外国人学习读写等诸多名义规范书写。到 21 世纪，这种改革仍然受到抵制，其激烈程度丝毫不亚于 16 世纪。但是，与前述着装和交通方面的规章相反，拼写规则最终被完全内化，成为一种规范，任何人如果违反它，势必有损自己的社会地位、信誉和职业生涯。就公共安全而言，闯红灯肯定比不知道 its 和 it's 的区别更危险，但是，换到别的圈子里，这两个行为哪个更令人恼火，还真不好说。那么，拼写规则为什么能成为规范，又是如何成为规范的呢？

对于大多数现代欧洲语言来说，关于拼写的争论始于现代早期，与印刷术的出现、本地话相对于古希腊语和拉丁语地位的上升、初等教育的普及，以及语言民族主义等密切相关。印刷术使得词典的大规模生产成为可能，而词典反过来又带来权威性问题——谁有权规定单词的拼写规则、发音以及词义，以及如何执行这些规则？当时与现在一样，本地话和口音的多样化导致语言的多样化；拼写既反映又放大了这些差异。此外，现代早期的印刷作坊在分拣和排版时，总想将每一行都填满，这鼓励创造性的拼写。在 16 世纪的书中，甚至在关于拼写规则的书中，同一个单词的拼写可能是不一致的，这种情况司空见惯。然而，现实和意识形态的压力呼唤更高的一致性。在现实层面，教育以及对印刷效率的追求，都要求制定清晰、易记的规则，让所有人遵守。在意识形态层面，在一个崇尚征服的帝国主义时代，书面语言的统一性，就像法律的统一性一样，成为政体宣告对新获得的领土的主权的象征——不仅是象征，也是实质。对于那些通过反叛获得独立的国家，如 1776 年的美国，或者成立得更晚一些、更为举世震惊的 1871 年的德国来说，拼写的统一起到弘扬爱国主义的作用，抵消了历史、地理、方言和宗教的不统一。美国的格言"合众为一"最早出现在韦氏词典里，而不是联邦立法中。

  就英语和法语而言，它们的第一次拼写大战都爆发于 16 世纪（今天仍在继续）。15 世纪末和 16 世纪初，西班牙和意大利的人文主义者已经出版了词典和语法书，试图稳定和"净化"至少某些方言的书写，例如西班牙的安东尼·德·内夫里哈（Antoni de Nebrija, 1441—1522）组织编纂的《卡斯蒂利亚语语法》（*Gramática Castellana*, 1492），或意大利托斯卡纳地区佛罗伦萨秕糠学会的《秕糠学会词典》（*Vocabulario degli Accademici della Crusca*, 1612）。[105] 1569 年，伦敦纹章学院的先驱创始人约翰·哈特（John Hart, 约 1501—1574）出版了《正字法》，严厉批评英语拼写中的混乱。他建议，重新组织字母表（例如，忽略 u 和 v 的歧义，使二者可以互换使用，只不过一个用作元音，另一个用作辅音），以彻底改变英语单词拼写中诸多不一致或不合理之处。正如这部作品的副标题所示，哈特将拼写比作描绘事物的肖像，他是认真的。他指出，艺术家应该尽可能忠实地描绘面前坐着的人,同理,我们手中写的应该尽可能地反映嘴里说的。"哪位写作者能最直接、最准确地把握说话人的言辞,就最有能力用他的笔来描述这些言辞。"[106]哈特预料到自己的话会激起强烈的反对,他的序言就是写给那些"质疑者"的。他把那些在拼写上死守传统的人比作某类画家,那些画家无视画中人物的实际特征和服装,在人物的额头上写下父母的名字(这比喻对词源的过度重视),把眼睛和耳朵调换了位置,还把头部的尺寸放大一倍。当被画者提出异议,并要求对这些变形做出解释时,传统主义画家回答:"因为长期以来,这个国家里的画家一直都是这么做的;我们继续这么做,因为这种做法已经普遍被人接受,所以,没有人想要纠正它。"[107]

以上我不厌其烦地引用哈特的话,不仅是为了让读者知道,他支持根据发音确定拼写的观点,这种观点直到今天仍然被多种语言的文字改革家反复提及,而且也是为了让读者多少了解一点16世纪的正字法。要知道,那种拼写即使是用古板的哥特式字体印刷,也是能够识读的。现在,再看一页用哈特提议的新字母表和拼写法印刷的文字。有了哈特的音标(16世纪的读者要么必须记住单词,要么来来回回地翻书查找),现代读者读出单词就不那么费力了。无疑,这个问题还可以通过大量练习得到解决。但是,那些单词给人留下的第一印象——以及第二印象——是一种外语,既远离现代英语,也远离伊丽莎白时代的英语。(见图6.9)不管改革的理由多么合理,不管哈特为了维护传统而反对传统的观点多么有力,人们第一次遇到新的、陌生的拼写时所感受到的冲击过去是,现在仍然是哈特和他的改革继任者必须清除的最大障碍。他很清楚自己的新字母表和拼写规则会对读者产生怎样的影响,因为这部著作除了有通常的序言,即赞扬作者及作品的拉丁文颂词之外，还请来负责排版的工人背书，为读者写下这样一段英文诗句：

> 你也许会受到我的鼓励，
> 去读完这本书。
> 我虽然只是个工人，
> 但也能把字认。

当读完最后一页，当初那位不情愿的印刷商被说服了。

> 我心悦诚服，
> 弃暗投明。

只不过，观察力敏锐的读者会发现，排字工人仍然没有学会把 u 用作元音，把 v 用作辅音。[108]

　　排字工的感官敏锐度双倍于常人。首先，哈特主张，口语高于书面语，耳朵高于眼睛。拼写规则好比肖像画法，应该以逼真（类似于回声）为目标，最好与原初语言——语音——几乎无异。在那个读者数量稳步增长的时代，特别是在新教地区，信徒相信自己有阅读经文的能力，结果，战斗的号角吹响了，一个人即使深处孤独之中，也能够在阅读中体验到内心声音的回响。在苏黎世的乌利希·茨温利（Huldrych Zwingli）和日内瓦的约翰·加尔文的宗教改革中，更多的破除偶像派清除教堂里的图像和雕像，结果，牧师的声音被神圣化了。打个不合时宜的比喻，哈特之类的改革者把拼写规则设想为一种

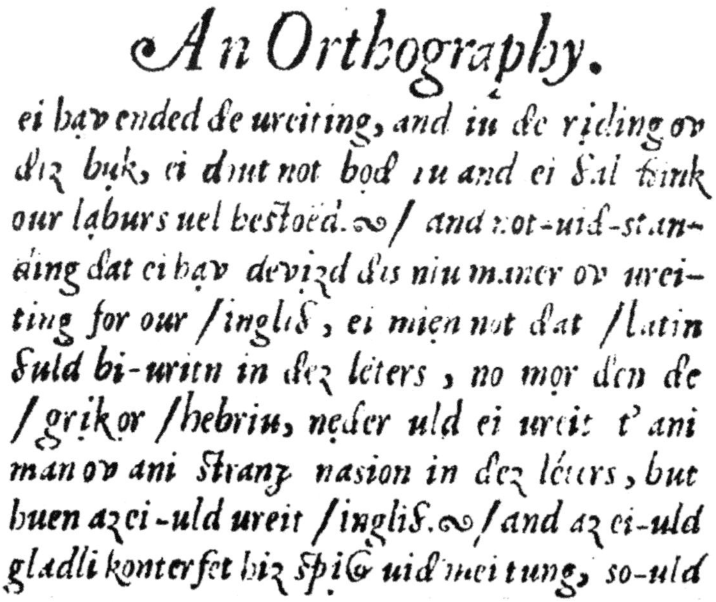

An Orthography.

ei hav ended de ureiting, and in de riding ov diz buk, ei dout not bod iu and ei Sal tink our laburs uel bestoed. / and not-uid-stan-ding dat ei hav devizd dis niu maner ov urei-ting for our /inglis, ei mien not dat /latin Suld bi-writn in dez leters, no mor den de /grik or /hebriu, neder uld ei ureit t' ani man ov ani Stranz nasion in dez leters, but buen az ei-uld ureit /inglis. / and az ei-uld gladli konterfet hiz spich uid mei tung, so-uld

图 6.9　经约翰·哈特合理化改革后的英语字母及拼写

*Orthographie*, 1569.

磁带录音，而不是速记技术。去掉无声字母，去掉多余的双辅音，消除发音相似且重复的 c 和 k，这样，game 变成 gam，bille 变成 bil，crabbe 变成 krab。将受益于这种新规则的，首先是初学识字的人。哈特承诺，任何以英语为母语的人都可以用他的语音系统学习识字，所需时间仅为别的教学方法的四分之一。而且，其他国家的人慢慢会体会到正确的英语发音。[109] 谁的发音有问题，让我们拭目以待吧。

然而，归根结底，阅读是用眼睛看的，而不是用耳朵听的。随着 16 世纪和 17 世纪印刷品的激增，拼写与视觉之间的联系也在加强。哈特在书中一直等到读者读完近三分之二内容的时候，才敢向读者展示他改革后的正字法的实际面貌。他深知，那将是"他们（读者）所厌恶的，看了这些，他们会难受"[110]。理查德·马卡斯特（Richard Mulcaster, 1531—1611）是麦钦泰勒公学的校长，在 1582 年发表了一篇关于较为温和的英语拼写改革的论文。他坚决认为，与写作关系更密切的，是阅读，而不是口语："在正确书写之前，怎么可能有正确阅读？我们什么都还没写，怎么可能就读？"[111]（注意，这段英文中删除的，不仅是动词 see 中重复的 e，还有他的姓氏 Mulcaster 中原本有的第二个，也可以说是多余的 e。）印刷作坊里的分拣和排版都有固定的套路，这能使排字工人的眼睛变得敏锐。他们习惯于整个地识别单词，而不是一个字母一个字母地识别，结果，他们很清楚什么是标准化的拼写，至少在同一间作坊内如此。[112] 三个世纪后的 1878 年，《法兰西学院词典》（*Dictionnaire de l'Académie française*）第七版最终提交该学院，这相当于法国拼写改革的终审法院。结果，学院强调正字法的"外形"特征，即单词在词源上与其家族血统的联系，并得出结论，所有激进的拼写改革都注定要失败——谁有权力改变"那些读书写字的人的习惯呢"[113]？在拼写问题上，视觉与听觉的较量使已经识字的人与正在学习识字的人对立起来，前者像辨认一个人一样整体地辨认单词，后者则必须将口语与外形不符的书面语相匹配，才能一个个字母或者一个个音节地识读。

值得注意的是，欧洲各种语言的拼写规则改革虽然有着将近 500 年的历史，但是，它们相关的正、反两方面的争论，以及其微不足道的成就，都大同小异。改革者提倡简化、合理化，但很少成功；几个世纪过去了，变化聊胜于无。讽刺的是，有一场改革得以实施，虽然它既没有得到地方当局的支持，更不用说国家的影响，也没有获得义务教育的支持，但事实证明，这是最激进、最持久的早期改革。1583 年在佛罗伦萨成立的秕糠学会，旨在净化意大利的托斯卡纳方言，并编纂词典，结果成功地将托斯卡纳语提升到全意大利地区语言的高度，这一地位维持至今。它还创造了欧洲所有语言中除芬兰语之外最接近发音的拼写方式。改革者中不乏受过古典训练的人文主义成员，他们坚决在自己的 1612 年词典中收录希腊与及拉丁语的同源词。但是，为了保持 filosofia 等单词的发音与拼写的一致，他们宁愿牺牲"ph"（发音同希腊文字母表中的 Φ）这个具有古希腊文血统的正规拼写。[114] 这种决绝的姿态，即便德国的文字改革者在 1876 年民族主义情绪甚嚣尘上的时刻，也自叹弗如。现代早期其他国家的文字改革者也都赞赏秕糠学会的努力，有些地方，如法兰西学院，还以其为榜样，但是，很少有人赞同它这种对一致性的极端追求，也没有人取得像它那样的成功。同样的激进分子，如法国的路易·梅格雷（Louis Meigret，约 1510—1558）和英国的哈特，收获的嘲笑者远多于追随者。梅格雷花了五年时间才说服一位印刷商接受他的《法语语法》(*Tretté de la grammaire françoese*，1550)；可以想见，哈特的排字工人是多么不愿意完成这项工作。[115]

更典型、最终也更成功的，是像马卡斯特这样的温和改革者，他总是试图平衡他所谓的"发音王子"与其顾问之间、理性与习俗之间的冲突。通过这个意味深长的比喻，马卡斯特指出，任性的发音王子"热情奔放、专横跋扈"，总想用自己心血来潮的命令控制所有的拼写。但是，他又受到理性的制约，理性决定了"写作领域的普遍法则"，并捍卫合规性、一致性的权威地位；他还受到习俗的牵制，习俗维护实际的运用，"那些运用虽然不是人们通常或最常见的做事或说话的方式,但从一开始就拥有最好、最合适的理性基础"。马卡斯特认为,声音过于跃动、多变,不能作为稳定拼写的终极基础。在正确发音的竞赛中,哪种地方口音会胜出?谁又能阻止发音变化的浪潮?毕竟,在伦敦这样的城市中,对外贸易扩大了语言的种类,促进了语言的变化,近一二十年间的口音变化清晰可见。再者,单凭理性,永远无法清除语言中的不一致、例外和新奇之处,为此,必须以习俗作为原材料。由此,出现了三方妥协,这是一种"艺术,它把所有这些被习俗敲打出来的规则冶为一炉,并以书面形式呈现出来;在这一过程中,每一方都知道自己的界限、理由、习惯和声音"[116]。

马卡斯特关于拼写"艺术"的规则与第三章中描述的"机械艺术"规则非常类似——在普遍性与特殊性之间来回转换,以例子为中介,以例外为修正。机械艺术的规则要求适应事物的变化和经验的改变,同样,声音的动态性,以及习俗、理性的惰性,也要求拼写规则的倡导者偶尔放松其规则的约束力。马卡斯特认为,尽管语言——尤其是书面语言——显然是由人类创造的,但是,它是有"灵性"的实体,它以一种近乎有机的方式发生变化。[117] 马卡斯特的后继者进一步认为,这种"原生性"赋予语言以生命,这一点与没有生命的古代希腊语和拉丁语形成鲜明对比,并使得语言能够以印刷体的形式呈现出来。[118]《法兰西学院词典》第七版(1878)虽然比先前的那些版本更欢迎来自哲学、工业和政治等领域的新词,"但毫不留情地拒绝了那些构词看起来很糟糕、发音与拼写对应性弱、有悖于语言原生性的[新词]"。它正气凛然地拒绝一切不符合法语语言基因的新词,但讽刺的是,首当其冲的,却是 *actualité*(意为"时事",今天已经是一个完全被接受的法语单词)。[119]

像马卡斯特这样的温和改革家认为，语言是有灵魂的，受到某种"精神力量"的驱动，由此，他们身上兼具神秘主义与实用主义的特征。马卡斯特批评哈特之类的激进改革者的武断，他声称，每一种活的语言都有其不为人知的"神秘性"，其意义远胜于"它的一切规则，无论那个规则是否清晰明确，是否被普遍接受"。因此，马卡斯特自己给出的拼写规则充满了例外。他的规则规定，辅音字母不应重复，但是，"ff"和"ll"另当别论。他的规则规定，所有外来语单词都应该按照英语语音来发音，但是，如果有博学之士爱炫耀自己的多语种发音能力，则恭随其便。根据一致性原则，"mere"应拼成"mear"，就像"hear、fear、dear、gear"一样，但是，其中的拉丁文词根 merus 本身就含有"普遍规则"的"个别例外"之意。拼写是艺术，而不是科学，虽然艺术可以带来"最适合别人效仿的模式"，但是，没有任何艺术可以把一切细节都强行纳入一个僵硬的框架中。[120] 经验之于机械艺术的作用，与有灵性的语言之于拼写艺术的作用一样，那就是，既带来规则，也带来例外。

在此之后，规范现行语言拼写的努力前赴后继，但都不得不向马卡斯特所谓的"精神力量"低头，因为这种力量为每一种规则带来了例外。《法兰西学院词典》的第一版（1694 年）支持历史上的传统拼写，因为它们彰显了法语单词的起源，并坚决抵制"某些个人，尤其是印刷商"在单词中加入新字母或删除旧字母的做法。例如，删除 temps（时间，英文为 time）或 corps（身体，英文为 body）中不发音的"p"。实际上，这两个单词体现出拉丁文的词源（tempus, corpus）。但是，所有的规则都承认例外：devoir（责任、债务，相当于英文中的 duty、debt）中不发音的"b"消失了，尽管它有拉丁文渊源（*debitum*）。法兰西学院何其强势，它的成立本来就是为了控制法国的语言，俨然如绝对君主一般，但是，它也承认，"人们必须认识到，运用才是正字法的主人"。无疑，在诸如梅格雷和路易·德·埃斯克拉切（Louis de L'Esclache，约1600—1671）之类激进改革者的脑海中，[121] 已经清晰地呈现出这样的远景：所有颁布"没有人愿意遵守的规则"的人注定会失败。[122] 德语或许是自19世纪末以来最频繁、最持续改革的现代欧洲语言，但是，它仍然没能清除所有不合规则的大写情形。[123] 我们都熟悉这样的英文拼写规则："字母 i 一般放在 e 之前，除非前面有 c，或者听起来像 a，比如在 neighbor 和 weigh 中"，但是，这条规则在 1 万个最常用的英文单词中，只有 11 个适用，而且，对于 weird 和 seize 这类人们非常熟悉的单词，它都不适用。[124] 马卡斯特的英文拼写八条"通用规则"的最后一条是这样的："任何艺术规则都不能这样处理问题，它们必须将许多细节问题留给日常实践去解决。"他将这条规则比作几何公理，但显然，它是在宣告所有艺术规则都有其局限。[125] 英国作家、词典编纂者塞缪尔·约翰逊（Samuel Johnson，1709—1784）尝言："每一种拼写规则都有例外，每一种语言中都有反常，尽管这会带来不便，而且本来就没必要，但是，我们必须容忍，就像容忍人类事务中的一切不完美一样。"这句话被此后的温和派拼写改革家奉为圭臬。[126]

这类主要靠经验的实践与其他艺术实践一样，可以用一些精心挑选的例子来补充其规则。马卡斯特这本书之所以对英语拼写产生持久的影响力，与其说是因为他给出的那些规则，不如说是因为他附录了一份 8 000 个常用单词的列表，供那些不明白"规则的来由"的人随时查考。马卡斯特是想用这份列表作为示例，来完善他的规则，尽管其中有些单词会与规则相矛盾。(例如,在整本书中,"though"被拼写为"tho",这是故意删除了不发音的字母,但是,在列表中,仍然出现"though"——莫非这是印刷商的报复?)[127] 现代早期的拼写改革家认识到,词典是执行拼写规则的最有效手段。现代读者打开一部词典,可能首先想到的是查阅词义,其次是查考词源,殊不知,词典还被用于规范和修正拼写,而最后这种用途的开创者,是法国人文主义印刷商罗伯特·艾蒂安(Robert Estienne,1503—1559),他于16世纪中期出版了一部具有里程碑意义的拉丁语-拉丁法语词典。马卡斯特赞赏意大利人、法国人和西班牙人在这方面的努力,并明确提到艾蒂安的《拉丁词典》(*Thesaurus linguae latinae*,1543年最终版),称其为未来的英语词典提供了范本;[128] 第一版的《法兰西学院词典》也将艾蒂安的这本《法语词典》(*Dictionaire françoislatin*,1540)作为其法语正字法的范本。[129]

但是,是谁赋予了词典权威性呢?实际上,很少有词典得到官方支持。偶有官方机构支持词典编纂,最著名的是1635年成立的法兰西学院,其目的是"为我们的语言制定规则……使其纯粹、有力,适用于处理艺术和科学问题"。它还在1674年授予那部词典王家专卖权,但是,它也不能保证词典能统领语言运用,不受到竞争。[130] 其他地方的拼写保守主义者极大地夸大了法兰西学院在稳定书面语言上的作用。1712年,乔纳森·斯威夫特担心英语的变化会破坏文学传统的连续性,导致自己的作品不被未来的读者理解。他上书英国财政大臣牛津伯爵(1661—1724年在任),呼吁效仿法国,建立一个机构,以净化英语,包括其拼写,并设计一种方案,"在做出必要的改变之后,一劳永逸地固定我们的语言"[131]。但是,这样的幻想,连法兰西学院本身也不曾有过,法兰西学院并不奢望自己能阻止语言变化的潮流,矫正语言运用习惯。经过长达 60 年的酝酿,《法兰西学院词典》第一版终于在 1694 年问世。但是,它甫一问世,就有了竞争对手,那就是法国语法学家塞萨尔-皮埃尔·里什莱(César-Pierre Richelet, 1626—1698)于 1680 年在日内瓦出版的词典,该词典采用了半革新的法语拼写。法兰西学院虽然效仿艾蒂安的《法语词典》,沿用旧式的、重视词源的拼写法,但是,它也收录了"通用语言,譬如,*honnestes gens*(意为'老实人')这样的大白话。"[132]

*honnestes gens* 究竟是些什么人?(注意,*honneste* 中旧式的加 "s" 的拼写法后来被半革新的、抑扬格的 *honnête* 的正字法取代。)他们是有教养、有风度的俗人;他们不一定有学问,但在宫廷圈子里如鱼得水;他们不是贵族出身,但对剑术和马术等贵族活动得心应手。看到人们将英国宫廷语言作为规范语言,斯威夫特深感失望,他声称,这种语言在查理一世的腐朽统治时期,就已经失去了作为"得体和正确地说话"的典范地位。但是,另一方面,他仍然寄希望于受过教育的贵族,包括妇女,来指导人们说话(不吞元音)和拼写。[133] 斯威夫特希望,把某个时刻——他那个时代里的某个时刻——最好的人使用的最好的语言用法固定为规则,就像将飞虫固定为琥珀一样,永远流传下去。相比之下,法兰西学院更愿意有选择地适应精英语言习惯的变化,而那些习惯又随着精英所阅读的书籍中印刷商的拼写方法而改变。因此,没有一个僵化不变的法语拼写规则,所有的规则都充满了例外,例如,1740 年版的词典删除了许多不发音的字母,但保留了 méchanique 中的 h。[134] 后来,到这个 1740 年版词典出版第三版时,法兰西学院这座 18 世纪欧洲最伟大的语言学权威已经放

弃了"基于不变的原则、根据千篇一律的规则的系统正字法,不再对其抱任何幻想。在语言问题上,习惯比理性更强大,它不断地挑战法则"[135]。

在拼写问题上,谁的拼写方法能宣称具有权威性,这个问题实际上是谁,在何时何地,以及为何使用那种拼写的问题。长期以来,威尼斯、法兰克福、莱比锡、里昂、阿姆斯特丹和巴黎等商业中心一直是王室住所、政府首脑官邸、大学、高级教会官员辖区的所在地,这些城市在涌现出举足轻重的印刷厂之前,就已经是学术、官僚、法律和宗教等诸多行业的文书写作的中心,因此,对拼写产生了巨大的影响。宫廷和城市的语言运用决定了国民的拼写。在一些方言差异显著的语言,比如德语和意大利语中,由于缺乏中央政治权威,无法像法国那样通过王室钦定词典,或者像英国那样通过大都市精英的榜样来统一标准用法,因此,文学名著就获得了在词汇、发音和拼写方面至高无上的地位。在意大利,托斯卡纳方言自诩为但丁的语言;而在德意志,在1876年国家第一次发起拼写改革会议之前的几个世纪里,1534年的路德版《圣经》在许多德意志方言中一直是拼写的典范。

何时以及为何要把语言的运用系统化,与上述谁的用法、在哪里成为标准一样,是个有争议的问题。现代早期,在所有的拼写改革或者使拼写标准化的尝试中,本地话都被认为已经达到了足够精炼和完美的程度,因此,有理由以此刻的用法作为规则的基础。正如狄摩西尼的希腊语和西塞罗的拉丁语分别代表了这些古代语言的顶峰一样,马卡斯特认为,他那个时代的英语,由于在对外贸易中引入了新的术语,词汇变得异常丰富,"没有比这更自豪的了,就在这一天",因此,完全可以料想,任何改变只会是狗尾续貂。[136] 初版《法兰西学院词典》自豪地宣称，17世纪是法语发展的鼎盛时期，这一时期的法语甚至超过了西塞罗时期的拉丁语，因为它的句法更忠于"思维的自然秩序"，这一点至今仍然为不少法国人所珍视。[137] 16世纪英语或17世纪法语的这种本地话爱国主义不一定意味着现代民族主义。对语言的自豪感也并不等于对一个政体的疆域的自豪感，而且通常只存在于某个特定的时期。诚然，一种本地话的活力可以追溯到其帝国主义的、远远超出本土范围的影响，就像现代早期的西班牙语和法语那样。[138] 但是，马卡斯特的本地话爱国主义更具地方性——"我喜欢拉丁语，但我热爱英语"，因此，他欢迎外来单词，并为其赋予英语发音。相比之下，法兰西学院对待英语的民族主义立场更为强烈。[139] 斯威夫特在18世纪初就相信，英语正在衰落，但这并不意味着不列颠民族的衰落。

然而，到19世纪早期，语言，尤其是拼写，开始与民族主义狂热地交织在一起。诺亚·韦伯斯特（Noah Webster, 1758—1843）在他的《美语拼写》(*American Spelling Book*, 1786年出版，此后不断再版）中开宗明义地道出自己的爱国主义主旨——让一代又一代美国儿童从这本书中学会阅读和写作。他称："作者最热切的愿望是，在美国推广一种统一的、纯净的语言，消除对细微的口音差异的嘲笑，以及由此产生的对外地人的偏见，涵养合众国在文学上高尚且和谐的品位；他的这个远大志向应该得到同胞的认可和鼓励。"[140] 韦伯斯特大体上遵循了诸如塞缪尔·约翰逊这样的英国词典编纂者开启的模式，但是，在这部词典兼拼写指南的后来几个版本中，他毫不犹豫地根据发音改变了拼写（例如，colour和labour变成了color和labor）。他还坚持认为，诸如"Niagra"（尼亚加拉）和"Narraganset"（纳拉甘西特）之类的美国地名应该按照美语方式发音和拼写。[141]

民族主义拼写改革在19世纪后期达到了狂热的顶点。当时，在普鲁士的推动下，新统一的德意志于1876年召开了一次统一德语拼写的会议。这项统一措施饱受争议，不亚于德意志各邦统一的争议。在历史上，相比欧洲其他地区的现代语言，德语的分裂程度尤为严重，它的许多本地话像马赛克一般散布于中欧各地的君主国、公国、王国以及帝国城市中。路德版《圣经》是一部重要的文献，同时期，印刷业兴起。这两个事件都意义深远，它们在一定程度上有助于17世纪末高地德语正字法的稳定。但是，到18世纪，语音改革派与词源保守派之间争执不下，其态势与16世纪和17世纪法语和英语的那些论战如出一辙。[142] 1871年，北部德语世界大部分地区（不包括奥地利和瑞士的部分地区）实现政治统一，立即开启了统一德国学校体系，尤其是统一拼写教学方式的进程。1876年1月，应普鲁士教育部长的邀请，德意志各州代表以及14位语言学家在柏林召开会议。会议拟定了一项法案，交由德意志帝国的校长执行，其中涉及字母c是否应该被删除等重要问题。[143] 应该说，会议提出的改革法案是温和的，无非是要求省略 *Sohn*（son）等单词中不发音的h，诸如此类，但是，它们引发了媒体的激烈抗议风暴。在这次柏林会议之后，反而出现混乱局势，巴伐利亚、萨克森和普鲁士等州都出版了自己的拼写教科书，并制定了自己的地方规则。更严重的是，帝国宰相奥托·冯·俾斯麦禁止普鲁士以及帝国的官员使用1880年普鲁士拼写教科书中呈现的那些尚属轻微的拼写改革，结果，普鲁士的官员不得不重新学习他们以前在普鲁士的学校里学到的拼写。[144]

最终，学校的教科书胜出了。印刷商支持它们，尤其是词典编纂家康拉德·杜登（Konrad Duden, 1829—1911）的《德语拼写大全词典》（*Vollständiges Orthographisches Wörterbuch der deutschen Sprache*）也支持它们。这部词典非常成功，在1880—1900年共印刷了6次，尽管没有得到官方的支持，但很快成为德语世界的权威词典。[145] 1898年俾斯麦去世后，1901年6月，在柏林召开了第二次拼写大会议。这次会议明显受到普鲁士学校教科书和《杜登词典》的影响，结果，终于在德意志民族实现统一四分之一世纪之后，巩固了来之不易的德语拼写统一成果，例如：c大多数时候被z和k取代，单词 *Brennnessel*（意为"荨麻"）中保留三个连续的辅音字母n。尽管德国皇帝威廉二世最初拒绝阅读任何以新拼写方式书写的奏折，但最终，他在1911年也不再坚持。这次会议更有意义的结果在于，《杜登词典》成为钦定词典（它至今仍享此尊荣），成为整个德语世界的拼写权威，以及德语世界的语言统一——即便谈不上政治统一——的象征。即便在第二次世界大战后，德国分裂成两个意识形态两极分化的国家，民主德国和联邦德国仍然坚持以《杜登词典》作为他们的拼写标准。[146]

今天，这场肇始于16世纪的拼写规则斗争远未结束。在德语中，改革者声言要将性别代词 *der*、*die* 和 *das* 合并成一个类似于英语 the 的定冠词。在法语中，法兰西学院想要"主持公道"，反对改变 *tous/toutes* 等集合名词的拼写规则。在英语中，教师和学生为不少单词的拼写与发音不符而大伤脑筋。在所有这些地方，对立双方在媒体、电视、网络甚至街头争吵不休，血压和分贝水平都直线上升。为什么我们这么在意拼写规则呢？一些人抱怨，不得不投入时间和精力学习新词，这是可以理解的，但是，那些新词在一种语言中的占比通常还不到5%。相比之下，学习一个新的文字处理程序更耗时，但是，那些大谈"我们所知的文明正在走向终结"的人却很少抱怨这一点。媒体乐于嘲笑知名公众人物的拼写错误，但是，这些"社会资本"（social capital）毫发无损。尤其是在英语中，拼写准确与否并不能代表社会阶层或教育水平，且看，牛津大学的学生加入了傻傻分不清 embarrass 与 embarass（意为"尴尬"），或者不知道什么时候该写 it's、什么时候该写 its 的人的行列。[147] 有人说，计算机的自动拼写检查功能让我们不必再考虑拼写规则，就好比计算器让学习算术规则变得多余，果真如此吗？实际上，今天，只要有人提议改变传统的、不稳定的、破绽百出的拼写规则，就会有人怒气冲天，好像那是在捍卫《十诫》，不容许任何修改一样。

或许，这个"规则恼怒"之谜的答案藏在另一个令人困惑的现象中：即使是文化水平高的专业作家，有时也会在他们的手稿和私人信件中出现拼写错误。斯威夫特呼吁一劳永逸地规范英语拼写，但在他自己的信件中，有不少单词的拼写前后并不一致；塞缪尔·约翰逊堪称18世纪英语词典编纂的最高权威，他也好不到哪去。19世纪中叶，词典、学校教育和印刷商已经有效地规范了英语拼写，但是，过了很久，查尔斯·狄更斯和查尔斯·达尔文等人的信件中仍然充斥着拼写错误；我想，如果他们在自己出版的作品中发现了这些错误，一定会羞愧难当。对此，语言历史学家西蒙·霍罗宾（Simon Horobin）的解释是，私人拼写与公共拼写之间的差异是稿件"正式程度的标志"，作者可能是想将手稿中的错误留给印刷厂的排字工人改正。[148]

霍罗宾讲到了拼写的互动社交。从他的这个见解再前进一步，我们可以设想，一封寄给密友的信就是一次内心的对话，通信者就是

"心声"（mind's-ear）的对话者。在这里，"心声"不仅仅是个比喻。许多人在写字或打字时会念出声来，尤其是在快速书写时，这时，就会出现惊人频率的同音词错误（例如，把 there 误写作 their）。即使是精通拼写的人，在与他们熟悉的人通信时，也会退回到语音状态，料想对方不会把自己的拼写错误当作无知。诚然，收信人收到满是拼写错误的信件时，一般不会认为寄信人是文盲，但是，这种一挥而就的便条毕竟会让收信人心生不快，认为寄信人太大意了。在这个过程中，他们首先是读者，也就是说，他们用的主要是眼睛，而不是耳朵。一旦说与看之间的界限被打破，一种不同的拼写互动社交就出现了——把单词当作一个整体来识读，就像通过整张脸认识一个人一样。认知心理学家斯坦尼斯拉斯·迪昂（Stanislas Dehaene）认为，学习阅读占用的是大脑中原本用于面部识别的部分。[149] 不少人都有这样的体验：一眼就能看出一个单词有拼写错误，即使还没来得及细察错在哪里，这表明，在阅读实践中，读者是整体地看单词，这就像一个人只要不是脸盲症患者，就会整体地看待对方的面孔，而不细究那是什么样的眉毛和鼻子的组合。如果这个类比成立，那么，一个人读到有拼写错误的单词时，可能就像看到一张熟悉的面孔被扭曲一样，心里会很不舒服——也许，这种不快足以解释为什么在拼写斗争中会有人宣泄那么强烈的敌意。

这个类比还表明，之所以只要有人对拼写规则提出任何改变意见，就会引发激烈的反对，不仅仅是因为社会阶层差异、现在与过去的文学传统之间的联系、词汇的历史，或者为学习旧规则付出的沉没成本，尽管这些原因确实成立。原因甚至可能根本不在于规则本身。事实上，在大多数欧洲语言中，拼写规则的数量十分庞大。比如，德语的拼写规则有 169 条,这还是经过 20 世纪多次改革之后的结果[150],更不用说每一条规则都有更多的例外,这使得人们不愿在日常生活中学习和使用它们。当我们有疑问时,我们会参考词典给出的模型,而不是回忆规则。一些人之所以如此强烈地反对拼写改革,是因为他们捍卫的拼写规则是前现代意义上的——许许多多的模型储存在读者终身的视觉记忆中,就像朋友和家人的面孔或者童年的风景一样熟悉而可靠。正是出于这种充满感情色彩的联想,德国一位反对拼写改革的人在 1988 年愤怒地写道:"母语就像一个人出生的地方、一份遗产、一个家园,任何人都不能将他从中驱逐。"[151] "家园"(*Heimat*)、"遗产"(*etwas Angestammtes*)以及"驱逐"(*vertieben werden*)都是 20 世纪德国历史上沉重的词语,令人联想到沦丧、破裂和流亡。这几个单词见证了拼写规则在深入人心、内化为规范方面的不可思议的成功,这种成功的确充满戏剧色彩。

## 五、小结:从规则到规范

规章在本质上是最严格的规则。在规则的光谱上,从一端的宏伟的、掌管着宇宙秩序的自然法,到另一端事无巨细的精细规则,规章接近于后者。至于接近到什么程度,取决于规章所管辖的范围。比如说,字母大写规则可适用于整个语言,而规定鸟嘴鞋最大长度的规则只适用于鸟嘴鞋。有的规章是全球性的,比如管理国际贸易或外交的规章,但是,大多数规章都是地方性的,具体问题有具体规定。即使是全球性的规章,也需要因地制宜,毕竟,它们最终还是要在本土执行。

规章可作为一个例子，以小见大，在一个很小的范围内说明很多问题。本章所考察的三种规章的运作范围从小城市到大都市，再到语言共同体。在所有这三种情况下，规章都将大量的细节问题纳入了自己有限的管辖领域。那时的人们生活在规章如雨后春笋般不断涌现的时代，它的一个普遍特征是，不仅仅规模在激增，而且复杂性和密度也在激增。贸易网络日益广泛、紧密，它们在创造了商品和财富的同时，催生了商业城市的禁奢规章；人口爆炸和基础设施的脆弱促成了启蒙运动时期大都市的交通和卫生规章；识字率的提高和印刷术促使人们努力按规章拼写。无论在哪里，只要人类的互动在快速增长和加强，就会有规章出台，以统合人们在同一空间中的不同行为以及行为方式，无论那是在一场博洛尼亚的婚礼上，还是在巴黎街头，抑或在印刷书籍的书页上。

在这一点上，我们当中的自由主义人士想必会义愤填膺：穿鸟嘴鞋（或破洞牛仔裤），马车（或汽车）想走多快就走多快，把 fox 拼写成 focks 或 phawx，甚至在同一页里一会儿这么写，一会儿那么写，有什么错？（不过，可能很少有自由主义人士赞成把夜壶里的东西倒在毫无戒备的路人头上。）从根本上来说，所有这些规章难道不是一种压制多样性和个性的专制吗？毋庸讳言，在许多这类规则及规章的序言中，经常散发出一种整齐划一的审美追求：撒克逊当局呼吁不要盲目追赶时尚，巴黎当局梦想着房屋外墙都有统一的样式，且朝向同一个方向，德国当局对拼写教科书的"无法无天"深感忧虑。这时，人们反而很容易想到一种反美学——杂乱无章的衣柜、不匹配的街景，以及魔鬼般的错乱拼写。但除了审美偏好之外，艰难的现实也会催生许多规章——家庭财富在装饰品上消耗殆尽,在没有编号的、转来转去的迷宫似的房子中迷失自己的方向,以及破译页面上那些用奇怪的字母组合拼出来的单词。当然,并非所有的现实都是艰难的。就其后果而言,协调交通与区分 its 和 it's 是两个不同量级的难题,可是,后者可能比前者更能点燃人们的情绪。

这让我们想到本章的核心问题:规章何时成功,何时失败,又为什么如此?现在,我们至少可以抛弃一些看似合理的解释了。规章即便经历反复失败,甚至是几个世纪的失败,也不一定会完全消失。头脑清醒的功能主义充其量是一个不确定的指南,告诉我们哪些规章应该坚持,哪些不应该坚持。绝对主义君主政体颁布的规章在实施过程中可能没有共和政体颁布的规章那么受拥护,贯彻得那么彻底。本章行文至此,如果说有一个有意义的发现,那就是,规章并不能单靠强力来推行。诚然,如果没有迅速、严格和持续的执行力,几乎没有任何规章能够长久存在,因为,那些被禁止的对象或行为必定是十分有诱惑力的,不然就没有制定规章的必要了。然而,即使在最专制的警察国家,无时不在、无处不在的执法也是不可能的。

最有效的规章必须建立在习惯和规范基础之上。习惯和规范最好尽早灌输,民族国家有权颁布法令,规定为儿童提供普及学校教育,教授儿童阅读和写作。这意味着,拼写规则的规章是关系民族团结和爱国主义自豪感的问题。对于移民和被边缘化的少数民族的儿童来说,成为一名合格的英语拼写者是成为正式公民的标志。当第一届美国拼字比赛于 1908 年在俄亥俄州的克利夫兰举行时,4 000 名观众为一位获胜者欢呼。她名叫玛丽·博尔登,是一名 14 岁的非洲裔美国女学生。今天,一年一度的全美拼字比赛在华盛顿特区举行,观者甚众，而且通常由美国移民的孩子赢得冠军。[152] 值得一提的是，拼写规则是孩子在几乎所有规则都被奉为神圣、都不能放过的年龄段学习的。发展心理学家的研究表明，儿童通常会将幼儿园和小学所教的那些明显带有传统色彩的规则（例如游戏规则）视为神圣不可侵犯的文本。[153] 也许，这就是为什么很少有规章能像拼写规则这种不起眼的琐事一样，被人们热情地维护。

所有的规则都渴望具有预示性。如果人们服从它，预期的秩序或结果就会实现。严格遵守烹饪书中的食谱，就可以做出一块完美的蛋糕；严格遵守交通规则，会带来安全有序的街道。这些预期之所以具有说服力，是因为它们把过往在蛋糕和交通方面的经验汇编成法典。但是，本章所研究的规章有更大的野心。它们的缔造者设想了一种尚未存在，也许永远也不会存在的秩序：一成不变的简约与克制的着装风格；一座房屋编号整齐、过马路安全的城市；一个所有公民以相同方式说话和拼写的语言统一的国家。这些处心积虑的规章中有一种乌托邦的成分，它们在制定时既假定了人性中最好的一面，也假定了人性中最坏的一面。结果，最糟糕的情况是，许多细节规定都预示着逃避规则的种种诡计和托词；最好的情况是，规则的不断发布和重新发布本身就意味着对进步的信心。说到底，规章是对人性的完美下的赌注。强制执法、推动人行道等基础设施建设，都只能在一定程度上落实规章；要想赢得赌注，规则必须固化为人的规范。禁奢规章的制定者输掉了他们的赌注；巴黎警察部分地赢得了他们的赌注；拼写改革者取得了他们做梦也想不到的成功。但是，凡此种种，都经历了长期的煎熬。规则转化为规范可能需要几个世纪的时间。

规章过于受环境变化的掣肘，因此很难成为对环境不那么敏感的细密型规则。但是，它们可以说是有抱负的细密型规则，这既是因为它们颁布时的严谨性，也是因为它们希望建立一个新的、更好的，而且可以永远流传下去的秩序。顾名思义，既然是乌托邦，就不会改变，因此，它的规则可以像算法那样细密，那样得到严格的执行。

恰恰是因为细致，规章才得以扩散。总会有更多的细节需要详细说明，有更多的漏洞需要填补，有更多的例外和规避需要阻止。原则上，规章是刚性规则，不会考虑"如果"、"和"或者"但是"之类的情形。但是，在实践中，无论多么具体的规定都无法杜绝例外情形的出现，也无法消除对自由裁量权的需求——尽管这种自由裁量权是单方面的，只留给规则的执行者，而不是规则的遵守者。规章的内容如果过于琐碎，反而会弄巧成拙。禁奢规章之所以一次又一次地输给了灵活多变的时尚，正是因为再多的细节规定也赶不上最时新的装饰和华丽的步伐。大部头的交通规章试图预见和禁止一切可能妨碍自由畅行的障碍物，结果被自己的厚重压垮了。同理，如果试图编纂一部词典，对自然语言在不断进化中形成的所有怪异的拼写进行合理化改造，那么，结果只会是产生几乎与那些怪异单词一样多的规则。太多的规章几乎与没有规章一样无法执行。一项规章本来是为了规避滥权，结果却导致大量的条款解释和类比，其数量甚至超出要规避的情形的总和。下一章，我们将转向另一个极端：管辖领域与全世界甚至全宇宙一样宽广的规则——自然法与自然律。

# 第七章 自然法与自然律

## 一、万法之法

请想象两个场景,这两个场景都只有靠想象才能体会到。第一个是从上帝的视角看整个宇宙,看银河系和太阳系,看无数既贫瘠又富饶的世界,看众行星围绕太阳在自己的轨道上势不可当地运行,看最小的尘埃粒子同样势不可当地穿行在星系间的虚空中。这是自然律的视界——最普遍、最统一、最不可抗拒的"万法之法"。第二个场景很小,小到地球上的某个角落,那可能是一个洞穴,或者一片林中空地,里面居住着人类最小的社群,甚或只是一个家庭。它处于几乎完全孤立和自治的状态,遇到其他人类的机会很少,或者转瞬即逝,政治、经济、教士和君王之类的制度也都还没有被发明出来。无论看上去像伊甸园,还是"每个人对每个人的战争"[1],我们想象中的这个人类"零号场地"都受法的支配。这就是"自然法",它与"自然律"

---

[1] 语出英国近代思想家托马斯·霍布斯的《利维坦》。——译者注

一样统一、一样不可抗拒，只不过管辖领域要小得多。"自然法"与"自然律"一起，共同占据法则光谱的一端，与前文第六章所考察的规章遥遥相对。它们是普遍的、统一的、持久的，而后者是局部的、多样的、可变的。

这两个场景都只是假设。没有人能一眼望尽宇宙，那只是一种梦想，与古代斯多葛学派希望占据宇宙最佳视点的梦想一样古老，又与今人希望用射电望远镜重构黑洞图像的梦想一样新颖。[1] 也没有人见过人类社会之前的人类，尽管有旅行家和人类学家声称在某地发现了十分接近自然的人群生活状态。[2] 这两个场景或许都有点奇幻，但它们有助于人们思考：科学、哲学、神学、政治理论以及法律的约束意味着什么？从牛顿的万有引力到广义相对论的场方程，从美国《独立宣言》到联合国《人权宣言》中的各项条款，人们始终怀抱着一个理想——规则没有边界，没有修正，没有变通，没有例外；规则在任何地方、任何时候都适用，它们是终极正义和终极秩序的保障。

自然法的对象是人类（甚至动物），自然律的对象是宇宙，这两个版本的理想都是自然与人性的奇怪混合体。立法者颁布法，而服从者要想服从法，首先必须理解法；任何法都有被违背的可能，否则它们就没有必要事先被制定出来。那么，问题来了，既然自然界的规章对于它们所约束的通常无生命的主体来说，既不能被理解，也不能被僭越，那为什么还要称之为"法则"呢？即便是最坚定地支持这一称谓的人也承认，"自然律"只能说是一个比喻，而且是很牵强的比喻。"自然法"这个概念同样令人费解。支配这类法则的"自然性"是什么？如果是人的自然本性，而且人的自然本性都是一样的，那为什么在自然法之外，还需要有五花八门（有时甚至与之冲突）的实在法？

自然性在立法中的权威表现在哪里，尤其是，当立法涉及人类的某些行为和文化时，人类对自然法的服从通常是有取舍的？自然律的物理必然性与自然法的道德权威性之间的这一冲突，说明这两个混合体的内部都存在深层的张力——"法"与"自然"是背道而驰的。有一张海报形象地说明了这一矛盾，上面画着一位正在训话的交通警察，画的标题是："（注意）万有引力！它不是思想，它是法则！"

历史上，自然法与自然律这两部极为严苛的规则都不乏令人费解之处。首先，如上所述，这两个混合体各自内部都有冲突，那么，那些互相冲突的内部元素为何能如此严密地混合到一起？其次，在数个世纪里，这两个混合体曾长期分隔于法学家与天文学家、神学家与哲学家[1]的著述中，到欧洲现代早期，二者如何走到一起，形成一种强大的共生关系——只不过在18世纪末再次分离？这些问题的答案同样是相互交织的。在17世纪，自然与法或者法则的混合体内的不一致性最受关注，也正是在这个时候，自然法与自然律这两种截然不同的传统发出最为强烈的共鸣。同样是在这个时候，关于人类秩序的新观念与关于自然秩序的新观念相伴而生，二者有时候甚至出现在同一个人的著述中。比如，弗朗西斯·培根、戈特弗里德·威廉·莱布尼茨，两人都受过律师训练，都致力于为自然哲学和法典寻找新的基础。在他们的著作中，以及在雨果·格劳秀斯、托马斯·霍布斯、塞缪尔·普芬多夫和克里斯蒂安·托马修斯等自然法理论家的著作中，以及在勒内·笛卡儿、罗伯特·波义耳和艾萨克·牛顿等自然哲学家

---

[1] 这里的哲学家指"自然哲学家"。现代以前，还没有现代意义上的科学，只有"自然哲学"。在这句话中，法学家与天文学家相对，神学家与（自然）哲学家相对，分别对应自然法与自然律。——译者注

的著作中，普遍合法性展现出新的视界：法则遍布这个星球，并延伸至最遥远的星体；法则永久铭刻在人类的心灵以及事物的秩序中；法则不受地点和时间的限制，不允许任何变化和例外；它们是"万法之法"。

## 二、自然法

在古希腊剧作家索福克勒斯的戏剧《安提戈涅》中，主角安提戈涅面临着一个严峻的选择：她要么服从叔叔、底比斯国王克瑞翁的法令，不给她那位含冤死去的兄长波吕涅克斯下葬，要么遵守"神虽不成文但可靠的法令"，让死者入土为安。[3] 安提戈涅为兄长的葬礼辩护，她援引的凭据是诸神，而非自然。但是，亚里士多德及后世评论家认为，安提戈涅决心违抗克瑞翁的法令，是一个自然法高于人类法的范例。亚里士多德引用安提戈涅在剧中说的话——"公正与否要看是否合乎自然"，认为这句话是在诉诸适合一切族群的普遍法则，而这种法则与某个群体的"特殊法则"相对。[4] 尽管后来中世纪的基督教思想家，例如托马斯·阿奎那，将亚里士多德所理解的普遍法则等同于上帝的永恒法，但是，普遍法则或多或少源于自然，或者说以自然为依据，这种观念依然延续下来。

但是，究竟何为自然，什么是它的律令？对此，有两种截然相反的答案，它们共同塑造了从古罗马到 18 世纪及以后的自然法传统。有人认为，自然是理性的表达，包括人类的理性和整个宇宙的理性。古罗马政治家、斯多葛学派哲学家西塞罗在其著作《论共和国》中明确指出:"真正说来,理性与自然是一致的,因此是正当的;它普遍适用,永恒不变;它的命令就是人的职责,它的禁令能够使人免于犯错。"⁵ 安提戈涅对亡兄的责任就是一项神圣的法律,对所有地方的所有人都具有约束力,既不需要解释,也不依赖喜怒无常的立法者的怜悯。仅靠人类的理性,人就能知道它,并遵守它。但也有人认为,自然是本能的表达,即某些人类与其他动物共同拥有的特性。公元6世纪,基督徒皇帝查士丁尼下令编撰罗马法大全,法学家乌尔比安将"自然法"(*jus naturale*,有时又作 *lex naturae* 或 *lex naturalis*)⁶ 定义为"自然教给所有动物的,无论是空中的、海里的还是陆地上的",包括雄性与雌性的交媾以及繁衍和哺育后代。⁷ 西塞罗的自然法观念表达了人类的高级禀赋,而乌尔比安则强调低级的、并非人类所独有的禀赋。

这两派认为自然法源于不同的人性,这种差异千余年来在罗马法传统中交织纠缠。反过来,罗马法又深刻地塑造了西方的各种法律传统,甚至那些源于普通法的法律传统。⁸ 这两种观点之间仅有的共同点是:首先,自然法是普遍法则,这一点不同于特定政体或历史时期的法律,比如"市民法"(civil law);其次,自然法不是人类契约的产物。这一点不同于市民法和万民法(the law of nations)。但是,自然法究竟是源于神谕、宇宙秩序、人的理性、本能,还是人性的其他方面,比如社会性、生理缺陷,仍然是一个饱受争议的问题。后来,一些基督教作家发现,斯多葛学派的自然法观念与自己的观念十分接近,他们将西塞罗的自然法等同于上帝的永恒法,认为它是经神启而颁布的(经文中神授的实在法),被人类的理性所认可(自然法即圣保罗"写于人心的法则",见《圣经·罗马书》2:15,引文也常被译作"这是显出律法的功用刻在他们心里"[9])。托马斯·阿奎那在13世纪的表述颇具影响力,他指出,自然法无非是人类理性对上帝永恒法(lex aeterna)的参与,"十诫"的全部道德戒律都不外于此。[10] 但是,中世纪的法学家和神学家还坚持认为,自然法源于动物本能,他们甚至制定了更加野蛮的法律来惩罚那些"违反自然的罪行",包括任何形式的非生殖性性行为(都被归为大逆不道的"滥交"),以及乱伦、杀婴(尤其是妇女试图堕胎或隐瞒非法怀孕)。尤其是,一旦这种"非自然"的行为与宗教异端相联系,特别是与被视为神的惩罚的自然灾害相联系,就像《圣经》中记载的罪恶之城所多玛和蛾摩拉的毁灭(《圣经·创世记》19:24),宗教迫害就会大行其道,特别是在容易发生洪水和地震的城市,比如威尼斯。[11]

自然法与地方习俗或市民法的影响力哪个更大?这个问题只要看看哪一方的观点占了上风,就有了答案。例如,查士丁尼的《学说汇纂》明确指出,根据自然法,人人生而自由平等。[12] 然而,在罗马帝国,奴隶制是一种普遍的、完全可以接受的制度,受市民法的保护和监督。在这种情况下,普遍的自然法并没有凌驾于罗马的市民法之上:凭什么人与动物共存的状态比文明社会的法律更高尚?[13] 在这种观念下,自然法虽然是永恒的、不变的,但并非根本性的,而是原始的。然而,如果自然法表达的是人类理性,甚至是神的律令的话,那么它就超越了一切市民法。正如西塞罗所说,"正义是唯一的;它约束整个人类社会,并以法律为基础,它是正当的理性,规定做什么是被允许的,做什么是被禁止的"[14]。在索福克勒斯的那部戏剧中,国王克瑞翁刚愎自用,无视安提戈涅对更高法则的吁请,最终导致自己家破人亡。因此,即使是国王,也不能肆无忌惮地藐视这些自然法。

　　罗马作家饱受这两种自然法传统的困扰。为了缓和二者的矛盾，他们要么将动物本能的自然法提升为神的律令，要么将违反本能的行为（如杀婴）归因于理性的丧失。以第一种情况为例，希波的圣奥古斯丁在其《忏悔录》中称，虽然说人要入乡随俗，正如罗马帝国的一个经久流传的谚语所言——"人在罗马，就要像罗马人那样行事"，但是，有一种情况属于例外，那就是"滥交"，这种行为不能随俗，它虽然在古代地中海世界许多地方都是可以接受的，但毕竟是"非自然的"，因为它没有生育能力。奥古斯丁写道："但是，如果上帝命令我们做什么事情，那就一定要做，无论它是否违反这个或者那个族群的习俗或者法度，也无论类似的事情以前有没有做过……如果以前从未制定过这样的法律，那么现在就去制定一个。"[15] 这一论断一直回荡在基督教神学中，几个世纪以来绵延不绝，从阿奎那声称兽交比通奸更糟糕，因为它越过了"自然的创作者"划定的物种界限，到晚近时期天主教会在同性性行为问题上的各种教理问答。[16] 另外一种处理办法是，将违背动物本能的行为归为理性的失败，甚至是宇宙的失序。在欧里庇得斯创作的关于科尔喀斯城邦公主美狄亚的悲剧里，美狄亚为了报复丈夫杰森的不忠，不惜杀死自己的两个儿子。后来，塞内加对这个故事进行了改编。在他的描述里，美狄亚不仅是被"狂怒"冲昏了头脑，图谋杀婴，而且回忆起自己如何用魔力改变了季节的循环，令潮汐颠倒，由此颠覆了"诸神的律法"[17]。与斯多葛主义者西塞罗一样，塞内加将理性的崩溃与宇宙秩序的颠覆相提并论；而在美狄亚这个人物身上，塞内加又将两者与背弃动物本能相提并论。

　　这两种自然法观念之间的关系错综复杂，二者有相似之处，有时又似乎没什么关联。但是，中世纪的基督教神学和法律传统强调，上帝不只是宇宙自然的创造者，还是人性的创造者，由此，这两种观念被更加紧密地关联起来，甚至达成了某种和谐。作为宇宙的最高君主，上帝的管辖是无限的、永恒的、不可改变的，高于一切世俗权威。自然就像是上帝的管家或女仆，不知疲倦地工作，确保群星按轨道运行，季节更替有序，确保所有被创造的物种通过繁殖得以延续。在中世纪盛期，有大量关于"自然女神"（Dame Nature）的寓言和肖像。我们看到，自然女神忙于使物种繁盛（有时还在铁砧上锤打它们），偶尔还会抱怨滥交如何妨碍了自己的努力，就像法国寓言诗《自然的抱怨》（*De planctu naturae*，约 1165）里描述的那样。[18]（见图 7.1）

奥古斯丁的上帝是"至高无上的主"，统治着地上的君主；而地上的君主又统治着他们的臣民，"大的权威高于小的权威"，中世纪的神学家依此构建出层层相叠的法律等级，从上到下依次为：神圣法、自然法和实在法。[19] 自然法位于这个金字塔的中段，既享有神的权威，又得到人类法律的支持，在神谕的必然性与人类自由意志的变幻莫测之间左右逢源。同样，自然在神的全能和人的脆弱之间寻求平衡。自然女神是强大的，但不是万能的——否则，她就不会抱怨人类违反她的法令了。

在这种类比与拟人的手法、这种关于代表与协调的修辞背后，有一条鸿沟，它区隔了基于人性的高贵与可鄙之分的不同的自然法传统，以及由此导致的关于自然法的不同理解。后一种情况尤为严重。在古希腊哲学中，有一个重要的分支——"诡辩派"，诡辩家将"法"与"自然"相对立。他们指出，不同民族的丧葬习俗大不相

图7.1　自然女神从上帝手中接过"秩序之锤",在她的铁砧上锤打各种动物

《玫瑰传奇》插图(*Roman de la rose*, c. 1405, MS Ludwig XV 7, fol. 124v)

美国马里布市保罗·盖蒂博物馆,感谢该博物馆"开放馆藏项目"提供数字图像。

同,有的埋,有的烧,有的保存尸体,而火葬最为普遍。[20] 从希罗多德到马可·波罗,再到沃尔特·罗利爵士,旅行家笔下的故事充满异域风情。受此影响,相应地,从诡辩家普罗塔戈拉到怀疑论者米歇尔·德·蒙田,这一脉的哲学家将自然的永恒和法律的无常相对照。从这个意义上讲,"自然法"这个复合词的意思,就类似于"寒冷的热量"或"明亮的阴影"这类短语。中世纪的自然法要想抹平这类裂痕,唯一的途径便是将自然(人类的和宇宙的)与法律(神圣的和自然的)一同置于上帝的意志之下。

在 16 世纪和 17 世纪,欧洲的自然法理论家面临全新的挑战,不得不对自己被灌输的那套理论进行彻底的反思。那时,欧洲人开始在亚洲、美洲探险和经商,长时间地直接置身于不同的文化之中,那些文化包含了迥异于他们自己文化的法律与宗教。在明代中国,耶稣会士在传教中发现,他们的翻译可能连逻辑都不通。[21] 西班牙的多明我会信徒争论,能否以美洲原住民根本不是有理性的人类、更像儿童或野兽为由,剥夺他们的土地。[22] 当时就有人持怀疑态度,他们质疑这种野蛮民族与文明民族的区分。1563 年,蒙田见到了巴西原住民,询问他们的风俗,他得出结论:"我发现(从别人告诉我的情况来看),这些民族身上并没有什么野蛮或粗鄙的东西,人们总是将自己不习惯的东西称作'野蛮的'。"[23] 再看看欧洲内部,教派分立,商业竞争、帝国冲突不断,欧洲基督教国家之间以及它们与奥斯曼帝国之间的战争几乎从来没间断过。这些都使得人们思考,政治如何规范尚无准则可循的国际关系,但又难以达成共识。全球贸易与帝国的野心使得"普遍性"重获话语权,而绝对君主开疆辟土的野心也提升了"统一"的呼声。

但是，如何证明这类"普遍""统一"的话语的正当性呢？难道真的只能诉诸斯多葛学派的神性自然论，或者中世纪及基督教神学家的上帝立法教义？[24] 这正是近代早期自然法理论家所面临的难题，比如荷兰的雨果·格劳秀斯、英国的托马斯·霍布斯、德国的塞缪尔·普芬多夫和克里斯蒂安·托马修斯。他们都是有名的新教徒，当天主教会攻击新教徒是分裂分子，蔑视上帝的永恒法时，他们矢志于打掉天主教手中的武器。[25] 这些思想家在一些问题上分歧很大，比如：什么是合乎自然法的，什么是有悖于自然法的（例如奴隶制、一夫多妻制、滥交到底合不合法）？如何认识自然法（仅从先验原则出发，还是要对所有人类文化规范进行实证考察）？自然法与神的律法以及人类的实在法之间的关系如何（自然法是否高于经文）？甚至，自然法是不是法律（有没有哪种法律可以不借助惩罚而施行）？但是，在一些问题上，他们还是达成了稳定的共识，比如：第一，自然法不仅源于人性，而且源于神秘的自然状态；第二，尽管许多地方的法律和习俗五花八门，但自然法永远适用于世界上任何地方的人类。

然而，这两点共识都并非不证自明的。比如，自然状态下的人性究竟是什么样的？人性的哪些方面与自然法有关？即使是那些关于自然状态下人性的思想实验，也饱受争议——为什么前社会的人性状态可以为社会的人性状态立法？在所有这些问题上，17世纪的自然法理论家分歧不断。格劳秀斯承认，人类是动物，"但却是高级动物"，具有根据一般原则行事并克制追求眼前快乐的冲动的智慧，"任何事情，只要明显不符合这一点，就是有悖于自然法的，也是有悖于人性的"。格劳秀斯认为，即使上帝不存在，事情也是如此。[26] 格劳秀斯将自然法建立在超凡的人类智慧上，但霍布斯的观点更为谨慎：对于自然状态下的人类，当务之急是自保，尤其是防止他人在权力欲的驱使下无情地掠夺自己。自然律是"律令，或者说普遍规则，它植根于理性；它要求人类不可做伤及自身性命之事，不可移除能够保护自身性命的手段，亦不可忽略任何自己认为能够提供自保的事物"[27]。普芬多夫不同意霍布斯将自然状态描述为一切人与一切人的战争，他的观点温和得多。他虽然承认，包括人类在内的所有动物都有自保的权利，但他同时也指出，所有的人都生来无助，没有尖牙利爪，也没有其他什么保护手段，因此，他们更需要从社会中寻求自保。对普芬多夫而言，"自然法的根本法则"是，"每个人尽其所能，为社会的发展，即'人类福祉'而努力"。[28]

虽然对于人性的本质是什么，以及从中衍生出什么样的法律，这些著名的自然法理论家莫衷一是，但他们在两点上能达成一致：自然法源于理性，而非源于需要；正是理性要求人尽可能地脱离自然状态。即使与格劳秀斯的乐观论断相反，理性并不是人性的主导方面，但正是理性指明人要想存活，必须如何去做。动物生来知道如何凭本能自保，也有自保的手段；人类虽然生来赤手空拳，没有被赋予毛皮与利爪，但被赋予了理性（以及父母的看护）。要想生存，你就必须与其他人精诚合作——这可以作为解释理性利己主义的一个基本理由。要想获得安全的社会环境，可能需要付出很大的代价。按照霍布斯的说法，这就是牺牲自然权利与自由；而按照托马修斯的说法，这个代价是牺牲自然的平等（natural equality）。[29] 但牺牲这些总归比回到自然状态要好，毕竟，那种状态被设想为这样的画面：人类之间永无休止的战争、无处不在的捕食者、不宜居住的恶劣环境，或者优雅设施的极度匮乏，比如没有书籍（托马修斯如此提醒那些梦想避世独居、整日读书的书虫）。³⁰ 简而言之，尽快摆脱自然状态，是人性以及自然法的本质要求。

现代早期的法学家重新思考古代自然法学的这两种属性——作为理性的自然法，以及作为大自然对一切动物的教导的自然法，由此将自然法的基础从神的律令转变为人的理性（狭义上的理性），从生儿育女的本能转变为虚构的自然状态下的存活需求。在现代早期的自然法中，理性与动物性仍不分彼此，但这两个术语后来被重新界定，彼此之间的关系也得到重新阐述。这样的自然法适合战争和帝国的世界，适合好奇心强、物欲膨胀、暴力文化时常交锋的世界。在这样的世界里，几乎没有什么东西不能被推翻。自然法就像一个命题，已经从最少的前提中推导出了最多的结论，甚至被讹为不证自明，就像几何公理一样普遍有效。³¹

理性能够教会人们什么是最佳自保手段，而自保又要求人们尽快从自然状态过渡到社会，这两点是现代早期自然法理论家共享的相对稳固的基础。除此之外，他们在诸多问题上争论不休。既然自然法适用于全人类，而且只适用于人类，那么，它能否等同于万民法？自然法能否仅仅由那些不证自明的第一原理推导出来，或者，许多民族在许多时间和地点共有的法律和习俗是否足以成为自然法的经验证据？自然法是否要求妻子应该服从丈夫，或应该保持对丈夫的忠诚？滥交真的是一种"反自然"的罪行吗？自然法要不要增补、完善、取代或让步于实在法？所有这些问题以及其他相关问题在整个17世纪和18世纪被激烈地辩论。但有一点是无须争辩的，无论是在古代还是现代，无论对于宗教正统还是异端，对于君主制下的臣民还是共和国的公民，对于王子还是平民，自然法都是普遍存在、一视同仁、不容取代的。

至此,自然法的源头和管辖范围已缩小到人类,而就在这个历史性时刻,一种新的、覆盖整个宇宙的类似范畴在天文学、力学和自然哲学领域形成,那便是"自然律"。现代早期,自然法理论家将其原则缩减到连上帝的存在都是多余的程度。相比之下,自然律理论家则严重依赖神学,使上帝的本性成为自然秩序的保证。自然受法则的支配,这是一种新观念。其支持者虽然也不无遗憾地意识到,"自然律"这一表述在描述诸如力学中物体的弹性碰撞之类的自然规律时,只能作为一种隐喻,但是,他们经常仍然忍不住去区分,哪些是自然法,那些是自然律。自然有局部的法则,也有普遍法则;上帝是一位立法者,他颁布了自然律,就像君主颁布了王国的法律一样;自然律如果发生例外,那是罕见的神明行为,就像君主的大赦是罕见的王家恩典一样;在理想情况下,"自然法"和"自然律"都可以从不证自明的原理推导出来。最重要的是,"自然法"和"自然律"在普遍存在、一视同仁、不容取代等方面,超越了其他一切规则和规章。

## 三、自然律

1644年,法国数学家、自然哲学家,有时充当雇佣兵的勒内·笛卡儿出版了一本关于形而上学和物理学的拉丁文专著,提出了一个关于如何思考自然秩序的全新观点。书中指出,从天上的星辰到海里的海星,从红的色彩到丝绒的纹理,世界上一切茂盛、喧嚣和混乱都可以转化为运动中的物质。进一步而言,物质可以转化为几何空间，运动可以归结为三个坚实的原理：第一，运动或静止的物体"在其受力范围内"继续保持这种状态；第二，所有的运动"就其本身而言，是沿直线运动的"；第三，当物体碰撞时，其速度和体积的乘积总体上是守恒的。[32] 笛卡儿将这三个原理称为"法则"，以强调它们的根本性地位，这与他在早期作品中使用的"规则"形成对比，后者是一些不计其数的关于如何思考的规则。[33] 笛卡儿用"法则"这一术语指称他的机械论哲学中最普遍的基本原理，认为所有其他现象都可以从中推导出来。由此，他给出了一个有力而令人困惑的修辞性术语——"自然律"。这个术语从此主导着科学思想。

　　自然律的力量在于它们的通用性、简单性和丰富性。与自然法一样，自然律在管辖范围上是普遍的——顾名思义，既然"自然"是普遍的，自然律就适用于整个宇宙，而不仅仅适用于小范围的人类领域。同时，与自然法一样，自然律的普遍性还意味着统一性，即在任何地方和任何时候都适用。格劳秀斯和普芬多夫等自然法理论家将普遍法则与地方习俗或实在法相提并论，称后两者都有着鲜明的多样性和多变性；弗朗西斯·培根和罗伯特·波义耳等自然哲学家将自然律与自然的"习俗"或"市政法"相提并论——后两者属于低级别的规章，仅在某些时候或特定的当地条件下有效。[34] 自然法和自然律都是简单的，因为它们数量少，表述简洁，而且最重要的是，它们是根本性的。在理论上，自然法和自然律分别为法理学和自然哲学的整个架构提供了基础。由于不言自明性以及巨大的衍生丰富结论的能力，这些基础像花岗岩一样坚实，足以保证立足于它们之上的那些学科的稳定性及研究范围的确定性。但是，在实践中，要想得出明确的结果，比预期的困难得多。自然法理论家争论自然法是否能用来证明奴隶制或一夫多妻制的正当性；[35] 笛卡儿自己也承认，用他的自然律推导出的几种可能的世界体系需要经过实验才能取舍。[36] 要鼓励建筑上的奇思妙想，同样的基础就应该既能够支撑巴洛克风格的宫殿，也能够撑起包豪斯风格的公寓。自然法与自然律一样，这两种普遍的、简单的法则可能导出的结果何其丰富，甚至可以说太冗杂了。

问题的症结在于自然究竟有没有法则。这个问题对于机械论哲学的拥趸来说尤其重要。顾名思义，他们坚持认为，所有的物质都是粗野、消极、无脑、不能运动、不会改变的，更不用说思考了，除非有智慧的头脑对它们发挥作用，不管那是神的智慧还是人的智慧。机械论哲学家，如笛卡儿和波义耳等抨击将自然人格化为神，他们坚持认为，上帝不需要任何助手。波义耳称，"如果有人设想，就像我们通常想象的那样，上帝任命了一个有智慧的、强大的存在，叫作'自然'，作为他的代理人，对宇宙的良善始终保持密切关注"，那么，这种想法只能说是对神的不尊重，以及盲目自大。自然只不过是运动中的物质，是上帝精心设计的精妙的引擎。波义耳承认，笛卡儿创造的"自然律"这个术语多少有点自相矛盾，他说："我无法想象，一个缺乏感官和理解力的物体——这样说也无妨——如何能够真正地调节和确定自己的运动，使自己符合自己不能感知、不能理解的法则。"[37] 但是，他还是沿用了这个术语。波义耳一直坚持使用"自然律"这个不恰当的修辞，到 17 世纪末，"自然律"已经成为描述自然规律的常规术语，一直沿用至今。

"自然律"这个关于法则的修辞性术语虽然有缺点，但最后还是成功地被接受，这是为什么呢？个中原因，今天仍是一个谜。但这并不是说，除了这个术语，没有其他选择。我们对于什么是自然秩序可以有多种理解，我们在平常说话时可以毫不费力地在这些不同的理解之间切换。最古老、最流行的口语意义上的 nature，以及古代希腊文单词 *physis* 和拉丁文单词 *natura* 的原始含义，都是指"物理自然"——决定一个物体必定地是什么，而不是别的什么的自然本性。水的自然本性是追求水平，鹤的自然本性是迁徙，番红花的自然本性是春来花开。自然法理论家在思考人性时，想到的就是这种自然本性，即一个自然种类共有的、被预先打上堪称其标志性烙印的特征。抓住了这些特征，就能区分有生命的世界与无生命的世界，无论是以元素周期表还是以林奈分类法的形式。几乎同样古老的，还有"地理自然"，包括动植物结构、地质和地貌、天气和气候，它们共同创造了独特的景观和群落生境。根据古希腊医生希波克拉底的观察，以及现代生态学家的数学建模，"地理自然"与当地居民的风俗习惯密切相关。例如，在北极苔原地带，人们的生活方式与附近景观和生命形式非常和谐；在热带海岸地区，也是如此。无论是"物理自然"还是"地理自然"，它们的有序性成为笛卡儿等人发现并认为与之同样重要、同样普遍的自然律的源头。[38]

然而，无论是"物理自然"还是"地理自然"，都无法达到自然律的通用性、简洁性或永恒性。"物理自然"千奇百怪，在地球上创造了令人眼花缭乱的多样性，包括动物、植物和矿物，更不用说在更遥远的星系和世界里了。不论是一座包罗万象的博物馆，抑或一部要言不烦的百科全书，都无法完美呈现它们无限的多样性。"物理自然"不能被简单理解，同样，顾名思义，"地理自然"也不能被一概而论。在 19 世纪普鲁士博物学家亚历山大·冯·洪堡绘制的那些地图上，我们这个星球上到处被热带雨林、崎岖的山脉、广阔的草原、青翠的牧场和成片的双子叶植物覆盖。"物理自然"和"地理自然"都不是永恒不变的，它们虽然在大多数时候都有一个可以依赖的秩序，但是，偶尔也都会有反常。燕子有时可能不会在春天回来，湖水可能受风的驱动攀上山丘，季风可能不会带来降雨，西伯利亚的气温可能会飙升。与普遍的、不可违背的自然律相反，"物理自然"和"地理自然"类似于培根和波义耳所说的"自然习俗"——大多数情况下是在适当的条件下发生的。[39]

认为自然秩序中存在法则，这种观念在古代和中世纪的自然哲学，尤其是天文学、光学以及一些数学科学中并不罕见。例如，塞内加在其《自然问题》(*Natural Questions*)中探求彗星运动的"法则"，伊壁鸠鲁派哲学家卢克莱修在长诗《物性论》(*On the Nature of Things*)中描述了自然如何通过"誓约"(foedera naturae)确保物种的统一性。[40] 在中世纪及文艺复兴时期的拉丁语文献中，"法则"(lex)是一个比喻，用来描述天文学和光学（偶尔也指语法）中的规律性，但是，此外还有大量类似的术语，比如"公理"(axioms)、"原理"(principle)、"规则"和"原因"(cause)，也用于许多语义相同的领域。[41] 培根担任过英格兰的总检察长，后任大法官，他曾尝试用法则术语描述简单的自然现象，比如白色或热，认为它们之中藏着基本的"字母顺序"（这是他的另一个修辞学旨趣），不过，他最终还是回到了古老的亚里士多德的术语——"形式"(form)。[42] 在笛卡儿于1644年提出物质运动性这一法则之前，"自然律"这个修辞很少被用于描述天文学之外的自然规律——尼古拉斯·哥白尼和约翰尼斯·开普勒也都只是有选择地使用这个术语。[43] 其他一些术语，比如"通用性"(generality)、"确定性"(certainty)、"必然性"(necessity)

和"根本性"(foundation),可能带有后来的自然律的某些内涵,这样的术语当时也不在少数。自然被认为是有序的,但是,这并不意味着它是统一的、无例外的;相反,是"物理自然"和"地理自然",而不是普遍法则或规则的体系,确保了世界的稳定性。[44]

因此,笛卡儿的法则标志着一个转折点;自此之后,尽管"自然律"这个修辞术语明显有问题,但它被接受是不可逆转的了。在17世纪中后期的自然哲学中,这个术语的使用经常带有笛卡儿式的印记,只不过多少偏离了笛卡儿的用法。在17世纪60年代,伦敦皇家学会号召自然哲学家改进"笛卡儿提出的运动定律",艾萨克·牛顿在其划时代的《自然哲学的数学原理》中将自己的三个反笛卡儿的基本原理称为"公理,或运动定律"(拉丁文 *Axiomata, sive Leges Motu*,英文 Axioms, or Laws of Motion )。[45] 与天文学、光学一样,力学也是一门"数学交叉"的学科。就这门学科而言,"法则"这个术语虽然在笛卡儿之前偶尔出现过,但是,即使是伽利略这位堪称牛顿之前的力学科学领域最重要的人物,也几乎没有使用过这个修辞性术语;数学家布莱兹·帕斯卡在气动技术和流体静力学方面的研究也是如此。[46] 但大约在1660年之后,"自然律"成为谈论各种自然规律的一种方式,这不仅仅是在传统的数学科学中。在短短几十年的时间里,它挤掉了"规则"、"定理"或"原理"等与之竞争的术语。[47] 这是为什么呢?

要回答这个问题,有大量的历史文献可供查考。形而上学、数学、神学、技术、政治理论,这些学科门类到底哪个最重要,可谓见仁见智。[48] 然而,透过自然律的拥护者——笛卡儿、波义耳、牛顿、莱布尼茨——的著作,我们可以看到一个关键的主题:上帝的力量与上帝的智慧之争。他们关于自然法的主张总是镶嵌在以神学术语搭建的框架里。到17世纪中期,这个框架已经走过了一段漫长而有争议的历程。[49] 难道上帝也受逻辑的约束,或者他的意志不可以互相矛盾吗?神定的自然律是否带有神的深不可测的目的或某种必然性,因而是人类的理性可以理解的?神迹真的违反自然律吗?还是上帝从一开始就预见并计划了所有可能发生的事情?神恩是什么?是对上帝创造的每一个造物的慈悲关怀——没有一只麻雀会摔下来,这就是神意,抑或,如波义耳所称,是上帝更喜欢"普遍的法则以及更高的目标,将它们置于次要的法则或目标之先,并且,上帝更喜欢他的行为的一致性,只是偶尔根据特殊的紧急情况才做出改变"[50]?当许多自然法法学家远离这类神学难题,把自己的理论建立在人性基础上的时候,他们的自然哲学家同行却一头扎进了关于上帝本性的辩论中,这真是让人唏嘘。

自然哲学家之间关于上帝与自然律的最著名的争论,出现在德国数学家、哲学家和法学家戈特弗里德·威廉·莱布尼茨与英国圣公会牧师、科学译介者塞缪尔·克拉克(Samuel Clarke)之间的通信中,后者于1716—1717年给莱布尼茨回信,在信中再现了牛顿学说,其写作可能得到了牛顿的建议。牛顿与莱布尼茨是科学上的竞争对手,他们在微积分问题上早就开始了公开而激烈的优先权之争,[51] 并且两人都意识到了这场通信对于政治学、神学和科学的重大影响。这场通信始于莱布尼茨给威尔士公主安斯巴赫的卡罗琳写信,信中谈到牛顿的自然哲学对正统宗教的所谓破坏性后果。[52] 莱布尼茨和克拉克在各自的书信中为了博卡罗琳的眼球,也为了相互博取眼球,把他们在上帝、万有引力、真空的存在、神迹、空间等论题上的分歧,演变为一场生死对决——受法则约束的自然究竟是什么样子。

莱布尼茨率先发难,他指责牛顿把上帝塑造成一个并非全能的工匠,其钟表般的宇宙绝非一台永远运行并"符合自然律,并有着美和稳定的秩序"的完美机器,而是需要不时地清理和修补。他这里针对的是牛顿的《光学》中的第 31 个问题。牛顿认为,如果没有万有引力和"发酵"等"某些积极原理"的干预,整个宇宙最终会停止运转,并进一步推测,上帝可能会"改变自然律",在宇宙的其他地方创造出其他类型的世界。[53] 克拉克反驳说,莱布尼茨关于一台永远独自运转的机器的设想与上帝的旨意和主权是不相容的——一个王国如果从不需要国王的"治理或干预",那么这位国王就徒有虚名。两位通信者在这个问题上你来我往。莱布尼茨坚持认为,上帝的智慧是何等的远见卓识,这个由神圣工程师启动的世界机器本身就不存在任何修补的必要;然而,克拉克反驳说,上帝的力量表现在他对宇宙的持续维持上。莱布尼茨的自然律是永恒的、自我维持的,并且是"可能的事物中最好的";而克拉克的自然律完全取决于上帝的意志,且随时可能改变。对莱布尼茨来说,这相当于把神的意志降格为偶然的机会;对克拉克来说,不可侵犯的自然秩序与宿命论无异。莱布尼茨尽可能降低神迹的作用,强调它们的目的是服务于恩典,而不是维持自然;克拉克反驳说,自然事件和超自然事件之间的唯一区别是,后者是不寻常的,因为没有上帝的直接行动,任何事情都不会发生。所谓的"自然进程",甚至"自然"本身,都只是一种委婉的说辞,无非是说上帝在忙于维护他创造的每一个细节。[54] 这些林林总总的分歧,核心在于两种互不相容的"善治"理念——莱布尼茨的高瞻远瞩的立法者与克拉克(以及牛顿)的干涉主义君主。

牛顿的学说在万有引力和真空问题上（尽管不是在动量守恒问题上）占了上风，但是，莱布尼茨的神圣工程师最终战胜了牛顿专横的"万能规则"（Universal Ruler，尽管当涉及实际存在的自然律的理性必然性时并非如此）。[55] 到 18 世纪中叶，启蒙思想开始认为，自然是一个普遍的、永恒的、不变的法则体系。孟德斯鸠在 1748 年总结这种世界观时指出，上帝按照与他的力量和智慧相一致的法则创造和保护这个世界；物质的运动必须遵循这些"不变的法则；如果有人设想存在不同于这个世界的另一个世界，那个世界也会有其不变的规则，否则就会被毁灭"[56]。孟德斯鸠这样谈论另一个世界，言下之意是，哪一个世界应用哪一种永恒规则，是神圣的自由裁量权。正是在这一点上，莱布尼茨冷峻的理性法则输给了牛顿热情洋溢的唯意志论。万有引力之类的自然律开始被视为上帝的实在法，它们是普遍的、无情的，但却是任意的。[57] 但是，在更大的问题，即上帝对自然的干预这个问题上，莱布尼茨明显取得了胜利。虔诚的信徒抛弃了牛顿的爱管闲事的上帝，希望宇宙既没有奇迹，也不需要维护；他们愿意容忍偶尔的地震或不正义的事物，认为那是追求通用性、简单性和统一性所必须付出的代价。与波义耳一样，法国颇有口才的牧师尼古拉·马勒伯朗士（Nicolas Malebranche，1638—1715）对畸形儿之类的灾难无动于衷，认为这是上帝大道至简的工作方式的必然结果。[58] 虽然只有少数激进的哲学家还在沿着巴鲁赫·斯宾诺莎的路线，坚决否认神迹的原则上的可能性，但实际上，即使是正统的教士，无论是天主教的还是新教的，都开始尽量少提神迹的数量和意义。[59] 大卫·休谟在《论神迹》（"Of Miracles"，1748）一文中认为，即使是最丰富、最无懈可击的神迹证据，也无法战胜那颠扑不破的自然律的证据，这篇雄

文可谓对这段漫长的思想征途的一个注脚。⁶⁰

## 四、小结：普遍合法性

在整个近代早期，欧洲人对自然法和自然律的思考并行发展。其中的对比也是很明显的：自然法只适用于人类的自然本性，是由理性而非生理需要驱动的；自然律只是一种比喻，必须通过经验性的探寻，而不是通过关于假定的原始状态的思想实验来发现。然而，二者之间的共性远大于差异。二者都基于这样一个思想模型：大量不同的结果可以从几个简单的、普遍的定律中推导出来；二者都将这些法则的普遍性、统一性和不变性与地方习俗和地理的多样性相对比。作为法学家，培根和莱布尼茨分别致力于将普通法和民法简化为"一个包罗万象的法律全典"，同时，他们还都倡导自然律的简单性、统一性，而这两种努力之间有着惊人的相似之处。⁶¹ 它们分别代表这两种传统，但这两种传统都认为，普遍法与地方性或国家层面上的实在法相互作用，后者根据具体情况的需要补充、限制，有时甚至修改前者。⁶² 波义耳称这是自然律在"具体的、次级的（或者说是国家的）层面"的表现，并以此解释，为什么"指导万事万物的普遍法"有时会出现明显的局部偏差，比如，出现怪物以及异常现象。⁶³ 无怪乎，莱布尼茨坚定地排除自然法的例外情形，就像他对待自然律的态度一样。⁶⁴ 自然法与自然律之间的联系不仅仅是名称上的相似。

法治是一种良治，这种观念与认为法治是普遍的、统一的一样，势不可当，为自然法与自然律两种思想传统注入了发展动力。《圣经》

称，上帝播下恩典，给他所欢喜的人和族群，但就此而论，那些神恩便不再是恩典，相反，却类似于暴君的喜怒无常。一些思想家认为，不一致和反复无常是一种缺陷。对于这类思想家而言，这样的神恩播撒，无论你说是有悖于自然法（例如，上帝命令亚伯拉罕杀死自己的儿子以撒），还是有悖于自然律（上帝为以色列人分开红海），都不能自圆其说。万能的是法律，而不是立法者。面对《圣经》中这些令人质疑的段落，中世纪的经文注解家的解释是，无论上帝规定什么，即使那违背他自己的戒律，也是真真切切的真理和正当；现代早期的意志论者，如牛顿，则断言，自然律只在上帝的意志之下才有效。相比之下，在 18 世纪，一些思想家思考法学中的自然法和自然哲学中的自然律。他们认为，所谓人类的正义和自然秩序，无非是坚定不移地遵守那些根本性的法则。[65] 君主——甚至上帝——也要在法则面前俯首称臣。伟大的《启蒙运动百科全书》中的"法"（1765 年）词条赞许地援引了路易十二的敕令："法总是要遵守的，如果一位刚愎自用的君主发布有悖于法的命令，那么，那项命令就是无效的。"[66]

对于这种鼓吹不妥协的普遍合法性的观点，并非人人都赞同。自然学家努力追踪变幻不定的自然现象，比如天气，但结果充其量只能觉察其中局部的"规则"，无法洞悉永恒的法则。[67] 在人类社会领域，普遍的可预测性往往在特定情况下偏离正义，这类反例比比皆是。17 世纪的法国法学家让·多马在 1689 年发表了一篇关于民法的论文。该文以"自然秩序"为线索展开论述，此后再版六十多次。多马在文中承认存在不变的自然法，但同时也给出了许多反例，说明那都是特定时间、特定地点的随意性法则的结果。文章称，有悖于普遍法则的例外情形不胜枚举，法官必须尊重"他所援引的法律的精神，不能因过分强调普遍法则而损害例外情形"[68]。圣保罗派向来认为，律法的文字与精神不尽一致；1748年，波尔多法院大法官孟德斯鸠出版类似书名的著作[1]，坚定地反对普遍法则。孟德斯鸠还在书中坚决反对普遍法则。每个民族都有适合自身气候、土壤、生活方式、宗教、财富、道德和礼仪的法律。彼时，整个欧洲都在加强中央集权，以使地方服从王室颁布的法律，例如在17世纪末，法国王室汇编王室法令，向全国推行。在这样的背景下，将地方习俗置于普遍法则之上，既有具体的政治指向，也有抽象的理论意义。[69] 自古以来，地方习俗与地方的自然情况紧密相连。现在，它们加倍地彰显自己的力量，既无视普遍的人性，也无视统一的自然。

孟德斯鸠重视各地不同的自然情况，为地方习俗辩护，然而，他明白，这切断了自然法与自然律之间的关联，挫伤了它们对于普遍合法性的共同愿景。对此，他解释说，在智慧生命的世界里，的确有其自身的不变法则，但是，那个世界"并不始终如一地遵循它们，就像物质世界遵循其自身的［法则］一样"[70]。人类有自由意志，也有犯错的倾向，一旦进入社会状态，就偏离了自然状态的原始法则。在这里，孟德斯鸠突出了自然法与自然律之间的关键区别：前者通过生理上的必要性得到服从，而后者只能通过理性的同意才能被服从。18世纪的一些思想家，如医生、经济学家弗朗索瓦·魁奈，试图将生理性强制与理性服从结合起来，认为如果政府不遵循决定农业成败的自然法，那么他们也就违反了所有人都有权享受土地上的果实这一自然法。[71] 但是，当时很少有人提出这样的思考，而且它不受重视。在

---

[1] 此处指《论法的精神》（*De l'esprit des lois*）。——译者注

18世纪,自然与人类之间的差距不断扩大,这使得自然法与自然律之间的类比变得牵强。

有一位思想家最执着于割断这两个领域之间的关联,然而,即便是他,也放不下这种类比。伊曼纽尔·康德想出一只形而上学的以及道德的楔子,插入他所谓的"目的王国"和"原因王国"之间,前者由能够自由选择自己的法则的理性存在组成,而在后者中,自然界的一切都是由"铁律"一般的自然律决定。现实的人类介于两者之间,因此以双重视角看待一切:"首先,一切属于感性世界,决定这个世界的法则是自然律(他律);其次,一切属于知性世界,决定这个世界的法则既独立于自然律,又不是经验的,而是建立在理性[自律]基础之上。"与自然法理论家不同,康德认为,后一种世界与人性无关,只与理性有关。他还大胆而谨慎地指出,理性并非只有人类理性一种——他相信,其他行星上可能存在智慧生命,那就是他的目的王国,那个王国的法则支配着这个宇宙中任何地方的任何理性存在。与自然律的理论家不同,康德认为,前一种世界不是上帝的法令,而是理解自然秩序的认知前提。由此看来,康德从根本上重新定义了自然法和自然律,切断了几乎所有曾经将它们联系在一起的纽带。但是,他仍然保留了"普遍合法性"这个隐喻,毕竟它曾经一并启迪过那两个堪称这个世界上最伟大的规则的愿景。康德的"绝对律令"(categorical imperative)是实践理性的终极法则,它告诫一切理性存在:"行动吧,宛如你的行动准则经由你的意志成为普遍的自然律。"[72]

# 第八章　变通或破坏规则

## 一、限度

当"铁律"般的规则遭遇例外情形时，会发生什么？请看下面三个著名的例子，它们说明规则遇到压力时被变通和破坏。

"不可杀人"（《出埃及记》，20:13）是上帝规定的戒律。但是，上帝自己却命令亚伯拉罕："你带着你的儿子，就是你独生的儿子，你所爱的以撒，往摩利亚地去，在我所要指示你的山上，把他献为燔祭。"（《创世记》，22:1）上帝违反了他自己规定的戒律了吗？伟大的天主教神学家托马斯·阿奎那认为，"十诫"表达了"立法者，即上帝的意图"，因此不可能存在豁免。但在亚伯拉罕和以撒的案例中，他提出的是次级原则，即"在一些罕见的特殊情况下"，可以搁置永恒的神定戒律这类"首要原则"。[1]

自然法和实在法都禁止盗窃。但是，可怜的穷人饥寒交迫，无家可归，也没有正当的工作。富人餐餐美味佳肴，却连一片面包皮都不愿捐给慈善机构。在此情况下，穷人从富人那里盗窃于己而言是生存必需品、于富人而言是即使丢失也不在意的物品，结果却被定罪，这合理吗？17世纪德国自然法学家塞缪尔·普芬多夫将此类情形作为犯罪的减轻情节，他辩解道："虽然在通常情况下，'济贫'之类的事情不可以强迫人去做，但是，当出现极度匮乏时，则另当别论，这时，匮乏的人就应该获得那些东西，仿佛那些是他们基于某种法定义务而应得的。"[2]

法治保护公民免于不受监督与制衡的行政权力的影响。但是，当需要紧急避险时，比如，发生毁灭性的洪水、流行病或者突然遭到袭击时，行政部门不用咨询立法机构或司法机构，就采取行动。哲学家约翰·洛克，这位17世纪最有力的人民自由的捍卫者称，自由人民享有不受哪怕是最仁慈的统治者专断权力支配的权利，但是，即便是他，也认为行政部门可以在特定情况下动用特权。他说："在由于不可预见、不确定的事件所导致的特殊情况下，一成不变的法律无法引导行政部门维护公共利益。"[3]

规则在什么时候会被变通和破坏？上述三个例子分别来自道德神学、法律和政治理论领域，它们将一些问题最直接地摆在了我们的面前：法则，甚至神的法则，甚或法治本身，必须能够变通，否则就会被打破，就像亚里士多德的"莱斯沃斯尺"，要想测量圆形表面，必须能够弯曲，是这样吗？什么时候，刚性会变成不公正，而灵活性会变成反复无常？古往今来，这些问题一直困扰着解释法律者。在《政治家》中，柏拉图意识到，固定的法律体系无法在所有情况下都保持公正，"因为人与人不同，行为与行为之间存在差异，我甚至可以说，人类生活中没有什么是一成不变的，基于此，我们应当禁止任何学科［技术］颁布适用于一切情境、一切时间的简单规则"[4]。今天，在法律的文字与法律的精神何者优先这个问题上，宪法律师与法官争论不休。有的主张严格遵守法律条文，认为我们要忠实于立法者过去的初衷，理解他们对未来判决的可预测性；而反对者则指出，我们需要认识到环境的变化，尤其是公众意见会随着时代的发展而不同。[5] 如果目睹当今美国最高法院正在审理的那些案件的内容，柏拉图可能会惊讶不已，但是，他可能会对庭辩双方的那些宗教激进主义或进步主义话语耳熟能详。

　　决定是否、何时以及在多大程度上可以根据具体情形调整普遍规则，并非道德家和法学家的专长。医生可能在病人身上看到熟悉的疾病，但它的症状却很奇怪，他没见过。这时，他必须权衡利弊，考虑要不要遵循标准的治疗方案医治这个病人。将案例作为一种"知识型"（epistemic genre，当代医学史学家吉安娜·波马塔的术语），这种做法在欧洲和中国传统的医学和法学领域都十分常见。[6] 案例推理还是对人文与生命学科中基于规则的分析方法的重要补充，后者也必须处理各种不同的细节情形。[7] 规则的制定最初都是基于特定的情形，但随着历史的变化，规则也会动摇。托马斯·杰斐逊在起草美国参议院的议事规则时，敏锐地意识到这一事实，他欣然说道："在我之后，人们将不断纠正和补充这些规则，最终形成一套适用于参议院的规则典籍，集针对性、时效性、秩序性、统一性和公正性于一体。"[8] 在任何领域中，如果存在很大的可变性，或随着时间的推移出现了重大变化，那么，规则将不得不变通，有时甚至被打破。

　　因此，在将普遍规则用于具体情形时，需要自由裁量，这种处理是普遍的、长期的，就像规则本身渴望普遍、长期有效一样。但是，从本书所持的历史视角看，这又带来另一个问题：何时以及为什么变通或违反规则会被认为是有问题的，是有悖于这个世界的运行方式的？在前面的章节中，我们已经了解到，规则从一开始就被动态化，以应对顽固的、不可预测的具体细节的挑战。模范型规则在实践中供人模仿和创作，比如，史诗等体裁的文学作品互相借鉴，但这又不是照搬照抄——维吉尔的《埃涅阿斯纪》借鉴了荷马的《伊利亚特》的有关内容，约翰·弥尔顿的《失乐园》对二者均有借鉴。[9]在制定粗放型规则，甚至是游戏、算术之类有明显确定性的规则时，示例、例外和经验都被列入参考对象，以便制定出来的规则足够灵活，经得起实践的检验。

然而，从17世纪开始，我们也目睹了更加雄心勃勃、更加不容变通的规则的兴起。更加雄心勃勃，是因为它们要么以更加细致的监管为目标（比如，第六章中讨论的市政法规的微观管理），要么以获得不受时间和空间限制的管辖权为诉求（比如，第七章中讨论的普遍的自然法）。更加不容变通，是因为要么其内容十分明确（比如，第三章中讨论的食谱中详细说明的程序），要么其规定不够开放，不允许自由裁量（比如，第五章中讨论的计算工作流）。渐渐地，规则被剥去了示例、例外和经验的外衣，尽管这些东西对早期规则来说是不可或缺的（如第三章中讨论的机械艺术，甚至第四章中讨论的算法），因为可以防止与不可预见的情况相冲突。规则的语气开始变得专横，不再模棱两可。原则上，这些规则应该被逐字逐句地遵守，但在实践中，规则的字面意思与内在精神难免会有冲突，特别是遇到棘手的情形。即使是第六章中讨论的那些刚性规章，如果遇到某些即便是最详细的规则也预见不到的情况时，也需要规则执行者做出相应的调整。

个人决断与自由裁量并不过时。但是，它们的确引起了很大的争议。变通规则、网开一面的决定总是会遇到抵制,在法律领域尤甚。实际上,17 世纪和 18 世纪在法律裁决、宗教信仰以及政治主权方面出现的新生事物,都是对变通规则的原则性挑战。本章将考察现代早期关于道德神学中的决疑术、法律中的衡平以及政治中的特别主权等问题,由此分析这些领域的争论如何影响到规则的刚性——不是这个或者那个规则,而是全部的规则。

## 二、决疑术:疑案与良知

1630 年,巴黎,耶稣会士艾蒂安·博尼(Étienne Bauny,1564—1649)告诫法国的天主教徒,尤其是其中的商人,注意处理好商业牟利与宗教责任之间的关系。放贷人向一位即将开启一场财富冒险之旅的商人收取利息,这是否合理;如果合理,该收多少?通常,教规法禁止一切高利贷。但是,博尼神父力排众议。他指出:至少从 14 世纪开始,海外保险公司就引导着欧洲各大港口城市的商业。它们收取利息,只要数额与预期的商业利润和航海风险有恰当的比例关系,就是合理的。实际上,这种利息并非真正的利息,而是"风险代价",以对冲放贷人可能无法收回贷款的风险。况且,这类代价是可以协商的。博尼还要求商人考虑合同双方的相对财务状况。如果一项交易使一方富有,另一方贫困,则"上述合同无效"。[10] 博尼对拉丁文权威神学文献旁征博引,试图唤起告解者的良知,引导他们身处"任何条件与品质"的社会中,在错综复杂的道德抉择中,走出迷茫的困境。

博尼的道德倡议并没有得到普遍认可。虽然他是如日中天的红衣主教弗朗索瓦·德·拉罗什富科（François de la Rochefoucauld，1558—1645）的精神导师，但他的这部著作被教皇和索邦大学的神学家斥为信口雌黄。但是，显然，这本书也有他的读者，即便天主教会在1640年将其列入官方图书审查清单，它仍然再版发行。现代早期的欧洲是一个动荡的、充满变革的时代：宗教改革和宗教迫害影响了成千上万的人；通往亚洲、非洲和美洲的贸易路线创造了新的商机；读写能力的提高、印刷书籍和报纸的传播催化了知识和政治的骚动；诸如股份公司、证券交易所这类新颖的金融机构能让人一夜暴富，也能让人一朝赤贫；自相残杀的战争在欧洲大陆肆虐了近200年。正如我们在第六章中看到的，在这一时期，新财富颠覆了旧的社会秩序；银行家的消费风头盖过了贵族；新机遇招来新居民，导致城市基础设施几近瘫痪；新近学会识字的人开始阅读和写作。这些经济、社会、宗教及政治变革引发了新的道德困惑；博尼的小书一册难求，就说明了这一点。

博尼面对的许多道德难题可能是新问题，但是，他和许多神学家——无论是天主教的还是新教的——在这一时期所采用的道德推理方法，背后却都有着悠久的传统。实际上，"决疑术"的意思就是调用全部的传统资源去解决一个疑窦丛生的具体案例。最初，它是指为了特定目的，通常是为了教士方便，对《圣经》、教父教诲、教规法以及学者的观点进行解释，13世纪后，它被天主教会的告解神父普遍采用。正如英美普通法需要训练有素的专家来解释数个世纪形成的成文法、先例以及一些针对特定案件的法律意见，或者说，就像医学要求医生熟悉最新的相关科学文献以及历史上的相似病例观察记录一样，决疑家对于几个世纪积累下来的丰富的神学和道德学文献如数家珍。人们经常拿决疑术与普通法或者医学实践做类比，普通法律师被称为法律界的决疑家，而告解神父被称为灵魂的外科医生。[11] 决疑家的一切推理都是首先从个案本身出发，而非从某个具有普遍性的规则或者原则出发，将其运用到面前的案例中。

或者更确切地说，决疑家是从一个个案到另一个个案，从一个细节到另一个细节展开推理。正如历史学家、科学哲学家约翰·福雷斯特（John Forrester）所指出的那样，案例推理不同于对细节的归纳；后者的目的在于对个案进行全面的概括，但前者不是。[12] 决疑推理是反归纳的，因为它拒绝被推广于同类个案，相反，它具有深刻的经验性。所有案例推理都带有案例总汇的特征；虽然案例有时会被粗略地分在不同的专题组，但这种临时分类所采用的标准是开放的。现代早期的欧洲医生和法学家曾经出版带有其注释的案例集，以指导他们所在领域的推理实践，同样，神学家曾经将大量有关道德难题的学术观点收集整理为厚厚的汇编，比如西班牙耶稣会士安东尼奥·埃斯科瓦尔·门多萨（Antonio Escobar y Mendoza，1589—1669）百科全书式的《良知案例汇编》（*Summula casuum conscientiae*，1627）和《道德神学论文集》（*Liber theologiae moralis*，1644）。[13] 这种汇编案例的做法并非欧洲专属。[14]

这种案例汇编中所体现的经验主义，其目的不在于从个别案例上升到普遍真理，这一点不同于其他形式的经验主义，例如，观察、实验、统计调查。就后者而言，一次单独的观察针对的是一类事件；一项实验的目的在于寻找在任何情况下都起作用，而不是仅在这个实验室起作用的原因；一项统计调查有意忽略个体差异，以便显现出总体性规律。但是，基于案例的经验主义仍然以个案为中心。历史上也出现过一些案例汇编,尤其是精心挑选的案例汇编。它们注重突显案例之间的相似性和差异性,同时希望其作为一个知识库,方便人们根据它鉴往察今。然而,哪些案例——法律先例、医疗病理或者道德抉择——是与眼下的案例最相关的,也就是说,是可以通过参考类似原则得到解决的,这不是抽象或概括的问题。不同于示例体现了规则,并服从于规则,面前的个案即便适合并完全服从于一般原则,通常也悬而未决。相反,正如文献学者安德烈·若勒（André Jolles）指出,案例使规则与原则彼此对立,"规范战胜规范"[15]。甚至在某些情况下,规则从属于案例。当代修辞学家约翰·阿托斯（John Arthos）这样评论决疑术:案例"并非简单地迎合法则,实际上,它以某种方式改变着法则"[16]。将案例推理说成是类比,这种说法不无道理,但只说对了一半。案例推理还抛下一个难题——如何从无数的可能性类比中挑选出一个对本案例最重要的,但又不是排他性的类比,同时又不会忽视那些对立的、支持其他原则的类比。案例思考是好的思考方法,但这只是因为思考永不停止。

现在,我们回过头来看看博尼神父及其对告解者的劝诫,即教区居民该如何处理投资与灵魂之间的利益冲突,调整由此导致的焦虑情绪。如果贷款利息的公平定价仅仅是一个数学问题,那么,堆砌大量背景细节,比如,有无途中遭遇海盗之类的出险报告、货物的价值如何、贷款人与借款人的相对财务状况如何,只会分散注意力,这正是这个道德难题的关键所在。各种各样的决疑家,无论是新教的还是天主教的,法律领域还是医学领域的,都注重细节,其专注程度与数学家对这些细节的厌烦程度不相上下。当被问及是否可以允许对小偷撒谎时,博尼的对手、英国清教徒威廉·珀金斯（William Perkins,

1558—1602）提到了所有可能影响结论的细节：说谎之前有没有发誓？恪守那个誓言会不会伤及自己的信徒团体？受害者处于什么样的危险中？会危及他人的生命吗？但说到最后，他又拒绝给出肯定或者否定的答案，只是说，"最伟大的神"可能会赦免说谎者，但是，"于我而言，我不愿置喙"。[17] 在大量的案例细节、彼此对立的原则中，决疑家只想给出似是而非的判断，而不是确定无疑的判断。堆砌的案例细节越多，可能适用的规则也就越多。最后，某些规则被选中，脱颖而出，正是竞争的结果。决疑术就是先审查规则，然后变通规则。

面对这种可能经过专门设计的推理方式，数学家——遑论一切宗教派别中的严格主义者——会抓狂不已。的确如此，博尼及其耶稣会中的决疑家同党与法国的数学家、宗教严格主义者布莱兹·帕斯卡就发生过一场著名的、激烈的冲突。帕斯卡是詹森派的成员，这个教派崇尚简约，遭到多数派正统神学家的排斥；帕斯卡攻击耶稣会士，有着宗教和政治的双重动机。[18] 他的《致外省人信札》取得了现象级成功，其中涉及神学的文字几乎全是指名道姓地对博尼之流耶稣会士决疑家的辛辣讽刺。[19] 在书中，帕斯卡化名"路易·德蒙塔尔"，给一个外省的朋友写信，讲述巴黎新近的奇闻逸事，抨击他笔下的耶稣会决疑家无可无不可、灵活多变的道德观。帕斯卡经常援引决疑家自己的文章去攻击他们，比如，他有选择地摘录埃斯科瓦尔·门多萨的文章，尽管多少有点断章取义。他的言下之意是，没有人比他们走向更严重的道德沦丧，犯下更令人发指的罪恶，即便是最宽容的耶稣会告解神父，也无法宽恕他们。一位好心肠的耶稣会士试图向德蒙塔尔解释说，能够严格遵守经文和神父的教诲的，只有少数人，如果告解神父在遇到具体的道德难题时表现得不够宽容，就会面临失去大多数信徒的风险。闻听此言，德蒙塔尔觉得简直受了奇耻大辱。可那位还在说：时代不同了，决疑家应该结合当时、当地的具体情形对实际案例发表意见。"（教会）神父有益于他们那个时代的道德，"德蒙塔尔援引原话说，"但他们距离我们今天的时代太遥远了。"这时，那位好脾气的耶稣会士只得搬出所谓的"概率"（probabilism）学说——根据这一学说，忏悔教父可以根据需要采纳某位学术权威的合宜的观点，即使大多数人支持的是与之相左的观点；由此，他希望豁免违反四旬斋期间限食令的教士和修女、为捍卫荣誉而决斗并流血的贵族，以及某些放弃纪念基督受难的耶稣会士，因为他们那样做是为了不吓着潜在皈依者。"此类概率，何其实用！"德蒙塔尔大叫，语气尖酸而挖苦。[20]

帕斯卡说话时故意模仿决疑家"一方面，另一方面"（时不时还加上第三方面、第四方面）这类万金油式的推理套路，令决疑家恨得咬牙切齿。《致外省人信札》是17世纪法国论战中唯一经久流传的作品，甚至帕斯卡的对手耶稣会士也承认他的文体高明。[21]《致外省人信札》很快被翻译成多种文字；主要受其影响，"耶稣会风格"（Jesuistical）和"埃斯科瓦尔"（法语escobarie）几乎成了"讨巧""诡辩""油腔滑调"的辩论的同义词。17世纪，教皇谴责耶稣会决疑派为"松懈派"（laxism）。[22] 而在新教国家，但不仅仅是在新教国家，决疑术永久地失去了作为一种严肃的道德推理形式的地位。可是，在我们今天的时代，仍然有哲学家努力挽回它的体面。[23] 帕斯卡在信仰问题上不屈不挠，一如他在数学问题上一样，他支持刚性原则，反对琐碎的细节。如何在收入尚不确定之时就找到一个相对公平的定价？面对这一难题，博尼试图用细致入微的决疑术解决，帕斯卡则给出了一个通用的数学解决方案，这不能说纯属巧合。[24]

到18世纪，"良知"（conscience）一词的含义开始改变。它不再代表那个探究每一项神学法规和戒律乃至每个人的具体情况和意图的学术传统，而表示人通过感觉以及推理做出判断的内在能力。在让-雅克·卢梭、伊曼纽尔·康德等启蒙运动时期的道德哲学家的作品中，良知明确地取代了决疑。良知讲求决断，而不是犹豫不决；良知迅捷而明确地得出结论。[25] 康德对于良知需要有决疑术或者概率的引导的说法不屑一顾，他说，道德判断必须是原则性的、确定无疑的，"良知在判断一个行为时，并不把它作为一个必须死守法则的个案……相反，这时候，是理性在自我判断，它判断自己有没有认真地对行为（无论是对是错）进行评估"。康德放弃了决疑术这种"所谓的良知辩证法"，将规则与原则之间的较量转化为"二阶的"内心辩证法——理性寓于理性判断之中。[26] 虽然康德在《道德形而上学》的"决疑术问题"（Casuistical Questions）一节里，保留了那些一直被决疑术津津乐道的琐碎提问（例如：每个理性人都拥有自尊心，这会导致傲慢自大吗？），但是，理性给康德带来了终极答案（真正的谦卑与奴颜婢膝完全是两码事）。[27] 良知的外在引路人不见了，成堆的具体问题消失了，所有基于决疑术的装腔作势的判断一去不复返。不过，决疑推理的某些特征，例如，让对立的规则保持对立，仍然在辩证法中盘桓不去。

决疑术——这里姑且继续沿用这个名字——绝不是仅仅出现在告解仪式中。许多国家的医院都成立了医学伦理委员会，专门讨论医治病患过程中的道德难题。[28] 各大报纸定期开设咨询专栏，读者可通过专栏倾诉自己的困惑，寻求答案。近来，读者提交给《纽约时报》"伦理学家"专栏的涉及道德困惑的问题有："我应该接受免费的新型冠状病毒检测吗？我感觉自己并非真正需要它。""我曾是一名捐精者，我应该把我女儿介绍给她同父异母的兄弟姐妹吗？"这些都是十分现代的问题，它们对于我们这个时代来说是新问题，就像博尼的案例对于他所处的时代一样。[29]决疑术由于对其所处的环境很敏感，因此能很快地适应我们现在的生活方式。前文提到的清教徒决疑家珀金斯坚称："我们必须与时俱进，我们生活在时代之中。"[30]伦理学家一直大声疾呼，其热忱与当年博尼的教区居民一样令人动容。对不住了，康德（还有帕斯卡）——你们所主张的良知并没有及时而明确地告知他们应当在什么情况下遵循什么样的道德规则。所有棘手的案例都充满细节。毕竟，在一个案例中，可能同时有两个或两个以上彼此对立的伦理原则在发挥作用；毕竟，在一个案例中，思考的大门永远是敞开的。我们要思考的东西永无止境，我们在具体问题与根本原则之间的斟酌永无止境。现实中的案子永远不会结案。

## 三、衡平：当法律不公正的时候

1862年，巴黎：一个快要饿死的穷人偷了一条面包，被判处五年苦役。维克多·雨果的伟大小说《悲惨世界》以此为线索，展开了冉阿让受尽磨难的一生。这是一部揭露法律不公正的作品。在随后的人生中，冉阿让经常被置于法律的对立面，但很少站在公正的对立面。当法律与公正发生冲突时，衡平是介于二者之间的一种观念，也是以公正的名义变通法律的一种实践。

在拉丁文中，*aequitas* 的本意是公平、平等和公正，当被用于法律领域时，其内涵来源于罗马法。我们在第二章中了解到，亚里士多德曾引用希腊语中表示"仁慈"、"宽大"和"得体"的单词 *epieikeia*，来纠正法律的僵化——在法律实践中，偶尔会遇到某些立法者当初没有预料到的情况，而在这种情况下，僵化地适用法律会导致不公正。到公元前 2 世纪，罗马的执政官将临时修正和补充法律的做法制度化。[31] 中世纪的罗马法评注家扩展了衡平的观念，使其从一条公平原则发展成一种全面的思想观念，而为这种观念提供思想来源的，不仅有一些相关法规，还有整个《民法大全》(*Corpus iuris civile*)。[32] 现代早期，新的译本不断涌现，被翻译出来的典籍不仅包括亚里士多德等人的古典文献，还包括希伯来文《圣经》。在这些译本中，希腊文单词 *epieikeia*、其拉丁文同源词 *aequitas* 与希伯来文单词 *mesarim*（意为"正直""正派""正义"）相连，英文通常译为 *equity*。这些译本进一步滋养了欧洲人的衡平观念。[33] 结果，所有的欧洲法律都承认一些衡平原则。到 14 世纪，英国的法学家发展出一个普通法院与衡平法院相结合的成熟的二元体系，前者由国王的法官主持，后者由国王本人（后来由大法官）主持。二者在成文法与衡平法之间、严格遵守规则和审慎变通规则之间，有着大致的分工。[34]

词源的多样性使得现代早期的衡平概念带有相当大的宽泛性和灵活性，具体取决于使用这个概念的人倾向于强调它的哪一个词源以及哪一条细微的词义差别。珀金斯在 1604 年的一篇同名论文中，用到了希腊文单词 *epieikeia* 的"温和"和"宽容"的义项，由此将衡平法的法律实践与基督教的仁慈、自然法和人类的可错性结合到一起。

他举例证明减刑是必要的,其中最突出的例子是,"一个饥饿、寒冷、贫穷的小男孩,他偷了肉"。按照法律,案犯要被判处死刑,但这有悖于衡平,"因为(判决的)适度体现法律的衡平,而极端的判决无异于不公"[35]。弗朗西斯·培根曾担任大法官,他对普通法法院和衡平法院之间的冲突再熟悉不过了。他为衡平法辩护,通常是从程序角度,比如,他最后说:当不同的法律规定存在"重合或分歧",或者对手头的案件未置一词时……不过,他坚持要求,自由裁量的判决应当"在事后加以说明和限制",这样才能够作为指导未来案件的规则。[36] 法国法学家让·多马是帕斯卡的朋友,也是其詹森派的同党,但是,他为柔性的衡平法辩护,反对刚性的法律。多马称,衡平法符合自然法;实际上,衡平是一切法律的最高原则,它自然、实在;"普遍的正义精神……是运用和具体解释一切规则的首要基础"[37]。

决疑术和衡平法都处理特殊案件,将规则的广泛源头,包括道德原则或成文法尽可能地延伸,甚至超出原来的范围。不同的是,决疑术考察规则与原则的冲突,但是,当衡平法被用作一种法律时,几乎不会遭到质疑。饥饿的穷人偷窃食物(雨果小说中流传至今的范例),这明确地触犯了法律。在大多数情况下,人们也不会评论法律本身的对错,很少有法律注解家质疑严厉处罚盗窃行为的必要性。衡平法考量的是,在特殊的案件中严格遵循法律是否符合更高的正义要求。无论是含蓄地还是明确地,衡平法都维护一个规则等级体系,并断言其中的顶层规则优先于底层规则。这个体系模型有许多变体。诸如珀金斯之类的基督教道德家可能会认为,《圣经·新约》关于宽恕和节制的戒律高于禁止盗窃的严刑峻法;像格劳秀斯这样的自然法学家可能在这类盗窃案中援引普遍的而非本地的法律;而多马等人则会认为,更应该受到尊重的,是他们的所谓"法律的精神",而非"法律的文字"。不论理由如何,衡平法最终流传下来,最多只是在地位和适用范围上有所削弱。衡平是对规则的变通,但从未破坏规则。

但是,一项规则如果被多次变通,其结果极有可能是被打破。即使是衡平法的拥护者也不无忧惧地意识到,过度行使衡平可能会破坏一切规则。亚里士多德认为,好的法律应该"尽可能界定清楚一切案件,尽可能少地将问题留给法官的自由裁量";此后,自由裁量与独断专行、仁慈与纵容之间的细微差别令所有衡平法研究者颇费思量,心生困扰。[38]英国历史学家、法学家约翰·塞尔登嘲笑大法官法庭施行的衡平法"以任性为准绳","时宽时严",只取决于什么样的良知恰巧撞入了大法官的办公室。[39]虽然珀金斯以基督教慈善的名义主张衡平,但他又谴责仁慈过度,认为那是"智慧不足、心智不成熟"的表现,其危险与严苛过度无异。[40]莎士比亚的当代戏剧《威尼斯商人》取材于差不多同时代的故事。在剧中,这两种极端的执法倾向将戏剧推向高潮,不过最后得到了巧妙的平衡。安东尼奥曾经轻率地承诺,如果还不清欠债,就割下自己的一磅肉。鲍西娅出面替安东尼奥辩护,请求宽恕。不过,她最终之所以能赢得官司,是因为她主张,法律文书必须得到执行,哪怕上面的文字是荒谬的:安东尼奥的债权人可以拿走他的一磅肉,但绝不能带走一滴血。

将衡平法作为修正不完善法律的基本手段,这种实践有着悠久的历史。但是,其中似乎只有柏拉图主张,一个明智的治国者可以不受限制地自由裁量,因为这位治国者深谙治国之术,以至于法律鲜有用武之地。就像一位经验丰富的船长可以从容应对任何风向和天气变化,这样的治国者有理由凌驾于成文法和传统之上,裁定在特定情况下，什么最有利于公共福祉。⁴¹ 但是，就连柏拉图也承认，这样的治国者比宝石还要稀有。大多数政体将不得不接受次优选项——成文法，即便它无法应对人类事务中无止境的环境和形势变化。

衡平法的核心在于对人类法律内在缺陷的柏拉图式悲观主义。无论人类对法律的普遍性和持久性怀有何种程度的期望，法律总会遭遇意想不到的细节和不可预测的环境变化。法律的一个本质属性是，它将立法者的意志投射到未来，不仅约束着现在的一代人，而且约束着未来一代又一代的人。刚直是法律的固有特征，它无视变化和死亡。从这个意义上讲，一种法律越全面和持久，例如基本法或宪法，就越有必要接受衡平法的补充和修正，以便适应其未能预见的现实情况。这种对"航向"的修正（回到柏拉图关于船长的比喻）的正当理由，可能来自主张根本原则高于具体规则，可能来自主张法律精神高于法律条文，也可能来自主张当下的公共价值观高于过去的公共价值观。但是，无论如何，它们都提出了一个问题，即在永恒的不确定性中，永恒的法律究竟有没有可能？由此看来，衡平与其说体现了基本的人性，不如说体现了人的易错性——"人性，太人性的"[1]。

17世纪的衡平法作家对比了"普遍正义"的神的律法与不完美的人类法律。他们认为，前者在任何时候、任何地方，"在一切案件中保持同样的衡平，因此它的执行不需要考虑豁免、宽松或任何减免"，而后者"不具备同样的衡平，因此在执行中必须进行谨慎和明智的调整"。⁴² 至少从13世纪起，阿奎那等人就将神法与自然法相提

---

[1] "人性，太人性的"（human, all-too-human），尼采语，其有同名著作。——译者注

并论,但是,只有当17世纪和18世纪自然法兴起,成为法律编纂和司法实践的基础,在大学里讲授,并在法律意见中被援引时,它才被设想为具有类似于神法的普遍性和永恒性的人类法。正如我们在前文第七章中所看到的,不管是出于什么原因,各路自然法学(以及自然律领域的形而上学)同气相求,都不愿意承认任何例外情形。其结果虽然不是废除衡平法,但是控制其发挥作用,并改变其理论基础。

前文提到,培根作为大法官试图将独特的衡平法常规化,使之成为规则,到18世纪,他的这一设想被后来的大法官不断推进。从17世纪后期开始,法条的一致性以及程序的稳定性受到重视,由此,大法官为自己的立场找到了正当理由。[43] 这些发展与西塞罗主义者的崛起、亚里士多德式衡平观念的式微相吻合,结果,衡平法开始被理解为符合自然法的普遍规则,而不再被解释为规则的例外。[44] 大卫·休谟在1751年写道,即使是强盗和海盗,"如果他们在落草为寇之后,不建立一种新的、正义的分配机制,而且懂得他们与其他人类一样都忽视了衡平法则,那么,他们就无法维持自己那祸害他人的联盟"。这段话是在为西塞罗的衡平观念背书——衡平法是一种规则,而不是例外。[45]

雨果的冉阿让故事凸显了作为自然法的衡平与作为制度化的例外法则的衡平之间的差距。穷人偷窃生活必需品被赦免,这样的案件至少自13世纪以来就一直是衡平理论家的试金石;在学者的意见中,正义的天平一直倾向于温和的衡平,而非严刑峻法。格劳秀斯虽然将禁止盗窃视为自然法的一部分,但在这类案件中支持穷人,反对富人。但是,康德反对盗窃,理由是,那些倾向于对特殊案件网开一面的人应该将这种做法纳入人类行为的普遍法则,他的这种论证标志着这种宽大处理作为官方道德和法律学说的终结。到 18 世纪晚期，自然法被拉入自然律的思维轨道，即某项自然法被搁置，不再是因为仁慈，而仅仅是因为奇迹——执行中的豁免。根据 1810 年的《拿破仑刑法典》，任何基于衡平的考量都不能减轻冉阿让五年苦役的法定刑期。这时，要拯救他，只有靠上级的赦免。

决疑术没有一去不复返，同样，古代亚里士多德意义上的衡平观念——衡平是即便最好的法律也不可避免的例外——也没有消失，无论这个观念可能经历了怎样的演变。当下，涉毒犯罪的判决是应当按照法律规定严格执行，还是应当赋予法官自由裁量权；在家庭暴力案件中，如果受害人杀死施暴者，是否可以援引自卫原则，或者未成年人或精神病人犯罪免受法律严厉制裁的原则。在这类争议中，当年困扰着现代早期法学家和道德家的相关思考，再次在双方的辩论中回响。然而，在具体某个案件中，辩护人在主张减轻处罚时，很少使用"例外"一词。17 世纪和 18 世纪，出现了新的政治和哲学观点，它们反对按照治国者随意制定的法律治理国家，崇尚法律面前人人平等。这些观点加强了整体上追求一致性和统一性的倾向，削弱了逐案调整的立场，尽管后者可能更有利于伸张正义。当代一些法理学家走得更远，他们甚至认为，在鱼和熊掌不可得兼的情况下，如下这些价值高于公平和正义：

> 当然，为了纠正不公平而制造新的不公平并不是法律的目的。但是，有一组重要的价值导向——结果的可预测性、办案的一致性（对同类案件一视同仁），以及警惕为决策者个人授予不受约束的自由裁量权（即使他法袍加身，一袭黑色），是法律体

系尤其要认真思考、努力维护的。这些价值标准通常以"法治"的名义存在，而"法治"的许多好处要想得以实现，前提恰恰就是认真地把规则当作规则。[46]

"法治"的至高无上的地位（让人想到威严的君主）不仅体现在法学中，而且正如我们在第七章所看到的，还体现在神学和自然哲学中，在17世纪和18世纪的政治哲学中也有反映。[47] 随着决疑术在道德神学中声名扫地，以及"衡平"剥落法律例外的含义，君主特权，无论是基于神性还是人性，都被打上了"武断"的烙印，不再被视为明智的干预。

## 四、例外状态与特权：法治与人治

1617年，伦敦。弗朗西斯·培根爵士以掌玺大臣的身份要求约翰·登纳姆（John Denham）爵士履行他作为新任财政大臣的职责。培根说："首先，你应当维护国王的特权。你必须明白，国王特权与法律并无不同；国王特权就是法律，是法律的首要部分，是'头生的'（即拉丁文所谓的 pars prima）法律，因此，你保护、维护国王的特权，就是保护、维护法律。"[48] 培根在伊丽莎白一世和詹姆士一世统治期间几乎占据了英国最高的法律职位，他在英国关于议会权利与君主权利的白热化的政治辩论中立场鲜明。到17世纪40年代，这场斗争演变为内战。直至1689年《权利法案》颁布，"国王的未经议会同意免除和中止法律及其执行的权力"才最终被认定为"完全并直接地违反了这个国家已知的法律、法规和自由"[49]。但在1617年，培根曾经断言，王室的特权，即君主拥有的高于成文法的权力，不仅合乎法律，而且它本身就是法律。

20世纪德国政治理论家卡尔·施米特（Carl Schmitt, 1888—1985）提出了一个著名的论断：君主特权是判定例外情况的权力。施米特坚称，"危急时刻"出现的例外状态不可能"已经被编入现存法典中"。不像决疑术（用一条规则来检验另一条规则）或衡平法（变通理解法律文字，以符合法律精神），君主宣布的例外情形完全不受规则的约束。[50] 在施米特的现代"全能主义"（totalitarian）理论中，主权者拥有"不受限制的权力"，这种论调即便在最有影响力的前现代特权学说中也闻所未闻。即便是绝对主义君主，也需要对自然法负责，对上帝负责——上帝使君主统治神圣化。[51] 不过，施米特在20世纪提出的例外状态理论与培根在17世纪提出的王室特权理论有一个共同点——将自己立于不包含任何例外情形和独断力量的法律秩序的对立面。施米特以现代视角写作，将这种对普遍合法性的美好愿景与启蒙运动时期的自然法相提并论。但是，现代早期的著述者在面对君权问题时，通常会回溯古罗马的共和主义，以发现一种替代性的、崇尚法律和自由的理想。他们的立场容易走向两个极端，一端脱胎于罗马帝国时代"皇帝高于法律"（legibus solutus）学说，在16世纪为绝对主义的辩护中复活；另一端源于罗马共和时代的学说：服从统治者的决断，无论其是否仁慈，这个学说走向了奴隶制。[52] 无论如何界定宣布例外权，这种权力都是现代政治理论的核心："谁能打破规则，而不仅仅是变通规则？"

这个问题是现代早期欧洲思想家最关心的学术问题，比如培根、让·博丹、托马斯·霍布斯、洛克和罗伯特·菲尔默（Robert Filmer，1588—1653）等等，遑论统治他们的君主了。在16世纪和17世纪，国王和女王的王位合法性经常受到质疑，有时甚至为此兵戎相见，这不是什么新鲜事。新鲜事在于，君主权力本身的合法性受到持续的挑战，特别是其废除法律和习俗的特权。各种文章和小册子、各种布道和演讲就这些问题展开激烈而有成效的辩论。这些思想点燃了内战，改革了宪法，引发了镇压，但最终将现代政治理想带进现实。这个理想就是限制曾几何时不可一世的特权，就是施米特所鄙夷的法治。

在现代早期欧洲的政治传统中，主权有三个相互交织的来源：神权、男性户主作为家长对妻子和子女的权力，以及战争中征服者对被征服者的权力。在罗伯特·菲尔默的《家长制：国王的自然权力》（*Patriarcha, or the Natural Power of Kings*，1620—1642年完成，1680年出版）中，极端保皇派菲尔默从上帝授予亚当地球统治权开始，一路勾画出君主制遍布世界各地这样一条完整的时间线。正如作品的标题所示，父权是神权的映射："子女的服从是所有王室权威的来源，这本是上帝的典制。"菲尔默认为，这是对政府来源于"人民选择"的说法的有力驳斥；正如子女不能选择他们的父母，人民也不能选择他们的政府。[53]（见图 8.1）博丹身为图卢兹大学的法学教授、巴黎议会议员，也强调王权起源于父权制——父权制要求包括妻子和孩子在内的所有人都必须服从父亲的绝对意志。事实上，博丹断言，人类制度中所有权威的最终来源都是妻子对丈夫的服从，这合乎"一切神法和人法"乃至自然本性，因为"一家之主"（*pater familias*）是"上帝这位伟大的君主、万物之父的形象的逼真体现"。[54] 父权与君权密不可分，这使培根认为，国王就好比"父亲或一家之主"，臣服于

图 8.1　在自己的家里，父亲被描绘成家长权力的拥有者（约 1599）

Hans Fehr, *Das Recht im Bilde* [Law in images, 1923], fig.195.

国王比臣服于法律"更自然、更简单"。[55] 博丹和菲尔默都支持国王拥有中止法律的特权，他们认为这是君权的题中应有之义，不受"权力、责任或时间"的限制（博丹），并且"出于只有他自己知道的原因"（菲尔默）。[56] 1610 年，培根效力过的国王詹姆士一世向桀骜不驯的英国议会宣称，国王是"上帝在地球上的副手"，是"国家的家长、人民的政治之父"，因此有权"使得或不使得他的臣民臣服"。这时，他在熟悉的主题上敲响了革命的钟声。[57]

值得注意的是，在博丹和菲尔默的作品中，甚至在詹姆士一世傲慢的演讲中，都没有提到不受限制的王室特权的第三个，也是最古老的合法性来源——征服，尽管其相关性在当时并没有减弱。无论是在哈布斯堡家族统治下的西班牙属尼德兰，还是在西班牙征服者统治下

第八章　变通或破坏规则—271

的墨西哥，现代早期君主以其名义在新、旧两个世界行使的主权，都达到了前所未有的程度。此外，在这一时期，尤其是在新世界殖民地，征服者的绝对权力越来越多地被用来捍卫奴隶制。洛克作为卡罗来纳业主的秘书和卡罗来纳宪法的起草人，明确支持奴隶制，还在其《政府论（下）》（1690）中为奴隶制辩护。洛克认为，对于"在公正合法的战争中捕获的俘虏"，奴役是一种比直接杀死他们更仁慈的处理方式。[58] 然而，正是这种通向奴隶制的危险倾向，玷污了征服的正当性——征服不再是王室打破法律和习俗的特权的正当性来源。在这场争论的双方，洛克发出了最强的声音。他援引征服的权利来捍卫主人对奴隶的专制统治，但是，他不认为国王对臣民的权力也是专制的。因此，他是现代早期转向支持例外权力的有力见证人。

无论是洛克在奴隶制问题上的立场，还是其在君主特权问题上的立场，其核心都是一种关于自由的理想，这种理想的源头可追溯到罗马共和主义；在现代早期，这种理想在政治哲学家的辩论中焕发生机。[59] 古罗马区分了自由民与奴隶，这种区分的关键在于，共和主义理想中的自由本质上是消极的——它不是做某事的自由，而是不做某事的自由，更确切地说，是不受某人影响的自由。专制权力无论是由奴隶主还是由君主行使，都是"一个人对另一个人拥有的绝对专断的权力，生杀予夺，完全无须考虑后者的意愿"。正如历史学家昆廷·斯金纳（Quentin Skinner）所强调的，在洛克的定义中，关键的不是生杀大权，而是"独断"。即使主人是仁慈的典范，即使奴隶被杀害或虐待的可能性微乎其微，仅仅受制于他人的心血来潮这一点，就让人无法忍受。没有规则约束，就没有什么可以阻止奴隶主突然变得残暴，或者反复无常。奴隶不知道他的善良是否会，以及什么时候会演变为暴行。洛克等共和主义思想家所推崇的自由，正是免于受心理不确定性这一特殊形式的伤害的自由。那不是免于不确定性本身的自由，因为自由民和奴隶一样，都受到疾病、恶劣天气和其他自然灾难的影响，而是免于人类意志的不确定性的伤害的自由。这种"免于绝对的、专断权力伤害的自由"十分重要，因此，没有人能够仅通过"自己的同意，将自己置于他人的奴役之下，或将自己置于他人绝对的、专断权力之下，使他人可以随意剥夺自己的生命"。即便是自由人，也不可以出于自愿放弃自己的自由。"合法的"（legitimate）奴隶制与"非法的"（illegitimate）暴政之间只有一线之隔——你看这两个词的拼写何其相似。在洛克看来，二者之间的细微差别就在于征服的权力，它被正义战争、财产神圣不可侵犯，以及保护奴隶子女等说辞谨慎地蒙上了一层面纱。[60]

我们必须在这一背景下理解 17 世纪围绕君主是否拥有宣布一切不受规则管辖的例外情形的权力而展开的争论。博丹、菲尔默等现代早期绝对主义者与共和主义、社会契约等限制王权的理论做斗争；但相比之下，施米特将自由主义启蒙运动时期的自然法传统视为君主特权的敌人。他们的对手也不相同，博丹和菲尔默的对手驳斥的某些自然法原则，正是施米特的对手所肯定的。在支持广泛的君主特权的一方，博丹和菲尔默认为，广泛的君主特权与自然法并不矛盾，他们问：还有什么比家庭更自然？施米特与博丹、菲尔默同气相求，只不过后者是基于《圣经》和父权为君主权力辩护。在支持狭隘的君主特权的一方，洛克等共和主义者认为，自由不应该受到专制者独断意志的约束。普芬多夫、莱布尼茨等自然法理论家也认为，扰乱王国的稳定秩序不符合君主的智慧和尊严。

再回过头来看看第七章讨论的关于17世纪自然律的争论,现代早期的共和主义者警惕统治者的权力及其滥用,这一时期的自然法理论家则强调智慧及其力量。简而言之,尽管施米特关于君主例外主权的结论可能类似于博丹和菲尔默的结论,正如洛克相反的结论可能类似于莱布尼茨和普芬多夫的结论,但现代早期及现代的立场在所有这些方面仍存在分歧。然而,这些立场的证明路径大相径庭。现代早期及现代的政治理论辩论的焦点之一是这样一个关键问题:是否有人拥有宣布例外情形的权力——不仅有权宣布这条或那条法律不适用某个例外情形,而且有权完全中止依照法律治理。

17世纪上半叶,英国王室与议会之间围绕王室特权问题展开了旷日持久的激烈争论。最终,内战爆发,君主制一度被废除,这一切使得英国成为在例外论问题上冲突最激烈的舞台。在詹姆士一世统治下,王室可以单方面征税;在查理一世统治下,王室可以不经指控实施监禁,这两种王室特权将矛盾空前激化。反对者认为,那些拥有王室特权的人"高高在上,很难使其俯身于法律之下",他们担心臣民会"被置于肆无忌惮的专断权力之下,永远不知道自己的服从何时是尽头"。爱德华·科克爵士(Sir Edward Coke,1552—1634)身为首席大法官,主张大法官法庭的地位高于普通法法庭,为此与王室一度剑拔弩张。他认为,"特权是法律高度重视和尊重的,但是,它受英国法律的限制",就此而论,人身保护权受到《大宪章》的保障。[61]王权派反驳说:"国王直接而完全地依赖于上帝,独立于人民。"[62]

以这些辩论为背景,我们发现,洛克关于王室特权的成熟立场恰好弥补了他在奴隶主专制权力问题上的立场。主观上的不确定性使奴隶的处境令人无法容忍,而客观上的不确定性则使特权的行使合理化。王室特权"正是这样一种权力——在某种情况下，比如，发生了不可预见和不确定的事件，某些固定的法律无法提供可靠的指导，这时，只有君主手中的权力才能维护公共利益"。当"人类事务的不确定性和可变性"占上风时，君主有权将公共利益置于法律之上。[63] 洛克的理论基础是柏拉图和亚里士多德以降哲学家所熟悉的：没有任何规则，没有任何法律，能够抵御世事无常。

没有哪位立法者能够预见未来的任何突发情况，因此，所有的法律都会遇到例外。从这个角度看，执行中的特权成了衡平法的极端版本。（见图8.2）衡平法在特殊的案件中发挥干预功能，以免法院做出不公正的判决，同理，特权一般也是在紧急情况下实施干预，以使政体免于遭受灾难。这两种情况都属于规则无法预见的，这时，就需要采取行动变通甚至打破规则。洛克认为，当规则失位，甚至法治消失时，"人民的幸福就是最高法律"（salus populi lex suprema）[1]，这一原则阻止君权堕落为暴政——至少在原则上如此。洛克坚持认为，特权必须服务于公共利益，而不是服务于私人利益，但是，他又含蓄地指出，在实践中，何时宣布例外状态以及宣布什么是公共利益，是王室的自由裁量权所在。没有规则能够规定可以在何时、如何合法地违反规则，这实质上是对规则、"元规则"、"元元规则"的无限回归。这种回归必须在某个节点通过执行自由裁量权来结束，而那个节点是无法预见的。当事态的发展超出预期时，奴隶主会行使特权，限制奴隶的自由，以期掌控局势。君主特权不受限制也源于此。任何规则都难逃例外。因为不确定性，主人可以任意对奴隶行使绝对权力，尽管这

---

[1] 古罗马法学家西塞罗语。——译者注

图 8.2　正义手持利剑打击罪犯，天平倾向衡平而非邪恶

Samuel de Rameru, *Justitia*, 1652. © Musée d'art et d'histoire, Ville de Genève, photograph: Yves Siza.

有悖于自由；同样，因为不确定性，超出合理预期的突发事件赋予了君主不受约束的王室特权。任何规则都有例外。

　　至少对于 17 世纪的特权理论家来说，在极端情况下，事件的不确定性与君主自由裁量权这两条平行线在深不可测的上帝意志中汇聚，上帝制造一个，授权另一个。包括施米特在内的一些政治思想史家指出，关于上帝的自由与智慧的辩论，如第七章介绍的塞缪尔·克拉克与戈特弗里德·威廉·莱布尼茨之间的通信，与同时代关于君主特权与法治的辩论，如洛克与菲尔默等人展开的辩论，相互交织在一起。[64] 自然受自然律的支配，例外只是奇迹；政体受自然法的支配，特权何尝不是奇迹？———个不可容忍的例外，它有悖于一切时间、一切地点的一切法则。在施米特看来，这种普遍合法性的观点正是他所深恶痛绝的自由宪政主义的形而上学基础，因此，他严厉批评莱布尼茨和尼古拉·马勒伯朗士的所谓"政治神学"——他这样称呼它。然而，他或许不愿意承认，他自己的立场恰恰更多地归功于普遍合法性这一假说背景，那个假说从原则上消除了现代早期主权辩论所围绕的主题——不确定性。到20世纪初，施米特不再需要诉诸不确定性来为例外状态正名；相反，他将例外纳入"不受限制的权威之内，尽管这可能意味着整个现存秩序的中止"[65]。毕竟，没有效力的权威毫无意义，这反过来又意味着，命令以及命令的执行应该井然有序，牢不可破，就像自然界中的因果关系一样。对于这种莱布尼茨式的类比——将神圣的自然法机器与国家机器相提并论，施米特拒不接受。但是，最终，要不是施米特嗤之以鼻的理性的规则官僚制，他的独裁者即便有再强烈的意愿和能动性，也无能为力。1933年后，阿道夫·希特勒调动高效的德国官僚机构服务于自己的全能主义目的，此时，身为纳粹党成员的施米特如梦方醒。

正是这种理性的官僚机构，在现代社会一点点地蚕食了例外的权力。在英国，君主解散议会的特权在19世纪已经仅仅是仪式性的了，到2011年，它终于被《固定任期议会法案》(Fixed Term Parliaments Act)正式废除；今天，赦免权由司法大臣行使，君主不直接参与。那一度庞大的特权现在几乎荡然无存，所剩者仅为君主在授予某些荣誉方面的充分的自由裁量权，如授予嘉德勋章。[66] 同样，在美国，总统享有赦免针对联邦的犯罪的权力，这种赦免权是宪法赋予的，显然是在效仿君主特权。自1865年以来，这项权力主要掌握在总检察长办公室的赦免专员（1891年后改称"赦免检察官"）手中。[67] 在某些问题上即使找不到明确的规则，制度和程序也在很大程度上取代了自由裁量权，以慈悲的名义，或者以生命的名义，做出例外裁定。

即使是注重程序的现代国家，也不能完全禁止例外，究其原因，洛克及其拥趸应该再清楚不过了。或许，政治的可预测性大大增强了，今天，可以制定规则，规定何时召集、何时解散议会——对洛克来说，议会的召集和解散是一个典型例子，能够说明由于"人类事务的不确定性和可变性"，王室特权是必要的；今天，可以制定规则，规定将宽恕问题委托给经验丰富的律师，由他们根据先例和一致性原则决定。然而，一些新的紧急情况，如恐怖袭击、流行病暴发，都扩大了自由裁量权执行者和国家中止法律的权力。近来，克林顿以及特朗普任总统期间发布的赦免完全是基于其偏好，无视先例和程序。[68] 诚然，某些现代政体在稳定性和可预测性方面取得了长足的进步，尤其是通过规章和法治，但是，环境的不确定性和反复无常仍不时冲击着规则。任何规则体系，无论多么严谨和富有远见，都不可能不遇到例外。

## 五、小结：规则与例外谁先出现？

历史学家卡洛·金茨堡（Carlo Ginzburg）在思考施米特对"例外状态"的定义时指出，那个定义的前提是："例外包含规范，而不是规范包含例外。"[69] 诚然，17世纪末和18世纪开始出现的那些规则的确如此，它们是明确的刚性规则，排斥任何模棱两可或者敷衍搪塞。那些规则的例外情形加到一起，构成一个清晰的边界，将规则包含在内，就像地界限定土地一样。正如我们在第六章中看到的，并非所有的刚性规则都是细密型规则，但是，细密型规则和刚性规则都设定了自己的适用范围。一个固定、稳定的语境对两者的有效性是至关重要的。承认例外，就是承认与之冲突的规则；并且，这意味着，规则可以被各种例外情形清晰地界定。

不过，正如本书先前章节所表明的，并不是所有的规则都符合这种描述。模型类规则或指导性规则本身就带有可变性。示例、经验和例外使这类规则在内容上更加粗放，在实践中更加灵活。从任何意义上来说，在一个波动大、可预测性小的世界里，例外就是规则——例外屡见不鲜，以至于规则就是例外的合成。即兴发挥、适度调整和随机应变是理所当然的。制定规则的艺术在于，给每一种可预见，甚至很多不可预见的情况留足够的余地。修道团体的管理、音乐作品的教学，或机械工艺品的完善，这些方面的规则都预见到了自身的不完美。这些粗放的、宽泛的规则包括了例外，而不是例外包括规则。

本书已经勾画了一条历史弧线，它能部分说明前现代规则与现代规则的区别，但并不全面。"前现代"和"现代"这两个历史分期术语并不能反映其特定的历史条件，实际上，它们是针对特定领域，而非特定时期的固化的、标准化的概括。凡是具有可预测性和统一性的领域，粗放型规则都可以变为细密型规则；柔性规则（就像所有的粗放型规则一样）可以变为刚性规则。正如我们在前几章，尤其是在这一章中所看到的，任何规则都不可能细密或刚性到完全不需要自由裁量的程度，即便计算机算法也是如此。在人为固化的世界里，自由裁量权的范围可以，并且已经被大大缩小了。创建并维持这样的秩序孤岛需要投入大量的技术知识、政治意愿和文化想象力。"现代性"是一种偷懒的统称，它其实包含全球范围内的大量运作。其结果是，从体重到时区，从服装尺码到机场设计，都被标准化了。一些国际性的监管机构通常会谨慎地将其总部设立在小的、中立国家的城市，但它们实际上监管着一套庞大的、看不见的机制，负责投递邮件，监控流行病，检查世界各地的核反应堆等等。它们执行的规则为细密型规则成为可能提供了背景。

但是，这一机制既不是完美的，也并非无懈可击，甚至不能做到真正的全球化。它只能达到人类意志和远见所能达到的程度。流行病、核反应堆事故、火灾等多种形式的天灾、人祸，仍然在世界上最现代化的城市中肆虐。不管在什么时代，当细密型、刚性规则所依赖的背景条件突然崩塌时，粗放型的、柔性的规则就会回归。即使在较为太平的时期，只要可变性是无法规避，甚或令人向往的，粗放型规则就会继续存在，例如，存在于个体化的医疗或教学中。虽然自18世纪以来，细密型规则在许多领域大幅增长，但是，也有许多粗放型规则悄然而至，还夹带着自由裁量权。文牍主义、官僚主义的规则如此烦琐，几乎成为另一种形式的罢工——"照章办事"。大批律师和会计师争相解释老生常谈的税法规则。计算机算法堪称所有规则中最细密的规则，但是，仍需要投入大量的人力去监管和纠正社交媒体平台上钻漏洞的、过度的行为。在每一条细密型规则的背后，都有一条粗放型规则替它擦屁股。

# 结语:"违规光荣"

"没有规则手册,这如何是好?"2020年底全球疫情大暴发时,我写下这句话。我记不清,有多少医生、护士、公共卫生官员、科学家、政治家等各界人士也像唱挽歌一样,吟诵过这句话。这句话并不是说在疫情之下,我们生活在规则真空中。相反,我们每周都要面对新的规则:保持社交距离以及保持多大的距离;何时何地必须戴口罩;是否可以以及在什么情况下可以出门;谁应该去、谁不应该去上学或工作;我们可以与谁见面,与谁只能通过苍白的视频会议隔空问候;在什么情况下可以在室内或室外聚集。几乎每个人都承认,当前形势危急,我们需要规则;诚然,我们渴望规则,规则是我们的生活走上正轨的坚固护栏。但是,在充满不确定性的状态下,在我们的知识和社会形势变化与病毒的变异互相追赶的形势下,规则的变化如此之快,以至于颠覆了所有规则。我们正生活在违规之中。

在历史上,丹麦人在国王发表祝酒词后,有起哄的习俗。对此,哈姆雷特评价说:"违规比守规更光荣。"(*Hamlet*, I.4)哈姆雷特是在表达对习俗的蔑视。朗朗上口的金句,尤其是莎士比亚式的,都经久流传；而哈姆雷特此言表明，规则可以通过例外而不是遵守得到更明确的肯定。无论是本书讨论的漫长的规则历史，还是没有规则手册、不知如何是好的生活经历，都表明，哈姆雷特这句话所描述的180度大反转并非绝无仅有的罕事。例外检测规则，也确认规则，从这双重意义上说，例外确实证明了规则。规则不仅仅有例外，它还定义例外，也被例外定义，就像右定义左，栏杆定义僭越一样。

语境设定规则与例外之间的"双人芭蕾"（*pas de deux*）。正如我们在第二章和第三章中看到的，制定规则是为了指导实践。无论是管理一座修道院，还是攻打一座城市，有了规则，意料之外发生的事情也在意料之中。这些粗放型规则是为应对任何可能发生的情况而准备的。有时，规则是为了应对某些更稳定、更标准化的情形而制定的，如将算法应用于常规计算，为城市街道设定速度限制，这时，规则中很少提到例外情形。这种规则可以说是细密型规则，它在变量接近平均值的环境中，也就是说，当过去发生的事情是现在和未来将要发生的事情的可靠指南时，屡试不爽。正如我们在第四章、第五章以及第六章中看到的，充分的基础条件，包括人力条件和物力条件，使得细密型规则在这个世界上能够安全地运转，高枕无忧。比如，计算工作流、城市交通中的人行道和宽阔笔直的街道，以及每个人接受的学校教育和处罚。在这种有利的条件下，规则被如此有效地灌输给学生，以至于轻微的改变就会引发全国性的抗议浪潮。比如，就正字法而言，编辑势必会用手中的红笔和拼写检查器死磕到底。那两个古老的机构——英国法律中的衡平法院（详见第八章）以及法国主持编写词典的法兰西学院（详见第六章），都是为了裁定规则与例外而建立的。这雄辩地证明了一个事实：永远会有例外。

然而,"例外"与"例外状态"之间存在着巨大的差异。"例外"是所有规则的有益伙伴,而"例外状态"是指规则被完全搁置。在例外状态,统治者的特权取代规则,无论那种例外状态被解释为超越自然法的神迹(详见第七章),还是被解释为国家元首可以在紧急情况下或者通过大赦放弃法治(详见第八章)。在这种情况下,自由裁量权的地位飙升,可预测性跌至谷底。不受限制的自由裁量权开始出手,至少亚里士多德以降就一直如此,而这种权能是粗放型规则的依赖所在。本书勾勒出这样一条历史线索:规则从粗放到细密的演变,部分原因是,人们对自由裁量权的不信任日益增长,斥责其独断、反复无常、不一致、不可预测、不公平、不透明、自私,甚至专制。具体而言,对自由裁量权的低容忍度是社会中不信任情绪蔓延程度的指针——政府官员不相信他们的公民能够决定在哪里停车是安全的,不相信公民在纳税表上会如实报告自己买彩票中过奖;公民也不相信他们的政府会平等对待富人和穷人,不相信政府官员不会接受贿赂。在这些情况下,所有的"例外"都变得可疑,而所有的"例外状态"更可疑。

然而,削弱规则的方式并非只有严重地破坏自然和社会秩序这一种。从长远来看,更有效的违规方式是,频繁而剧烈地改变规则,以至于人们一开始就被搞得晕头转向,这叫"规则眩晕"(rule vertigo)。什么是神迹和紧急事件?顾名思义,它们是昙花一现。如果红海在以色列人安全通过后永远分开,那么它将成为今天的又一个自然景点。每隔几年就有紧急状态发生,这已经成为我们现在的生活方式之一。随着时间的推移,昨天吸引眼球的例外最终成为今天的规则。相比之下,如果"规则眩晕"持续太久,规则就不成其为规则。

如果昨天的规则变成了明天的例外，那么任何规则都不可能变成习惯，更不会固化为规范。时尚如走马灯，中世纪和现代早期那些试图阻止铺张浪费的禁奢规章注定是明日黄花；但另一方面，巴黎当局筚路蓝缕，在一个多世纪里一遍又一遍地发布卫生规章，终于将规则嵌入市民的日常行为之中（详见第六章）。当规则变得多余，当红灯停绿灯行、排队上公共汽车、排队登机成为人的第二天性时，规则就获得了成功——这是一个漫长的过程。政治家在变动不定的形势下努力遏制疫情扩散，他们发现，规则变化得越快，效力就越弱，不论当初颁布时有多紧迫。总体上，规则呈衰退之势，这对秩序的伤害比任何短命的例外状态都更严重。

规则如何既不失去控制力，又能应对可变、多变、不稳定的形势？在这方面，"规则"一词的三个古老义项（详见第一章）——模型、算法、法律——指向不同的策略。法律有不同的形态与规模，有的是充满细节的地方规章，有的是面向全人类的庄严的自然法。法律无论是一般的还是具体的，都追求持久性和可预测性，它们越紧扣这一目标，就拥有越强的规范性权威，即使它们的执行时有时无，制裁也是温和的。基本法或宪法得益于这种对目标的洞察力，所以很少需要修正。相比之下，普通的立法经常被修改，这导致人们不确定规则是什么，更不用说如何遵守规则了。当时代改变或法律出现冲突或例外情形时，衡平、决疑、类比、先例、特权，诸如此类的强大的辩论资源被召唤起来，对现有的法律进行扩展，以适应预料之外的案情（详见第六章、第七章和第八章）。

算法通过忽略语境来逃避语境。数学问题包含解决问题所需要的全部细节，不多也不少。天文台、人口普查局、银行对"大计算"

进行标准化，其方式与19世纪工厂对大规模制造的标准化如出一辙——为使工作机械化，可能使用，也可能不使用机器（详见第四章和第五章）。但是，语境，以及一切干扰性的细节、特殊的个案，又不可避免地重新出现。这一点，屏幕后面的大量人力工作者心里最清楚，他们必须纠正在线算法造成的错误和损害。在开发阶段表现出色的机器学习算法，在实践中可能会因为输入数据的微小变化而功败垂成。让算法的世界变得安全，就意味着要冻结环境——一个没有异常、没有惊喜的世界。

　　模型又如何呢？规则的这个似乎在公元1800年左右已经消失的古老义项，最终可能被证明是最持久的。模型类规则是所有规则中最灵活、最为柔性的，就像人类的学习一样。无论那个模范是修道院阿比，还是某位艺术大师的作品，抑或数学教科书中带有范例性质的例题，都可以根据情况的需要不断调整（详见第二章、第三章和第四章）。在一个精确复制的时代，无论是流水线上的批量生产，还是病毒图片在网上的传播，模仿已经无须用脑。但是，传统仍然存在，哪怕只是变得简单了。传统无论置身何处——在科学领域，或者艺术领域，也无论那是一首挽歌，还是一幅静物写生，不加复制的模仿使得这种传统薪火相传，而且推陈出新。就像语言的发展一样，在思考如何搭建一个符合语法的句子、写作一部戏剧、创作一部交响乐、进行一项实验室实验等过程中，规则应运而生。然而，模仿模型又不同于遵循清晰明确的规则——即使是那些最讲规则的活动，比如下棋，它是一种更有效、更灵活的学习方式。此外，作为隐性规则，模型为显性规则铺平了道路，正如一个特定动词的词形的语法范式为一个明确的词形的一般规则铺平了道路。一个模型被精心选择出来——一个语法上的范式——就已经实现了概括的一半。模型弥合了古代哲学中普遍与特殊、规则与个案之间的对立。而且，它解开了一道现代哲学难题：如何清晰明确地解读规则？答案就是：模型中的模糊性是一种特征，而不是缺陷。

那么，为什么到20世纪中叶，模型类规则不仅消失了，而且变得完全无法自洽了呢？实际上，模型之中并非只有隐性规则，而无显性规则；在很大程度上，二者一起工作，来规范和完善实践（详见第三章）。换句话说，在什么情况下，显性规则不再需要隐性规则的支持？一个答案是：永远不会。这是维特根斯坦的答案。维特根斯坦认为，即使看上去最直接、明确的规则，比如，关于如何延续一个数列的算法规则，也无法逃避解释。实质上，维特根斯坦的解决方案是重新发明隐性规则——习俗或制度之类的规则，换句话说，模型类规则。但是，这种哲学上的回答，无论效力如何，都回避了一个历史问题：为什么显性规则曾经看起来似乎不需要隐性规则？本书给出的答案是，成就孕育了梦想。即便是在创建一致性、稳定性和可预测性的孤岛方面取得的缓慢、断断续续、脆弱的、局部但真实的成就，也孕育了没有例外、没有模棱两可、没有弹性的规则之梦。第五章讨论的机械算法以及第七章讨论的自然法都是这种规则梦想的翻版，梦想接着梦想，无时不在，无处不在。模型当年在规则与难以驾驭的世界之间起到调停作用，现在可能会被一脚踢开，就像大厦落成之后的脚手架一样。

虽然这些梦想的世界从未完全实现过，但是，在某些地方、某些时候，它们接近实现了。从烹饪标准化到法治，从安全的街道到可靠的统计分析，这个世界总有某些地方变得更讲规则了——更容易按规则治理，因为不讲规则的人越来越少。这些局部的成功令人印象深刻，甚至让人飘飘然——对这个问题独具慧眼的，正是维特根斯坦。这个问题连亚里士多德，甚至康德都不曾想到，这二位努力解决的，仍然是关于规则的那个更为古老的哲学疑问：如何解决普遍性与特殊性之间的矛盾。规则是什么？规则真的是明确的、严格的、无条件的、毫不含糊的吗？人们的观念在改变，由此产生了2 000多年来关于规则的第一个新的哲学问题。

关于规则的两个哲学疑问——古代疑问和现代疑问——今天依然摆在我们面前，这也是本书试图证明的。今天，引发第二个疑问，即现代疑问的历史环境并没有改变，它对这两个问题的解决都造成了极大的障碍。显性规则不仅仅挤出了模型类规则，还使得遵循"模型类规则"，甚至几乎任何规则所需要的人的认知能力变得可疑。自由裁量、判断力以及类比推理，人们曾经凭借这些能力选择最适合的规则，更好地适用规则，但现在，它们都有坠入黑暗区间的危险。在那个黑暗区间里，盘踞着直觉、本能和灵感，它们都是不明朗的，都不利于批判性审查。更糟糕的是，规则如果被剥离了显性，似乎既不公平，又不合理。在官僚机构的规则中，公平被定义为不分外部情况平等地对待每个人。他们的僵化作风是出了名的，这种作风源于这样一个事实：任何行为如果偏离了统一的规则，都将被视为腐败的初步证据，而不会被视为明智的自由裁量。与现代的公平理想一样，理性本身也变成了一种显性规则——理性被机械地应用。既想要显性规则，又想保留例外和模糊，就需要某种形式的推理，但是，这种推理本身又不能被表述为显性规则。正是这一点，使得这种形式的推理变得不合理。是的，不合理，但必要——任何规则，如果缺少自由裁量、判断力和类比,都几乎无法适用。

　　讨厌规则的人对规则强加的这些限制感到愤怒。他们感到,凭感觉办事几乎处处行不通,哪怕那感觉再好;新的、更好的办事方法被繁文缛节扼杀;机器执行机械规则,完全不考虑人和环境天然的多样性。我们谁没有咒骂过麻木不仁的计算机程序或在线算法,即便明知骂也无用?然而,每一条规则,无论多么刚性,无论多么顽固不化,都悄悄地为我们留下进行隐性规则推理的机会。每当我们试图遵循(或逃避)一条规则时,我们其实正是在磨砺自己被显性规则磨损了的能力——自由裁量、判断、类比。哪条规则最适用于当下的个案?要不要对它做出调整,以便更好地适用?这条规则具体规定了什么?应该依照规则的精神还是规则的文字?在正常情况下,我们对这些问题的判断是如此迅速和确定,以至于我们毫无察觉。但是,在非正常情况下,当我们陷入困境,又没有规则手册以资参考时,我们才会意识到,别说判断如何运用规则了,我们根本就没有规则。

# 致谢

本书源于2014年普林斯顿大学"谢尔比·卡洛姆·戴维斯中心"主办的"劳伦斯·斯通讲座"。我非常感谢那里接待过我的所有人——既有思想,也有情谊,尤其是时任戴维斯中心主任菲利普·诺德。普林斯顿大学出版社人文室主任布里吉塔·范·莱茵伯格鼓励我将讲座扩展成一本书,最好能既充满学识,又通俗易懂;既有学术性,又不过于专业化;既能满足多学科的兴趣,又能让普通读者接受。事实证明,这一任务的耗时比我或普林斯顿大学出版社预期的都要长。我浸淫于无边无际的规则王国,从一个领域飞到另一个领域,我感谢所有相关人员的耐心。

我努力把控好这一主题以及我的好奇心。我曾与许多人交谈,他们给我提供建议、评论、批评甚至直言不讳的告诫,希望我不要将它写成一本所谓的《打开所有神话的万能指南》。我感谢所有用心聆听本书各章节不同阶段文稿的人。特别是我在以下三个机构中的同事,他们年复一年地忍受我汇报一份又一份草稿。他们的回应有益于几乎每一页书稿的改善:马克斯·普朗克科学史研究所(简称"马普所")、芝加哥大学、柏林高等研究院。我要特别感谢马普所"冷战理性工作组"的成员，"规则史"的想法最初就是在这里酝酿的。我还要感谢马普所与大卫·塞普科斯基共同组织"算法智能"工作坊，其中的讨论令人脑洞大开。

我要感谢与很多人的对话，它们有助于我及时调整方向：与安娜·玛丽亚·布塞·伯杰关于中世纪音乐和算术的记忆方法的对话，与卡里娜·尚拉关于非代数的数学概括的对话，与安杰拉·克里杰关于政府规章的缺陷和陷阱的对话，与温迪·多尼格关于"达摩"律法的对话，与格尔德·吉杰伦泽关于人工智能的对话，与迈克尔·戈尔丁关于逻辑学和语言学中的形式主义的对话，与延斯·奥伊鲁普关于什么导致数学问题成为范式的对话，与苏珊·尼曼关于康德和决疑术的对话，与卡特娅·克劳斯关于阿奎那和自由裁量的对话，与吉安娜·波马塔关于案例和概率问题的对话。我感谢以上每一位。我还要感谢三位匿名审稿人，他们对书稿倒数第二个版本的风格和内容提出了宝贵的建议，我希望本书最后的版本公正地对待了它们。

感谢马普所、芝加哥大学、哈佛大学施莱辛格图书馆、巴黎天文台、法兰西科学院档案馆、剑桥大学图书馆等机构的图书馆员和档案管理员。没有他们的宝贵协助，本书是不可能完成的。马里乌斯·邦泽尔、路易丝·勒默尔和莫莉·路德拉姆-施泰因克几位研究助理都是馆藏达人，约瑟芬·芬格帮助我获得一些图像的使用许可权，并耐心细致、始终如一地帮助我准备最终文稿。即使是在疫情的艰难环境中，埃里克·柯拉汉及其普林斯顿大学出版社的同事仍以杰出的专业素养和良好的品位，将本书从编辑眼中的灵光变成了纸上的墨迹。马丁·施奈德在文案编辑方面的敏锐感觉帮我避免了许多不一致和不恰当的地方。我向你们所有人致以最诚挚的谢意。

本书献给温迪·多尼格。她是一位杰出的学者，也是我的灵魂挚友。当我踌躇不前时，她鼓励我坚持；当我在图书馆或档案馆偶有收获时，她分享我的喜悦；当我因其他主题的写作或讲授而分心时，她提醒我；她以自己在梵文和B级电影方面的渊博学识，为本书提供了数不尽的实例和反例；她为本书的结语起了标题——"违规光荣"。这堪称她的座右铭。

# 注释

## 第一章　导论：规则秘史

1. Herodotus, *The History*, trans. David Grene (Chicago: University of Chicago Press, 1987), II. 35, 145.

2. Ludwig Hoffmann, *Mathematisches Wörterbuch*, 7 vols. (Berlin: Wiegandt und Hempel, 1858–1867).

3. Matthew L. Jones, *Reckoning with Matter: Calculating Machines, Innovation, and Thinking about Thinking from Pascal to Babbage* (Chicago: University of Chicago Press, 2016), 13–40.

4. 关于这方面历史的各种论述，参见 Ivor Grattan-Guiness, *The Search for Mathematical Roots, 1870–1940: Logic, Set Theory, and the Foundations of Mathematics from Cantor through Russell to Gödel* (Princeton: Princeton University Press, 2000); Martin Campbell-Kelly, William Aspray, Nathan Ensmenger, and Jeffrey R. Yost, *Computer: A History of the Information Machine*, 3rd ed. (Boulder, Colo.: Westview Press, 2014); David Berlinski, *The Advent of the Algorithm: The 300-Year Journey from an Idea to the Computer* (New York: Harcourt, 2000)。

5. I. Bernard Cohen, "Howard Aiken on the Number of Computers Needed for the Nation," *IEEE Annals of the History of Computing* 20 (1998): 27–32.

6. Jorge Luis Borges, "Pierre Menard, Author of the *Quixote*" (1941), in *Collected Fictions*, trans. Andrew Hurley (London: Penguin, 1998), 88–95.

7. Robert J. Richards and Lorraine Daston, "Introduction," in *Kuhn's "Structure of Scientific Revolutions" at Fifty: Reflections on a Scientific Classic*, ed. Robert J. Richards and Lorraine Daston (Chicago: University of Chicago Press, 2016), 1–11.

8. Margaret Masterman, "The Nature of a Paradigm," in *Criticism and the Growth of*

*Knowledge*, ed. Imré Lakatos and Alan Musgrave (Cambridge: Cambridge University Press, 1970), 59–89.

9. Thomas S. Kuhn, *The Structure of Scientific Revolutions (*1962), 4th ed. (Chicago: University of Chicago Press, 2012), 174, 191.

10. Ian Hacking, "Paradigms," in *Kuhn's "Structure of Scientific Revolutions"* ed. Richards and Daston, 99.

11. Ludwig Wittgenstein, *Philosophical Investigations* (1953), trans. G.E.M. Anscombe, 3rd ed. (Englewood Cliffs, N. J.: Prentice Hall, 1958), § 199, 81.

12. Herbert Oppel, *KANΩN: Zur Bedeutungsgeschichte des Wortes und seiner lateinischen Entsprechungen (Regula-Norma)* (Leipzig: Dietrich'sche Verlagsbuchhandlung, 1937), 41.

13. Pliny the Elder, *Natural History*, trans. H. Rackham, Loeb Classical Library (Cambridge, Mass.: Harvard University Press, 1952), 34·55, 168–69.

14. Dionysius of Halicarnassus, *Commentaries on the Attic Orators*, Lys. 2; 引自 Oppel, *KANΩN*, 45。

15. [Chevalier de Jaucourt], "RèGLE, MODèLE (Synon. )," in *Encyclopédie, ou Dictionnaire raisonné des sciences, des arts et des métiers*, ed. Denis Diderot and Jean d'Alembert (Lausanne/Berne: Les sociétés typographiques, 1780), 28:116–17.

16. Claudius Galen, *De temperamentis libri III*, ed. Georg Helmreich (Leipzig: B. G. Teubner, 1904), I.9, 36; Sachiko Kusukawa, *Picturing the Book of Nature: Image, Text, and Argument in Sixteenth-Century Human Anatomy and Medical Body* (Chicago:University of Chicago Press, 2012), 213–18.

17. Oppel, *KANΩN*, 17–20, 32, 67. 然而，当被用于罗马法中时，拉丁文 *regula* 至少有一个重要的新用法：公元 1 世纪的罗马法学家收集古代的法律判决时，用这个词形容它们，并加工成格言或谚语，其中约有 200 个被收入《查士丁尼法典》的"古代法格言集"中，参见 Heinz Ohme, *Kanon ekklesiastikos: Die Bedeutung des altkirchlichen Kanonbegriffs* (Berlin: Walter De Gruyter, 1998), 51–55。

18. Immanuel Kant, *Erste Einleitung in die Kritik der Urteilskraft* (1790) ed. Gerhard Lehmann (Hamburg: Felix Meiner Verlag, 1990), 16.

19. Paul Erikson, Judy L. Klein, Lorraine Daston, Rebecca Lemov, Thomas Sturm, and Michael D. Gordin, *How Reason Almost Lost Its Mind: The Strange Career of Cold War Rationality* (Chicago: University of Chicago Press, 2013), 1–26. 另见 Edward F. McClennen, "The Rationality of Being Guided by Rules," in *The Oxford Handbook of Rationality*, ed. Alfred R. Mele and Piers Rawling (New York: Oxford University Press, 2004), 222–39。

20. Catherine Kovesi Killerby, *Sumptuary Law in Italy, 1200–1500* (Oxford: Clarendon Press, 2002), 120.

21. 这一持久、仍在进行的争论可见于诸多关于现代化理论的文献。在反对一方，经典论述如：Walter W. Rostow, *The Stages of Economic Growth: A Non-Communist Manifesto* (Cambridge: Cambridge University Press, 1960); James C. Scott, *Seeing Like a*

State: How Certain Schemes to Improve the Human Condition Have Failed (New Haven: Yale University Press, 1998)。

22. Barry Bozeman, *Bureaucracy and Red Tape* (Upper Saddle River, N. J.: Prentice Hall, 2000), 185-86.

23. "磨洋工"在德文中叫"合规罢工",在法文中叫"赤色罢工",在意大利文中叫"白色罢工",是公共官员特别喜欢的一种方式。通常,他们是不被允许罢工的。但是,在联邦德国,1962年,邮政工人用这种方式使得整个国家瘫痪;在法国,2010年,法官如法炮制。

24. Gerd Gigerenzer, *How to Stay Smart in a Smart World* (London: Penguin, 2022), 58-66.

25. 关于这里的"历史"(historia)一词的含义,参见 Gianna Pomata and Nancy G. Siraisi, "Introduction," in *Historia: Empiricism and Erudition in Early Modern Europe*, ed. Gianna Pomata and Nancy G. Siraisi (Cambridge, Mass.: MIT Press, 2005), 1–38。

## 第二章 古代规则:直尺、模型与法律

1. 例如,希伯来《圣经》称:"那从囊中抓金子、用天平平银子的人,雇银匠制造神像,他们又俯伏又叩拜。"(《以赛亚书》46:6)

2. Herbert Oppel, KANΩN: *Zur Bedeutungsgeschichte des Wortes und seiner lateinischen Entsprechungen (Regula-Norma)* (Leipzig: Dietrich'sche Verlagsbuchhandlung, 1937), 1–12, 76–78. Oppel 此著今天仍然是关于 kanon 和 regula 这些词在古希腊文和拉丁文中运用情况的权威研究,我在这一章中多有借鉴。

3. Aristophanes, *The Birds* (414 BCE), in *The Peace—The Birds—The Frogs*, trans. Benjamin Bickley Rogers, Loeb Classical Library (Cambridge, Mass.: Harvard University Press, 1996), 226–27, ll. 1001–1005, 此处指阿里斯托芬的喜剧《鸟》中的人物占星师默冬(Meton)。

4. Andrew Barker, *Greek Musical Writings*, Vol. 2, *Harmonic and Acoustic Theory* (Cambridge: Cambridge University Press, 1989), 239–40. canon 一词直到 16 世纪或 17 世纪才被用于指圆形,或者指多声部的复调歌曲(在中世纪拉丁文中被称为"轮唱"或"无限反复")。参见 Otto Klauwell, *Der Canon in seiner geschichtlichen Entwicklung* (Leipzig: C. F. Kahnt, 1874), 9–10。

5. Claudius Galen, *De temperamentis libri III*, ed. Georg Helmreich (Leipzig: B. G. Teubner, 1904), I. 9, 36. 盖伦的评价激发了此后多种旨在恢复失传的《模范》的努力。参见 Richard Tobin, "The Canon of Polykleitos," *American Journal of Archaeology* 79 (1975): 307–21。

6. Anne Tihon, Πτολεμαιου Προχειροι Κανονες: *Les "Tables Faciles" de Ptolomée: 1a. Tables A1–A2. Introduction, édition critique,* Publications de l'Institut Orientaliste de Louvain 59a (Louvain-La-Neuve, Belgium: Université Catholique de Louvain/Peeters, 2011);

Raymond Mercier, *Πτολεμαιου Προχειροι Κανονες: Ptolemy's "Handy Tables": 1a. Tables A1–A2. Transcription and Commentary,* Publications de l'Institut Orientaliste de Louvain 59a (Louvain-La-Neuve, Belgium: Université Catholique de Louvain/Peeters, 2011).

7. Edward Kennedy, "A Survey of Islamic Astronomical Tables," *Transactions of the American Philosophical Society* 46, no. 2 (1956): 1–53. 单词 *kanon* 渐渐被广泛用于其他表格，比如凯撒利亚的尤西比乌主教（Bishop Eusebius of Caesarea）的纪年表，参见 Oppel, *KANΩN,* 67。

8. 参见，比如，Francis Baily, *An Account of the Revd. John Flamsteed, the First Astronomer Royal* (London: n. p., 1835), 10。

9. Pliny the Elder, *Natural History,* trans. H. Rackham, Loeb Classical Library (Cambridge, Mass.: Harvard University Press, 1952), 34·55, 168–69.

10. Plutarch, "kanon tes aretes," 引自 Oppel, *KANΩN,* 42。

11. Aristotle, *Art of Rhetoric,* trans. John Henry Freese, Loeb Classical Library (Cambridge, Mass.: Harvard University Press, 1994), I.9, 1368a; 105.

12. Henner von Hesberg, "Greek and Roman Architects," in *The Oxford Handbook of Greek and Roman Art and Architecture,* ed. Clemente Marconi (Oxford: Oxford University Press, 2014), 142.

13. Plato, *Timaeus,* trans. R. G. Bury, Loeb Classical Library (Cambridge, Mass.: Harvard University Press, 1989), 48–51, 50–53, 112–13; 27d28a, 28c–29a, 48e–49a; Plato, *Republic Books VI–X,* trans. Chris Emlyn-Jones and William Freddy, Loeb Classical Library (Cambridge, Mass.: Harvard University Press), 388–89; 592b.

14. Immanuel Kant, *Critique of Judgment* (1790), trans. Werner S. Pluhar (Indianapolis: Hackett, 1987), I. 46, Ak. 5. 307–10, 174–75.

15. Oppel, *KANΩN,* 53–69.

16. Oppel, *KANΩN,* 69–70.

17. James A. Brundage, *Medieval Canon Law* (London and New York: Longman, 1995), 8–11; Gérard Fransen, *Canones et quaestiones: Évolution des doctrines et systèmes du droit canonique* (Goldbach, Germany: Keip Verlag, 2002), 597.

18. Heinz Ohme, *Kanon ekklesiastikos: Die Bedeutung des altkirchlichen Kanonbegriffs (*Berlin and New York: Walter de Gruyter, 1998), 1–3; 570–73.

19. Ohme, *Kanon ekklesiastikos,* 46–48. 到公元 4 世纪，在罗马法中，希腊文 *canon* 已经成为一个技术术语，指定期的经济支付。

20. Oppel, *KANΩN,* 76–105.

21. Peter Stein, *Roman Law in European History* (Cambridge: Cambridge University Press, 1999), 47.

22. Ohme, *Kanon ekklesiastikos,* 51-55.

23. "Non ex regula ius sumatur, sed ex iure quod est regula fiat." Paulus, *On Plautius,* Book XVI. *Digest* L 17, 1, 见 www. thelatinlibrary. com/justinian/digest50. shtml, 2021 年 8 月 21 日获取。

24. 关于中世纪本笃会修道院的历史与分布，参见 James G. Clark, *The Benedictines in the Middle Ages* (Woodbridge, Suffolk: Boydell, 2011)。

25. "和米那"（hemina）是古代罗马的液体测量单位，大概相当于 10 盎司。

26. D. Philibert Schmitz and Christina Mohrmann, eds., *Regula monachorum Sancti Benedicti*, 2nd ed. (Namur, Belgium: P. Blaimont, 1955), 70–72, 98–104, 86–87; chs. 9.1–11, 10.1–3, 38.1–12, 39.1–11, 40.1–9, 41.1–9, 23.1–5, 24. 17, 25.1–6.

27. 关于《圣本笃会规》的谱系，参见 Adalbert de Vogüé, *Les Règles monastiques anciennes (400–700)* (Turnhout, Belgium: Brepols, 1985), 12–34。

28. 查理曼大帝曾经起草敕令（后来由他的儿子"虔诚者路易"颁布实施），命令整个神圣罗马帝国的所有修道士和修女遵守《圣本笃会规》。参见 Douglas J. McMillan and Kathryn Smith Fladenmuller, eds., *Regular Life: Monastic, Canonical, and Mendicant Rules* (Kalamazoo, Mich.: Medieval Institute, 1997), 7–8。

29. *Regula Sancti Benedicti*, 99–100, 103–4; chs. 39.6, 42.9–10.

30. Uwe Kai Jacobs, *Die Regula Benedicti als Rechtsbuch: Eine rechtshistorische und rechtstheologische Untersuchung* (Vienna: Böhlau Verlag, 1987), 14, 149–51.

31. "Discrete," *Oxford English Dictionary* Online, 见 www.oed.com, 2021 年 7 月 28 日获取。

32. Jean-Claude Schmitt, *Ghosts in The Middle Ages: The Living and Dead in Medieval Society* (1994), trans. Teresa L. Fagan (Chicago: University of Chicago Press, 1998), 156–59.

33. Roberto Busa S. J. and associates, eds., *Index Thomisticus*, web edition by Eduardo Bernot and Enrique Marcón, 见 www. corpusthomisticum. org/it/index. age, 2021 年 7 月 28 日获取。另见词条"Discretio,"刊于 Roy J. Deferrari and Sister Mary M. Inviolata Barry, *A Lexicon of Saint Thomas Aquinas* (1948; repr. Fitzwilliam, New Hampshire: Loreto Publications, 2004), 317–18。这条注释感谢卡佳·克劳斯（Katja Krause）教授。

34. "Discretio," in Rudolph Goclenius, *Lexicon philosophicum* (Frankfurt: Matthias Becker, 1613), 543.

35. "Discretion," *Oxford English Dictionary* Online, 见 www. oed. com, 2021 年 7 月 28 日获取；另见词条"Discret,"《罗伯特法语史辞典》(*Le Robert Dictionnaire historique de la langue française*), ed. Alain Rey (Paris: Dictionnaires Le Robert, 2000), 1:1006–1007.

36. Frederick Schauer, *Thinking Like a Lawyer: A New Introduction to Legal Reasoning* (Cambridge, Mass.: Harvard University Press, 2009), 119–23.

37. 《圣本笃会规》"总则"第 47 条："但是，如果需要的话，可以根据衡平精神有所作为，以修正恶，促进爱。" Jacobs, *Die Regula Benedicti als Rechtsbuch*, 147.

38. Aristotle, *Nicomachean Ethics*, trans. H. Rackham, Loeb Classical Library (Cambridge, Mass.: Harvard University Press, 1934), V.10, 1137b, 24–33, 314–17.

39. Jack M. Balkin, *Living Originalism* (Cambridge, Mass.: Harvard University Press, 2011), 35-58.

40. *Regula Sancti Benedicti*, 2.2–3.

41. 比如，"规则"（*Regula*）词条和示例，参见 D. H. Howlett, *Dictionary of Medieval Latin from British Sources*, Fascicule XIII: PRO-REG (Oxford: Oxford University Press, 2010), 2727–28; J. F. Niermeyer and C. van de Kieft, *Mediae latinitatis lexicon minus: M–Z* (Darmstadt: Wissenschaftliche Buchgesellschaft, 2002), 1178。

42. 比如，多种语言的"规则"的词条与示例，意大利文 *Regola*，参见 *Vocabulario degli Accademici della Crusca*, 4th ed. (Florence: Domenico Maria Manni, 1729–38), 4: 96–97; 法文 *Règle*，参见 *Le Dictionnaire de l'Académie française*, 2nd ed. (Paris: Imprimerie royale, 1718)；英文 *Rule*，参见 Samuel Johnson, *Dictionary of the English Language*, 1st ed. (London: W. Strahan, 1755)。

43. 比如，参见"规则"（*Rule*）词条，Noah Webster, *American Dictionary of the English Language* (New Haven: B. L. Hamlen, 1841)。

44. Aristotle, *Posterior Analytics*, trans. Hugh Tredennick, Loeb Classical Library (Cambridge, Mass.: Harvard University Press, 1939), I. 2, 71b10–15, 30–31.

45. Aristotle, *Metaphysics*, trans. Hugh Tredennick, Loeb Classical Library (Cambridge, Mass.: Harvard University Press, 1989), VI. 2, 1027a20, 302–303; II.3, 995a15–20, 94–95.

46. Aristotle, *Metaphysics*, I. 1, 981a5–15, 4–5. 关于这一点，亚里士多德的意思有时似乎是，即使是"技"，也不是只针对具体情况，参见 Aristotle, *Rhetoric*, I.2, 1356b, 20–23。

47. Aristotle, *Metaphysics*, I.1, 981a30–b5, 6–7。

48. Pascal Dubourg Glatigny and Hélène Vérin, "La réduction en art, un phénomène culturel," in *Réduire en art: La technologie de la Renaissance aux Lumières*, ed. Pascal Dubourg Glatigny and Hélène Vérin (Paris: Éditions de la Maison des sciences de l'homme, 2008), 59–74. 工程在这场经验知识系统化运动中地位突出，参见 Pamela O. Long, "Multi-Tasking 'Pre-Professional' Architect/Engineers and Other Bricolage Practitioners as Key Figures in the Elision of Boundaries Between Practice and Learning in Sixteenth-Century Europe," in *The Structures of Practical Knowledge*, ed. Matteo Valleriani (Cham, Switzerland: Springer, 2017), 223–46。

49. Pamela Smith, *The Body of the Artisan: Art and Experience in the Scientific Revolution* (Chicago: University of Chicago Press, 2004); Christy Anderson, Anne Dunlop, and Pamela Smith, eds., *The Matter of Art: Materials, Practices, Cultural Logics, c. 1250–1750* (Manchester: Manchester University Press, 2014).

50. Jean d'Alembert, *Discours préliminaire* (1751), 引自 Hélène Vérin, "Rédiger et réduire en art: un projet de rationalisation des pratiques," in *Réduire en art*, ed. Glatigny and Vérin, 23。

51. Anne Balansard, *Techné dans les dialogues de Platon* (Sankt Augustin, Germany: Academia Verlag, 2001).

52. 博雅"七艺"早在古典时代晚期马蒂亚努斯·卡佩拉（Martianus Capella）

的那部百科全书作品中就有所提及;"机械艺术"门类迟至中世纪才出现。关于"博雅艺术"门类,参见 Capella, *De nuptiis Philologiae et Mercurii* (5th c. CE, *The Marriage of Philology and Mercury*) (Turnhout, Belgium: Brepols, 2010); Peter Sternagel, *Die artes mechanicae im Mittelalter: Begriffsund Bedeutungsgeschichte bis zum Ende des 13. Jahrhunderts* (Kallmünz, Germany: Lassleben, 1966); R. Jansen-Sieben, ed., *Ars mechanicae en Europe médiévale* (Brussels: Archives et bibliothèques de Belgique, 1989)。

53. William Eamon, *Science and the Secrets of Nature: Books of Secrets in Medieval and Early Modern Culture* (Princeton: Princeton University Press, 1994); Lissa Robert, Simon Schaffer, and Peter Dear, eds., *The Mindful Hand: Inquiry and Invention from the Late Renaissance to Early Industrialisation* (Chicago: University of Chicago Press, 2007); Pamela O. Long, *Artisan/Practitioners and the Rise of the New Science* (Corvallis: Oregon State University Press, 2011).

## 第三章 艺术规则:手脑并用

1. Albrecht Dürer, *Unterweysung der Messung, mit dem Zirckel und Richtscheyt, in Linien, Ebenen und gantzen corporen* (Nuremberg: Hieronymus Andreae, 1525), Dedicatory Epistle, n. p.

2. Hélène Vérin, "Rédiger et réduire en art: un projet de rationalisation des pratiques," in *Réduire en art: la technologie de la Renaissance aux Lumières*, eds. Pascal Dubourg Glatigny and Hélène Vérin (Paris: Éditionsde la Maison des sciences de l'homme, 2008), 17-58; Pamela H. Smith, "Making Things: Techniques and Books in Early Modern Europe," in *Things*, ed. Paula Findlen (London: Routledge, 2013), 173-203.

3. Martin Warnke, *The Court Artist: On the Ancestry of the Modern Artist* (1985), trans. David McLintock (Cambridge: Cambridge University Press, 1993).

4. Vérin, "Rédiger et réduire en art," 17-58, 27-28.

5. Dürer, *Unterweysung der Messung, mit dem Zirckel und Richtscheyt*, Dedicatory Epistle, n. p.

6. 在17世纪初,哪些算"机械艺术"?相关例子参见 Johann Heinrich Alsted, *Encyclopaedia* (1630), ed. Wilhelm Schmidt-Biggemann, 4 vols. (Stuttgart-Bad Cannstatt: Fromann-Holzboog, 1989), 3:1868-1956;这里的"机械艺术"泛指一切手工艺,而不仅仅指实践性强的机械行业,尽管后者在现代早期的自然哲学中具有重要地位,参见 Walter Roy Laird and Sophie Roux, eds., *Mechanics and Natural Philosophy before the Scientific Revolution* (Dordrecht: Springer, 2008)。

7. 《新发明》的印版由杨·范·德·斯特拉特设计,杨·柯拉尔特刻制,菲利普·加勒印刷。所印图片可见于网页 www.metmuseum.org/art/collection/search/659646,2021年7月29日获取。

8. William Eamon, *Science and the Secrets of Nature: Books of Secrets in Medieval*

*and Early Modern Culture* (Princeton: Princeton University Press, 1994), 134-67.

9. Matteo Valleriani, *Galileo Engineer* (Dordrecht: Springer, 2010); Pamela O. Long, *Artisan/Practitioners and the Rise of the New Sciences, 1400-1600* (Corvallis: Oregon State University Press, 2011).

10. Roberto Vergara, ed., *Il compasso geometrico e militare di Galileo Galilei* (Pisa: ETS, 1992); Ari Belenky, "Master of the Mint: How Much Money Did Isaac Newton Save Britain?" *Journal of the Royal Statistical Society*: Series A 176 (2013): 481–98; Andre Wakefield, "Leibniz and the Wind Machines," *Osiris* 25 (2010): 171-88; Kelly Devries, "Sites of Military Science and Technology," in *The Cambridge History of Early Modern Science*, ed. Katharine Park and Lorraine Daston (Cambridge: Cambridge University Press, 2006), 306-19.

11. Francis Bacon, *Novum organum* (1620), Aphorism I. 74, in *The Works of Francis Bacon*, ed. Basil Montagu (London: William Pickering, 1825-34), 9:225.

12. William Eamon, "Markets, Piazzas, and Villages," in *The Cambridge History of Early Modern Science*, ed. Park and Daston, 206-23.

13. René Descartes, *Regulae ad directionem igenii* (c. 1628), Regula X, in *Oeuvres de Descartes*, ed. Charles Adam and Paul Tannery (Paris: J. Vrin, 1964), 10:403-406; Neal Gilbert, *Concepts of Method in the Renaissance* (New York: Columbia University Press, 1960); Nelly Bruyère, *Méthode et dialectique dans l'oeuvre de La Ramée: Renaissance et Âge classique* (Paris: J. Vrin, 1984).

14. Sébastien Le Prestre de Vauban, *Traité de l'attaque des places* (comp. 1704), in *Les Oisivités de Monsieur de Vauban*, ed. Michèle Virol (Seyssel, France: Éditions Camp Vallon, 2007), 1212-13.

15. Leonard Digges, *A Boke Named Tectonion* (London: John Daye, 1556), sig. f.ii recto.

16. Charles Cotton, *The Compleate Gamester: Instructions How to Play at Billiards, Trucks, Bowls, and Chess* (London: Charles Brome, 1687), 147.

17. [Anonymous], *Traité de confiture, ou Le nouveau et parfait Confiturier* (Paris: Chez Thomas Guillain, 1689), sig. ãiiij recto.

18. 这是 Robert May, *The Accomplisht Cook, Or the Art and Mystery of Cookery*, 3rd ed. (London: J. Winter, 1671) 一书的副标题。

19. 参见 Jean Baptiste Colbert, *Instruction generale donnée de l'ordre exprés du roy par Monsieur Colbert... pour l'execution des reglemens generaux des manufactures & teintures registrez en presence de Sa Majesté au Parlement de Paris le treiziéme aoust 1669* (Grenoble: Chez Alexandre Giroud, 1693)，以及科贝特（Jean Baptiste Colbert）内阁时期颁布的其他这类"普遍指令"（general instructions），参见 Jean Baptiste Colbert, *Lettres, instructions et mémoires de Colbert*, 7 vols. (Paris: Imprimerie impériale, 1861-1873)。

20. 关于工艺知识的隐性品质，最经典的说法来自米歇尔·波兰尼所著的《个人知识》(1958; repr. London: Routledge, 2005), 65。其中说道："这是我们在探索成功之路时通常会遇到的试错过程……很多此前我们并未意识到的技巧与鉴赏规则，现在在实践中有了发现。它们包含一些重要的技术程序，那些程序很难被完全讲清楚，即便讲清楚了，那也是广泛的科学研究的结果。因此，在实践中发现了广泛的不自觉的技能和鉴赏规则，这些规则包括重要的技术过程，这些过程很少能被完全指定。即使这样，也只能通过广泛的科学研究才能确定。"

21. 引自 Stéphane Lamassé, "Calculs et marchands (XIVe–XVe siècles)," in *La juste mesure: Quantifier, évaluer, mesurer entre Orient et Occident (VIIIe–XVIIIe siècles)*, ed. Laurence Moulinier, Line Sallmann, Catherine Verna, and Nicolas Weill-Parot (Saint-Denis, France: Presses Universitaires de Vincennes, 2005), 79–97, 86。

22. Digges, *A Boke Named Tectonicon*, Preface, n. p.

23. Digges, *A Boke Named Tectonicon*, n. p.

24. Elway Bevin, *Briefe and Short Instruction of the Art of Musicke, to teach how to make Discant, of all proportions that are in use* (London: R. Young, 1631), 45.

25. Cotton, *The Compleate Gamester*, 1, 5, 21, 154, 109, 57, 147.

26. Edmond Hoyle, *A Short Treatise on the Game of Whist, Containing the Laws of the Game: and also Some Rules, whereby a Beginner may, with due Attention to them, attain to the Playing it well* (London: Thomas Osborne, 1748), 17, 25.

27. Cotton, *The Compleate Gamester*, 49-50.

28. Jean-Marie Lhôte, *Histoire des jeux de société* (Paris: Flammarion, 1994), 292–293.

29. Christy Anderson, Anne Dunlop, and Pamela H. Smith, eds., *The Matter of Art: Materials, Practices, Cultural Logics, c. 1250–1750* (Manchester: Manchester University Press, 2014).

30. Naomi Miller, *Mapping the City: The Language and Culture of Cartography in the Renaissance* (London: Continuum, 2003), 151–58, 179; Marion Hilliges, "Der Stadtgrundriss als Repräsentationsmedium in der Frühen Neuzeit," in *Aufsicht—Ansicht—Einsicht: Neue Perspektiven auf die Kartographie an der Schwelle zur Frühen Neuzeit*, ed. Tanja Michalsky, Felicitas Schmieder, and Gisela Engel (Berlin: trafo Verlagsgruppe, 2009), 355; Daniela Stroffolino, "Rilevamento topografico e processi construttivi delle 'vedute a volo d'ucello,' " in *L'Europa moderna: Catografia urbana e vedutismo*, ed. Cesare de Seta and Daniela Stroffolino (Naples: Electa Napoli, 2001), 57–67.

31. 那些计算表不够准确的原因包括武器和弹药不够标准，总是存在偏差，即炮管直径和炮弹直径之间有差异，这使得炮弹在炮管内跳弹，从而损耗动量。George A. Rothrock, "Introduction," Sébastien Le Prestre de Vauban, *A Manual of Siegecraft and Fortification*, trans. George A. Rothrock (Ann Arbor: University of Michigan Press, 1968), 4–6. 这些问题在18世纪前长期存在，受过数学训练的军事工程师与有经验的炮手经常为此争论。Ken Alder, *Engineering the Revolution: Arms and Enlightenment in France, 1763–1815* (Princeton: Princeton University Press, 1997), 92–112.

32. Vauban, *Manual of Siegecraft and Fortification*, 21.

33. Blaise de Pagan, *Les Fortifications du comte de Pagan* (1689), 引自 Michèle Virol, "La conduite des sièges réduite en art. Deux textes de Vauban," in *Réduire en art*, eds. Glatigny and Vérin, 155。

34. Vauban, *Traité de l'attaque des places* (comp. 1704), 1213.

35. Vauban, *Traité de l'attaque des places*, 1321.

36. Vauban, *Manual of Siegecraft and Fortification*, 175.

37. Vauban, *Traité de l'attaque des places*, 1194.

38. Vauban, *Traité de la défense des places*, 1375.

39. "Ingenium," in Rudolph Goclenius the Elder, *Lexicon philosophicum* (Frankfurt: Matthias Becker, 1613), 241–42.

40. Aristotle, *Art of Rhetoric*, trans. John Henry Freese, Loeb Classical Library (Cambridge, Mass.: Harvard University Press, 1994), I. 2, 1356b26–35, 23.

41. 这里与同时代针对法学家与医生提出的那些建议有很强的相似性，参见 Gianna Pomata, "Sharing Cases: The Observationes in Early modern Medicine," *Early Science and Medicine* 15 (2010): 193–236。

42. 关于现代早期的食谱的总体研究，参见 Elaine Leong, *Recipes and Everyday Knowledge: Medicine, Science, and the Household in Early Modern England* (Chicago: University of Chicago Press, 2018)。

43. 到18世纪下半叶，富裕的法国家庭可能炫耀各种"御用"家当，包括：管家、总管、裁缝和厨师。针对这群人的指导书通常都重视积累经验："我们认为，要想十分熟练地、相对轻松地完成任务，需要在师傅的指导下工作一段时间。在这方面，实践是最好的老师。通过实践，问题变得一目了然，远胜于语言解释。"参见 François Massialot, *Nouvelles instructions pour les confitures, les liqueurs et les fruits*, 2nd ed. (Paris: Charles de Sercy, 1698), 1:sig. ãiiij。

44. Robert May, *The Accomplisht Cook, Or The Art and Mystery of Cookery* (1660), 3rd ed. (London: J. Winter, 1671), Preface, n.p. 1660—1685年，这本书至少印刷过五个版本。

45. Mary Kettilby, *A Collection of above Three Hundred Receipts in Cookery, Physick and Surgery* (1714), 6th ed. (London: W. Parker, 1746), vii. 1714—1749年，这本书至少印刷过七个版本。

46. May, *Accomplisht Cook*, 177.

47. Kettilby, *Collection of above Three Hundred Receipts*, 61.

48. [Anonymous], *The Forme of Cury, A Roll of Ancient English Cookery, Compiled about A. D. 1390, by the Master-Cooks of King Richard II...By an Antiquary*. (London: J. Nichols, 1780), xvii.

49. Hannah Glasse, *Art of Cookery, Made Plain and Easy* (1747; repr. London: L. Wangford, c. 1790). 这本书在作者在世时就至少印刷了五次，现在最新的版本是在1995年出版的。

50. Glasse, *Art of Cookery*, 102.

51. Polanyi, *Personal Knowledge*, 17.

52. Harry Collins, *Tacit and Explicit Knowledge* (Chicago: University of Chicago Press, 2010), 7.

53. Jutta Bacher, "Artes mechanicae," in *Erkenntnis Erfindung Konstruktion: Studien zur Bildgeschichte von Naturwissenschaften und Technik vom 16. bis zum 19. Jahrhundert*, ed. Hans Hollander (Berlin: Gebr. Mann, 2000), 35–50.

54. Francis Bacon, *New Atlantis* (1627), in *The Great Instauration and New Atlantis*, ed. J. Weinberger (Arlington Heights, Ill.: Harlan Davidson, 1989), 75.

55. 参见，比如，在《牛津英语词典》中，单词 mechanical（机械）带有今天不常见的含义："属于或具有从事体力劳动的人的特征，特别是，被认为是一个粗俗的、卑贱的等级。"参见 www. oed. com，2020 年 8 月 17 日获取。

56. Isaac Newton, "Preface," *The Mathematical Principles of Natural Philosophy* (1687), trans. Andrew Motte (London: Benjamin Motte, 1729), sig. a recto and verso.

57. Gerd Gigerenzer, *How to Stay Smart in a Smart World* (London: Penguin, 2022), 37–57.

## 第四章　机械计算之前的算法

1. 本书第四章和第五章的部分内容先前发表于 Lorraine Daston, "Calculation and the Division of Labor, 1750–1950," *Bulletin of the German Historical Institute* 62 (2018): 9–30。感谢此刊编辑应许我在此引用。

2. 温迪·多尼格教授指出，这个数字系统的标准英文术语 Hindu-Arabic numbers（印度-阿拉伯数字）既词不达意，又有误导性。说它词不达意，是因为 Hindu 指的是一种宗教，Arabic 指的是一种语言和 / 或文化；说它有误导性，是因为波斯语在这些数字的传播中扮演了与阿拉伯语一样重要的角色。Indian numerals（印度数字）这个术语会更准确（在德国确实如此称呼），因为这个数字系统确实起源于那里。我一直使用这个术语。本段源自与多尼格的个人交流。

3. Kurt Gödel, "Über formal unentscheidbare Sätze der *Principia Mathematica* und verwandter Systeme," *Monatsheft für Mathematik und Physik* 38 (1931): 179.

4. David Hilbert and Wilhelm Ackermann, *Grundzüge der theoretischen Logik* (Berlin: Springer, 1928), 77.

5. 托马斯（Charles Xavier Thomas de Colmar）还创立了几家保险公司，他于 1820 年为这种机械申请了专利，开始制造并大量销售；它直到 1851 年才投入生产。R. Mehmke, "Numerisches Rechnen," in *Enzyklopädie der Mathematischen Wissenschaften*, ed. Wilhelm Franz Meyer (Leipzig: B. Teubner, 1898–1934), vol. 1, part 2, 959–78. 关于 19 世纪末 20 世纪初办公室计算工具的大致介绍，参见 Mary Croarken, *Early Scientific Computing in Britain* (Oxford: Oxford University Press, 1990), 12–20。

6. Kurt Vogel, *Mohammed Ibn Musa Alchwarizmi's Algorismus: Das früheste*

*Lehrbuch zum Rechnen mit indischen Ziffern: Nach der einzigen (lateinischen) Handschrift (Cambridge Un. Lib. Ms. Ii. 6. 5)* (Aalen, Germany: Otto Zeller Verlagsbuchhandlung, 1963), 42–44. 关于阿拉伯及拉丁世界的代数传统，参见 Victor J. Katz and Karen Hunger Parshall, *Taming the Unknown: A History of Algebra from Antiquity to the Early Twentieth Century* (Princeton: Princeton University Press, 2014), 132–213。

7. Menso Folkerts (with Paul Kunitzsch), eds., *Die älteste lateinische Schrift über das indische Rechnen nach al-Hwarizmi* (Munich: Verlag der Bayerischen Akademie der Wissenschaften, 1997), 7–11.

8. Donald Knuth, *The Art of Computer Programming, Vol.1: Fundamental Algorithms*, 3rd ed. (Boston: Addison-Wesley, 1997), 4–6.; § 1.1.

9. Annette Imhausen, "Calculating the Daily Bread: Rations in Theory and Practice," *Historia Mathematica* 30 (2003): 7 (Problem 39 of the Rhind papyrus).

10. Lis Brack-Bernsen, "Methods for Understanding and Reconstructing Babylonian Predicting Rules," in *Writings of Early Scholars in the Ancient Near East, Egypt, Rome, and Greece,* ed. Annette Imhausen and Tanja Pommerening (Berlin and New York: De Gruyter, 2010), 285–87.

11. Karine Chemla, "De l'algorithme comme liste d'opérations," *Extrême-Orient-Extrême-Occident* 12 (1990): 80–82.

12. Agathe Keller, Koolakodlu Mahesh, and Clemency Montelle, "Numerical Tables in Sanskrit Sources," HAL archives-ouvertes, HAL ID: halshs-01006137 (submitted 13 June 2014), § 2.1.3. https://halshs. archives-ouvertes.fr/halshs-01006137, 2021 年 8 月 20 日 获取。

13. Jim Ritter, "Reading Strasbourg 368: A Thrice-Told Tale," in *History of Science, History of Text*, ed. Karine Chemla (Dordrecht: Springer, 2004), 196.

14. Keller, "Numerical Tables," §§ 2.1, 2.2.2.

15. Eleanor Robson, "Mathematics Education in an Old Babylonian Scribal School," in *The Oxford Handbook of the History of Mathematics*, ed. Eleanor Robson and Jacqueline Stedall (Oxford and New York: Oxford University Press 2009), 225.

16. Agathe Keller, "Ordering Operations in Square Root Extractions, Analyzing Some Early Medieval Sanskrit Mathematical Texts with the Help of Speech Act Theory," in *Texts, Textual Acts, and the History of Science*, ed. Karine Chemla and Jacques Virbel (Heidelberg: Springer, 2015), 189–90.

17. Karine Chemla, "Describing Texts for Algorithms: How They Prescribe Operations and Integrate Cases: Reflections Based on Ancient Chinese Mathematical Sources," in *Texts,* ed. Chemla and Virbel, 322, 327.

18. J. W. Stigler, "Mental Abacus: The Effect of Abacus Training on Chinese Children's Mental Calculations," *Cognitive Psychology* 16 (1986): 145–76; Mary Gauvain, *The Social Context of Cognitive Development* (New York: Guilford Press, 2001), 49–51.

19. Vogel, *Mohammed Ibn Musa Alchwarizmi's Algorismus*, 45–49.

20. 任何数 $n$ 的倒数是 $n^{-1}$，因此，$n \times n^{-1} = 1$。比如，2 的倒数是 1/2。由于古巴比伦的记数系统是十进制（数字 1 到 59，但没有 0）与六十进制（60 和其后的所有数字）的混合，因此，有限六十进制形式的数字的倒数（即 $2^x3^y5^z$ 形式的质因数为 2、3 和 5 的数字，其中 x、y 和 z 是整数）在计算中具有重要的作用，这种倒数的楔形文字表有许多被保留了下来。Jean-Luc Chabert, ed., *A History of Algorithms: From the Pebble to the Microchip* (Berlin: Springer, 1999), 11.

21. Otto Neugebauer, *Mathematische Keilschriften* (Berlin: Verlag von Julius Springer, 1935–37), 1:270, II: plate 14, 43. 更为贴切的翻译，参见 Abraham J. Sachs, "Babylonian Mathematical Texts, I," *Journal of Cuneiform Studies* 1 (1947): 226。

22. Sachs, "Babylonian Mathematical Texts, I," 227.

23. Christine Proust, "Interpretation of Reverse Algorithms in Several Mesopotamian Texts," in *The History of Mathematical Proof*, ed. Karine Chemla (Cambridge: Cambridge University Press, 2012), 410.

24. Gottfried Wilhelm Leibniz, "Towards a Universal Characteristic" (1677), in *Leibniz Selections*, ed. Philip P. Wiener (New York: Charles Scribner's Sons, 1951), 17–25; Étienne Bonnot de Condillac, *La Langue des calculs* (Paris: Charles Houel, 1798), 7–9; Giuseppe Peano, *Notations de logique mathématique* (Turin: Charles Guadagnigi, 1894). 关于皮亚诺开发通用语言，参见 Michael D. Gordin, *Scientific Babel: How Science Was Done Before and After Global English* (Chicago: University of Chicago Press, 2015), 111–13, 137。

25. T. L. Heath, *The Thirteen Books of Euclid's Elements*, 2nd ed., 3 vols. (New York: Dover, 1956), Book VII, Propositions 1–2, 296–300.

26. 在 Google Ngram 的英文图书语料库（1800—2000 年）中搜索"欧几里得算法"一词，结果表明，该词在 20 世纪之前没有被使用过，只是到 1940 年之后才出现快速上升的趋势。这与"算法"一词的情况大致对应，后者在大约 1950 年之前的使用频率曲线是平坦的，然后快速而稳定地上升。

27. 虽然没有古代数学图表存世，但是有证据表明它们真实存在过，并且在古希腊数学中发挥过重要作用。参见 Reviel Netz, *The Shaping of Deduction in Greek Mathematics: A Study in Cognitive History* (Cambridge: Cambridge University Press, 1999), 12–67。

28. Jean Itard, *Les Livres arithmétiques d'Euclide* (Paris: Hermann, 1961).

29. Jacob Klein, *Greek Mathematical Thought and the Origin of Algebra* (1934), trans. Eva Brann (Cambridge, Mass.: MIT Press, 1968); B. L. van der Waerden, *Science Awakening*, trans. Arnold Dresden (New York: Oxford University Press, 1961).

30. Sabetai Unguru, "On the Need to Rewrite the History of Greek Mathematics," *Archive for the History of Exact Sciences* 15 (1975): 67–114; B. L. van der Waerden, "Defense of a 'Shocking' Point of View," *Archive for History of Exact Sciences* 15 (1976):199–210; Hans Freudenthal, "What Is Algebra and What has Been Its History?" *Archive for History of Exact Sciences* 16 (1977): 189–200; André Weil, "Who Betrayed

Euclid?" *Archive for History of Exact Sciences* 19 (1978): 91–93.

31. Jean-LucChabert, ed., *A History of Algorithms: From the Pebble to the Microchip* (Berlin: Springer, 1999), 116.

32. Moritz Pasch, *Vorlesungen über neuere Geometrie* (Leipzig: B. G. Teubner, 1882), 98.

33. David Hilbert, *Grundlagen der Geometrie* (1899), 8th ed., with revisions by Paul Bernays (Stuttgart: Teubner, 1956), 121.

34. 20世纪60年代，这些现代数学方法曾被引入中学（在美国被称为"新数学"）。这场运动受到布尔巴基组织的影响，在法国尤其盛行，但收效不大。Hélène Gispert and Gert Schubring, "Societal Structure and Conceptual Changes in Mathematics Teaching: Reform Processes in France and Germany over the Twentieth Century and the International Dynamics," *Science in Context* 24 (2011): 73–106.

35. "试位法"是一个代数术语，指的是通过使用虚拟的值进行估算，求解 $n + 1$ 个未知数中的 $n$ 的方程的方法。许多地区的数学传统都使用某种版本的这类算法，只是名称不尽相同，梵文称"试数运算"，中国文言文称"盈不足"，阿拉伯文称"双错算法"，拉丁文称"试错规则"，说法不同，面对的问题不同，用不同的步骤推导。Chabert, ed., *A History of Algorithms*, 85–99.

36. John Stuart Mill, *A System of Logic Ratiocinative and Inductive* (1843), ed. J. M. Robson (London: Routledge, 1996), 186–95; Book II. 3, § 3–4.

37. Lorraine Daston, "Epistemic Images," in *Vision and Its Instruments: Art, Science, and Technology in Early Modern Europe*, ed. Alina Payne (College Station: Pennsylvania State University Press, 2015), 13–35.

38. Karine Chemla, "Le paradigme et le général: Réflexions inspirées par les textes mathématiques de la Chine ancienne," in *Penser par cas*, ed. Jean-Claude Passeron and Jacques Revel (Paris: Éditionsde l'École des Hautes Études en Sciences Sociales, 2005), 88–89.

39. Christine Proust, "Interpretation of Reverse Algorithms in Several Mesopotamian Texts," in *History of Mathematical Proof*, ed. Chemla, 410.

40. Karine Chemla, "Résonances entre démonstrations et procédure: Remarque sur le commentaire de Liu Hui (IIIe siècle) au *Neuf Chapitres sur les Procédures Mathématiques* (Ier siècle)," *Extrême-Orient, Extrême-Occident* 14 (1992): 99–106. 参见 Chemla, "Describing Texts for Algorithms," 317–84。

41. Ritter, "Reading Strasbourg 368," 194.

42. G. E. R. Lloyd, "What Was Mathematics in the Ancient World?" in *Oxford Handbook of the History of Mathematics*, ed. Robson and Stedall, 12.

43. Chemla, "Describing Texts for Algorithms," 323.

44. Frances Yates, *The Art of Memory* (Chicago: University of Chicago Press, 1966); Denis Diderot, "Encyclopédie," in *Encyclopédie, ou Dictionnaire raisonné des arts, des sciences et des métiers*, ed. Jean d'Alembert and Denis Diderot (Paris: Briasson, David, Le

Breton, and Durand, 1755), 5:635–48.

45. David Hartley, *Observations on Man, His Frame, His Duty, and His Expectations* (1749), ed. Theodore L. Huguelet (Gainesville, Fla.: Scholars' Facsimile Reprints, 1966), 1:374–77.

46. Mary J. Carruthers, *The Book of Memory: A Study of Memory in Medieval Culture*, 2nd ed. (Cambridge: Cambridge University Press, 2008), 164–69.

47. Anna Maria Busse Berger, *Medieval Music and the Art of Memory* (Berkeley: University of California Press, 2005), 52, 117.

48. Eleanor Robson, "Mathematics Education in an Old Babylonian Scribal School," 225; Berger, *Medieval Music and the Art of Memory*, 180; Hartmut Scharfe, *Education in Ancient India* (Boston: Brill, 2002), 30–37, 229, 240–51.

49. Nancy Pine and Zhenyou Yu, "Early Literacy Education in China: A Historical Overview," in *Perspectives on Teaching and Learning Chinese Literacy in China*, ed. Cynthia Leung and Jiening Ruan (Dordrecht: Springer, 2012), 83–86.

50. Brian W. Ogilvie, *The Science of Describing: Natural History in Renaissance Europe* (Chicago: University of Chicago Press, 2006); Staffan Müller-Wille, *Botanik und weltweiter Handel: Zur Begründung eines natürlichen Systems der Pflanzen durch Carl von Linné (1707–78)* (Berlin: VWB-Verlag für Wissenschaft und Bildung, 1999).

51. 今天，所有的生物学系统都视《自然系统》为该学科的"大爆炸"时刻，它是后来所有博物学分类的基础。Charlie Jarvis, *Order Out of Chaos: Linnaean Plant Names and Their Types* (London: Linnean Society of London, 2007).

52. Nicolas Bourbaki, *Éléments de mathématique*, 38 vols. (Paris: Hermann, 1939–75). 关于布尔巴基学派（一个主要由法国数学家组成的团队的化名），参见Maurice Mashaal, *Bourbaki: Une société secrète de mathématiciens* (Paris: Pour la science, 2000)。

53. 当代经济学家、历史学家罗伊·温特劳布（Roy Weintraub）认为，数学家最初对一般应用，特别是计算机科学不感兴趣，原因可追溯到布尔巴基学派："回看20世纪60年代，今天的数学家对我们应该相信的许多东西都不屑一顾，因为我们是美国第一代完全的布尔巴基数学的学生，被彻底灌输了布尔巴基数学的理想，热爱结构，回避应用……在计算机出现的那段时间，宾夕法尼亚大学的数学系忽视了计算。电脑是电气工程师在用，或者统计学家在用，而统计学家和工程师那时是智力上的下游阶层。" E. Roy Weintraub, *How Economics Became a Mathematical Science* (Durham, N. C.: Duke University Press, 2002), 252–53.

54. Jens Høyrup, "Mathematical Justification as Non-conceptualized Practice," in *History of Mathematical Proof*, ed. Chemla, 382.

55. Edwin Dunkin, *A Far-Off Vision: A Cornishman at Greenwich Observatory*, ed. P. D. Hingley and T. C. Daniel (Cornwall: Royal Institution of Cornwall, 1999), 72–73.

56. Simon Schaffer, "Astronomers Mark Time: Discipline and the Personal Equation," *Science in Context* 2 (1988): 115–45. 牛津大学萨维里安教习天文学教授查尔

斯·普里查德在艾里的葬礼期间致信海军上将、巴黎天文台台长欧内斯特·穆切斯："艾里被悄悄地在乡下下葬，参加葬礼的只有格林尼治的首席助理 H. 特纳。这件事我本不应该说出来，但是，A 是个野蛮人，他'骑在'我、亚当斯、查利斯这帮年轻人头上。" C. Pritchard to E. Mouchez, 28 March 1892, Bibliothèque de l'Observatoire de Paris, 1060-V-A-2, Boite 30, Folder Oxford (Angleterre).

57. William J. Ashworth, "'Labour Harder Than Thrashing': John Flamsteed, Property, and Intellectual Labour in Nineteenth-Century England," in *Flamsteed's Stars*, ed. Frances Willmoth (Rochester: Boydell Press, 1997), 199–216.

58. Mary Croarken, "Human Computers in Eighteenth-and Nineteenth-Century Britain," in *Oxford Handbook of the History of Mathematics*, ed. Robson and Stedall, 375–403.

59. 参见弗拉姆斯蒂德 1705 年 10 月 9 日写给亚伯拉罕·夏普的信，信中解释他动用两个计算员各自独立地计算的机制。John Flamsteed, *The Correspondence of John Flamsteed, the First Astronomer Royal*, ed. Eric G. Forbes, Lesley Murdin, and Frances Willmoth (Bristol: Institute of Physics, 1995–2002), 3: 224–25。

60. Li Liang, "Template Tables and Computational Practices in Early Modern Chinese Calendrical Astronomy," *Centaurus* 58 (2016): 26–45.

61. 参见 Georges Friedmann, "L'*Encyclopédie* et le travail humain," *Annales: Économies, Sociétés, Civilisations* 8 (1953): 53–61，其中谈到这种"大制造"在 18 世纪中期的法国思想家看来与机器和劳动分工相分离的程度。

62. Dunkin, *Far-Off Vision*, 45.

63. Dunkin, *Far-Off Vision*, 70–97.

64. 关于艾里的计算员和助手的工作与薪酬，参见 Allan Chapman, "Airy's Greenwich Staff," *Antiquarian Astronomer* 6 (2012): 4–18。

65. Simon Newcomb, *The Reminiscences of an Astronomer* (Boston and New York: Houghton, Mifflin, and Company, 1903), 71, 74. 与埃德温·邓金一样，西蒙·纽科姆反复强调自己作为计算员的工作是步入非凡的科学生涯的第一个阶梯，"我降生在一个甜蜜和光明的世界"。

66. Newcomb, *Reminiscences*, 288.

67. [Alexandre Deleyre], "Epingle," *Encyclopédie, ou Dictionnaire*, ed. d'Alembert and Diderot, 5:804–7; [Jean-Rodolphe Perronet], "Epinglier," Supplément Planches (1765), 4:1–8.

68. 关于这两个词条复杂的撰写背景及相互关系，参见 Jean-Louis Peaucelle, *Adam Smith et la division du travail: Naissance d'une idée fausse* (Paris: L'Harmattan, 2007)。

69. Adam Smith, *The Wealth of Nations* (1776), ed. Edwin Cannan (Chicago: University of Chicago Press, 1976), 11–14. 关于斯密所援引的法文文献，参见 Jean-Louis Peaucelle and Cameron Guthrie, "How Adam Smith Found Inspiration in French Texts on Pin Making in the Eighteenth Century," *History of Economic Ideas* 19 (2011): 41–67。

70. Gaspard de Prony, *Notices sur les grandes tables logarithmiques et trigonometriques, adaptées au nouveau systeme décimal* (Paris: Firmin Didot, 1824), 5.

71. Charles Babbage, *On the Economy of Machinery and Manufactures* (London: C. Knight, 1832), 153.

72. 公制由 1791 年制宪会议设立，但直到 1837 年 7 月 4 日才被纳入法国法律。Adrien Favre, *Les Origines du système métrique* (Paris: Presses universitaires de France, 1931), 191–207。

73. Gaspard de Prony, *Notices sur les grandes tables logarithmiques et trigonometriques, adaptées au nouveau système décimal* (Paris: Firmin Didot, 1824), 4. 关于普罗尼对数表的里程碑性意义，参见 Lorraine Daston, "Enlightenment Calculations," *Critical Inquiry* 21 (1994): 182–202。

74. 关于这项工程所采用的公式等细节问题，参见 Ivor Grattan-Guiness, "Work for the Hairdressers: The Production of Prony's Logarithmic and Trigonometric Tables," *Annals of the History of Computing* 12 (1990): 177–85。

75. De Prony, *Notices*, 7.

76. De Prony, *Notices*, 7.

77. Smith, *Wealth of Nations*, 13.

78. Simon Schaffer 精彩地描述了巴贝奇项目中所隐含的智能观念，以及巴贝奇与他雇来制造发动机的工程师约瑟夫·克莱门特之间旷日持久的激烈冲突。Schaffer, "Babbage's Intelligence: Calculating Engines and the Factory System," *Critical Inquiry* 21 (1994): 203–27.

79. 一开始，这些对数表被委托给法国出版商法明-迪多出版（议价 139 800 法郎），但这笔款项在印刷过程中不翼而飞。MS "Note sur les tables" (Paris, 2 March 1819), Dossier Gaspard de Prony, Archives de l'Académie des Sciences, Paris. 有关失败的英法联合倡议，见［加斯帕德·德·普罗尼］, *Note sur la publication proposé par le gouvernement anglais des grandes tables logarithmiques et trigonométriques de M. de Prony* (Paris: Firmin-Didot, n.d.). 后来，法国政府出于军需印刷了其中部分内容：*Service géographique de l'armée: Tables des logarithmes à huit decimals* (Paris: Imprimerie Nationale, 1891)。

80. Charles Babbage, *Table of the Logarithms of Natural Numbers, from 1 to 108 000*, stereotyped 2nd ed. (London: B. Fellowes, 1831), vii.

81. Charles Babbage, *On the Economy of Machinery and Manufactures*, 4th ed. (London: Charles Knight, 1835), 201.

82. James Essinger, *Jacquard's Web: How a Hand-Loom Led to the Birth of the Information Age* (Oxford: Oxford University Press, 2004), 4–5.

83. 只有当图案模板能够长时间流行，并且（或者）订单量足够大，超过织机和卡片的投资（另外还需要两位成年工人固定卡片）时，才有可能有利润。Natalie Rothstein, "Silk: The Industrial Revolution and After," in *The Cambridge History of Western Textiles*, ed. David Jenkins (Cambridge: Cambridge University Press, 2003), 2:793–96.

84. David Alan Grier, *When Computers Were Human* (Princeton: Princeton University Press, 2006).

85. Henry Thomas Colebrooke, "Address on Presenting the Gold Medal of the Astronomical Society to Charles Babbage," *Memoirs of the Astronomical Society* 1 (1825): 509–12.

86. Edward Sang 于 1871 年在爱丁堡精算学会的演讲，引自 "CALCULATING MACHINES," in *The Insurance Cyclopaedia*, ed. Cornelius Walford, 6 vols. (London: C. and E. Layton, 1871–78), 1:425。另见 Edward Sang, "Remarks on the Great Logarithmic and Trigonometrical Tables Computed in the Bureau de Cadastre under the Direction of M. Prony," *Proceedings of the Royal Society of Edinburgh* (1874–75), 1–15。

87. Blaise Pascal, "Lettre dédicatoire à Monseigneur le Chancelier [Séguier] sur le sujet machine nouvellement inventée par le Sieur B. P. pour faire toutes sortes d'opération d'arithmétique par un mouvement réglé sans plume ni jetons," (1645), in *Oeuvres complètes de Pascal*, ed. Louis Lafuma (Paris: Éditionsdu Seuil, 1963), 190.

关于莱布尼茨在 17 世纪 70 年代尝试设计的计算机，参见 Maria Rosa Antognazza, *Leibniz: An Intellectual Biography* (Cambridge: Cambridge University Press, 2009), 143, 148–49, 159。更多关于计算机的早期历史，参见 Jean Marguin, *Histoire des instruments à calculer. Trois siècles de mécanique pensante 1642–1942* (Paris: Hermann, 1994); and Matthew L. Jones, *Reckoning with Matter: Calculating Machines, Innovation, and Thinking about Thinking from Pascal to Babbage* (Chicago: University of Chicago Press, 2016)。

88. Laura Snyder, *The Philosophical Breakfast Club: Four Remarkable Friends Who Transformed Science and Changed the World* (New York: Broadway Books, 2011), 191–194.

89. Alexander Pope, *The Guardian*, no. 78 (10 June 1713): 467.

90. M. J. A. N. Condorcet, *Élémens d'arithmétique et de géométrie* (1804), reprinted in *Enfance* 42 (1989), 44.

91. M. J. A. N. Condorcet, *Moyens d'apprendre à compter surement et avec facilité* [Paris, Moutardier, 1804], reprinted in *Enfance* 42 (1989), 61–62.

92. John Napier, *Rabdology* (1617), trans. William F. Richardson (Cambridge, Mass.: MIT Press, 1990).

## 第五章　计算机时代的算法智能

1. Ludwig Wittgenstein, *Philosophical Investigations* (posthumous 1953), trans. G. E. M. Anscombe, 3rd ed. (Englewood Cliffs, N. J.: Prentice Hall, 1958) §§ 185, 193, 194, 199; 74, 77–81.

2. Laura Snyder, *The Philosophical Breakfast Club: Four Remarkable Friends Who Transformed Science and Changed the World* (New York: Broadway Books, 2011), 191–94.

3. Charles Babbage, *The Ninth Bridgewater Treatise: A Fragment* (London: John

Murray, 1837), 93–99.

4. 维特根斯坦举例说明计算机的使用，以批评"图灵机"，参见 Stuart Shanker, *Wittgenstein's Remarks on the Foundations of AI* (London: Routledge, 1998), 1–33。

5. Francis Galton, "Composite Portraits," *Nature* 18 (1878): 97–100; Carlo Ginzburg, "Family Resemblances and Family Trees: Two Cognitive Metaphors," *Critical Inquiry* 30 (2004): 537–56.

6. Ludwig Wittgenstein, *Bemerkungen über die Grundlagen der Mathematik*, ed. G. E. M. Anscombe, Rush Rhees, and G. H. von Wright (Berlin: Suhrkamp Verlag, 2015), IV. 20, 234.

7. René Descartes, *Discours de la méthode pour bien conduire sa raison et chercher la vérité dans les sciences* (1637) in *Oeuvres de Descartes*, ed. Charles Adam and Paul Tannery (Paris: J. Vrin, 1964), 6:18.

8. Blaise Pascal, "Lettre dédicatoire à Monsieur le Chancelier Séguier sur le sujet de la machine nouvellement inventée par le Sieur B. P. pour faire toutes sortes d'opérations d'arithmétique par un mouvement réglé sans plume ni jetons," in Blaise Pascal, *Oeuvres complètes*, ed. Louis Lafuma (Paris: Éditions du Seuil, 1963), 187–91. 关于这类机器的建造和市场销售的漫长而艰难的历史，参见 Matthew L. Jones, *Reckoning with Matter: Calculating Machines, Innovation, and Thinking about Thinking from Pascal to Babbage* (Chicago: University of Chicago Press, 2016)。

9. John Napier, *Mirifici logarithmorum canonis descriptio* (Edinburgh: A. Hart, 1614); Julian Havil, *John Napier: Life, Logarithms, and Legacy* (Princeton: Princeton University Press, 2014), 65–135; Herschel E. Filipowski, *A Table of Anti-Logarithms*, 2nd ed. (London: George Bell, 1851), i–ix; Charles Naux, *Histoire des logarithmes de Neper [sic] à Euler* (Paris: Blanchard, 1966).

10. 例如，一位计算员使用马斯基林的"规矩"或算法进行计算时，每个条目可能要查阅对数表十多次。Mary Croarken, "Human Computers in Eighteenth- and Nineteenth-Century Britain," in *The Oxford Handbook of the History of Mathematics*, eds. Eleanor Robson and Jacqueline Stedall (Oxford: Oxford University Press), 378。

11. Maurice d'Ocagne, *Le Calcul simplifié par les procédés mécaniques et graphiques*, 2nd ed. (Paris: Gauthier-Villars, 1905), 7–23.

12. Nicolas Bion, *Traité de la construction et des principaux usages des instruments de mathématique*, 4th ed. (Paris: Chez C. A. Jombret, 1752).

13. D'Ocagne, *Le Calcul simplifié*, 44–53; Martin Campbell-Kelly, "Large-Scale Data Processing in the Prudential, 1850–1930," *Accounting, Business, and Financial History* 2 (1992): 117–40. 1821—1865 年，这种运算器只卖出了 500 台，但是，到 1910 年，投入使用的这种运算器有大约 8 万台。Delphine Gardey, *Écrire, calculer, classer: Comment une revolution de papier a transformés les sociétés contemporaines (1800–1840)* (Paris: Éditionsla découverte, 2008), 206–12.

14. Louis Couffignal, *Les Machines à calculer* (Paris: Gauthier-Villars, 1933), 2.

15. Croarken, "Human Computers," 386–87. 1928年12月10日，海军总部批准购买新的"巴勒斯加法机"（Class 111700）和租赁何氏制表机，参见《英国海军总部秘书致〈航海天文历〉总监》，1928年12月10日，RGO 16/Box 17, Manuscript Room, Cambridge University Library。

16. 《航海天文历》总监致海军部长的信，1930年10月28日，RGO 16/Box 17, Manuscript Room, Cambridge University Library。

17. 海军部部长致《航海天文历》总监，1933年11月23日。在1931年4月14日总监致海军部长的一封信中，总监认为，没有理由不让妇女担任更高级别的助理职位，但又建议将总监和副总监的职位"留给男性，特别是考虑到现在大部分计算是通过机器进行的"。RGO 16/Box 17, Manuscript Room, Cambridge University Library.

18. 《航海天文历》总监致海军部长的信，1928年5月4日，RGO 16/Box 17, Manuscript Room, Cambridge University Library。

19. Couffignal, *Les Machines*, 7.

20. 《航海天文历》总监菲利普·考埃尔致海军部长的信，1929年8月17日，RGO 16/Box 17, Manuscript Room, Cambridge University Library。根据英国海军总部1933年的工资表，被聘为初级助理的男女员工起薪是每年80英镑，但男性的最高工资是250英镑，女性的最高工资是180英镑。Committee on *Nautical Almanac* Office Report, 26 August 1933, RGO 16/Box 17, Manuscript Room, Cambridge University Library.

21. 《航海天文历》总监科姆里致海军部长的信，1937年2月9日，RGO 16/Box 17, Manuscript Room, Cambridge University Library。

22. Couffignal, *Les Machines*, 41, 78.

23. 关于科姆里的科学生涯，参见 Harrie Stewart Wilson Massey, "Leslie John Comrie (1893–1950)," *Obituary Notices of the Fellows of the Royal Society* 8 (1952): 97–105。他曾与海军总部就自己的改革方案多次发生冲突，1936年，他辞去了《航海天文历》计算员的工作。后来，他成功创立了"科学计算服务中心"，该中心为实现大范围科学计算的机械化提供建议。

24. 《航海天文历》总监科姆里致海军部长的信，1931年10月14日，1933年1月25日，1933年9月30日，RGO 16/Box 17, Manuscript Room, Cambridge University Library。

25. Georges Bolle, "Note sur l'utilisation rationelle des machines à statistique," *Revue générale des chemins de fer* 48 (1929): 175, 176, 179, 190.

26. 引自 Coffignal, *Les Machines*, 79。

27. 正如 Matthew Jones 指出，相比自动计算机，18世纪的计算机很少带有开发机器智能的愿景，尽管有诸如拉美特利这样的唯物主义哲学家大谈思想的物性。Jones, *Reckoning with Matter*, 215–18; Lorraine Daston, "Enlightenment Calculations," *Critical Inquiry* 21 (1994): 193.

28. Edward Wheeler Scripture, "Arithmetical Prodigies," *American Journal of Psychology* 4 (1891): 1–59, 对这一现象进行了历史梳理。

29. D'Ocagne, *Le Calcul simplifié*, 5.

30. Couffignal, *Les Machines*, 21.

31. Alfred Binet, *Psychologie des grands calculateurs et joueurs d'échecs* (Paris: Librairie Hachette, 1894), 91–109. 比奈研究项目中的那两个计算天才雅克·伊瑙迪和伯里克利·迪亚曼迪，还都是科学学术委员会的研究对象，这个委员会的成员还包括加斯东·达布、亨利·庞加莱、弗朗索瓦-费利克斯-蒂斯朗，他们寻求位于硝石库的比奈的老师让-马丁·沙尔科的帮助，后者又招募了比奈。

32. Wesley Woodhouse 致信海军某部，1837 年 4 月 10 日，RGO 16/Box 1, Manuscript Room, Cambridge University Library.

33. P. H. Cowell to L. Comrie, 13 September 1930, RGO 16/Box 1, Manuscript Room, Cambridge University Library.

34. Bolle, "Note sur l'utilisation rationelle," 178.

35. J.-M. Lahy and S. Korngold, "Séléction des operatrices de machines comptables," *Année psychologique* 32 (1931): 136–37.

36. Francis Baily, "On Mr. Babbage's New Machine for Calculating and Printing Mathematical and Astronomical Tables," *Astronomische Nachrichten* 46 (1823): cols. 409–22; reprinted in Charles Babbage, *The Works of Charles Babbage*, ed. Martin Campbell-Kelly (London: Pickering & Chatto, 1989), 2:45.

37. Couffignal, *Les Machines*, 21.

38. 20 世纪初心理学关于注意力的研究，参见 Hans Henning, *Die Aufmerksamkeit* (Berlin: Urban & Schwarzenberg, 1925), esp. 190–201。

39. Théodule Ribot, *Psychologie de l'attention* (Paris: Félix Alcan, 1889), 62, 95, 105.

40. Alfred Binet and Victor Henri, *La Fatigue intellectuelle* (Paris: Schleicher Frères, 1898), 26–27.

41. John Perham Hylan, "The Fluctuation of Attention," *Psychological Review* 2 (1898): 77.

42. Louis, *Les Machines*, 67, 72.

43. 关于这一点，最精彩的论述见 Jones, *Reckoning with Matter*；关于巴贝奇的机器慢慢变成现实，见其中第 208–9 页。

44. Michael Lindgren, *Glory and Failure: The Difference Engines of Johann Müller, Charles Babbage, and Georg and Edvard Scheutz* (Cambridge, Mass.: MIT Press, 1990).

45. D'Ocagne, *Le Calcul simplifié*, 88.

46. David Alan Grier, *When Computers Were Human* (Princeton: Princeton University Press, 2006); Christine von Oertzen, "Machineries of Data Power: Manual versus Mechanical Census Compilation in Nineteenth-Century Europe," *Osiris* 32 (2017): 129–50.

47. Dava Sobel, *The Glass Archive: How the Ladies of the Harvard Observatory Took the Measure of the Stars* (New York: Viking, 2016), 96–97; Allan Chapman, "Airy's Greenwich Staff," *Antiquarian Astronomer* 6 (2012): 16.

48. Charles Babbage, *On the Economy of Machinery and Manufactures* (1832), 4th

ed. (London: Charles Knight, 1835), 201.

49. Paul Erikson, Judy L. Klein, Lorraine Daston, Rebecca Lemov, Thomas Sturm, and Michael D. Gordin, *How Reason Almost Lost Its Mind: The Strange Career of Cold War Rationality* (Chicago: University of Chicago Press, 2013), 77–79.

50. [Gaspard Riche de Prony], *Note sur la publication, proposé par le gouvernement anglais des grandes Tables logarithmiques et trigonométriques de M. de Prony* (Paris: Firmin-Didot, n.d.), 8; Edward Sang, "Remarks on the Great Logarithmic and Trigonometrical Tables computed in the Bureau du Cadastre under the direction of M. Prony," *Proceedings of the Royal Society of Edinburgh* (21 December 1874), 10–11.

51. Jones, *Reckoning with Matter*, 244–45; Couffignal, *Les Machines*, 47.

52. 关于莱布尼茨、斯坦诺普、孔狄亚克的观点，参见 Jones, *Reckoning with Matter*, 4–5, 197–99, 215–25; Daston, "Enlightenment Calculations," 190–93。

53. Martin Davis, *The Universal Computer: The Road from Leibniz to Turing* (New York: W. W. Norton, 2000) 讲述了这一故事。David Berlinski, *The Advent of the Algorithm: The 300-Year Journey from an Idea to the Computer* (New York: Harcourt, 2000) 也是如此（更为生动有趣）。希尔伯特的 *Entscheidungsproblem* 以及图灵、阿隆佐·邱奇和斯蒂芬·克莱尼都曾尝试解决这一问题，他们的努力对于将数学逻辑与算法以及最终与计算机联系起来起到了至关重要的作用。参见 David Hilbert and Wilhelm Ackermann, *Grundzüge der theoretischen Logik* (Berlin: Springer, 1928), 77, 另参见 Martin Davis, ed., *The Undecidable: Basic Papers on Undecidable Propositions, Unsolvable Problems, and Computable Functions* (Hewlett, N. Y.: Raven Press, 1965)。

54. Allen Newell and Herbert A. Simon, "The Logic Theory Machine: A Complex Information Processing System," *IRE Transactions on Information Theory* 1 (1956): 61.

55. Herbert A. Simon, *Models of My Life* (New York: Basic Books, 1991), 207.

56. Herbert A. Simon, Patrick W. Langley, and Gary L. Bradshaw, "Scientific Discovery as Problem Solving," *Synthèse* 47 (1981): 2, 4. "逻辑理论"程序以及 BACON 程序中对探索方法的应用，都是西蒙熟练运用探索方法的好例子——相比分别逻辑证明或科学发现，这种方法以更节俭的手段达到同样的效果。今天，尽管计算机存储和速度有了长足的进步，但是它们仍然限制着计算的机算法。参见 Matthew L. Jones, "Querying the Archive: Data Mining from Apriori to Page Rank," in *Science in the Archives: Pasts, Presents, Futures*, ed. Lorraine Daston (Chicago: University of Chicago Press, 2017), 311–28。

57. 在20世纪80年代认知科学提出的心智模拟模型中，留有这些计算机子例程的痕迹，在那里，它们"被视为认知模块，非常适合大型计算中的'分而治之'策略。但是，对于计算机来说，子例程是否相互隔绝，并无差别"。Gerd Gigerenzer and Daniel Goldstein, "Mind as Computer: The Social Origin of a Metaphor," in *Adaptive Thinking: Rationality in the Real World*, ed. Gerd Gigerenzer (Oxford: Oxford University Press, 2000), 41.

58. Chris Anderson, "The End of Theory: The Data Deluge Makes the Scientific

Method Obsolete," *Wired Magazine* (23 June 2008). 相关档案，参见 archive. wired. com/science/discoveries/magazine /16-07/pb_theory，2021 年 8 月 2 日获取。

59. "Root Cause: Failure to use metric units in the coding of a ground software file, 'Small Forces,' used in trajectory models." 参见 NASA, *Mars Climate Orbiter Mishap Investigation Board Phase 1 Report* (10 November 1999), 7, 参见 llis. nasa. gov/llis_lib/pdf/1009464main1_0641-mr. pdf, 2021 年 8 月 2 日获取。

## 第六章　规则与规章

1. Lorraine Daston and Michael Stolleis, "Nature, Law, and Natural Law in Early Modern Europe," in *Natural Laws and Laws of Nature in Early Modern Europe*, ed. Lorraine Daston and Michael Stolleis (Farnham, Surrey: Ashgate, 2008), 1–12.

2. 早在公元 1 世纪，罗马法学家就区分了"法则"（*lex*）和"规则"（*regula*）——后者将古代的法律判决汇集成一条一般性的格言或谚语，其中约有 200 条被收入《查士丁尼法典》中的"古代法律多样性"（*De diversis regulis juris antique*）篇目，参见 Heinz Ohme, *Kanon ekklesiastikos: Die Bedeutung des altkirchlichen Kanonbegriffs* (Berlin: Walter de Gruyter, 1998), 51–55。从公元 5 世纪开始，"规则"（*regulae*）一词在罗马法中专指与教会有关的规则（比如，基督教教士可以拒绝发誓），参见 Ohme, *Kanon ekklesiastikos*, 1–3, 46–49。

3. Colin McEvedy, *The Penguin Atlas of Modern History (to 1815)* (Harmondsworth: Penguin, 1986), 39.

4. Jean-Jacques Rousseau, *Reveries of the Solitary Walker* (comp. 1776–78, publ. 1782), trans. Peter France (London: Penguin, 1979), 38–39.

5. 关于这一现象的精彩描述，参见 Giorgio Riello and Ulinka Rublack, eds., *The Right to Dress: Sumptuary Laws in Global Perspective, c. 1200–1800* (Cambridge: Cambridge University Press, 2019). 另见 Daniel Roche, *The Culture of Clothing: Dress and Fashion in the Ancien Regime* (1989), trans. Jean Birrell (Cambridge: Cambridge University Press, 1994); Alan Hunt, *Governance of the Consuming Passions: A History of Sumptuary Law* (London: Macmillan, 1996)。

6. Catherine Kovesi Killerby, *Sumptuary Law in Italy 1200–1500* (Oxford: Clarendon Press, 2002), 112.

7. 引自 Frances Elizabeth Baldwin, "Sumptuary Legislation and Personal Regulation," *Johns Hopkins University Studies in Historical and Political Science* 44 (1926): 52。

8. Herzog von Sachsen-Gotha-Altenburg, Ernst I., *Fürstliche Sächsische Landes-Ordnung* (Gotha, Germany: Christoph Reyher, 1695), 541, 547.

9. Matthäus Schwarz and Veit Konrad Schwarz, *The First Book of Fashion: The Book of Clothes of Matthäus Schwarz and Veit Konrad Schwarz of Augsburg*, ed. Ulinka Rublack, Maria Hayward, and Jenny Tiramani (New York: Bloomsbury Academic, 2010).

10. Ulinka Rublack and Giorgio Riello, "Introduction," in *Right to Dress*, ed. Riello and Rublack, 5.

11. "Ordonnance contre le luxe" (1294), in P. Jacob [Paul Lacroix], *Recueil curieux de pièces originales rares ou inédites en prose et en vers sur le costume et les revolutions de la mode en France* (Paris: Administration de Librairie, 1852), 3–5.

12. "Ordonnance" (c. 1450), in Jacob [Lacroix], *Recueil curieux*, 12.

13. Catherine Kovesi Killerby, "Practical Problems in the Enforcement of Italian Sumptuary Law, 1200–1500," in *Crime, Society, and the Law in Renaissance Italy*, ed. Trevor Dean and K. J. P. Lowe (Cambridge: Cambridge University Press, 1994), 112.

14. Maria Giuseppina Muzzarelli, "Sumptuary Laws in Italy: Financial Resources and Instrument of Rule," in *Right to Dress*, ed. Riello and Rublack, 167–85.

15. Liselotte Constanze Eisenbart, *Kleiderordnungen der deutschen Städte zwischen 1350 und 1700* (Berlin and Göttingen: Musterschmidt Verlag, 1962), 62.

16. Baldwin, "Sumptuary Legislation," 28–29.

17. Killerby, *Sumptuary Law in Italy*, 73.

18. Jacob [Lacroix], *Recueil curieux*, 40.

19. Ulinka Rublack, "The Right to Dress: Sartorial Politics in Germany, c. 1300–1750," in *Right to Dress*, ed. Riello and Rublack, 56.

20. Killerby, "Practical Problems," 105.

21. *Fürstliche Sächsische Landes-Ordnung*, 542–43.

22. "Déclaration du Roi, portant réglement pour les ouvrages et vaisselles d'or, vermeil doré et d'argent, 16 December 1689," reprinted in Jacques Peuchet, *Collection des lois, ordonnances et réglements de police, depuis le 13e siècle jusqu'à l'année 1818*, Second Series: *Police moderne de 1667–1789* (1667–1695) (Paris: Chez Lottin de Saint-Germain, 1818), 1:491–99. 在这个问题上，路易十四颁布的更早的法令，参见 Jacob [Lacroix], *Recueil curieux*, 1:88。

23. H. Duplès-Argier, "Ordonnance somptuaire inédite de Philippe le Hardi," *Bibliothèque de l'École des chartes*, 3rd Series, no. 5 (1854): 178.

24. "Ordinance of 1294" in Jacob [Lacroix], *Recueil curieux*, 3–4.

25. "Edict of 1661" in Jacob [Lacroix], *Recueil curieux*, 117–18.

26. Eisenbart, *Kleiderordnungen der deutschen Städte*, 69.

27. Killerby, *Sumptuary Law in Italy*, 38–39; Sara-Grace Heller, "Limiting Yardage and Changes of Clothes: Sumptuary Legislation in Thirteenth-Century France, Languedoc, and Italy," in *Medieval Fabrications: Dress, Textiles, Clothwork, and Other Cultural Imaginings*, ed. E. Jane Burns (New York: Palgrave-Macmillan, 2004), 127; Veronika Bauer, *Kleiderordnungen in Bayern vom 14. bis zum 19. Jahrhundert*, Miscellanea Bavarica Monacensia, Heft 62 (Munich: R. Wölfle, 1975), 39–78.

28. 例如，参见 Valerie Cumming, C. Willet Cunnington, and Phillis Cunnington, *The Dictionary of Fashion History* (New York: Berg, 2010)。

29. Killerby, *Sumptuary Law in Italy*, 112.

30. "Edict of 17 October 1550" in Jacob [Lacroix], *Recueil curieux*, 27.

31. Killerby, "Practical Problems," 106–11. 1330 年，佛罗伦萨设立专门的"妇女事务官"，赋予其拦截搜身的权力。Rublack and Riello, "Introduction," 17.

32. Killerby, *Sumptuary Law in Italy*, 147–49.

33. Rublack, "Right to Dress," 64–70; Killerby, *Sumptuary Law in Italy*, 120–23.

34. *Fürstliche Sächsische Landes-Ordnung*, 563.

35. Luca Molà and Giorgio Riello, "Against the Law: Sumptuary Prosecutions in Sixteenth- and Seventeenth-Century Padova," in *Right to Dress*, eds. Riello and Rublack, 221. 在某些特殊情况下，法国甚至将某些禁奢规则延伸到王室，例如，1644 年颁布的禁止在衣服上添加金银饰品的规定，"Edict of 1644" in Jacob [Lacroix], *Recueil curieux*, 94。

36. "Edict of 1661" in Jacob [Lacroix], *Recueil curieux*, 105. 在意大利城市中，之前也有过相同的趋势。Killerby, *Sumptuary Law in Italy*, 37.

37. Eisenbart, *Kleiderordnungen der deutschen Städte*, 32.

38. Killerby, *Sumptuary Law in Italy*, 115.

39. "Edict of 1661" in Jacob [Lacroix], *Recueil curieux*, 17–18.

40. Molà and Riello, "Against the Law," 217; *Fürstliche Sächsische Landes-Ordnung*, 555.

41. Muzzarelli, "Sumptuary Laws in Italy," 170.

42. *Fürstliche Sächsische Landes-Ordnung*, 563–64.

43. 参见，比如：Adam Clulow, "'Splendour and Magnificence': Diplomacy and Sumptuary Codes in Early Modern Batavia," in *Right to Dress*, ed. Riello and Rublack, 299–24。

44. Rublack and Riello, "Introduction," 2.

45. "Sudan Moves to Dissolve Ex Ruling Party, Repeals Public Order Law," *New York Times*, 28 November 2019; "Le voile de la discorde," *Le Monde des réligions*, no. 99, 31 December 2019.

46. D. J. [Chevalier de Jaucourt], "Règle, Règlement," in *Encyclopédie, ou Dictionnaire raisonné des sciences*, ed. Jean d'Alembert and Denis Diderot (Neufchastel: Chez Samuel Faulche, 1765), 14:20.

47. "Ordonnance de Police, qui enjoint à tous aubergistes, hôteliers, loueurs de carosses et de chevaux, et autres particuliers, de conformer aux ordonnances et réglements de police concernant la conduite des chevaux et mulets," 22 June 1732, reprinted in Peuchet, *Collection des lois*, Second Series: 6:60–62.

48. "Ordonnance de Police, concernant le nettoiement des rues de Paris," 28 November 1750, reprinted in Peuchet, *Collection des lois*, Second Series: 6:48–51.

49. "Ordonnance de Police, portant defenses de jouer dans les rues ou places publiques, au bâtonnet et aux quills, ni même d'élever des cerfs-volants et autres jeux," 3 September 1754, reprinted in Peuchet, *Collection des lois*, Second Series: 6:192–93.

50. "Édit dur Roi, portant création d'un lieutenant de police en ville, prévôte et vicomte de Paris," March 1667, reprinted in Peuchet, *Collection des lois,* Second Series: 1:119–26.

51. 对这些规章按领域（经济、行政、意识形态和刑事）进行分类，参见 Jean-Claude Hervé, "L'Ordre à Paris au XVIIIe siècle: les enseignements du 'Recueil de règlements de police' du commissaire Dupré," *Revue d'histoire moderne et contemporaine* 34 (1985): 204。其中，只有 9.9% 的规章涉及危害安全的犯罪，相比之下，近 75% 的规章都是关于维护经济和行政秩序的。

52. 这是海因里希·桑德（Heinrich Sander）对 1777 年巴黎的印象，引自 Wolfgang Griep, "Die reinliche Stadt: Über fremden und eigenen Schmutz," in *Rom-Paris-London: Erfahrung und Selbsterfahrung deutscher Schriftsteller und Künstler in den fremden Metropolen,* ed. Conrad Wiedemann (Stuttgart: J. B. Metzlersche Verlagsbuchhandung, 1988), 136。

53. Louis-Sébastien Mercier, *Tableau de Paris* (1782; repr. Geneva: Slatkine, 1979), 1:118.

54. Louis-Sébastien Mercier, *L'An 2440: Rêve s'il en fut jamais* (London: n. p., 1771), 24. 此著的英译者添加脚注"据我所知，这种方法（靠右行驶）在帝welcome维也纳已经出现很长时间了"，并认为这种规则在当时的伦敦也是新生事物。Louis-Sébastien Mercier, *Memoirs of the Year Two Thousand Five Hundred,* trans. W. Hooper (London: G. Robinson, 1772), 1:27n.

55. 狄德罗是《百科全书》的主编，词条 Police 的作者署名为 "A"，可能是安托万·加斯帕德·布歇·德阿尔吉斯，巴黎市夏特莱区长官兼巴黎警察署警长。但是，其中部分文字摘自吉约特未发表的呈送路易十五的手稿。"治安"（POLICE, s. f. Gouvern.）位于达朗贝尔和狄德罗主编的《百科全书》的 12:904–12, esp. 911。一般认为，吉约特只为《百科全书》写过一个词条，而且是与朗格莱·迪弗雷努瓦合作，那就是"军事桥梁"（Pont militaire）。狄德罗是吉约特在穆夫塔德街的邻居，可能近水楼台，得到了这部手稿。

56. François Guillote, *Mémoire sur la réformation de la police de France. Soumis au Roi en 1749,* ed. Jean Seznec (Paris: Hermann, 1974), 35.

57. Michel Foucault, *Surveiller et punir: Naissance de la prison* (Paris: Éditions Gallimard, 1975), 250–51.

58. 参见，比如，Mercier, *Tableau de Paris,* 1:117–21。

59. 巴黎的第一条人行道出现在新桥（1607）上，第一条街道旁的人行道建于 1781 年。Bernard Landau, "La fabrication des rues de Paris au XIXe siècle: Un territoire d'innovation technique et politique," *Les Annales de la recherche urbaine* 57–58 (1992): 25.

60. Daniel Vaillancourt, *Les Urbanités parisiennes au XVIIe siècle* (Quebec: Les Presses de l'Université Laval, 2009), 238–39; Bernard Landau, "La fabrication des rues de Paris," 25. 在 1845 年法令之前，全法国道路的一侧或两侧都没有设立人行道。

61. Leon Bernard, "Technological Innovation in Seventeenth-Century Paris," in *The*

*Pre-Industrial Cities and Technology Reader*, ed. Colin Chant (London: Routledge, 1999), 157–62; Bernard Causse, *Les Fiacres de Paris au XVIIe et XVIIIe siècles* (Paris: Presses Universitaires de France, 1972), 38.

 62. Vaillancourt, *Les Urbanités parisiennes*, 254; Bernard, "Technological Innovation," 157.

 63. 从圣安东尼门到圣奥诺雷门的林荫大道是路易十四在 1668—1705 年建造的，是 18 世纪巴黎的主要景点之一，道路两侧的树木将行人与马匹和马车分隔开来。参见，比如，巴黎 1751 年 8 月 28 日的《警察条例》，in Peuchet, *Collection des lois*, Second Series: 6:71–74。

 64. Guillote, *Mémoire sur la réformation*, 19. 的确，重大火灾是现代早期城市大规模重建的唯一机会，就像 1666 年伦敦大火之后，中世纪的伦敦被改造一新。Peter Elmer, "The Early Modern City," in *Pre-Industrial Cities and Technology*, ed. Chant and Goodman, 202.

 65. Elmer, "Early Modern City," 198–211.

 66. Peuchet, *Collection des lois*, Second Series: 1:119–26; Jacques Bourgeois-Gavardin, *Les Boues de Paris sous l'Ancien Régime* (Paris: EHESS, 1985), 47–51.

 67. Jacques Peuchet, "Jurisprudence/ De l'exercice de la police," *Encyclopédie méthodique*, 引自 Vincent Milliot, *Un Policier des Lumières, suivi de Mémoires de J. C. P. Lenoir* (Seyssel, France: Éditions Champ Vallon, 2011), 144。

 68. 这些规章被杜普雷收集在 62 个装订成册的案卷中，每卷厚达 300~600 页；一些案卷在法国大革命期间丢失了，但大部分至今仍保存在法国国家图书馆。Hervé, "L'Ordre à Paris au XVIIIe siècle," 185–214.

 69. Peuchet, *Collection des lois*, Second Series; Jacob [Lacroix], *Recueil curieux*.

 70. Charles de Secondat de Montesquieu, *Esprit des lois* (1748; repr. Paris: Firmin-Didot, 1849), Book 26, ch. 24, 415.

 71. 在整个 18 世纪，里弗的价值波动不定。一盎司黄金大约值 90 里弗，1 里弗有 20 个苏。按照 2019 年的黄金价格，300 里弗大约相当于 1.2 万欧元。

 72. Peuchet, *Collection des lois*, Second Series: 4:281; 6:3.

 73. Peuchet, *Collection des lois*, Second Series: 4:115–17; Catherine Denys, "La Police du nettoiement au XVIIIe siècle," *Ethnologie Française* 153 (2015): 413.

 74. Peuchet, *Collection des lois*, Second Series: 4:281; 6:194–95.

 75. Jacob [Lacroix], *Recueil curieux*, 94; 另参见 Nicolas de la Mare, *Traité de la police* (Paris: Jean & Pierre Cot, 1705–1738), 1:396。

 76. Ordonnance de Police, pour prevenir les incendies, 10 February 1735, reprinted in Peuchet, *Collection des lois*, Second Series: 4:160–69.

 77. "Déclaration du Roi, portant réglement pour les ouvrages et vaisselles d'or, vermeil doré et d'argent," 16 December 1689, reprinted in Peuchet, *Collection des lois*, Second Series: 1:491–499. 另外，关于路易十四统治时期有关这一问题颁布的较早的法规，参见 Jacob [Lacroix], *Recueil curieux*, 1:88。

78. Arlette Farge, *Vivre dans la rue à Paris au XVIIIe siècle* (1979; repr. Paris: Gallimard, 1992), 208.
79. Bourgeois-Gavardin, *Les Boues de Paris*, 68–71; Denys, "La Police," 414.
80. Elmer, "The Early Modern City," 200–207.
81. Denys, "La Police," 417.
82. 引自 Riitta Laitinen and Dag Lindstrom, "Urban Order and Street Regulation in Seventeenth-Century Sweden," in *Cultural History of Early Modern European Streets*, ed. Riitta Laitinen and Thomas V. Cohen (Leiden: Brill, 2009), 70。
83. "Arrêt du Conseil d'État du Roi, qui fait défense d'étaler des marchandises sur les trottoirs du Pont-Neuf," 5 April 1756, reprinted in Peuchet, *Collection des lois,* Second Series: 6:236–40.
84. Albert O. Hirschman, *The Passions and the Interests: Political Arguments for Capitalism before Its Triumph* (Princeton: Princeton University Press, 1977).
85. Mercier, *L'An 2440*, ch. 5.
86. John Trusler, "Rules of Behaving of General Use, though Much Disregarded in this Populous City" (1786), 引自 Catharina Löffler, *Walking in the City. Urban Experience and Literary Psychogeography in Eighteenth-Century London* (Wiesbaden: J. B. Metzler, 2017), 84; 另参见约翰·盖伊的讽刺诗 "Trivia: Or, The Art of Walking the Streets of London," (1716), reprinted in *The Penguin Book of Eighteenth-Century English Verse*, ed. Dennis Davison (Harmondsworth: Penguin Books, 1973), 98–103。
87. Sabine Barles, "La Rue parisienne au XIXe siècle: standardisation et contrôle?" *Romantisme* 1 (2016): 26.
88. "Ordonnance de Police, concernant la police du rempart de la Porte Saint-Antoine à la Porte Saint-Honoré," 28 August 1751, Peuchet, *Collection des lois,* Second Series: 6:71–74.
89. 比如 *Almanach du commerce de Paris* (Paris: Favre, An VII [1798]), 这份文献提到里昂、马赛、鲁昂及波尔多的早期此类年鉴, 参见 gallica. bnf. fr/ark:/12148/bpt6k62929887/f8. item, 2021年8月3日获取。
90. Bourgeois-Gavardin, *Les Boues de Paris*, 8; "Ordonnance de Police, concernant le nettoiement des rues," 3 February 1734, Peuchet, *Collection des lois,* Second Series: 4:115–17.
91. Griep, "Die reinliche Stadt, " 141–42; Denys, "La Police," 412. 关于难闻的气味的描述, 参见 Alain Corbin, *The Foul and the Fragrant. Odor and the French Social Imagination* (1982), trans. Miriam L. Cochan with Roy Porter and Christopher Prendergast (Cambridge, Mass.: Harvard University Press. 1986), 90-95。
92. "Arrêt du Conseil d'État du Roi, 21 November 1758, qui ordonne que les fonds destinés pour l'illumination et le nettoiement de la ville de Paris, seront augmenté de cinquante mille livres," reprinted in Peuchet, *Collection des lois,* Second Series: 6:349.
93. Barles, "La Rue parisienne," 27; Sabine Barles and André Guillerme, *La*

*Congestion urbaine en France (1800–1970)* (Champs-sur-Marne, France: Laboratoire TMU/ARDU, 1998), 149–78.

94. Sabine Barle, "La Boue, la voiture et l'amuser public. Les transformations de la voirie parisienne fin XVIIIe–fin XIXe siècles," *Ethnologie française* 14 (2015): 426.

95. Elmer, "Early Modern City," 212.

96. Elmer, "Early Modern City," 201.

97. Bernard Rouleau, *Le Tracé des rues de Paris: Formation, typologie, fonctions* (Paris: Éditions du Centre National de la Recherche Scientifique, 1967), 88; Vincent Denis, "Les Parisiens, la police et les numérotages des maisons au XVIIIe siècle à l'Empire," *French Historical Studies* 38 (2015): 95.

98. Jules Verne, *Paris au XXe siècle*, ed. Piero Gondolo della Riva (Paris: Hachette, 1994), 43. 这部小说的手稿在凡尔纳去世后一度遗失，直到 20 世纪 80 年代才被重新发现。其文本的错综复杂的历史，参见 Verne, *Paris au XXe siècle*, 11–22。

99. Hans-Werner Eroms and Horst H. Munske, *Die Rechtscreibreform, Pro und Kontra* (Berlin: Schmidt, 1997).

100. 法院判定，德国各邦有权规定本邦的学校教授哪些拼写规则，此项改革没有侵犯学生及家长的宪法权利。参见 Bundesverfassungsgericht, 1BvR 1640/ 97, 14 July 1998, 参见 www. bundesverfassungsgericht. de/e/rs19980714_1bvr164097.html，2021 年 8 月 21 日获取。

101. *Scotland on Sunday*, 17 August 2008, 引自 Simon Horobin, *Does Spelling Matter?* (Oxford: Oxford University Press, 2013), 11。

102. Monika Keller, *Ein Jahrhundert Reformen der französischen Orthographie. Geschichte eines Scheiterns* (Tübingen: Stauffenberg Verlag, 1991); Académie française, "Déclaration de l'Académie française sur la 'réforme de l'orthographie'", 11 February 2016, 参见 www. academie-francaise. fr/actualites/declaration-de-lacademie-francaise-sur-la-reforme-de-lorthographe, 2021 年 8 月 21 日获取。

103. "Le masculin de la langue n'est pas le masculin du monde sensible," *Le Monde*, 31 May 2019. 有关这个争议，参见 Danièle Manesse and Gilles Siouffi, eds, *Le Féminin et le masculin dans la langue* (Paris: ESF sciences humaines, 2019)；关于对立一方，参见 Maria Candea and Laélia Véron, *Le français est à nous! Petit manuel d'émancipation linguistique* (Paris: La Découverte, 2019)。

104. Horobin, *Does Spelling Matter?*, 176-77, 8.

105. Laurence de Looze, "Orthography and National Identity in the Sixteenth Century," *Sixteenth-Century Journal* 43, no. 2 (2012): 372; Giovanni Nencioni, "L'accademia della Crusca e la lingua italiana," *Historiographica Linguistica 9*, no. 3 (2012) : 321-33.

106. John Hart, *Orthographie, conteyning the due order and reason, howe to write or paint thimage of mannes voice, most like to the life or nature* (1569) facsimile reprint (Amsterdam: Theatrum Orbis Terrarum, 1968), sig, Aii verso.

107. Hart, *Orthographie*, 28 recto.

108. "The Compositor to the Reader", in Hart, *Orthographie*, n. p.

109. Hart, *Orthographie*, 4 recto and verso.

110. Hart, *Orthographie*, 37 recto.

111. Richard Mulcaster, *The First Part of the Elementarie, which entreateh chieflie of the writing of our English tung* (London: Thomas Vautroullier, 1582), dedicatory epistle to Robert Dudley, Earl of Leicester, n. p.

112. I. H. Howard-Hill, "Early Modern Printers and the Standardization of English Spelling," *Modern Language Review* 101 (2000): 23.

113. "Préface du *Dictionnaire de l'Académie française*," 7th ed. (1878), reprinted in Bernard Quemada, ed., *Les Préfaces du Dictionnaire de l'Académie française 1694–1992* (Paris: Honoré Champion, 1997), 406-7.

114. *Vocabulario deli Academici della Crusca* (Venice: Giovanni Alberto, 1612), 线上资源参见 vocabolario. sns. it/html/index.htm, 2020 年 2 月 20 日获取。

115. Louis Meigret, *Traité touchāt le commun vsage de l'escriture françoise* (Paris:leanne de Marnes, 1545). 梅格雷在后期作品中放弃采用自己的拼写改革方案。De Looze, "Orthography and National Identity," 378, 382.

116. Mulcaster, *First Part of the Elementarie*, 67, 71, 72, and 74.

117. Mulcaster, *First Part of the Elementarie*, 158.

118. 参见 "Préface du *Dictionnaire de l'Académie française*," 3rd ed. (1740), reprinted in Quemada, ed., *Les Préfaces,* 169。

119. "Préface du *Dictionnaire de l'Académie française*," 7th ed. (1878), reprinted in Quemada, ed., *Les Préfaces*, 411.

120. Mulcaster, *First Part of the Elementarie*, 74, 105, 124, 156, 158.

121. Louis de L'Esclache, *Les Véritables régles de l'orthografe francéze, ov L'Art d'aprandre an peu de tams à écrire côrectement* (Paris: L'Auteur et Lavrant Rondet, 1668).

122. "Préface du *Dictionnaire de l'Académie française*," 1st ed. (1694), reprinted in Quemada, ed., *Les Préfaces*, 33.

123. Wolfgang Werner Sauer and Helmut Glück, "Norms and Reforms: Fixing the Form of the Language," in *The German Language and the Real World,* ed. Patrick Stevenson (Oxford: Clarendon Press, 1995), 75.

124. Horobin, *Does Spelling Matter?*, 13.

125. Mulcaster, *First Part of the Elementarie*, 109.

126. Samuel Johnson, "Preface," *A Dictionary of the English Language* (1755), 引自 Horobin, Does Spelling Matter?, 144。

127. Mulcaster, *The First Part of the Elementarie*, 164. 在该著作的第 170~225 页，附了一份示例"总表"，其中除了少数例外，单词拼写都是现代的。

128. Mulcaster, *First Part of the Elementarie*, 169.

129. Quemada, ed., *Les Préfaces,* 22.

130. Art. 24, *Statuts et règlements de l'Académie française* (1634), 引自 Quemada, ed., *Les Préfaces*, 12。

131. Jonathan Swift, *A Proposal for Correcting, Improving and Ascertaining the English Tongue*, 2nd ed. (London: Benjamin Tooke, 1712), 31.

132. "Préface du *Dictionnaire de l'Académie française*," 1st ed. (1694), reprinted in Quemada, ed., *Les Préfaces*, 28.

133. Swift, *Proposal*, 19, 28.

134. "Préface du *Dictionnaire de l'Académie française*," 3rd ed. (1740), reprinted in Quemada, ed., *Les Préfaces*, 171.

135. "Préface du *Dictionnaire de l'Académie française*," 3rd ed. (1740), reprinted in Quemada, ed., *Les Préfaces,* 169.

136. Mulcaster, *First Part of the Elementarie*, 159.

137. "Préface du *Dictionnaire de l'Académie française*," 1st ed. (1694), reprinted in Quemada, ed., *Les Préfaces*, 28.

138. De Looze, "Orthography and National Identity," 388.

139. Mulcaster, *First Part of the Elementarie,* 254. 关于法兰西学院，参见 www.academie-francaise.fr/pitcher-un-projet，2020 年 2 月 27 日获取。

140. Noah Webster, *The American Spelling Book*, 16th ed. (Hartford: Hudson &Goodwin, n. d. ), viii.

141. Horobin, *Does Spelling Matter?*, 196-98.

142. Dieter Nerius, *Deutsche Orthographie*, 4th rev. ed. (Hildesheim, Germany: Georg Olms Verlag, 2007), 302-37.

143. 关于这次会议的通讯，参见 Paul Grebe, ed., *Akten zur Geschichte der deutschen Einheitsschreibung 1870–1880* (Mannheim: Bibliographisches Institut, 1963)。

144. Nerius, *Deutsche Orthographie*, 344-47.

145. Sauer and Glück, "Norms and Reforms," 79-82.

146. Nerius, *Deutsche Orthographie*, 373.

147. Horobin, *Does Spelling Matter?*, 8.

148. Horobin, *Does Spelling Matter?*, 157.

149. Stanislas Dehaene, *Reading in the Brain: The New Science of How We Read* (New York: Penguin, 2010), 72–76.

150. Duden, Rechtschreibregeln, 参见 www.duden.de/sprachwissen/rechtschreibregeln，2020 年 2 月 27 日获取。

151. *Frankfurter Allgemeine Zeitung*, 12 August 1988, 引自 Sauer and Glück, "Norms and Reforms," 86。

152. James Maguire, *American Bee: The National Spelling Bee and the Culture of Nerds* (Emmaus, Penn.: Rodale, 2006), 65–74.

153. Hannes Rackozy, Felix Warneken, and Michael Tomasello, "Sources of Normativity: Young Children's Awareness of the Normative Structure of Games,

*Developmental Psychology* 44 (2008): 875–81.

## 第七章　自然法与自然律

1. Denis Cosgrove, *Apollo's Eye: A Cartographic Genealogy of the Earth in the Western Imagination* (Baltimore: Johns Hopkins University Press, 2001)，该书中论及这一传统。
2. George Stocking, *Victorian Anthropology* (New York: Free Press, 1987); George Boas, *Primitivism and Related Ideas in the Middle Ages* (Baltimore: Johns Hopkins University Press, 1997).
3. Sophocles, *Antigone*, in David Grene, trans., *Sophocles I: Oedipus the King, Oedipus at Colonus, and Antigone* (Chicago: University of Chicago Press, 1991), 178, ll. 456–57.
4. Aristotle, *Art of Rhetoric*, trans. John Henry Freese. Loeb Classical Library (Cambridge, Mass.: Harvard University Press, 1994), I.13, 1373b6–12, 138–39.
5. Marcus Tullius Cicero, *On the Republic*, III. 22, in *On the Republic and On the Laws*, trans. Clinton W. Keyes, Loeb Classical Library (Cambridge, Mass.: Harvard University Press, 1928), 211. 对于古代自然法概念的总体调查，参见 Karl-Heinz Ilting, *Naturrecht und Sittlichkeit: Begriffsgeschichtliche Studien* (Stuttgart: Klett-Cotta, 1983)。
6. 这些术语在早期经常互相替换使用，参见 Jan Schröder, "The Concept of (Natural) Law in the Doctrine of Law and Natural Law in the Early Modern Era," in *Natural Laws and Laws of Nature in Early Modern Europe*, ed. Lorraine Daston and Michael Stolleis (Farnham: Ashgate, 2008), 59。
7. *Digest*, 1.1.1.3 (Ulpian), 参见 www.thelatinlibrary.com/justinian/digest1.shtml，2020 年 7 月 6 日获取。
8. Peter Stein, *Roman Law in European History* (Cambridge: Cambridge University Press, 1999), 86–88.
9. Gerard Watson, "The Natural Law and the Stoics," in *Problems in Stoicism*, ed. A. A. Long (London: Athalone Press, 1971), 228–36.
10. Thomas Aquinas, *Summa theologiae*, New Advent online edition, I–II, Qu. 93, Articles 2–5, I–II, Qu. 94, Articles 4–5, I–II, Qu. 100, Article 1, 参见 www. newadvent. org/summa/2093. htm，2021 年 7 月 12 日获取。
11. Jacques Chiffoleau, "Dire indicible: Remarques sur la catégorie du nefandum du XIIe au XVe siècle," *Annales ESC* 2 (May–April 1990): 289–324; Keith Wrightson, "Infanticide in European History," *Criminal Justice History* 3 (1982): 1–20; Richard van Dülmen, *Frauen vor Gericht. Kindermord in der Frühen Neuzeit* (Frankfurt am Main: Fischer Verlag, 1991), 20–26; Bernd-Ulrich Hergemöller, "Sodomiter: Erscheinungsformen und Kausalfaktoren des spätmittelalterlichen Kampfes gegen Homosexualität," in

*Randgruppen der mittelalterlichen Gesellschaft*, ed. Bernd-Ulrich Hergemöller (Warendorf, Germany: Fahlbusch, 1990), 316–56; Elisabeth Pavan, "Police des moeurs, société et politique à Venise à la fin du Moyen Age," *Revue historique* 264 (1980): 241–88.

12. *Digest,* 1.1.4 (Ulpian), 参见 www. thelatinlibrary. com/justinian/digest1. shtml, 2020 年 7 月 6 日获取。

13. Yan Thomas, "Imago Naturae: Note sur l'instituionnalité de la nature à Rome," *Théologie et droit dans la science politique de l'état moderne* (Rome: École française de Rome, 1991), 201–27.

14. Marcus Tullius Cicero, *On the Laws*, I. xv. 42, in *On the Republic and On the Laws*, 345.

15. Augustine of Hippo, *Confessions*, III. 8, trans. William Watts, Loeb Classical Library (Cambridge, Mass.: Harvard University Press, 1989), 1: 128–129.

16. Thomas Aquinas, *Summa theologiae*, New Advent online edition, II–II, Qu. 53, Article 2, 参见 www. newadvent. org/summa/3053. htm# article2，2021 年 7 月 12 日获取。*Catechism of the Catholic Church*, no. 2357, 8 September 1997. 后一份文献禁止同性性行为，认为它 "有违自然律，辜负了性这一生命的赠礼"。

17. Seneca, *Medea*, in *Tragedies,* trans. Frank Justus Miller, Loeb Classical Library (Cambridge, Mass.: Harvard University Press, 1979), 293, 305. 关于美狄亚的发疯，有一个悠久的文学建构传统，参见 P. E. Easterling, "The Infanticide in Euripides' Medea," *Yale Classical Studies* 25 (1977): 177。

18. George Economou, *The Goddess Nature in Medieval Literature* (Cambridge, Mass.: Harvard University Press, 1972), 104–11; Katharine Park, "Nature in Person," in *The Moral Authority of Nature*, ed. Lorraine Daston and Fernando Vidal (Chicago: University of Chicago Press, 2004), 50–73. 关于这种肖像画传统，参见 Mechthild Modersohn, *Natura als Göttin im Mittelalter: Ikonographische Studien zu Darstellungen der personifizierten Natur* (Berlin: Akademie Verlag, 1997)。

19. Augustine of Hippo, *Confessions*, III. 8, trans. William Watts, Loeb Classical Library (Cambridge, Mass.: Harvard University Press, 1989), 1:128–29; Michael Stolleis, "The Legitimation of Law through God, Tradition, Will, Nature and Constitution," in *Natural Laws*, ed. Daston and Stolleis, 47.

20. 关于诡辩家将 "法" 与 "自然" 相对立，参见 E. R. Dodds, *The Greeks and the Irrational* (Berkeley: University of California Press, 1951), 183–84。

21. Joachim Kurtz, "Autopsy of a Textual Monstrosity: Dissecting the Mingli tan (*De logica*, 1631)," in *Linguistic Changes between Europe, China, and Japan*, ed. Federica Caselin (Turin: Tiellemedia, 2008), 35–58.

22. Anthony Pagden, "Dispossessing the Barbarian: The Language of Spanish Thomism and the Debate over the Property Rights of the American Indians," in *The Languages of Political Theory in Early Modern Europe*, ed. Anthony Pagden (Cambridge: Cambridge University Press, 1987), 79–98.

23. Michel de Montaigne, *The Complete Essays*, trans. M. A. Screech (London: Penguin, 1991), I. 31: "On Cannibals," 231.

24. Pauline C. Westerman, *The Disintegration of Natural Law Theory: Aquinas to Finnis* (Leiden: Brill, 1998), 130–33.

25. Ian Hunter and David Saunders, eds., *Natural Law and Civil Sovereignty: Moral Right and State Authority in Early Modern Political Thought* (New York: Palgrave Macmillan, 2002), 2–3.

26. Hugo Grotius, *De jure belli ac pacis libri tres* (1625), trans. Francis W. Kelsey (Oxford: Clarendon Press, 1925), 2: 11–13.

27. Thomas Hobbes, *Leviathan* (1651), ed. Colin B. Macpherson (London: Penguin, 1968), I. 14, 189.

28. Samuel Pufendorf, *The Whole Duty of Man, According to the Law of Nature* (1673), trans. Andrew Tooke, ed. Ian Hunter and David Saunders (Indianapolis: Liberty Fund, 2003), 56.

29. Hobbes, *Leviathan*, I. 14, 190; Christian Thomasius, *Institutes of Divine Jurisprudence* (1688), trans. and ed. Thomas Ahnert (Indianapolis: Liberty Fund, 2011), 180.

30. Thomasius, *Institutes of Divine Jurisprudence*, 140.

31. Grotius, *De jure belli*, 2: 38.

32. René Descartes, *Principia philosophiae* (1644), II. 37–40, in *Oeuvres de Descartes*, ed. Charles Adam and Paul Tannery (Paris: J. Vrin, 1964), 8: 62–66.

33. René Descartes, *Regulae ad directionem ingenii* (comp. c. 1628), in *Oeuvres de Descartes*, ed. Adam and Tannery, 10: 403–6.

34. Friedrich Steinle, "The Amalgamation of a Concept: Laws of Nature in the New Sciences," *in Laws of Nature: Essayson the Philosophical, Scientific and Historical Dimensions*, ed. Friedel Weinert (Berlin: Walter de Gruyter, 1995), 316–68.

35. Grotius, *De jure belli*, 2: 255.

36. René Descartes, *Discours de la méthode pour bien conduire sa raison et chercher la vérité dans les sciences* (1637), in *Oewvres de Descartes*, ed. Adam and Tannery, 6: 65–66.

37. Robert Boyle, *A Free Inquiry into the Vulgarly Received Notion of Nature* (1686), in *The Works of the Honourable Robert Boyle*, ed. Thomas Birch (Hildesheim, Germany: Georg Olms, 1966), 5: 164, 170. 关于波义耳的顾虑背后的16世纪历史背景，以及莱布尼茨对波义耳的那篇拉丁文论文的反应，参见 Catherine Wilson, "*De Ipsa Naturae*: Leibniz on Substance, Force and Activity," *Studia Leibniziana* 19 (1987): 148–72。

38. Lorraine Daston, *Against Nature* (Cambridge, Mass: MIT Press, 2019), 5–21. 关于古代希腊文以及中世纪拉丁文中的"自然"概念，分别参见 Geoffrey E. R. Lloyd, "Greek Antiquity: The Invention of Nature," and Alexander Murray, " Nature and Man in the Middle Ages," both in *The Concept of Nature*, ed. John Torrance (Oxford: Clarendon Press, 1992), 1–24, 25–62。

39. Francis Bacon, *Novum organum* (1620), Aphorisms II. 2 and II. 5, in *The Works*

*of Francis Bacon*, ed. Basil Montagu (London: William Pickering, 1825–34), 9: 287–88, 291–93; Boyle, *Free Inquiry*, 5: 219.

40. Seneca, *Naturales quaestiones*, trans. Thomas H. Corcoran, Loeb Classical Library (Cambridge, Mass.: Harvard University Press, 1922), VII. 25, 2: 278–79; Daryn Lehoux, "Laws of Nature and Natural Laws," *Studies in History and Philosophy of Science* 37 (2006): 535–37.

41. Jane E. Ruby, "The Origins of Scientific Law, " *Journal of the History of Ideas* 47 (1986): 341–59; Ian Maclean, "Expressing Nature's Regularities and their Determinations in the Late Renaissance," in *Natural Laws*, ed. Daston and Stolleis, 30.

42. Bacon, *Novum organum*, 472–74.

43. Gerd Grasshof, "Natural Law and Celestial Regularities from Copernicus to Kepler," in *Natural Laws*, ed. Daston and Stolleis, 143–61.

44. Catherine Wilson, "From Limits to Laws: The Construction of the Nomological Image of Nature in Early Modern Philosophy," in *Natural Laws*, ed. Daston and Stolleis, 13–28.

45. Isaac Newton, *The Mathematical Principles of Natural Philosophy* (1687), trans. Andrew Motte (London: Benjamin Motte, 1729), 19–21.

46. Steinle, "The Amalgamation of a Concept," 316–68.

47. Friedrich Steinle, "From Principles to Regularities: Tracing 'Laws of Nature' in Early Modern France and England," and Sophie Roux, "Controversies on Nature as Universal Legality (1680–1710)" both in *Natural Laws*, ed. Daston and Stolleis, 215–32, 199–214.

48. 关于这方面的简明讨论，参见 John Henry, "Metaphysics and the Origins of Modern Science: Descartes and the Importance of Laws of Nature," *Early Science and Medicine* 9 (2004): 73–114。

49. Catherine Larrère, "Divine dispense," *Droits* 25 (1997):19–32.

50. Boyle, *Free Inquiry*, 5: 252.

51. A. Rupert Hall, *Philosophers at War: The Quarrel between Newton and Leibniz* (Cambridge: Cambridge University Press, 1998).

52. 关于当时的政治语境，参见 Domenico Bertoloni Meli, "Caroline, Leibniz, and Clarke," *Journal of the History of Ideas* 60 (1999): 469–86。

53. Isaac Newton, *Opticks* (1704; repr. New York: Dover, 1952), Query 31, 375–406, on 398–99.

54. H. G. Alexander, ed. *The Leibniz–Clarke Correspondence* (1717), Manchester: Manchester University Press, 1956, 12, 14, 81, 35, 114.

55. Newton, *The Mathematical Principles*, 388–92.

56. Charles–Louis de Secondat, Baron de la Brède et de Montesquieu, *De l'Esprit des lois* (1748; Paris: Firmin-Didot, 1849), 4.

57. [Antoine Gaspard Boucher d'Argis], "Droit positif," *Encyclopédie, ou*

*Dictionnaire raisonné des arts, des sciences et des métiers*, ed. Jean d'Alembert and Denis Diderot (Paris: Briasson, David, Le Breton, and Durand, 1755), 5:134.

58. Nicolas Malebranche, *De la Recherche de la vérité* (1674–75), Paris: Michel David, 1712, I. vii. 3, 1:242.

59. Lorraine Daston and Katharine Park, *Wonders and the Order of Nature, 1150–1750* (New York: Zone Books, 1998), 334–59.

60. David Hume, "Of Miracles," *Enquiry Concerning Human Nature* (1748), ed. Eric Steinberg, Indianapolis: Hackett, 1977, 72–90.

61. Francis Bacon, *The Elements of the Common Lawes of England* (1630), in *Lord Bacon's Works*, ed. Basil Montagu (London: William Pickering, 1825–34), 13:134; Gottfried Wilhelm Leibniz, *Neue Methode, Jurisprudenz zu Lernen und zu Lehren* (1667), in *Frihere Schriften zum Naturrecht*, ed. Hans Zimmermann, trans. Hubertus Busche (Hamburg: Felix Meiner Verlag, 2003), 57.

62. Grotius, *De jure belli*, 2:192; Pufendorf, *Whole Duty of Man*, 223.

63. Boyle, *Free Inquiry*, 5: 220.

64. Leibniz, *Neue Methode*, 63. 另见莱布尼茨致赫尔曼的信, 13/23 January 1670, in Leibniz, *Neue Methode*, 333. 莱布尼茨关于自然法与自然律的平行思考, 参见 Klaus Luig, "Leibniz's Concept of *jus naturale* and *lex naturalis*—Defined with 'Geometric Certainty'," in *Natural Laws*, ed. Daston and Stolleis, 183–98。

65. Larrère, "Divine dispense," 19–32. 参见, 比如, 托马斯·阿奎那关于上帝指示以色列人掠夺埃及人的财物是否构成盗窃的论述。*Summa theologicae*, New Advent online edition, I-II, Qu. 100, Art. 8, 参见 www. newadvent. org/summa/2100. htm#article8, 2021 年 7 月 12 日获取。

66. [Chevalier de Jaucourt], "Loi," *Encyclopédie*, ed. d'Alembert and Diderot, 9:643–46.

67. Lorraine Daston, "Unruly Weather: Natural Law Confronts Natural Variability," in *Natural Laws*, ed. Daston and Stolleis, 233–48.

68. Jean Domat, *Les Loix civiles dans leur ordre naturel* (1689; repr. Paris: Pierre Gandouin, 1723), 1: xxvi.

69. Stein, *Roman Law*, 101–12.

70. Montesquieu, *De l'Esprit des lois*, 5.

71. François Quesnay, *Le Droit naturel* (Paris: n. publ., 1765), 16–17.

72. Immanuel Kant, *Foundations of the Metaphysics of Morals* (1785), trans. Lewis White Beck (Indianapolis: Library of Liberal Arts, 1954), 39.

# 第八章 变通或破坏规则

1. Thomas Aquinas, *Summa theologiae*, New Advent online edition, I-II, Qu. 100, Art.5. https://www. newadvent. org/summa/2100. htm#article5; I, -II, Qu. 94, Art. 5. https:// www. newadvent. org/summa/2094. htm#article5. 2021 年 7 月 12 日获取。

2. Samuel Pufendorf, *The Whole Duty of Man, According to the Law of Nature* (1673), trans. Andrew Tooke, ed. Ian Hunter and David Saunders (Indianapolis: Liberty Fund, 2003), 93.

3. John Locke, *Second Treatise of Government* (1690), ed. C. B. Macpherson (Indianapolis: Hackett, 1980), XIII. 158, 83.

4. Plato, *Statesman—Philebus—Ion*, trans. Harold North Fowler and W. R. M. Lamb, Loeb Classical Library (Cambridge, Mass.: Harvard University Press, 1925), 294B, 135.

5. 关于双方立场的对比，参见 Jeremy Waldron, "Thoughtfulness and the Rule of Law," *British Academy Review* 18 (Summer 2011):1-11, and Frederick Schauer, *Thinking Like a Lawyer: A New Introduction to Legal Reasoning* (Cambridge, Mass.: Harvard University Press, 2009)。

6. Gianna Pomata, "The Recipe and the Case: Epistemic Genres and the Dynamics of Cognitive Practices, " in *Wissenschaftsgeschichte und Geschichte des Wissens im Dialog— Connecting Science and Knowledge*, ed. Kaspar von Greyerz, Silvia Flubacher, and Philipp Senn (Göttingen: Vanderhoek und Ruprecht, 2013), 131-54; Gianna Pomata, "The Medical Case Narrative in Pre-Modern Europe and China: Comparative History of an Epistemic Genre," in *A Historical Approach to Casuistry: Norms and Exceptions in a Comparative Perspective*, ed. Carlo Ginzburg with Lucio Biasiori (London: Bloomsbury Academic, 2019), 15–43.

7. Angela N. H. Creager, Elizabeth Lunbeck, and M. Norton Wise, eds, *Science without Laws: Model Systemns, Cases, Exemplary Narratives* (Durham, N. C: Duke University Press, 2007).

8. Thomas Jefferson, *A Manual of Parliamentary Practice for the Use of the Senate of the United States* (Washington City: Samuel H. Smith, 1801), n. p.

9. Colin Burrow, *Imitating Authors: From Plato to Futurity* (Oxford:Oxford University Press, 2019), 71–105.

10. Étienne Bauny, *Somme des pechez qui se commettent tous les états: De leurs conditions & qualitez, & en quelles consciences ils sont mortels, ou veniels* (1630; repr. Lyon: Simon Regaud, 1646), 227–28.

11. Margaret Sampson, "Laxity and Liberty in Seventeenth-Century Political Thought," in *Conscience and Casuistry in Early Modern Europe*, ed. Edmund Leites (Cambridge: Cambridge University Press, 2002), 88, 99.

12. John Forrester, "If P, Then What? Thinking in Cases, " *History of the Human Sciences* 9 (1996):1-25.

13. 医疗和法律收藏方面，参见 Gianna Pomata, "Observation Rising: Birth of an Epistemic Genre, ca. 1500–1650," in *Histories of Scientific Observations*, ed. Lorraine Daston and Elizabeth Lunbeck (Chicago: University of Chicago Press, 201), 45–80; Gianna Pomata, "Sharing Cases: The *Observationes* in Early Modern Medicine," *Early Science and Medicine* 15 (2010):193-236.

14. Charlotte Furth, "Introduction: Thinking with Cases, " in *Thinking with Cases: Specialist Knowledge in Chinese Cultural History*, ed. Charlotte Furth, Judith T. Zeitlin, and Ping-chen Hsiung (Honolulu: University of Hawaii Press, 2007), 1-27.

15. André Jolles, *Einfache Formen: Legende, Sage, Mythe, Rätsel, Spruch, Kasus, Memorabile, Märhen, Witz* (1930), 8th ed. (Tübingen: Max Niemeyer Verlag, 2006), 179.

16. John Arthos, "Where There Are No Rules or Systems to Guide Us: Argument from Example in a Hermeneutic Rhetoric, " *Quarterly Journal of Speech* 89 (2003): 333.

17. William Perkins, *The Whole Treatise of the Cases of Conscience* (London: John Legatt, 1631), 95.

18. 关于这场争论的背景，参见 Olivier Jouslin, *La Campagne des Pro-vinciales de Pascal. Étude d'un dialogue polémique* (Clermont-Ferrand, France: Presses Universitaires, 2007)。

19. 该著只有第 5~10 封信谈到决疑术，其余部分（最初以小册子形式从 1656 年 1 月到 1657 年 5 月分期出版）都是为帕斯卡的詹森派成员安托万·阿尔诺的"预定论"学说辩护，反驳索邦当局的审查，抨击耶稣会士。

20. Blaise Pascal, *Les Provinciales, ou Les lettres écrites par Louis de Montalte à un provincial de ses amis et aux RR. PP. Jésuites sur le sujet de la morale et de la politique de ces Pères* (1627), ed. Michel Le Guern (Paris: Gallimard, 1987), 95, 102.

21. Richard Parish, "Pascal's Lettres provinciales: From Flippancy to Fundamentals," in *The Cambridge Companion to Pascal*, ed. Nicholas Hammond (Cambridge: Cambridge University Press, 2003), 182–200. 关于书信体宗教论战的更广阔的背景，参见 Jean-Paul Gay, "Lettres de controverse: religion, publication et espace publique en France au XVIIe siècle, " *Annales: Histoire, Sciences Sociales* 68 (2013): 7-41。

22. 1665 年和 1666 年教皇亚历山大七世、1679 年教皇英诺森十一世谴责了决疑术的松懈倾向。

23. Johann P. Somerville, "The 'New Art of Lying': Equivocation, Mental Reservation, and Casuistry," in *Conscience and Casuistry*, ed. Leites, 159–84; Albert R. Jonsen and Stephen Toulmin, *The Abuse of Casuistry: A History of Moral Reasoning* (Berkeley: University of California Press, 1990). 感谢吉安娜·波马塔教授，她向我指出，"良知案例"流派在天主教神学中从未消亡，而且仍然存在于医学伦理中，完全不在乎被扣上"决疑派"之类的污名。

24. Ernst Coumet, "La théorie du hasard est-elle née par hasard?" *Annales: Économies, Sociétés, Civilisations* (May–June 1970): 574-98. 帕斯卡是概率理论的共同创始人，但是，这一理论后来以他所厌恶的这个词语命名，这真是历史的讽刺。

25. H. D. Kittsteiner, "Kant and Casuistry," in *Conscience and Casuistry*, ed. Leites, 185–213.

26. Immanuel Kant, *Die Religion innerhalb der Grenzen der bloßen Vernunft* (1793), ed. Rudolf Malter (Ditzingen, Germany: Reclam, 2017), 247.

27. Immanuel Kant, *Die Metaphysik der Sitten*, ed. Wilhelm Weisehedel (Frankfurt am Main: Suhrkamp, 1977), 562–72/A84–A98. 感谢苏珊·尼曼提醒我注意到这些段落。

28. Fatimah Hajibabaee, Soodabeh Joolaee, Mohammed al Cheraghi, Pooneh Saleri, and Patricia Rodney, "Hospital/Clinical Ethics Committees' Notion: An Overview," *Journal of Medical Ethics and History of Medicine* 19 (2016), 参见 www.ncbinlm.nih.gov/pmc/articles/PMC5432947/, 2020 年 12 月 4 日获取。

29. Kwame Anthony Appiah, "The Ethicist," *New York Times Magazine*, 3 November 2020, 20 October 2020, 参见 www.nytimes.com/column/the-ethicist，2020 年 12 月 4 日获取。

30. Perkins, *Whole Treatise*, 116.

31. Aristotle, *Nicomachean Ethics*, trans. H. Rackham, Loeb Classical Library (Cambridge, Mass.: Harvard University Press, 1934), V. 10/1137a31–1138a2, 314–17; Christopher Horn, "*Epieikeia*: The Competence of the Perfectly Just Person in Aristotle," in *The Virtuous Life in Greek Ethics*, ed. Burkhard Reiss (Cambridge: Cambridge University Press, 2006), 142–66; Schauer, *Thinking Like a Lawyer*, 121–22.

32. Peter Stein, *Roman Law in European History* (Cambridge: Cambridge University Press, 1999), 47.

33. Mark Fortier, *The Culture of Equity in Early Modern England* (London: Routledge, 2016), 3.

34. Sarah Worthington, *Equity* (Oxford: Oxford University Press, 2003), 8–11.

35. William Perkins, *Hepieikeia, or A Treatise of Christian Equitie and Moderation* (Cambridge: John Legat, 1604), 12–13.

36. Francis Bacon, *The Elements of the Common Lawes of England* (1630), in *Lord Bacon's Works*, ed. Basil Montagu (London: William Pickering, 1825-34), 13:153. 关于培根为大法官法院的辩护，参见 Fortier, *Culture of Equity*, 74-81。

37. Jean Domat, *Les Loix civiles dans leur ordre naturel* (1689; repr. Paris: Pierre Gandouin, 1723), 1:5.

38. Aristotle, *Art of Rhetoric*, trans. John Henry Freese, Loeb Classical Library (Cambridge, Mass.: Harvard University Press, 1994), I.i. 7/1354a, 5.

39. John Selden, *Table Talk* (1689), 引自 Fortier, *Culture of Equity*, 1。

40. Perkins, *Hepieikeia*, 16.

41. Plato, *Statesman*, 297A, 143.

42. Perkins, *Hepieikeia*, 19–20.

43. Worthington, *Equity*, 11.

44. Fortier, *Culture of Equity*, 12–15.

45. David Hume, *An Inquiry Concerning the Principles of Morals* (1751), ed. Charles W. Hendel (Indianapolis: Library of Liberal Arts, 1979), 39.

46. Schauer, *Thinking Like a Lawyer*, 35.

47. 现代"法治"观念的哲学根基，参见 Edin Sarcevic, *Der Rechtsstaat: Modernität und Universalitätsanspruch der klassischen Rechtsstaatstheorien* (Leipzig: Leipziger Universitätsverlag, 1996), 101−38。至于英国及美国的法治传统，参见 John Phillip Reid, *The Rule of Law: The Jurisprudence of Liberty in the Seventeenth and Eighteenth Centuries* (DeKalb: Northern Illinois University Press, 2004)。

48. Francis Bacon, "The Lord Keeper's Speech, in the Exchequer, to Sir John Denham, When He Was Called to Be One of the Barons of the Exchequer, 1617", in *Lord Bacon's Works*, ed. Basil Montagu (London: William Pickering, 1825−34), 7:267−68.

49. "Bill of Rights of 1689: An Act Declaring the Rights and Liberties of the Subject and Settling the Succession of the Crown," The Avalon Project: Documents in Law, History and Diplomacy, Yale Law School, 参见 avalon.law.yale.edu/17th_century/england.asp，2020 年 12 月 7 日获取。

50. Carl Schmitt, *Political Theology: Four Chapters on the Concept of Sovereignty* (1922), trans. George Schwab (Chicago: University of Chicago Press, 1985), 5−12.

51. Kenneth Pennington, *The Prince and the Law, 1200−1600: Sovereignty and Rights in the Western Legal Tradition* (Berkeley: University of California Press, 1993), 76−118.

52. 关于现代早期欧洲的绝对主义和共和主义，文献十分丰富，概览性介绍参见 Holger Erwin, *Machtsprüche: Das herrscherliche Gestaltungsrecht "ex plenitudine potestatis" in der Frühen Neuzeit* (Cologne: Böhlau, 2009), and Quentin Skinner, *Liberty before Liberalism* (Cambridge: Cambridge University Press, 1998)。

53. Robert Filmer, *Patriarcha, or the Natural Power of Kings* (London: Richard Chiswell, 1680), 12.

54. Jean Bodin, *Les Six lives de la république* (Paris: lacques du Puys, 1576), 16, 21.

55. Francis Bacon, "The Argument of Sir Francis Bacon, Knight, His Majesty's Solicitor-General, in the Case of the Post-Nati of Scotland, in *Lord Bacon's Works*, ed. Basil Montagu (London: William Pickering, 1825−34), 5: 110.

56. Bodin, *Les Six lives*, 126; Filmer, *Patriarcha*, 94.

57. James I, *The Workes of the Most High and Mightie Prince, James*, ed. John Montagu (London: Robert Barker and John Bill, 1616), 529, 引自 Lisa Jardine and Alan Stewart, *Hostages to Fortune: The Troubled Life of Francis Bacon* (New York: Hill and Wang, 1998), 317。

58 Mary Nyquist, *Arbitrary Rule: Slavery, Tyranny, and the Power of Life and Death* (Chicago: University of Chicago Press, 2013), 327; Locke, *Second Treatise*, XIV. 172, 90.

59. J. G. A. Pocock, *The Machiavellian Moment: Florentine Political Thought and the Atlantic Republican Tradition*, rev. ed. (Princeton: Princeton University Press, 2003).

60. Locke, *Second Treatise*, XIV. 172, 90, IV. 22, 17, XVI. 177−87, 92−97.

61. Thomas Fuller, *The Sovereigns Prerogative, and the Subjects Priviledge* (London: Martha Harrison, 1657), Preface (n. p.), 109.

62. John Maxwell, *Sacro-Sancta Regum Majestae: Or the Sacred and Royal Prerogative of Christian Kings* (London: Thomas Dring, 1680), sig. a recto.

63. Locke, *Second Treatise,* XIII. 156–58, 81–83.

64. Francis Oakley, "Christian Theology and Newtonian Science: The Rise of the Concept of Laws of Nature, " *Church History* 30 (1961): 433–57; Steven Shapin, "Of Gods and Kings: Natural Philosophy and Politics in the Leibniz-Clarke Disputes, " *Isis* 72 (1984): 187–215.

65. Schmitt, Political *Theology*, 36–48, quotation on 12.

66. Noel Cox, *The Royal Prerogative and Constitutional Law: A Search for the Quintessence of Executive Power* (London: Routledge, 2021), 9–14.

67. Jeffrey Crouch, *The Presidential Pardon Power* (Lawrence: University Press of Kansas, 2009), 15–21; Harold J. Krent, *Presidential Powers* (New York: New York University Press, 2004), 189–214.

68. Andrew W. Neal, *Security as Politics: Beyond the State of Exception* (Edinburgh: Edinburgh University Press, 2019), 12-41; "Trump Pardons Two Russian Inquiry Figures and Blackwater Guards, " *New York Times*, 22 December 2020.

69. Carlo Ginzburg, "Preface," in *A Historical Approach to Casuistry,* ed. Ginzburg with Biasiori, xi.

# 参考文献

## 档案资料

C. Pritchard to E. Mouchez, 28 March 1892. Bibliothèque de l'Observatoire de Paris, 1060-V-A-2, Boite 30, Folder Oxford (Angleterre).

Dossier Gaspard de Prony, Archives de l'Académie des sciences, Paris.

Records of the *Nautical Almanac*, Manuscript Collection. Cambridge University Library, RGO 16/Boxes 1, 17.

## 出版文献

Académie francaise. *Le Dictionnaire de l'Académie française*. 2nd ed. Paris: Imprimerie royale, 1718.

———. "Déclaration de l'Académie française sur la réforme de l'orthographie." 11 February 2016. Available at www.academie-francaise.fr/actualites/declaration-de-lacademie-francaise-sur-la-reforme-de-lorthographe.

Alder, Ken. *Engineering the Revolution: Arms and Enlightenment in France, 1763–1815*. Princeton: Princeton University Press, 1997.

Alembert, Jean d', and Denis Diderot, eds. "Encyclopédie." In *Encyclopédie, ou Dictionnaire raisonné des arts, des sciences et des métiers*, 17 vols. vol. 5, 635–48. Paris: Briasson, David, Le Breton, and Durand, 1751–1765.

Alexander, Henry Gavin, ed. *The Leibniz-Clarke Correspondence* [1717]. Manchester: Manchester University Press, 1956.

*Almanach du commerce de Paris*. Paris: Favre, An VII [1798]. Available at gallica.bnf.fr/ark:/12148/bpt6k62929887/f8.item.

Alsted, Johann Heinrich. *Encyclopaedia* [1630]. Edited by Wilhelm Schmidt-Biggemann, 4 vols. Stuttgart-Bad Cannstatt: Fromann-Holzboog, 1989.

Anderson, Chris. "The End of Theory: The Data Deluge Makes the Scientific Method Obsolete." *Wired Magazine* (23 June 2008). Available at archive.wired.com/science/discoveries/magazine/16-07/pb_theory.

Anderson, Christy, Anne Dunlop, and Pamela Smith, eds. *The Matter of Art: Materials, Practices, Cultural Logics, c. 1250–1750*. Manchester: Manchester University Press, 2014.

[Anonymous]. *Traité de confiture, ou Le nouveau et parfait Confiturier*. Paris: Chez Thomas Guillain, 1689.

[Anonymous]. *The Forme of Cury, A Roll of Ancient English Cookery, Compiled about A.D. 1390, by the Master-Cooks of King Richard II . . . By an Antiquary*. London: J. Nichols, 1780.

Antognazza, Maria Rosa. *Leibniz: An Intellectual Biography*. Cambridge: Cambridge University Press, 2009.

Appiah, Kwame Anthony. "The Ethicist." *New York Times Magazine*, 3 November 2020 and 20 October 2020. Available at www.nytimes.com/column/the-ethicist.

Aquinas, Thomas. *Summa theologiae*, New Advent online edition, II-II, Qu. 53, Article 2, Available at www.newadvent.org/summa/3053.htm#article2.

———. *Summa theologiae*. New Advent online edition, I–II, Qu. 93, Articles 2–5, I–II, Qu. 94, Articles 4–5, I–II, Qu. 100, Article 1, Available at www.newadvent.org/summa/2093.htm.

———. *Summa theologiae*. New Advent online edition, I–II, Qu. 100, Article 5. Available at www.newadvent.org/summa/2100.htm#article5; I–II, Qu. 94, Article 5, Available at www.newadvent.org/summa/2094.htm#article5.

———. *Summa theologicae*. New Advent online edition, I–II, Qu. 100, Article 8. Available at www.newadvent.org/summa/2100.htm#article8.

Aristophanes, *The Birds*. In *The Peace—The Birds—The Frogs*, translated by Benjamin Bickley Rogers, 130–292. Loeb Classical Library. Cambridge, Mass.: Harvard University Press, 1996.

Aristotle, *Art of Rhetoric*. Translated by John Henry Freese. Loeb Classical Library. Cambridge, Mass.: Harvard University Press, 1994.

———. *Metaphysics*. Translated by Hugh Tredennick. Loeb Classical Library. Cambridge, Mass.: Harvard University Press, 1989.

———. *Nicomachean Ethics*. Translated by Harris Rackham. Loeb Classical Library. Cambridge, Mass.: Harvard University Press, 1934.

———. *Posterior Analytics*. Translated by Hugh Tredennick. Loeb Classical Library. Cambridge, Mass.: Harvard University Press, 1939.

Arthos, John. "Where There Are No Rules or Systems to Guide Us: Argument from Example in a Hermeneutic Rhetoric." *Quarterly Journal of Speech* 89 (2003): 320–44.

Ashworth, William J. "'Labour Harder Than Thrashing': John Flamsteed, Property, and Intellectual Labour in Early Nineteenth-Century England." In *Flamsteed's Stars*, edited by Frances Willmoth, 199–216. Rochester: Boydell Press, 1997.

Augustine of Hippo. *Confessions*. Vol. 3, Book 8. Translated by William Watts, Loeb Classical Library, 2 vols. Cambridge, Mass.: Harvard University Press, 1989.

Babbage, Charles. *Table of the Logarithms of Natural Numbers, from 1 to 108,000.* Stereotyped 2nd ed. London: B. Fellowes, 1831.

———. *On the Economy of Machinery and Manufactures.* London: Charles Knight, 1832.

———. *On the Economy of Machinery and Manufactures* [1832]. 4th ed. London: Charles Knight, 1835.

———. *The Ninth Bridgewater Treatise: A Fragment.* London: John Murray, 1837.

Bacher, Jutta. "Artes mechanicae." In *Erkenntnis Erfindung Konstruktion: Studien zur Bildgeschichte von Naturwissenschaften und Technik vom 16. bis zum 19. Jahrhundert*, edited by Hans Hollander, 35–50. Berlin: Gebr. Mann, 2000.

Bacon, Francis. *Novum organum* [1620]. In *The Works of Francis Bacon*, edited by Basil Montagu, 16 vols. in 17, vol. 9, 183–294. London: William Pickering, 1825–34.

———. *New Atlantis* [1627]. In *The Great Instauration and New Atlantis*, edited by J. Weinberger. Arlington Heights, Ill.: Harlan Davidson, 1989.

———. *The Elements of the Common Lawes of England* [1630]. In *The Works of Francis Bacon*, edited by Basil Montagu, 17 vols., vol. 13, 131–247. London: William Pickering, 1825–34.

Baily, Francis. "On Mr. Babbage's New Machine for Calculating and Printing Mathematical and Astronomical Tables." *Astronomische Nachrichten* 46 (1823): 347–48. Reprinted in Charles Babbage, *The Works of Charles Babbage*, edited by Martin Campbell-Kelly, 11 vols. London: Pickering & Chatto, 1989.

———. *An Account of the Revd. John Flamsteed, the First Astronomer Royal.* London: N.p., 1835.

Balansard, Anne. *Techné dans les dialogues de Platon.* Sankt Augustin, Germany: Academia Verlag, 2001.

Baldwin, Frances Elizabeth. *Sumptuary Legislation and Personal Regulation. Johns Hopkins University Studies in Historical and Political Science* 44 (1926): 1–282.

Balkin, Jack M. *Living Originalism.* Cambridge, Mass.: Harvard University Press, 2011.

Barker, Andrew. *Greek Musical Writings.* Vol. 2, *Harmonic and Acoustic Theory.* Cambridge: Cambridge University Press, 1989.

Barles, Sabine. "La Boue, la voiture et l'amuser public. Les transformations de la voirie parisienne fin XVIIIe—fin XIXe siècles." *Ethnologie française* 14 (2015): 421–30.

———. "La Rue parisienne au XIXe siècle: standardisation et contrôle?" *Romantisme* 1 (2016): 15–28.

Barles, Sabine, and André Guillerme. *La Congestion urbaine en France (1800–1970).* Champs-sur-Marne, France: Laboratoire TMU/ARDU, 1998.

Bauer, Veronika. *Kleiderordnungen in Bayern vom 14. bis zum 19. Jahrhundert.* In *Miscellanea Bavarica Monacensia*, no. 62, 39–78. Munich: R. Wölfle, 1975.

Bauny, Étienne. *Somme des pechez qui se commettent tous les états. De leurs conditions & qualitez, & en quelles consciences ils sont mortels, ou veniels* [1630]. Lyon: Simon Regaud, 1646.

Belenky, Ari. "Master of the Mint: How Much Money Did Isaac Newton Save Britain?" *Journal of the Royal Statistical Society: Series A* 176 (2013): 481–98.

Berlinski, David. *The Advent of the Algorithm: The 300-Year Journey from an Idea to the Computer.* New York: Harcourt, 2000.

Bernard, Leon. "Technological Innovation in Seventeenth-Century Paris." In *The Pre-Industrial Cities and Technology Reader*, edited by Colin Chant, 157–62. London: Routledge, 1999.

Bertoloni Meli, Domenico. "Caroline, Leibniz, and Clarke." *Journal of the History of Ideas* 60 (1999): 469–86.

Bevin, Elway. *Briefe and Short Instrvction of the Art of Mvsicke, to teach how to make Discant, of all proportions that are in vse.* London: R. Young, 1631.

*Bible, Revised Standard Version, Containing the Old and New Testaments.* New York: New American Library, 1962.

"Bill of Rights of 1689. An Act Declaring the Rights and Liberties of the Subject and Settling the Succession of the Crown." The Avalon Project: Documents in Law, History and Diplomacy. Yale Law School. Available at avalon.law.yale.edu/17th _century/england.asp.

Binet, Alfred. *Psychologie des grands calculateurs et joueurs d'échecs.* Paris: Librairie Hachette, 1894.

Binet, Alfred, and Victor Henri. *La Fatigue intellectuelle.* Paris: Schleicher Frères, 1898.

Bion, Nicolas. *Traité de la construction et des principaux usages des instrumens de mathématique.* 4th ed. Paris: Chez C. A. Jombret, 1752.

Boas, George. *Primitivism and Related Ideas in the Middle Ages.* Baltimore: Johns Hopkins University Press, 1997.

Bodin, Jean. *Les Six livres de la république.* Paris: Iacques du Puys, 1576.

Bolle, Georges. "Note sur l'utilisation rationelle des machines à statistique." *Revue générale des chemins de fer* 48 (1929): 169–95.

Borges, Jorge Luis. "Pierre Menard, Author of the *Quixote*" [1941]. In *Collected Fictions.* Translated by Andrew Hurley, 88–95. London: Penguin, 1998.

Bourbaki, Nicolas. *Éléments de mathématique.* 38 vols. Paris: Hermann, 1939–75.

Bourgeois-Gavardin, Jacques. *Les Boues de Paris sous l'Ancien Régime.* Thèse pour le doctorat du troisième cycle. Paris: EHESS, 1985.

Boyle, Robert. *A Free Inquiry into the Vulgarly Received Notion of Nature* [1686]. In *The Works of the Honourable Robert Boyle* [1772], edited by Thomas Birch, 6 vols., vol. 5, 158–254. Hildesheim, Germany: Georg Olms, 1966.

Bozeman, Barry. *Bureaucracy and Red Tape.* Upper Saddle River, N.J.: Prentice Hall, 2000.

Brack-Bernsen, Lis. "Methods for Understanding and Reconstructing Babylonian Predicting Rules." In *Writings of Early Scholars in the Ancient Near East, Egypt, Rome, and Greece*, edited by Annette Imhausen and Tanja Pommerening, 285–87. Berlin and New York: De Gruyter, 2010.

Brundage, James A. *Medieval Canon Law*. London and New York: Longman, 1995.
Bruyère, Nelly. *Méthode et dialectique dans l'oeuvre de La Ramée: Renaissance et Âge classique*. Paris: J. Vrin, 1984.
Bundesverfassungsgericht, 1BvR 1640/97, 14 July 1998. Available at www .bundesverfassungsgericht.de/e/rs19980714_1bvr164097.html.
Burrow, Colin. *Imitating Authors: From Plato to Futurity*. Oxford: Oxford University Press, 2019.
Busa, Roberto S.J., and associates, eds. *Index Thomisticus*. Edited by Web edition by Eduardo Bernot and Enrique Marcón. Available at www.corpusthomisticum.org /it/index.age.
Busse Berger, Anna Maria. *Medieval Music and the Art of Memory*. Berkeley: University of California Press, 2005.
Campbell-Kelly, Martin. "Large-Scale Data Processing in the Prudential, 1850–1930." *Accounting, Business, and Financial History* 2 (1992): 117–40.
Campbell-Kelly, Martin, William Aspray, Nathan Ensmenger, and Jeffrey R. Yost. *Computer: A History of the Information Machine*. 3rd ed. Boulder, Colo.: Westview Press, 2014.
Candea, Maria, and Laélia Véron. *Le Français est à nous! Petit manuel d'émancipation linguistique*. Paris: La Découverte, 2019.
Capella, Martianus. *De nuptiis Philologiae et Mercurii*. [5th c. CE] (Turnhout, Belgium: Brepols, 2010).
Carruthers, Mary J. *The Book of Memory: A Study of Memory in Medieval Culture*. 2nd ed. Cambridge: Cambridge University Press, 2008.
*Catechism of the Catholic Church*. 2nd ed. Vatican: Libreria Editrice Vaticana, 1997.
Causse, Bernard. *Les Fiacres de Paris au XVIIe et XVIIIe siècles*. Paris: Presses Universitaires de France, 1972.
Chabert, Jean-Luc, ed. *A History of Algorithms: From the Pebble to the Microchip*. Berlin: Springer, 1999.
Chapman, Allan. "Airy's Greenwich Staff." *The Antiquarian Astronomer* 6 (2012): 4–18.
Chemla, Karine. "De l'algorithme comme liste d'opérations." *Extrême-Orient-Extrême-Occident* 12 (1990): 79–94.
———. "Résonances entre démonstrations et procédure. Remarque sur le commentaire de Liu Hui (IIIe siècle) au *Neuf Chapitres sur les Procédures Mathématiques* (Ier siècle)." *Extrême-Orient, Extrême-Occident* 14 (1992): 91–129.
———. "Le paradigme et le général. Réflexions inspirées par les textes mathématiques de la Chine ancienne." In *Penser par cas*, edited by Jean-Claude Passeron and Jacques Revel, 75–93. Paris: Éditions de l'École des Hautes Études en Sciences Sociales, 2005.
———. "Describing Texts for Algorithms: How They Prescribe Operations and Integrate Cases. Reflections Based on Ancient Chinese Mathematical Sources."

In *Texts, Textual Acts, and the History of Science*, edited by Karine Chemla and Jacques Virbel, 317–84. Heidelberg: Springer, 2015.

Chiffoleau, Jacques. "Dire indicible: Remarques sur la catégorie du nefandum du XIIe au XVe siècle." *Annales ESC,* 45-2 (May–April 1990): 289–324.

Cicero, Marcus Tullius. *On the Republic and On the Laws.* Translated by Clinton W. Keyes, Loeb Classical Library. Cambridge, Mass.: Harvard University Press, 1928.

Clark, James G. *The Benedictines in the Middle Ages.* Woodbridge, Suffolk: Boydell, 2011.

Cohen, I. Bernard. "Howard Aiken on the Number of Computers Needed for the Nation." *IEEE Annals of the History of Computing* 20 (1998): 27–32.

Colbert, Jean Baptiste. *Instruction generale donnée de l'ordre exprés du roy par Monsieur Colbert . . . pour l'execution des reglemens generaux des manufactures & teintures registrez en presence de Sa Majesté au Parlement de Paris le treiziéme aoust 1669.* Grenoble: Chez Alexandre Giroud, 1693.

———. *Lettres, instructions et mémoires de Colbert.* 7 vols. Paris: Imprimerie impériale, 1861–1873.

Colebrooke, Henry Thomas. "Address on Presenting the Gold Medal of the Astronomical Society to Charles Babbage." *Memoirs of the Astronomical Society* 1 (1825): 509–12.

Collins, Harry. *Tacit and Explicit Knowledge.* Chicago: University of Chicago Press, 2010.

Condillac, Étienne Bonnot de. *La Langue des calculs.* Paris: Charles Houel, 1798.

Condorcet, M.J.A.N. *Élémens d'arithmétique et de géométrie* [1804]. *Enfance* 42 (1989): 40–58.

———. *Moyens d'apprendre à compter surement et avec facilité* [1804]. *Enfance* 42 (1989): 59–60.

Corbin, Alain. *The Foul and the Fragrant: Odor and the French Social Imagination* [1982]. Translated by Miriam L. Cochan with Roy Porter and Christopher Prendergast. Cambridge, Mass.: Harvard University Press, 1986.

Cosgrove, Denis. *Apollo's Eye: A Cartographic Genealogy of the Earth in the Western Imagination.* Baltimore: Johns Hopkins University Press, 2001.

Cotton, Charles. *The Compleate Gamester. Instructions How to Play at Billiards, Trucks, Bowls, and Chess.* London: Charles Brome, 1687.

Couffignal, Louis. *Les Machines à calculer.* Paris: Gauthier-Villars, 1933.

Coumet, Ernst. "La théorie du hasard est-elle née par hasard?" *Annales: Économies, Sociétés, Civilisations* 25-3 (May–June 1970): 574–98.

Cox, Noel. *The Royal Prerogative and Constitutional Law: A Search for the Quintessence of Executive Power.* London: Routledge, 2021.

Creager, Angela N. H., Elizabeth Lunbeck, and M. Norton Wise, eds. *Science without Laws: Model Systems, Cases, Exemplary Narratives.* Durham, N.C.: Duke University Press, 2007.

Croarken, Mary. *Early Scientific Computing in Britain*. Oxford: Oxford University Press, 1990.

———. "Human Computers in Eighteenth- and Nineteenth-century Britain." In *The Oxford Handbook of the History of Mathematics*, edited by Eleanor Robson and Jacqueline Stedall, 375–403. Oxford: Oxford University Press, 2009.

Crouch, Jeffrey. *The Presidential Pardon Power*. Lawrence: University Press of Kansas, 2009.

Daston, Lorraine. "Enlightenment Calculations." *Critical Inquiry* 21 (1994): 182–202.

———. "Unruly Weather: Natural Law Confronts Natural Variability." In *Natural Laws and Laws of Nature in Early Modern Europe*, edited by Lorraine Daston and Michael Stolleis, 233–48. Farnham, U.K.: Ashgate, 2008.

———. "Epistemic Images." In *Vision and Its Instruments: Art, Science, and Technology in Early Modern Europe*, edited by Alina Payne, 13–35. College Station: Pennsylvania State University Press, 2015.

———. "Calculation and the Division of Labor, 1750–1950." *Bulletin of the German Historical Institute* 62 (2018): 9–30.

———. *Against Nature*. Cambridge, Mass.: MIT Press, 2019.

Daston, Lorraine, and Katharine Park. *Wonders and the Order of Nature, 1150–1750*. New York: Zone Books, 1998.

Daston, Lorraine, and Michael Stolleis. "Nature, Law, and Natural Law in Early Modern Europe." In *Natural Laws and Laws of Nature in Early Modern Europe*, edited by Lorraine Daston and Michael Stolleis, 1–12. Farnham, Surrey: Ashgate, 2008.

Davis, Martin. *The Universal Computer: The Road from Leibniz to Turing*. New York: W.W. Norton, 2000.

———, ed. *The Undecidable: Basic Papers on Undecidable Propositions, Unsolvable Problems, and Computable Functions*. Hewlett, N.Y.: Raven Press, 1965.

Davison, Dennis, ed. *The Penguin Book of Eighteenth-Century English Verse*. Harmondsworth, U.K.: Penguin Books, 1973.

Deferrari, Roy J., and Sister Mary M. Inviolata Barry. *A Lexicon of Saint Thomas Aquinas* [1948]. Fitzwilliam, N.H.: Loreto Publications, 2004.

Dehaene, Stanislas. *Reading in the Brain: The New Science of How We Read*. New York: Penguin, 2010.

Denis, Vincent. "Les Parisiens, la police et les numérotages des maisons au XVIIIe siècle à l'Empire." *French Historical Studies* 38 (2015): 83–103.

Denys, Catherine. "La Police du nettoiement au XVIIIe siècle." *Ethnologie Française* 153 (2015): 411–20.

Descartes, René. *Regulae ad directionem ingenii* [c. 1628]. In *Oeuvres de Descartes*, edited by Charles Adam and Paul Tannery, 11 vols., vol. 10, 359–472. Paris: J. Vrin, 1964.

———. *Discours de la méthode pour bien conduire sa raison et chercher la vérité dans les sciences* [1637]. In *Oeuvres de Descartes*, edited by Charles Adam and Paul Tannery, 11 vols., vol. 6, 1–78. Paris: J. Vrin, 1964.

Devries, Kelly. "Sites of Military Science and Technology." In *The Cambridge History of Early Modern Science*, edited by Katharine Park and Lorraine Daston, 306–19. Cambridge: Cambridge University Press, 2006.

*Digest*, 1.1.1.3 (Ulpian). Available at www.thelatinlibrary.com/justinian/digest1.shtml.

*Digest*, 1.1.4 (Ulpian). Available at www.thelatinlibrary.com/justinian/digest1.shtml.

Digges, Leonard. *A Boke Named Tectonion*. London: John Daye, 1556.

Dionysius of Halicarnassus. *Critical Essays, Volume I: Ancient Orators*. Translated by Stephen Usher. Loeb Classical Library 465. Cambridge, Mass.: Harvard University Press, 1974.

Dodds, Eric Robertson. *The Greeks and the Irrational*. Berkeley: University of California Press, 1951.

Domat, Jean. *Les Loix civiles dans leur ordre naturel* [1689]. 3 vols. Paris: Pierre Gandouin, 1723.

Dubourg Glatigny, Pascal, and Hélène Vérin. "La réduction en art, un phénomène culturel." In *Réduire en art: La technologie de la Renaissance aux Lumières,* edited by Pascal Dubourg Glatigny and Hélène Vérin. Paris: Éditions de la Maison des sciences de l'homme, 2008.

Duden, Rechtschreibregeln. Available at www.duden.de/sprachwissen/rechtschreibregeln.

Dülmen, Richard van. *Frauen vor Gericht: Kindermord in der Frühen Neuzeit*. Frankfurt am Main: Fischer Verlag, 1991.

Dürer, Albrecht. *Unterweysung der Messung, mit dem Zirckel und Richtscheyt, in Linien, Ebenen und gantzen corporen*. Nuremberg: Hieronymus Andreae, 1525.

Dunkin, Edwin. *A Far-Off Vision: A Cornishman at Greenwich Observatory*, edited by P. D. Hingley and T. C. Daniel. Cornwall, U.K.: Royal Institution of Cornwall, 1999.

Duplès-Argier, Henri. "Ordonnance somptuaire inédite de Philippe le Hardi." *Bibliothèque de l'École des chartes*, 3rd Series, no. 5 (1854): 176–81.

Eamon, William. *Science and the Secrets of Nature: Books of Secrets in Medieval and Early Modern Culture*. Princeton: Princeton University Press, 1994.

———. "Markets, Piazzas, and Villages." In *The Cambridge History of Early Modern Science*, edited by Katharine Park and Lorraine Daston, 206–23. Cambridge: Cambridge University Press, 2006.

Easterling, Patricia Elizabeth. "The Infanticide in Euripides' Medea." *Yale Classical Studies* 25 (1977): 177–91.

Economou, George. *The Goddess Nature in Medieval Literature*. Cambridge, Mass.: Harvard University Press, 1972.

Eisenbart, Liselotte Constanze. *Kleiderordnungen der deutschen Städte zwischen 1350 und 1700*. Berlin and Göttingen: Musterschmidt Verlag, 1962.

Elmer, Peter. "The Early Modern City." In *Pre-Industrial Cities and Technology*, edited by Colin Chant and David Goodman, 198–211. London: Routledge, 1999.

Erikson, Paul, Judy L. Klein, Lorraine Daston, Rebecca Lemov, Thomas Sturm, and Michael D. Gordin. *How Reason Almost Lost Its Mind: The Strange Career of Cold War Rationality*. Chicago: University of Chicago Press, 2013.

Eroms, Hans-Werner, and Horst H. Munske. *Die Rechtschreibreform, Pro und Kontra*. Berlin: Schmidt, 1997.

Erwin, Holger. *Machtsprüche: Das herrscherliche Gestaltungsrecht "ex plenitudine potestatis" in der Frühen Neuzeit*. Cologne: Böhlau, 2009.

L'Esclache, Louis de. *Les Véritables régles de l'ortografe francéze, ov L'Art d'aprandre an peu de tams à écrire côrectement*. Paris: L'Auteur et Lavrant Rondet, 1668.

Essinger, James. *Jacquard's Web: How a Hand-Loom Led to the Birth of the Information Age*. Oxford: Oxford University Press, 2004.

Farge, Arlette. *Vivre dans la rue à Paris au XVIIIe siècle* [1979]. Paris: Gallimard, 1992.

Favre, Adrien. *Les Origines du système métrique*. Paris: Presses universitaires de France, 1931.

Filipowski, Herschel E. *A Table of Anti-Logarithms*. 2nd ed. London: George Bell, 1851.

Filmer, Robert. *Patriarcha, or the Natural Power of Kings*. London: Richard Chiswell, 1680.

Flamsteed, John. *The Correspondence of John Flamsteed, the First Astronomer Royal*. Edited by Eric G. Forbes, Lesley Murdin, and Frances Willmoth, 3 vols. Bristol: Institute of Physics, 1995–2002.

Folkerts, Menso (with Paul Kunitzsch), eds. *Die älteste lateinische Schrift über das indische Rechnen nach al-Hwarizmi*. Munich: Verlag der Bayerischen Akademie der Wissenschaften, 1997.

Forrester, John. "If P, Then What? Thinking in Cases." *History of the Human Sciences* 9 (1996): 1–25.

Fortier, Mark. *The Culture of Equity in Early Modern England*. London: Routledge, 2016.

Foucault, Michel. *Surveiller et punir: Naissance de la prison*. Paris: Éditions Gallimard, 1975.

Fransen, Gérard. *Canones et Quaestiones: Évolution des doctrines et systèmes du droit canonique*. Goldbach, Germany: Keip Verlag, 2002.

Freudenthal, Hans. "What Is Algebra and What Has Been Its History?" *Archive for History of Exact Sciences* 16 (1977): 189–200.

Friedmann, Georges. "L'*Encyclopédie* et le travail humain," *Annales: Economies, Sociétés, Civilisations* 8-1 (1953): 53–61.

[Fuller, Thomas]. *The Sovereigns Prerogative, and the Subjects Priviledge*. London: Martha Harrison, 1657.

Furth, Charlotte. "Introduction: Thinking with Cases." In *Thinking with Cases: Specialist Knowledge in Chinese Cultural History*, edited by Charlotte Furth, Judith T. Zeitlin, and Ping-chen Hsiung, 1–27. Honolulu: University of Hawaii Press, 2007.

Galen, Claudius. *De temperamentis libri III*. Edited by Georg Helmreich. Leipzig: B. G. Teubner, 1904.

Galton, Francis. "Composite Portraits." *Nature* 18 (1878): 97–100.

Gardey, Delphine. *Écrire, calculer, classer: Comment une revolution de papier a transformé les sociétés contemporaines (1800–1840)*. Paris: Éditions la découverte, 2008.

Gauvain, Mary. *The Social Context of Cognitive Development*. New York: Guilford Press, 2001.

Gay, Jean-Paul. "Lettres de controverse: religion, publication et espace publique en France au XVIIe siècle." *Annales: Histoire, Sciences Sociales* 68-1 (2013): 7–41.

Gigerenzer, Gerd. *How to Stay Smart in a Smart World*. London: Penguin, 2022.

Gigerenzer, Gerd, and Daniel Goldstein. "Mind as Computer: The Social Origin of a Metaphor." In *Adaptive Thinking: Rationality in the Real World*, edited by Gerd Gigerenzer, 26–43. Oxford: Oxford University Press, 2000.

Gilbert, Neal. *Concepts of Method in the Renaissance*. New York: Columbia University Press, 1960.

Ginzburg, Carlo. "Family Resemblances and Family Trees: Two Cognitive Metaphors." *Critical Inquiry* 30 (2004): 537–56.

———. "Preface." In *A Historical Approach to Casuistry: Norms and Exceptions in a Comparative Perspective*, edited by Carlo Ginzburg with Lucio Biasiori, xi–xix. London: Bloomsbury Academic, 2019.

Gispert, Hélène, and Gert Schubring. "Societal Structure and Conceptual Changes in Mathematics Teaching: Reform Processes in France and Germany over the Twentieth Century and the International Dynamics." *Science in Context* 24 (2011): 73–106.

Glasse, Hannah. *Art of Cookery, Made Plain and Easy* [1747]. London: L. Wangford, c. 1790.

Goclenius the Elder, Rudolph. *Lexicon philosophicum*. Frankfurt: Matthias Becker, 1613.

Gödel, Kurt. "Über formal unentscheidbare Sätze der *Principia Mathematica* und verwandter Systeme." *Monatsheft für Mathematik und Physik* 38 (1931): 173–98.

Gordin, Michael D. *Scientific Babel: How Science Was Done Before and After Global English*. Chicago: University of Chicago Press, 2015.

Grasshof, Gerd. "Natural Law and Celestial Regularities from Copernicus to Kepler." In *Natural Laws and Laws of Nature in Early Modern Europe*, edited by Lorraine Daston and Michael Stolleis, 143–61. Farnham, U.K.: Ashgate, 2008.

Grattan-Guiness, Ivor. "Work for the Hairdressers: The Production of Prony's Logarithmic and Trigonometric Tables." *Annals of the History of Computing* 12 (1990): 177–85.

———. *The Search for Mathematical Roots, 1870–1940: Logic, Set Theory, and the Foundations of Mathematics from Cantor through Russell Russell to Gödel*. Princeton: Princeton University Press, 2000.

Grebe, Paul, ed., *Akten zur Geschichte der deutschen Einheitsschreibung 1870–1880*. Mannheim, Germany: Bibliographisches Institut, 1963.

Griep, Wolfgang. "Die reinliche Stadt: Über fremden und eigenen Schmutz." In *Rom-Paris-London: Erfahrung und Selbsterfahrung deutscher Schriftsteller und Künstler in den fremden Metropolen*, edited by Conrad Wiedemann, 135–54. Stuttgart: J. B. Metzlersche Verlagsbuchhandung, 1988.

Grier, David Alan. *When Computers Were Human*. Princeton: Princeton University Press, 2006.

Grotius, Hugo. *De jure belli ac pacis libri tres* [1625]. Translated by Francis W. Kelsey, 2 vols. Oxford: Clarendon Press, 1925.

Guillote, François. *Mémoire sur la réformation de la police de France: Soumis au Roi en 1749*, edited by Jean Seznec. Paris: Hermann, 1974.

Haberman, Maggie, and Michael S. Schmidt. "Trump Pardons Two Russian Inquiry Figures and Blackwater Guards." *New York Times*, December 22, 2020, updated February 21, 2021. Available at www.nytimes.com/2020/12/22/us/politics/trump-pardons.html.

Hacking, Ian. "Paradigms." In *Kuhn's Structure of Scientific Revolutions at Fifty: Reflections on a Scientific Classic*, edited by Robert J. Richards and Lorraine Daston, 96–112. Chicago: University of Chicago Press, 2016.

Hajibabaee, Fatimah, Soodabeh Joolaee, Mohammed al Cheraghi, Pooneh Saleri, and Patricia Rodney. "Hospital/Clinical Ethics Committees' Notion: An Overview." *Journal of Medical Ethics and History of Medicine* 19 (2016). Available at www.ncbi.nlm.nih.gov/pmc/articles/PMC5432947/.

Hall, A. Rupert. *Philosophers at War: The Quarrel between Newton and Leibniz*. Cambridge: Cambridge University Press, 1998.

Hart, John. *Orthographie, conteyning the due order and reason, howe to write or paint thimage of mannes voice, most like to the life or nature* [1569]. Facsimile reprint. Amsterdam: Theatrum Orbis Terrarum, 1968.

Hartley, David. *Observations on Man, His Frame, His Duty, and His Expectations* [1749]. Edited by Theodore L. Huguelet, 2 vols. Gainesville, Fla.: Scholars' Facsimile Reprints, 1966.

Havil, Julian. *John Napier: Life, Logarithms, and Legacy*. Princeton: Princeton University Press, 2014.

Heath, Thomas L. *The Thirteen Books of Euclid's Elements*, 2nd ed., 3 vols. New York: Dover, 1956.

Henning, Hans. *Die Aufmerksamkeit*. Berlin: Urban & Schwarzenberg, 1925.

Henry, John. "Metaphysics and the Origins of Modern Science: Descartes and the Importance of Laws of Nature." *Early Science and Medicine* 9 (2004): 73–114.

Hergemöller, Bernd-Ulrich. "Sodomiter. Erscheinungsformen und Kausalfaktoren des spätmittelalterlichen Kampfes gegen Homosexualität." In *Randgruppen der mittelalterlichen Gesellschaft*, edited by Bernd-Ulrich Hergemöller, 316–56. Warendorf, Germany: Fahlbusch, 1990.

Herodotus. *The History*. Translated by David Grene. Chicago: University of Chicago Press, 1987.

Hervé, Jean-Claude. "L'Ordre à Paris au XVIIIe siècle: les enseignements du 'Recueil de règlements de police' du commissaire Dupré." *Revue d'histoire moderne et contemporaine* 34 (1985): 185–214.

Hesberg, Henner von. "Greek and Roman Architects." In *The Oxford Handbook of Greek and Roman Art and Architecture*, edited by Clemente Marconi, 136–51. Oxford: Oxford University Press, 2014.

Hilbert, David. *Grundlagen der Geometrie* [1899]. 8th ed. With revisions by Paul Bernays. Stuttgart: Teubner, 1956.

Hilbert, David, and Wilhelm Ackermann. *Grundzüge der theoretischen Logik*. Berlin: Springer, 1928.

Hilliges, Marion. "Der Stadtgrundriss als Repräsentationsmedium in der Frühen Neuzeit." In *Aufsicht—Ansicht—Einsicht: Neue Perspektiven auf die Kartographie an der Schwelle zur Frühen Neuzeit*, edited by Tanja Michalsky, Felicitas Schmieder, and Gisela Engel, 351–68. Berlin: trafo Verlagsgruppe, 2009.

Hirschman, Albert O. *The Passions and the Interests: Political Arguments for Capitalism before Its Triumph*. Princeton: Princeton University Press, 1977.

Hobbes, Thomas. *Leviathan* [1651]. Edited by Colin B. Macpherson. London: Penguin, 1968.

Hoffmann, Ludwig. *Mathematisches Wörterbuch*. 7 vols. Berlin: Wiegandt und Hempel, 1858–1867.

Horn, Christopher. "*Epieikeia*: The Competence of the Perfectly Just Person in Aristotle." In *The Virtuous Life in Greek Ethics*, edited by Burkhard Reiss, 142–66. Cambridge: Cambridge University Press, 2006.

Horobin, Simon. *Does Spelling Matter?* Oxford: Oxford University Press, 2013.

Howard-Hill, Trevor H., "Early Modern Printers and the Standardization of English Spelling." *The Modern Language Review* 101 (2000): 16–29.

Howlett, David H. *Dictionary of Medieval Latin from British Sources*. Fascicule XIII: PRO-REG. Oxford: Oxford University Press, 2010.

Hoyle, Edmond. *A Short Treatise on the Game of Whist, Containing the Laws of the Game: and also Some Rules, whereby a Beginner may, with due Attention to them, attain to the Playing it well*. London: Thomas Osborne, 1748.

Høyrup, Jens. "Mathematical Justification as Non-conceptualized Practice." In *The History of Mathematical Proof*, edited by Karine Chemla, 362–83. Cambridge: Cambridge University Press, 2012.

Hume, David. "Of Miracles," *Enquiry Concerning Human Nature* [1748]. Edited by Eric Steinberg, 72–90. Indianapolis: Hackett, 1977.

———. *An Inquiry Concerning the Principles of Morals* [1751]. Edited by Charles W. Hendel. Indianapolis: Library of Liberal Arts, 1979.

Hunt, Alan. *Governance of the Consuming Passions: A History of Sumptuary Law*. London: Macmillan, 1996.

Hunter, Ian, and David Saunders, eds. *Natural Law and Civil Sovereignty: Moral Right and State Authority in Early Modern Political Thought*. New York: Palgrave Macmillan, 2002.

Hylan, John Perham. "The Fluctuation of Attention." *Psychological Review* 2 (1898): 1–78.

Ilting, Karl-Heinz. *Naturrecht und Sittlichkeit: Begriffsgeschichtliche Studien*. Stuttgart: Klett-Cotta, 1983.

Imhausen, Annette. "Calculating the Daily Bread: Rations in Theory and Practice." *Historia Mathematica* 30 (2003): 3–16.

Itard, Jean. *Les Livres arithmétiques d'Euclide*. Paris: Hermann, 1961.

Jacob, P. [Paul Lacroix]. *Recueil curieux de pièces originales rares ou inédites en prose et en vers sur le costume et les revolutions de la mode en France*. Paris: Administration de Librairie, 1852.

Jacobs, Uwe Kai. *Die Regula Benedicti als Rechtsbuch. Eine rechtshistorische und rechtstheologische Untersuchung*. Vienna: Böhlau Verlag, 1987.

James I of England, *The Workes of the Most High and Mightie Prince, James*. Edited by John Montagu. London: Robert Barker and John Bill, 1616.

Jansen-Sieben, Ria, ed. *Ars mechanicae en Europe médiévale*. Brussels: Archives et bibliothèques de Belgique, 1989.

Jardine, Lisa, and Alan Stewart. *Hostages to Fortune: The Troubled Life of Francis Bacon*. New York: Hill and Wang, 1998.

Jarvis, Charlie. *Order Out of Chaos: Linnaean Plant Names and Their Types*. London: Linnean Society of London, 2007.

[Jaucourt, Louis de Neufville, chevalier de]. "Loi." In *Encyclopédie, ou Dictionnaire raisonné des arts, des sciences et des métiers*, edited by Jean d'Alembert and Denis Diderot, vol. 9, 643–46. Neuchâtel, Switzerland: Samuel Faulche, 1765.

———. "Règle, Règlement." In *Encyclopédie, ou Dictionnaire raisonné des sciences*, edited by Jean d'Alembert and Denis Diderot, vol. 14, 20. Neuchâtel: Chez Samuel Faulche, 1765.

———. "Règle, Modèle (*Synon.*)." In *Encyclopédie, ou Dictionnaire raisonné des sciences, des arts et des métiers*, edited by Denis Diderot and Jean d'Alembert, vol. 28, 116–17. Lausanne/Berne: Les sociétés typographiques, 1780.

Jefferson, Thomas. *A Manual of Parliamentary Practice for the Use of the Senate of the United States.* Washington City: Samuel H. Smith, 1801.

Johnson, Samuel. *Dictionary of the English Language.* 1st ed. London: W. Strahan, 1755.

Jolles, André. *Einfache Formen: Legende, Sage, Mythe, Rätsel, Spruch, Kasus, Memorabile, Märchen, Witz* [1930]. 8th ed. Tübingen: Max Niemeyer Verlag, 2006.

Jones, Matthew L. *Reckoning with Matter: Calculating Machines, Innovation, and Thinking about Thinking from Pascal to Babbage.* Chicago: University of Chicago Press, 2016.

———. "Querying the Archive: Data Mining from Apriori to Page Rank." In *Science in the Archives: Pasts, Presents, Futures,* edited by Lorraine Daston, 311–28. Chicago: University of Chicago Press, 2017.

Jonsen, Albert R., and Stephen Toulmin. *The Abuse of Casuistry: A History of Moral Reasoning.* Berkeley: University of California Press, 1990.

Jouslin, Olivier. *La Campagne des Provinciales de Pascal: étude d'un dialogue polémique.* Clermont-Ferrand, France: Presses Universitaires, 2007.

Kant, Immanuel. *Foundations of the Metaphysics of Morals* [1785]. Translated by Lewis White Beck. Indianapolis: Library of Liberal Arts, 1954.

———. *Die Metaphysik der Sitten* [1797]. Edited by Wilhelm Weisehedel. Frankfurt am Main: Suhrkamp, 1977.

———. *Critique of Judgment* [1790]. Translated by Werner S. Pluhar. Indianapolis: Hackett, 1987.

———. *Erste Einleitung in die Kritik der Urteilskraft* [1790]. Edited by Gerhard Lehmann. Hamburg: Felix Meiner Verlag, 1990.

———. *Die Religion innerhalb der Grenzen der bloßen Vernunft* [1793]. Edited by Rudolf Malter. Ditzingen, Germany: Reclam, 2017.

Katz, Victor J., and Karen Hunger Parshall. *Taming the Unknown: A History of Algebra from Antiquity to the Early Twentieth Century.* Princeton: Princeton University Press, 2014.

Keller, Agathe. "Ordering Operations in Square Root Extractions, Analyzing Some Early Medieval Sanskrit Mathematical Texts with the Help of Speech Act Theory." In *Texts, Textual Acts, and the History of Science,* edited by Karine Chemla and Jacques Virbel, 189–90. Heidelberg: Springer, 2015.

Keller, Agathe, Koolakodlu Mahesh, and Clemency Montelle. "Numerical Tables in Sanskrit Sources." HAL archives-ouvertes, HAL ID: halshs-01006137 (submitted 13 June 2014), §2.1.3, n.p. Available at halshs.archives-ouvertes.fr/halshs-01006137.

Keller, Monika. *Ein Jahrhundert Reformen der französischen Orthographie: Geschichte eines Scheiterns.* Tübingen: Stauffenberg Verlag, 1991.

Edward Kennedy, "A Survey of Islamic Astronomical Tables." *Transactions of the American Philosophical Society* 46, no. 2 (1956): 1–53.

Kettilby, Mary. *A Collection of above Three Hundred Receipts in Cookery, Physick and Surgery* [1714]. 6th ed. London: W. Parker, 1746.

Killerby, Catherine Kovesi. "Practical Problems in the Enforcement of Italian Sumptuary Law, 1200–1500." In *Crime, Society, and the Law in Renaissance Italy*, edited by Trevor Dean and K.J.P. Lowe, 99–120. Cambridge: Cambridge University Press, 1994.

———. *Sumptuary Law in Italy, 1200–1500*. Oxford: Clarendon Press, 2002.

Kittsteiner, Heinz-Dieter. "Kant and Casuistry." In *Conscience and Casuistry in Early Modern Europe*, edited by Edmund Leites, 185–213. Cambridge: Cambridge University Press, 2002.

Klauwell, Otto. *Der Canon in seiner geschichtlichen Entwicklung*. Leipzig: C. F. Kahnt, 1874.

Klein, Jacob. *Greek Mathematical Thought and the Origin of Algebra* [1934]. Translated by Eva Brann. Cambridge, Mass.: MIT Press, 1968.

Knuth, Donald. *The Art of Computer Programming*. Vol. 1: *Fundamental Algorithms*, 3rd ed. Boston: Addison-Wesley, 1997.

Krent, Harold J. *Presidential Powers*. New York: New York University Press, 2004.

Kuhn, Thomas S. *The Structure of Scientific Revolutions* [1962]. 4th ed. Chicago: University of Chicago Press, 2012.

Kurtz, Joachim. "Autopsy of a Textual Monstrosity: Dissecting the Mingli tan (*De logica*, 1631)." In *Linguistic Changes between Europe, China, and Japan*, edited by Federica Caselin, 35–58. Turin: Tiellemedia, 2008.

Kusukawa, Sachiko. *Picturing the Book of Nature: Image, Text, and Argument in Sixteenth-Century Human Anatomy and Medical Body*. Chicago: University of Chicago Press, 2012.

Lahy, Jean-Maurice, and S. Korngold. "Sélection des operatrices de machines comptables." *Année psychologique* 32 (1931): 131–49.

Laitinen, Riitta, and Dag Lindstrom. "Urban Order and Street Regulation in Seventeenth-Century Sweden." In *Cultural History of Early Modern European Streets*, edited by Riitta Laitinen and Thomas V. Cohen, 63–93. Leiden: Brill, 2009.

Lamassé, Stéphane. "Calculs et marchands (XIVe–XVe siècles)." In *La juste mesure. Quantifier, évaluer, mesurer entre Orient et Occident (VIIIe–XVIIIe siècles)*, edited by Laurence Moulinier, Line Sallmann, Catherine Verna, and Nicolas Weill-Parot, 79–97. Saint-Denis, France: Presses Universitaires de Vincennes, 2005.

Landau, Bernard. "La fabrication des rues de Paris au XIXe siècle: Un territoire d'innovation technique et politique." *Les Annales de la recherche urbaine* 57–58 (1992): 24–45.

Larrère, Catherine. "Divine dispense," *Droits* 25 (1997): 19–32.

Lehoux, Daryn. "Laws of Nature and Natural Laws." *Studies in History and Philosophy of Science* 37 (2006): 527–49.

Leibniz, Gottfried Wilhelm. "Towards a Universal Characteristic [1677]." In *Leibniz Selections*, edited by Philip P. Wiener, 17–25. New York: Charles Scribner's Sons, 1951.

———. *Neue Methode, Jurisprudenz zu Lernen und zu Lehren* [1667]. Translated by Hubertus Busche. In *Frühere Schriften zum Naturrecht*, edited by Hans Zimmermann, 27–90. Hamburg: Felix Meiner Verlag, 2003.

Leong, Elaine. *Recipes and Everyday Knowledge: Medicine, Science, and the Household in Early Modern England*. Chicago: University of Chicago Press, 2018.

Lhôte, Jean-Marie. *Histoire des jeux de société*. Paris: Flammarion, 1994.

Li, Liang. "Template Tables and Computational Practices in Early Modern Chinese Calendrical Astronomy." *Centaurus* 58 (2016): 26–45.

Lindgren, Michael. *Glory and Failure: The Difference Engines of Johann Müller, Charles Babbage, and Georg and Edvard Scheutz*. Cambridge, Mass.: MIT Press, 1990.

Lloyd, Geoffrey E. R. "Greek Antiquity: The Invention of Nature." In *The Concept of Nature*, edited by John Torrance, 1–24. Oxford: Clarendon Press, 1992.

———. "What Was Mathematics in the Ancient World?" In *The Oxford Handbook of the History of Mathematics*, edited by Eleanor Robson and Jacqueline Stedall, 7–25. Oxford: Oxford University Press, 2009.

Locke, John. *Second Treatise of Government* [1690]. Edited by C. B. Macpherson. Indianapolis: Hackett, 1980.

Löffler, Catharina. *Walking in the City. Urban Experience and Literary Psychogeography in Eighteenth-Century London*. Wiesbaden: J. B. Metzler, 2017.

Long, Pamela O. *Artisan/Practitioners and the Rise of the New Science*. Corvallis: Oregon State University Press, 2011.

Long, Pamela O. "Multi-Tasking 'Pre-Professional' Architect/Engineers and Other Bricolage Practitioners as Key Figures in the Elision of Boundaries Between Practice and Learning in Sixteenth-Century Europe." In *The Structures of Practical Knowledge*, edited by Matteo Valleriani, 223–46. Cham, Switzerland: Springer, 2017.

Looze, Laurence de. "Orthography and National Identity in the Sixteenth Century." *The Sixteenth-Century Journal* 43 (2012): 371–89.

Luig, Klaus. "Leibniz's Concept of *jus naturale* and *lex naturalis*—Defined with 'Geometric Certainty.'" In *Natural Laws and Laws of Nature in Early Modern Europe*, edited by Lorraine Daston and Michael Stolleis, 183–98. Farnham, U.K.: Ashgate, 2008.

Maclean, Ian. "Expressing Nature's Regularities and their Determinations in the Late Renaissance." In *Natural Laws and Laws of Nature in Early Modern Europe*, edited by Lorraine Daston and Michael Stolleis, 29–44. Farnham, U.K.: Ashgate, 2008.

Maguire, James. *American Bee: The National Spelling Bee and the Culture of Nerds*. Emmaus, Penn.: Rodale, 2006.

Malebranche, Nicolas. *De la Recherche de la vérité* [1674–75]. 3 vols. Paris: Michel David, 1712.

Manesse, Danièle, and Gilles Siouffi, eds. *Le Féminin et le masculin dans la langue*. Paris: ESF sciences humaines, 2019.

Marguin, Jean. *Histoire des instruments à calculer: Trois siècles de mécanique pensante 1642–1942*. Paris: Hermann, 1994.

Mashaal, Maurice. *Bourbaki: Une société secrète de mathématiciens*. Paris: Pour la science, 2000.

Massey, Harrie Stewart Wilson. "Leslie John Comrie (1893–1950)." *Obituary Notices of the Fellows of the Royal Society* 8 (1952): 97–105.

Massialot, François. *Nouvelles instructions pour les confitures, les liqueurs et les fruits*. 2nd ed., 2 vols. Paris: Charles de Sercy, 1698.

Masterman, Margaret. "The Nature of a Paradigm." In *Criticism and the Growth of Knowledge*, edited by Imré Lakatos and Alan Musgrave, 59–89. Cambridge: Cambridge University Press, 1970.

[Maxwell, John]. *Sacro-Sancta Regum Majestae: Or the Sacred and Royal Prerogative of Christian Kings*. London: Thomas Dring, 1680.

May, Robert. *The Accomplisht Cook, Or the Art and Mystery of Cookery*. 3rd ed. London: J. Winter, 1671.

McClennen, Edward F. "The Rationality of Being Guided by Rules." In *The Oxford Handbook of Rationality*, edited by Alfred R. Mele and Piers Rawling, 222–39. New York: Oxford University Press, 2004.

McEvedy, Colin. *The Penguin Atlas of Modern History (to 1815)*. Harmondsworth, U.K.: Penguin, 1986.

McMillan, Douglas J., and Kathryn Smith Fladenmuller, eds. *Regular Life: Monastic, Canonical, and Mendicant Rules*. Kalamazoo, Mich.: Medieval Institute, 1997.

Mehmke, Rudolf. "Numerisches Rechnen." In *Enzyklopädie der mathematischen Wissenschaften*, 6 vols., edited by Wilhelm Franz Meyer, vol. 1, part 2, 959–78. Leipzig: B. Teubner, 1898–1934.

Meigret, Louis. *Traité touchāt le commvn vsage de l'escriture françoise*. Paris: Ieanne de Marnes, 1545.

Mercier, Louis-Sébastien. *L'An 2440: Rêve s'il en fut jamais*. London: N.p., 1771.

———. *L'An 2440: Rêve s'il en fut jamais* [1771], edited by Raymond Trousson. Bordeaux: Ducros, 1971.

———. *Memoirs of the Year Two Thousand Five Hundred*. Translated by W. Hooper, 2 vols. London: G. Robinson, 1772.

———. *Tableau de Paris* [1782–88]. 2nd ed., 2 vols. Geneva: Slatkine Reprints, 1979.

Mercier, Raymond. *Πτολεμαιου Προχειροι Κανονες: Ptolemy's "Handy Tables": 1a. Tables A1–A2. Transcription and Commentary*. Publications de l'Institut Orientaliste de Louvain, 59a. Louvain-La-Neuve, Belgium: Université Catholique de Louvain/Peeters, 2011.

Mill, John Stuart. *A System of Logic Ratiocinative and Inductive* [1843]. Edited by J. M. Robson. London: Routledge, 1996.

Miller, Naomi. *Mapping the City: The Language and Culture of Cartography in the Renaissance*. London: Continuum, 2003.

Milliot, Vincent. *Un Policier des Lumières, suivi de Mémoires de J.C.P. Lenoir*. Seyssel, France: Éditions Champ Vallon, 2011.

Modersohn, Mechthild. *Natura als Göttin im Mittelalter: Ikonographische Studien zu Darstellungen der personifizierten Natur*. Berlin: Akademie Verlag, 1997.

Montaigne, Michel de. *The Complete Essays*. Translated by M. A. Screech. London: Penguin, 1991.

Montesquieu, Charles-Louis de Secondat, Baron de la Brède et de. *De l'Esprit des lois* [1748]. Paris: Firmin-Didot, 1849.

Müller-Wille, Staffan. *Botanik und weltweiter Handel: Zur Begründung eines natürlichen Systems der Pflanzen durch Carl von Linné (1707–78)*. Berlin: VWB-Verlag für Wissenschaft und Bildung, 1999.

Mulcaster, Richard. *The First Part of the Elementarie, which entreateh chieflie of the writing of our English tung*. London: Thomas Vautroullier, 1582.

Murray, Alexander. "Nature and Man in the Middle Ages." In *The Concept of Nature*, edited by John Torrance, 25–62. Oxford: Clarendon Press, 1992.

Muzzarelli, Maria Giuseppina. "Sumptuary Laws in Italy: Financial Resources and Instrument of Rule." In *The Right to Dress: Sumptuary Laws in Global Perspective, c. 1200–1800*, edited by Giorgio Riello and Ulinka Rublack, 167–85. Cambridge: Cambridge University Press, 2019.

Napier, John. *Mirifici logarithmorum canonis descriptio*. Edinburgh: A. Hart, 1614.

———. *Rabdology* (1617). Translated by William F. Richardson. Cambridge, Mass.: MIT Press, 1990.

NASA, *Mars Climate Orbiter Mishap Investigation Board Phase 1 Report*. 10 November 1999. Available at llis.nasa.gov/llis_lib/pdf/1009464main1_0641-mr.pdf.

Naux, Charles. *Histoire des logarithmes de Neper [sic] à Euler*. Paris: Blanchard, 1966.

Neal, Andrew W. *Security as Politics: Beyond the State of Exception*. Edinburgh: Edinburgh University Press, 2019.

Nencioni, Giovanni. "L'accademia della Crusca e la lingua italiana." *Historiographica Linguistica* 9 (2012): 321–33.

Nerius, Dieter. *Deutsche Orthographie*. 4th rev. ed. Hildesheim, Germany: Georg Olms Verlag, 2007.

Neugebauer, Otto. *Mathematische Keilschriften*. 3 vols. Berlin: Verlag von Julius Springer, 1935–37.

Netz, Reviel. *The Shaping of Deduction in Greek Mathematics: A Study in Cognitive History*. Cambridge: Cambridge University Press, 1999.

Newcomb, Simon. *The Reminiscences of an Astronomer*. Boston: Houghton, Mifflin, and Company, 1903.

Newell, Allen, and Herbert A. Simon. "The Logic Theory Machine: A Complex Information Processing System." *IRE Transactions on Information Theory* 1 (1956): 61–79.

Newton, Isaac. *The Mathematical Principles of Natural Philosophy* [1687]. Translated by Andrew Motte. London: Benjamin Motte, 1729.

———. *Opticks* [1704]. New York: Dover, 1952.

Niermeyer, Jan Frederik, and Co van de Kieft. *Mediae latinitatis lexicon minus: M–Z*. Darmstadt: Wissenschaftliche Buchgesellschaft, 2002.

Nyquist, Mary. *Arbitrary Rule: Slavery, Tyranny, and the Power of Life and Death*. Chicago: University of Chicago Press, 2013.

Oakley, Francis. "Christian Theology and Newtonian Science: The Rise of the Concept of Laws of Nature." *Church History* 30 (1961): 433–57.

Ocagne, Maurice d'. *Le Calcul simplifié par les procédés mécaniques et graphiques*. 2nd ed. Paris: Gauthier-Villars, 1905.

Oertzen, Christine von. "Machineries of Data Power: Manual versus Mechanical Census Compilation in Nineteenth-Century Europe." *Osiris* 32 (2017): 129–50.

Ogilvie, Brian W. *The Science of Describing: Natural History in Renaissance Europe*. Chicago: University of Chicago Press, 2006.

Ohme, Heinz. *Kanon ekklesiastikos: Die Bedeutung des altkirchlichen Kanonbegriffs*. Berlin: Walter de Gruyter, 1998.

Oppel, Herbert. *KANΩN: Zur Bedeutungsgeschichte des Wortes und seiner lateinischen Entsprechungen (Regula-Norma)*. Leipzig: Dietrich'sche Verlagsbuchhandlung, 1937.

*Oxford English Dictionary* Online. Available at www.oed.com.

Pagden, Anthony. "Dispossessing the Barbarian: The Language of Spanish Thomism and the Debate over the Property Rights of the American Indians." In *The Languages of Political Theory in Early Modern Europe*, edited by Anthony Pagden, 79–98. Cambridge: Cambridge University Press, 1987.

Parish, Richard. "Pascal's *Lettres provinciales*: From Flippancy to Fundamentals." In *The Cambridge Companion to Pascal*, edited by Nicholas Hammond, 182–200. Cambridge: Cambridge University Press, 2003.

Park, Katharine. "Nature in Person." In *The Moral Authority of Nature*, edited by Lorraine Daston and Fernando Vidal, 50–73. Chicago: University of Chicago Press, 2004.

Pascal, Blaise. "Lettre dédicatoire à Monseigneur le Chancelier [Séguier] sur le sujet machine nouvellement inventée par le Sieur B.P. pour faire toutes sortes d'opération d'arithmétique par un mouvement réglé sans plume ni jetons" [1645]. In *Oeuvres complètes de Pascal*, edited by Louis Lafuma, 187–91. Paris: Éditions du Seuil, 1963.

———. *Les Provinciales, ou Les lettres écrites par Louis de Montalte à un provincial de ses amis et aux RR. PP. Jésuites sur le sujet de la morale et de la politique de ces Pères* [1627]. Edited by Michel Le Guern. Paris: Gallimard, 1987.

Pasch, Moritz. *Vorlesungen über neuere Geometrie*. Leipzig: B. G. Teubner, 1882.

Paulus, *On Plautius*. Digest L 17. Available at www.thelatinlibrary.com/justinian/digest50.shtml.

Pavan, Elisabeth. "Police des moeurs, société et politique à Venise à la fin du Moyen Age." *Revue historique* 264 (1980): 241–88.

Peano, Giuseppe. *Notations de logique mathématique*. Turin: Charles Guadagnigi, 1894.

Peaucelle, Jean-Louis. *Adam Smith et la division du travail. Naissance d'une idée fausse.* Paris: L'Harmattan, 2007.

Peaucelle, Jean-Louis, and Cameron Guthrie. "How Adam Smith Found Inspiration in French Texts on Pin Making in the Eighteenth Century." *History of Economic Ideas* 19 (2011): 41–67.

Pennington, Kenneth. *The Prince and the Law, 1200–1600: Sovereignty and Rights in the Western Legal Tradition*. Berkeley: University of California Press, 1993.

Perkins, William. *Hepieikeia, or a Treatise of Christian Equitie and Moderation*. Cambridge: John Legatt, 1604.

———. *The Whole Treatise of the Cases of Conscience*. London: John Legatt, 1631.

Peuchet, Jacques. *Collection des lois, ordonnances et réglements de police, depuis le 13e siècle jusqu'à l'année 1818*. Second Series: *Police moderne de 1667–1789*, vol. 1 (1667–1695). Paris: Chez Lottin de Saint-Germain, 1818.

Pine, Nancy, and Zhenyou Yu. "Early Literacy Education in China: A Historical Overview." In *Perspectives on Teaching and Learning Chinese Literacy in China*, edited by Cynthia Leung and Jiening Ruan, 81–106. Dordrecht: Springer, 2012.

Plato. *Statesman—Philebus—Ion*. Translated by Harold North Fowler and W.R.M. Lamb, Loeb Classical Library. Cambridge, Mass.: Harvard University Press, 1925.

———. *Timaeus*. Translated by Robert G. Bury, Loeb Classical Library. Cambridge, Mass.: Harvard University Press, 1989.

———. *Republic Books VI–X*. Translated by Chris Emlyn-Jones and William Freddy, Loeb Classical Library. Cambridge, Mass.: Harvard University Press, 2013.

Pliny the Elder. *Natural History*. Translated by Harris Rackham, Loeb Classical Library. Cambridge, Mass.: Harvard University Press, 1952.

Pocock, John Greville Agard. *The Machiavellian Moment: Florentine Political Thought and the Atlantic Republican Tradition*. Rev. ed. Princeton: Princeton University Press, 2003.

Polanyi, Michael. *Personal Knowledge: Towards a Post-Critical Philosophy* [1958]. London: Routledge, 2005.

Pomata, Gianna. "Sharing Cases: The *Observationes* in Early Modern Medicine." *Early Science and Medicine* 15 (2010): 193–236.

———. "Observation Rising: Birth of an Epistemic Genre, ca. 1500–1650." In *Histories of Scientific Observation*, edited by Lorraine Daston and Elizabeth Lunbeck, 45–80. Chicago: University of Chicago Press, 2011.

———. "The Recipe and the Case: Epistemic Genres and the Dynamics of Cognitive Practices." In *Wissenschaftsgeschichte und Geschichte des Wissens im Dialog— Connecting Science and Knowledge*, edited by Kaspar von Greyerz, Silvia Flubacher, and Philipp Senn, 131–54. Göttingen: Vanderhoek und Ruprecht, 2013.

———. "The Medical Case Narrative in Pre-Modern Europe and China: Comparative History of an Epistemic Genre." In *A Historical Approach to Casuistry: Norms and Exceptions in a Comparative Perspective*, edited by Carlo Ginzburg with Lucio Biasiori, 15–43. London: Bloomsbury Academic, 2019.

Pomata, Gianna and Nancy G. Siraisi, eds. *Historia: Empiricism and Erudition in Early Modern Europe*. Cambridge, Mass.: MIT Press, 2005.

Pope, Alexander. *The Guardian*, nr. 78, 466–72 (10 June 1713).

Prony, Gaspard de. *Notices sur les grandes tables logarithmiques et trigonométriques, adaptées au nouveau système décimal*. Paris: Firmin Didot, 1824.

Proust, Christine. "Interpretation of Reverse Algorithms in Several Mesopotamian Texts." In *The History of Mathematical Proof*, edited by Karine Chemla, 384–412. Cambridge: Cambridge University Press, 2012.

Pufendorf, Samuel. *The Whole Duty of Man, According to the Law of Nature* [1673]. Translated by Andrew Tooke, edited by Ian Hunter and David Saunders. Indianapolis: Liberty Fund, 2003.

Quemada, Bernard, ed. *Les Préfaces du Dictionnaire de l'Académie française 1694–1992*. Paris: Honoré Champion, 1997.

Quesnay, François. *Le Droit naturel*. Paris: n. p., 1765.

Rackozy, Hannes, Felix Warneken, and Michael Tomasello. "Sources of Normativity: Young Children's Awareness of the Normative Structure of Games." *Developmental Psychology* 44 (2008): 875–81.

Reid, John Phillip. *The Rule of Law: The Jurisprudence of Liberty in the Seventeenth and Eighteenth Centuries*. DeKalb: Northern Illinois University Press, 2004.

Rey, Alain, ed. *Le Robert. Dictionnaire historique de la langue française*. 3 vols. Paris: Dictionnaires Le Robert, 2000.

Ribot, Théodule. *Psychologie de l'attention*. Paris: Félix Alcan, 1889.

Richards, Robert J., and Lorraine Daston. "Introduction." In *Fifty Years after Kuhn's Structure: Reflections on a Scientific Classic*, edited by Robert J. Richards and Lorraine Daston, 1–11. Chicago: University of Chicago Press, 2016.

Riello, Giorgio, and Ulinka Rublack, eds. *The Right to Dress: Sumptuary Laws in Global Perspective, c. 1200–1800*. Cambridge: Cambridge University Press, 2019.

Ritter, Jim. "Reading Strasbourg 368: A Thrice-Told Tale." In *History of Science, History of Text*, edited by Karine Chemla, 177–200. Dordrecht: Springer, 2004.

Roberts, Lissa, Simon Schaffer, and Peter Dear, eds. *The Mindful Hand: Inquiry and Invention from the Late Renaissance to Early Industrialisation*. Chicago: University of Chicago Press, 2007.

Robson, Eleanor. "Mathematics Education in an Old Babylonian Scribal School." In *The Oxford Handbook of the History of Mathematics*, edited by Eleanor Robson and Jacqueline Stedall, 99–227. Oxford and New York: Oxford University Press, 2009.

Roche, Daniel. *The Culture of Clothing: Dress and Fashion in the Ancien Regime* [1989]. Translated by Jean Birrell. Cambridge: Cambridge University Press, 1994.

Rostow, Walter W. *The Stages of Economic Growth. A Non-Communist Manifesto*. Cambridge: Cambridge University Press, 1960.

Rothrock, George A. "Introduction." In Sebastien Le Prestre de Vauban, *A Manual of Siegecraft and Fortification*, translated by George A. Rothrock, 4–6. Ann Arbor: University of Michigan Press, 1968.

Rothstein, Natalie. "Silk: The Industrial Revolution and After." In *The Cambridge History of Western Textiles*, edited by David Jenkins, 2 vols., vol. 2, 793–96. Cambridge: Cambridge University Press, 2003.

Rouleau, Bernard. *Le Tracé des rues de Paris : Formation, typologie, fonctions*. Paris: Éditions du Centre National de la Recherche Scientifique, 1967.

Rousseau, Jean-Jacques. *Reveries of the Solitary Walker* [1782]. Translated by Peter France. London: Penguin, 1979.

Roux, Sophie. "Controversies on Nature as Universal Legality (1680–1710)." In *Natural Laws and Laws of Nature in Early Modern Europe*, edited by Lorraine Daston and Michael Stolleis, 199–214. Farnham, U.K.: Ashgate, 2008.

Rublack, Ulinka. "The Right to Dress: Sartorial Politics in Germany, c. 1300–1750." In *The Right to Dress: Sumptuary Laws in Global Perspective, c. 1200–1800*, edited by Giorgio Riello and Ulinka Rublack, 37–73. Cambridge: Cambridge University Press, 2019.

Rublack, Ulinka, and Giorgio Riello, "Introduction." In *The Right to Dress: Sumptuary Laws in Global Perspective, c. 1200–1800*, edited by Giorgio Riello and Ulinka Rublack, 1–34. Cambridge: Cambridge University Press, 2019.

Ruby, Jane E. "The Origins of Scientific Law." *Journal of the History of Ideas* 47 (1986): 341–59.

Sachs, Abraham J. "Babylonian Mathematical Texts, I." *Journal of Cuneiform Studies*, 1 (1947): 219–40.

Sachsen-Gotha-Altenburg, Ernst I., Herzog von. *Fürstliche Sächsische Landes-Ordnung*. Gotha, Germany: Christoph Reyher, 1695.

Sampson, Margaret. "Laxity and Liberty in Seventeenth-Century Political Thought." In *Conscience and Casuistry in Early Modern Europe*, edited by Edmund Leites, 72–118. Cambridge: Cambridge University Press, 2002.

Sang, Edward. "Remarks on the Great Logarithmic and Trigonometrical Tables Computed in the Bureau de Cadastre under the Direction of M. Prony." *Proceedings of the Royal Society of Edinburgh* (1874–75): 1–15.

Sarcevic, Edin. *Der Rechtsstaat: Modernität und Universalitätsanspruch der klassischen Rechtsstaatstheorien.* Leipzig: Leipziger Universitätsverlag, 1996.

Sauer, Wolfgang Werner, and Helmut Glück. "Norms and Reforms: Fixing the Form of the Language." In *The German Language and the Real World,* edited by Patrick Stevenson, 69–94. Oxford: Clarendon Press, 1995.

Schaffer, Simon. "Astronomers Mark Time: Discipline and the Personal Equation." *Science in Context* 2 (1988): 115–45.

———. "Babbage's Intelligence: Calculating Engines and the Factory System." *Critical Inquiry* 21 (1994): 203–27.

Scharfe, Hartmut. *Education in Ancient India.* Boston: Brill, 2002.

Schauer, Frederick. *Thinking Like a Lawyer: A New Introduction to Legal Reasoning.* Cambridge, Mass.: Harvard University Press, 2009.

Schmitt, Carl. *Political Theology: Four Chapters on the Concept of Sovereignty* [1922]. Translated by George Schwab. Chicago: University of Chicago Press, 1985.

Schmitt, Jean-Claude. *Ghosts in The Middle Ages: The Living and Dead in Medieval Society* [1994].Translated by Teresa L. Fagan. Chicago: University of Chicago Press, 1998.

Schmitz, D. Philibert, and Christina Mohrmann, eds. *Regula monachorum Sancti Benedicti.* 2nd ed. Namur, Belgium: P. Blaimont, 1955.

Schröder, Jan. "The Concept of (Natural) Law in the Doctrine of Law and Natural Law in the Early Modern Era." In *Natural Laws and Laws of Nature in Early Modern Europe,* edited by Lorraine Daston and Michael Stolleis, 57–71. Farnham, U.K.: Ashgate, 2008.

Schwarz, Matthäus, and Veit Konrad Schwarz. *The First Book of Fashion: The Book of Clothes of Matthäus Schwarz and Veit Konrad Schwarz of Augsburg,* edited by Ulinka Rublack, Maria Hayward, and Jenny Tiramani. New York: Bloomsbury Academic, 2010.

Scott, James C. *Seeing Like a State: How Certain Schemes to Improve the Human Condition Have Failed.* New Haven: Yale University Press, 1998.

Scripture, Edward Wheeler. "Arithmetical Prodigies." *American Journal of Psychology* 4 (1891): 1–59.

Seneca. *Naturales quaestiones.* Translated by Thomas H. Corcoran, 2 vols., Loeb Classical Library. Cambridge, Mass.: Harvard University Press, 1922.

———. *Medea.* In *Tragedies,* translated by Frank Justus Miller, Loeb Classical Library. Cambridge, Mass.: Harvard University Press, 1979.

Service géographique de l'armée. *Tables des logarithmes à huit decimals.* Paris: Imprimerie Nationale, 1891.

Shanker, Stuart. *Wittgenstein's Remarks on the Foundations of AI.* London: Routledge, 1998.

Shapin, Steven. "Of Gods and Kings: Natural Philosophy and Politics in the Leibniz-Clarke Disputes." *Isis* 72 (1984): 187–215.

Simon, Herbert A. *Models of My Life*. New York: Basic Books, 1991.

Simon, Herbert A, Patrick W. Langley, and Gary L. Bradshaw. "Scientific Discovery as Problem Solving." *Synthèse* 47 (1981): 1–27.

Skinner, Quentin. *Liberty before Liberalism*. Cambridge: Cambridge University Press, 1998.

Smith, Adam. *The Wealth of Nations* [1776]. Edited by Edwin Cannan. Chicago: University of Chicago Press, 1976.

Smith, Pamela H. *The Body of the Artisan: Art and Experience in the Scientific Revolution*. Chicago: University of Chicago Press, 2004.

———. "Making Things: Techniques and Books in Early Modern Europe." In *Things*, edited by Paula Findlen, 173–203. London: Routledge, 2013.

Snyder, Laura. *The Philosophical Breakfast Club: Four Remarkable Friends Who Transformed Science and Changed the World*. New York: Broadway Books, 2011.

Sobel, Dava. *The Glass Archive: How the Ladies of the Harvard Observatory Took the Measure of the Stars*. New York: Viking, 2016.

Somerville, Johann P. "The 'New Art of Lying': Equivocation, Mental Reservation, and Casuistry." In *Conscience and Casuistry in Early Modern Europe*, edited by Edmund Leites, 159–84. Cambridge: Cambridge University Press, 2002.

Sophocles. *Antigone*. In *Sophocles I: Oedipus the King, Oedipus at Colonus, and Antigone*. Translated by David Grene. Chicago: University of Chicago Press, 1991.

Stein, Peter. *Roman Law in European History*. Cambridge: Cambridge University Press, 1999.

Steinle, Friedrich. "The Amalgamation of a Concept: Laws of Nature in the New Sciences." In *Laws of Nature: Essays on the Philosophical, Scientific and Historical Dimensions*, edited by Friedel Weinert, 316–68. Berlin: Walter de Gruyter, 1995.

———. "From Principles to Regularities: Tracing 'Laws of Nature' in Early Modern France and England." *Natural Laws and Laws of Nature in Early Modern Europe*, edited by Lorraine Daston and Michael Stolleis, 215–32. Farnham, U.K.: Ashgate, 2008.

Sternagel, Peter. *Die artes mechanicae im Mittelalter: Begriffs- und Bedeutungsgeschichte bis zum Ende des 13. Jahrhunderts*. Kallmünz, Germany: Lassleben, 1966.

Stigler, James W. "Mental Abacus: The Effect of Abacus Training on Chinese Children's Mental Calculations." *Cognitive Psychology* 16 (1986): 145–76.

Stocking, George. *Victorian Anthropology*. New York: Free Press, 1987.

Stolleis, Michael. "The Legitimation of Law through God, Tradition, Will, Nature and Constitution." In *Natural Laws and Laws of Nature in Early Modern Europe*, edited by Lorraine Daston and Michael Stolleis, 45–55. Farnham, U.K.: Ashgate, 2008.

Stroffolino, Daniela. "Rilevamento topografico e processi construttivi delle 'vedute a volo d'ucello.'" In *L'Europa moderna: Cartografia urbana e vedutismo*, edited by Cesare de Seta and Daniela Stroffolino, 57–67. Naples: Electa Napoli, 2001.

Swift, Jonathan. *A Proposal for Correcting, Improving, and Ascertaining the English Tongue*. 2nd ed. London: Benjamin Tooke, 1712.

Thomas, Yan. "Imago Naturae: Note sur l'institutionnalité de la nature à Rome." In *Théologie et droit dans la science politique de l'état moderne*. 201–27. Rome: École française de Rome, 1991.

Thomasius, Christian. *Institutes of Divine Jurisprudence* [1688]. Translated and edited by Thomas Ahnert. Indianapolis: Liberty Fund, 2011.

Tihon, Anne. *Πτολεμαιου Προχειροι Κανονες: Les "Tables Faciles" de Ptolomée: 1a. Tables A1–A2. Introduction, édition critique*. Publications de l'Institut Orientaliste de Louvain, 59a Louvain-La-Neuve, Belgium: Université Catholique de Louvain/Peeters, 2011.

Tobin, Richard. "The Canon of Polykleitos." *American Journal of Archaeology* 79 (1975): 307–21.

Unguru, Sabetai. "On the Need to Rewrite the History of Greek Mathematics." *Archive for the History of Exact Sciences* 15 (1975): 67–114.

Vaillancourt, Daniel. *Les Urbanités parisiennes au XVIIe siècle*. Quebec: Les Presses de l'Université Laval, 2009.

Valleriani, Matteo. *Galileo Engineer*. Dordrecht: Springer, 2010.

Vauban, Sebastian Le Prestre de. "Traité de l'attaque des places" [1704]. In *Les Oisivités de Monsieur de Vauban*, edited by Michèle Virol, 1157–1324. Seyssel, France: Éditions Camp Vallon, 2007.

———. "Traité de la défense des places" [comp. 1706]. In *Les Oisivités de Monsieur Vauban*, edited by Michèle Virol, 1157–1324. Seyssel, France: Éditions Champ Vallon, 2007.

———. *A Manual of Siegecraft and Fortification*. Translated by George A. Rothrock. Ann Arbor: University of Michigan Press, 1968.

Vergara, Roberto, ed. *Il compasso geometrico e militare di Galileo Galilei*. Pisa: ETS, 1992.

Vérin, Hélène. "Rédiger et réduire en art: un projet de rationalisation des pratiques." In *Réduire en art*, edited by Pascal Dubourg Glatigny and Hélène Vérin, 17–58. Paris: Éditions de la Maison des sciences de l'homme, 2008.

Verne, Jules. *Paris au XXe siècle*. Edited by Piero Gondolo della Riva. Paris: Hachette, 1994.

Virol, Michèle, ed. *Les Oisivités de Monsieur Vauban*. Seyssel, France: Éditions Champ Vallon, 2007.

Virol, Michèle. "La conduite des sièges réduite en art. Deux textes de Vauban." In *Réduire en art. La technologie de la Renaissance aux Lumières*, edited by Pascal Duborg Glatigny and Hélène Vérin. Paris: Éditions de la Maison des sciences de l'homme, 2008.

*Vocabulario degli Accademici della Crusca*. Venice: Giovanni Alberto, 1612. Online critical edition of Scuola normale superiore at vocabolario.sns.it/html/index.htm.

*Vocabulario degli Accademici della Crusca*. 4th ed., vol. 4. Florence: Domenico Maria Manni, 1729–38.

Vogel, Kurt. *Mohammed Ibn Musa Alchwarizmi's Algorismus: Das früheste Lehrbuch zum Rechnen mit indischen Ziffern: Nach der einzigen (lateinischen) Handschrift (Cambridge Un.Lib. Ms.Ii.6.5)*. Aalen, Germany: Otto Zeller Verlagsbuchhandlung, 1963.

Vogüé, Adalbert de. *Les Règles monastiques anciennes (400–700)*. Turnhout, Belgium: Brepols, 1985.

Waerden, Bartel L. van der. *Science Awakening*. Translated by Arnold Dresden. New York: Oxford University Press, 1961.

———. "Defense of a 'Shocking' Point of View." *Archive for History of Exact Sciences* 15 (1976): 199–210.

Wakefield, Andre. "Leibniz and the Wind Machines." *Osiris* 25 (2010): 171–88.

Walford, Cornelius, ed. *The Insurance Cyclopaedia*, 6 vols. London: C. and E. Layton, 1871–78.

Waldron, Jeremy. "Thoughtfulness and the Rule of Law." *British Academy Review* 18 (Summer 2011): 1–11.

Warnke, Martin. *The Court Artist: On the Ancestry of the Modern Artist* [1985]. Translated by David McLintock. Cambridge: Cambridge University Press, 1993.

Watson, Gerard. "The Natural Law and the Stoics." In *Problems in Stoicism*, edited by A. A. Long, 228–36. London: Athalone Press, 1971.

Webster, Noah. *American Dictionary of the English Language*. New Haven: B. L. Hamlen, 1841.

———. *The American Spelling Book*. 16th ed. Hartford: Hudson & Goodwin, n.d.

Weil, André. "Who Betrayed Euclid?" *Archive for History of Exact Sciences* 19 (1978): 91–93.

Weintraub, E. Roy. *How Economics Became a Mathematical Science*. Durham, N.C.: Duke University Press, 2002.

Westerman, Pauline C. *The Disintegration of Natural Law Theory: Aquinas to Finnis*. Leiden: Brill, 1998.

Wilson, Catherine. "*De Ipsa Naturae*: Leibniz on Substance, Force and Activity." *Studia Leibniziana* 19 (1987): 148–72.

Wilson, Catherine. "From Limits to Laws: The Construction of the Nomological Image of Nature in Early Modern Philosophy." In *Natural Laws and Laws of Nature in Early Modern Europe*, edited by Lorraine Daston and Michael Stolleis, 13–28. Farnham, U.K.: Ashgate, 2008.

Wittgenstein, Ludwig. *Philosophical Investigations* [1953]. Translated by G.E.M. Anscombe, 3rd ed. Englewood Cliffs, N.J.: Prentice Hall, 1958.

———. *Bemerkungen über die Grundlagen der Mathematik*. Edited by G.E.M. Anscombe, Rush Rhees, and G. H. von Wright. Berlin: Suhrkamp Verlag, 2015.

Worthington, Sarah. *Equity*. Oxford: Oxford University Press, 2003.

Wrightson, Keith. "Infanticide in European History." *Criminal Justice History* 3 (1982): 1–20.

Yates, Frances. *The Art of Memory*. Chicago: University of Chicago Press, 1966.

# 译后记

《规则：我们依之生存的历史》的作者洛兰·达斯顿是当代著名科学史学家，在现代早期欧洲科学和思想史研究领域成就斐然。她早年在剑桥大学和哈佛大学学习，获得哈佛大学科学史博士学位。她在哈佛大学、普林斯顿大学、柏林科学院、马克斯·普朗克科学史研究所从事教学与研究工作，任马克斯·普朗克科学史研究所理性思想与实践研究室主任（1995—2019）。

这本书是洛兰·达斯顿等身著作中的第一部中译本。她以宏大而聚焦的视野、严谨而不失诙谐的文笔，向读者讲述了人类规则与违规的历史。她谦逊地坦言，本书的叙述范围仅限于"西方传统"（其实对古印度、古埃及、中国等也有所涉猎），"如果读者受本书触动，去追问其他时代和其他地区的其他类型的规则，那何其幸哉。本书是一份请柬，邀请关于更多关于规则的考察与辩论"。

作为学术训练，博士生凌秋实和硕士生刘哲、王小娅尝试翻译了最后三章中的部分内容，我做了逐字逐句的批改。这本书涵盖多种学科,译者学养有限,敬请识者指正。

马万利

2024 年 9 月 24 日

大连理工大学厚德楼